《西方经济学（第二版）》案例解析

主　编　文建东　韦　鸿
副主编　王　超

高等教育出版社·北京

内容简介

本书依据马克思主义理论研究和建设工程重点教材《西方经济学》（第二版）的框架结构编写。针对《西方经济学》（第二版）中的各章内容，本书从两个方面进行补充。一是各章内容提要，包括梳理各章理论的内在逻辑线索，提炼基本概念，归纳基本原理，指出重点难点，并对容易混淆或难以理解的问题进行解答；二是案例分析，从现实生活中寻找有代表性的例子，揭示其中涉及的相关经济学原理，或用经济学原理解释事例，以帮助学习者更好地理解经济学理论，培养用经济学理论分析现实的能力。

图书在版编目（CIP）数据

西方经济学（第二版）案例解析 / 文建东，韦鸿主编. -- 北京：高等教育出版社，2022.7（2023.6 重印）
ISBN 978-7-04-058180-5

Ⅰ. ①西… Ⅱ. ①文… ②韦… Ⅲ. ①西方经济学-高等学校-教学参考资料 Ⅳ. ①F0-08

中国版本图书馆 CIP 数据核字（2022）第 027842 号

Xifang Jingjixue (Di-er ban) Anlijiexi

策划编辑 施春花　责任编辑 施春花 李斐琳　封面设计 杨立新　版式设计 童 丹
责任绘图 李沛蓉　责任校对 刘娟娟　责任印制 刁 毅

出版发行 高等教育出版社
社　　址 北京市西城区德外大街 4 号
邮政编码 100120
印　　刷 中农印务有限公司
开　　本 787 mm×1092 mm 1/16
印　　张 24
字　　数 400 千字
购书热线 010-58581118
咨询电话 400-810-0598
网　　址 http://www.hep.edu.cn
　　　　 http://www.hep.com.cn
网上订购 http://www.hepmall.com.cn
　　　　 http://www.hepmall.com
　　　　 http://www.hepmall.cn
版　　次 2022 年 7 月第 1 版
印　　次 2023 年 6 月第 2 次印刷
定　　价 59.00 元

物 料 号 58180-00

前　言

本书依据马克思主义理论研究和建设工程重点教材《西方经济学》（第二版）的框架结构编写。

学生在学习专业理论知识时，不仅需要阅读“正文”对原理和概念的阐述，也需要通过具体的案例分析来理解原理和概念的意义，认识理论与现实的关系，还需要从“正文”内容的学习中读出每一章的逻辑结构和核心思想，抓住主要概念名词，总结基本原理。此外，也需要通过做各种各样的练习来加深理解并学以致用。

在国外的初级和中级经济学教材中，案例分析、每章内容摘要、重点术语概念和练习题都是放在主教材里的，很少有专门成书进行配套的，即使有也是其他作者编写的。因此我们注意到，国外的经济学教材看起来总是卷帙浩繁，篇幅庞大，但是仔细阅读时才会知道其并非鸿篇巨制，所覆盖的内容很初级、很基本。各章无非是围绕最基本的经济学原理以最亲近读者的方式进行阐述，或者是对同一个原理从不同的角度来解释，或者是对同一个概念给出不同的例子，或者是用一个综合的例子来阐释一个或几个原理。经过这样的处理，读者才会提起兴趣来，也会更快地领悟原理，还可以实现学以致用——以原理解释现实，从现实提炼原理。

国内大部分教材因为考虑到需要压缩篇幅，所以在叙述原理和概念时惜墨如金，案例分析、内容提要、综合练习等就更无法编入正式教材了。与国外教材相比，国内教材看起来篇幅要小很多，但是各路理论无不面面俱到，而且难度不低。但这样一来，教材就如同一部翔实的笔记或大纲了。因此，编写这本案例解析，能够方便学习者更好地学习西方经济学原理。这正是本书的宗旨。

本书致力于完成内容提要和案例分析两部分内容。

在内容提要部分，本书对每一章理论做了如下工作：梳理理论的内在逻辑线索（内容摘要），提炼基本概念，归纳基本原理，指出重点难点，并对容易混淆或难以理解的问题进行解答（即问即答）。

“内容摘要”部分对一章理论的逻辑线索进行整理，指出本章与上一章和下一章之间的关联，指出本章各节之间的联系，指出各个概念、原理是如何演进的。这样做的目的是引导读者从看见“树木”走向看见“森林”，帮助其加深对理论体系的理解。

“基本概念”的必要性是众所周知的，理论体系就是要靠这些概念串联起来。这些概念是学科专有的术语，与日常生活中的用语有别。日常用语的含义比较模糊和随意，常常出现不同的人或在不同场合对其有不同的理解；而专业术语有明确的定义，这样才能避免普通人因日常用语的模糊性和随意性而有意无意地“偷换概念”，从而帮助人们准确地表达理论见解，高效地交流思想观点。比如“效率”在日常生活中有着五花八门的不同理解，而在经济学中则定义非常严格。此外，有很多概念对教材内容而言并不重要，按照日常生活中的理解就可以了。因此，我们需要将这些概念区分开，通过明示基本概念，让学习者明确知晓：哪些是经济学的专业术语，哪些不是；专业术语如果也在日常交流中出现，它们的区别是什么。这样可以帮助学习者免受困扰。

“基本原理”是一章理论的核心，一章的所有内容都是围绕它们展开的，例如第三章的生产与成本部分的基本原理就是短期的边际报酬递减规律与长期的规模报酬规律。

“重点难点”的提示更有必要，它帮助学习者在学习中合理分配时间，也有助于学习者自我评估学习效果。

“即问即答”是本书的一个特色。我们希望将一些问题专门提出来解答；这些问题或者是理解起来有困难的，或者是容易混淆的，或者是容易理解错的，或者是容易被忽略的。通过这种方式可以帮助学习者更准确地理解经济学原理。

相对于内容提要，“案例分析”在本书中占据主要篇幅。本书希望通过选取现实生活中的事例，从经济学的角度进行分析，以帮助学习者更好地理解经济学理论并了解其与现实的联系，帮助他们理解经济学理论从何而来，能否解释现实经济生活。

本书选取的案例或者是中外经济活动中影响广泛而久远的事例，或者是具有典型性、普遍性的事例，或者是近期发生的事例。读者可能注意到，有些章节案例较少，比如生产与成本理论、一般均衡理论等。这些理论和我们日常生活距离较远，有意义同时又易于理解的事例比较少。而另外一些章节则包含了较多的案例，尤其是在市场失灵和政府干预专题里。在这个领域，不断发生着我们能够直接感受到的事例，而且这些事例值得从理论上进行探究。

书中有些案例是一个一个具体发生过的。另有一些案例不是那种有明确时间和地点的事例，而是在现实中反复发生的，是各种现象的提炼，例如第二章的“钻石和水的价值悖论”；也有一些案例是经济学家编出来的故事，如第一章的“经济学家‘大脑’的价格”；还有一些案例是寓言性质的事例，如导论中的“盗贼分赃的故事”。

“案例分析”由四个部分构成：案例内容、案例分析、问题讨论、理论提示。其中案例分析是重点。本书就案例中涉及的经济学原理进行讨论，以便让学习者进一步理解经济学原理，并尝试用经济学原理解释现实。同时，我们也希望案例分析能够帮助读者正确地理解现实经济活动中发生的种种现象，为他们理解经济现象提供一种有用的思路和视角。虽然本书中有些案例涉及的原理在《西方经济学》(第二版)、《西方经济学》（精要本·第三版）教材中没有明确出现，但是这些原理也是西方经济学的基本原理，也是《西方经济学》(第二版)、《西方经济学》（精要本·第三版）主教材的拓展资源。例如第八章中的“英语四六级证书成为应聘必备条件”，第五章中的“杜邦公司抢占市场的图谋”。

本书在《〈西方经济学〉精要与案例解析》的基础上做了较大的增删变动，最主要的是去掉了一些较为久远的案例，增加了更多发生在较近时期的案例。

本书由文建东和韦鸿担任主编，王超担任副主编。文建东负责微观经济学部分的内容设计，撰写了该部分基本概念与原理小结；韦鸿负责宏观经济学部分的内容设计，撰写了该部分的基本概念与原理小结。文建东承担了微观经济学大部分案例的编写工作，韦鸿承担了宏观经济学大部分案例的编写工作，王超和尚晓晔承担了剩余的小部分案例编写工作，王超协助文建东承担了全书的统稿工作。

由于编写时间仓促，本书还有很多不足，最主要的是有些章节案例过少，但是我们深信，这种类型的图书不仅对西方经济学课程的学习者有帮助，也对普通的读者有意义，因此希望各位同仁和读者不吝赐教，以便我们再版时进一步完善。

编者

2022年3月

目　录

导　论

消费者是理性的吗？

案例内容

几个小小的月饼、几棵西洋参，都是用数倍于其体积的盒子包装起来，再在商品周边的空间填充其他材料；在国外没有任何外包装的葡萄酒，在中国要用木盒包装起来，再铺上锦缎。花在包装上的成本都要占商品价格的相当比例，高者达到20%。这样做是因为购买者偏好华而不实的包装，如果对包装的偏好再过一点，就接近古人所说的买椟还珠了。显然，这些消费者是不理性的。

消费者的不理性会以各种形式表现出来。在2008年奥运会期间，一位大学金融学教授很幸运地在网上申购到有刘翔出场的赛事门票，价格是800元。很多人闻讯后向他高价求购，让他不胜其烦，无论出价如何攀升，他都一概拒绝，最后竟然有人出价高至15 000元而其仍未动心。后来该教授被问及，如果没有买到该门票，是否愿意花10 000元或5 000元购买？教授却给予否定的回答。我们看到，既然有人愿意出价15 000元，而教授不愿意转让，我们可以认为他为了看这场比赛，支付了15 000元的成本（这正是我们所说的机会成本），这也说明，这场赛事在他心目中至少价值15 000元。另一方面，如果网上申购没有成功，他甚至不愿意花5 000元去黑市上购买，这又说明这场比赛带给他的价值不超过5 000元。由此我们看到，他的行为模式在不同场合是相互矛盾的，因此也是不理性的。戏剧性的结果是，刘翔的腿受了伤，并未顺利参加比赛。

其实在现实中，我们还可以看到很多这种非理性的行为。例如，花80元买电影票，正出门时发现电影票丢了，有相当一部分人会选择放弃看电影，他们认为要看的话就意味着花了160元钱，不值。如果出去看电影，买票之前发现丢了一张购物卡，卡里还有余额80元。相当多的人会选择继续前往购票观影，因为在他们看来，电影花费还是80元。可是我们知道人们在这两种情形下的损失是一样的，但是决策不一样。显然，这类人在不同场合的行为模式也是不一致的，因此是不符合理性的。

案例分析

上述例子表明，现实中充斥着非理性的行为。那么经济学为什么还要强调理性原理呢？第一，上述行为毕竟只是一部分，而且可以说是一小部分，因此不在经济学的分析范围之内。经济学要研究那些和理性相一致的行为模式，这些行为占据主要部分。也就是说，大部分人在大部分时候行事方式是理性的。从这个意义上说，经济学研究是实证经济学性质的（positive economics）。第二，经济学不仅研究那些理性的行为，同时也告诉有非理性行为的人们，按照理性行为模式应该如何行事。从这个意义上说，经济学又带有规范经济学的性质（normative economics）。第三，从演化的角度看，人们只有行为理性才能在市场竞争中生存并壮大。如果置于商业竞争中，上面例子中的人一定会被淘汰。在过多包装的例子中，消费者是不理性的，厂家恰好是理性的，因而后者能够更多地赚取前者的钱。

需要指出的是，理性原理是传统主流经济学使用的基本工具，但是并不完全否认其他竞争性的方法。事实上，行为经济学的方法也成为现代主流经济学的主要方法之一，这种方法与理性原理是相互竞争的；更准确点说，是相互补充的。例如，行为经济学告诉我们，如果有几个好消息，你应该一个一个发布；如果有几个坏消息，你应该一次性发布；如果有好消息和坏消息，你应该先发布坏消息，再发布好消息。其实，在理性行为中，不管怎么发布，都不影响事物的实质；人们的真实心理是，虽然实质一样，但是不同的发布方式带来的影响是不同的，而这种心理正是行为经济学要关注的。行为经济学也会告诉我们，即使你像20世纪70年代北京王府井百货大楼的劳动模范张秉贵一样，称糖果时练就了一抓准的技艺，最好也是先少抓一点糖，然后再添几颗直到达到顾客要求的重量。但是理性原理告诉我们，是一抓准，还是先多抓再退减，或是先少抓再添补，又有什么区别呢？

问题讨论

（1）什么是理性？理性是否是普遍存在的？

（2）微观经济学是否建立在理性原理基础上？你怎么评价这种做法？

理论提示

理性原理及其在经济学中的地位。

演绎法：化学课堂上的经济学

案例内容

在化学课堂上，教授拿了一瓶溶液，介绍了其性质，然后拿了1美元硬币，准备放入溶液中去，看看是否会溶解。教授在投放之前让学生猜测结果是什么，一个学生想了一下，很肯定地说不会溶解。教授问他原理是什么，该学生的回答超出了教授的想象。他说，如果能够溶解的话，你就不会把它放进去，毕竟1美元还是很管用的。那个时候是20世纪50年代。

另外一个故事是一个小学里经常玩的游戏。小学老师手中有三颗糖——一颗硬糖和两颗软糖，他自己拿了硬糖，将两颗软糖分给两个小学生，然后要他们根据自己拿到的糖判断同学手中的糖是软糖还是硬糖。两个学生看了自己手中的糖后都愣了。但是，当他们发现自己的同学愣住了时，就异口同声地跟老师说，对方手中的糖是软糖。你知道为什么吗?

案例分析

化学课堂发生的事情就是演绎推理的应用，而不是化学知识的应用。演绎法是根据一般原理，分析具体的问题，通过逻辑推理得出结论。那个学生假定教授不会做亏本的事情，这就是一个原理，即经济学中说到的理性原理。既然教授是理性的，他不会做亏本的事情，那么，如果化学溶液有溶解硬币的功能，教授就不会将硬币放进去，放的话也是放10美分而不是1美元。

两个小学生的逻辑就是演绎法。一开始，两个学生拥有的信息不充分，无法判断。当他们无法判断时，就提供了有用的信息：两个人手中拿的都是软糖。他们只知道老师和同学手中一个是硬糖，一个是软糖，但是不清楚确切在谁手中。有了这个信息后，就可以判断出，自己和同学拿的都是软糖，老师拿的是硬糖。两个学生认可的原理是，自己与对方都有足够的计算推理能力。

总之，演绎推理是从一般到具体的过程，是先有一般原理，然后运用原理于具体的经济现象或数据，通过严格的逻辑推理而得出理论命题，对所要研究的经济现象进行解释，并在此基础上对未来进行预测。

问题讨论

（1）在微观经济学中还有哪些理论是建立在演绎推理基础上的？有哪些理论是建立在归纳推理的基础上？

（2）这个案例中体现的经济学思维是什么？

理论提示

（1）演绎推理；

（2）理性原理；

（3）因果联系与确定论。

演绎推理与理性原理：以经济学方法推断某基因编辑技术的真实性

案例内容

2016年5月2日，河北某大学副教授作为通讯作者在国际顶级期刊《自然·生物技术》（*Nature Biotechnology*）杂志上发表了一篇研究成果。该成果是一种新的基因编辑技术（NgAgo），这项技术让基因编辑技术实现精准、简单操作，可大幅降低基因编辑门槛，未来可用于微生物、植物和动物的精准基因改造，以及乙肝、艾滋病或者一些遗传性疾病的“基因治疗”。该副教授也被部分媒体和学术前辈捧为“中国下一个诺奖获得者”。当时的评论认为，副教授的研究成果是我国首个“中国创造”的尖端生物技术，终于有中国教育体系自己培养的科学家打破了国外基因编辑技术的专利垄断。还有网友把事情上升到为国争光的层面。

但发表论文不等于成果就已经获得了承认，是不是真实可靠还要看能否被别人重复出来，越是重大的成果越要等别人的重复。重复实验结果很不妙。因多国科学家未能重复出相关实验结果，他的“诺奖级”科研成果遭到国外数位学者的质疑。针对重复该技术的实验调查表明，140个回复中，只有1个（中科院神经科学研究所仇子龙）回答有效，73个无效，63个在验证。在被传成功重复后，7月21日，仇子龙在个人认证微博上表示，目前的实验结果距离副教授论文中的结果“相差甚远”。

据《自然》杂志2016年8月8日的报道，一位不愿意具名、独立于副教授实验室的中国研究员证实了NgAgo的有效性，尽管效率不如CRISPR-Cas9，但通过测序可以鉴定出，NgAgo能在预期的位点诱导遗传突变。此外，另有两位匿名的中国学者表示，他们的实验结果已经初步表明NgAgo有效，但还需要进一步确认。

当国内媒体向副教授询问是否有实验室成功重复实验时，他表示：有，而且能准确地说出是哪些实验室，有六七家实验室做出了被认为是关键的实验环节，但不方便告知。为何成功的实验室不宣布？副教授："凭什么让他们说出来？说出来像仇子龙一样被攻击？"如果公开成功的实验室名单，就能打消"至今没有实验室宣布重复成功"的核心质疑，为什么不这么做？副教授："这样就把人家给坑了。"

资料来源：韩春雨是怎么从一个神话到备受质疑，知乎网站，2016年8月3日。

韩春雨：已有实验室成功复制我的技术但不便告知，分析测试百科网，2016年8月16日。

案例分析

这个案例看起来不是经济问题，但是仍然可以用经济学的方法来分析，找到答案。所需要用的就是理性、利己假设和演绎推理方法，也会涉及均衡的方法。

副教授是理性的，也是利己的，因此必然知道在舆论旋涡中如何回应对自己有利。几乎所有机构都声称无法重复，副教授宣称自己重复了，并且宣称有匿名机构也重复成功。于是科学界追问，是哪些机构，能不能把重复实验的所有过程和数据公布。副教授有两个选择，其一是公开信息，其二是继续隐匿信息。我们的问题是，那些机构是否存在，副教授宣称的重复实验是否成功了。

副教授是理性的，会维护自己的利益，因此他会选择对自己有利的行为。如果他确实在重复实验中取得成功，那么公开信息即可平息争议，进一步奠定自己的学术地位，对自己最有利。如果他并未在实验中取得成功，那么隐匿消息假称成功对自己最有利。由此可以得出结论，副教授只做对自己最有利的事情，既然他选择了不公开消息，那就说明一定是重复实验没有成功。这个选择也构成了均衡，上面的分析就是一种演绎推理。

以理性、利己和均衡为主要内容的演绎推理在经济学中得到广泛运用。以需求定理为例，归纳法和推理法都可以推出需求定理。在归纳法中，通过大量的消费购买和商品价格数据进行统计分析，可以发现需求量和价格之间存在反向变动的关系。但是内在的机理则需要用演绎法来解释：由于消费者在消费时寻求效用最大化，当价格变动时反方向调整购买量有助于效用增加，因此在市场经济中，商品的需求量随着价格的上升而下降，随着价格的下降而上升。

关于副教授行为的分析是一种理论、一种假说，是否正确还需要验证。在经济学中也总存在着理论和验证的问题，后者也被翻译成实证分析（但不是与规范经济学相对应的那个实证分析）。同样，通过演绎推理得出需求定理后，还需要通过数据进行验证，说明这个理论是否在统计上成立。

最后需要指出的是，本案例不是经济学案例，但是分析方法是经济学的分析方法。经济学并不局限于只研究经济问题，也研究非经济问题。当然，当我们用经济学方法研究法律、政治、家庭婚姻等非经济问题时，所产生的理论又称为交叉学科。一些理论可以归类为经济学，不是因为研究对象，而是因为研究方法。可以说，经济学是利用经济学方法——即理性、均衡等——研究各种问题的学科。

问题讨论

（1）经济学的研究方法是指什么？

（2）请举出更多的例子说明我们在使用演绎法进行推理，指出其中哪些是基于利己动机的？

理论提示

（1）理性；

（2）利己；

（3）演绎法；

（4）经济人。

理性的共识：盗贼分赃的故事

案例内容

一伙盗贼偷到了100颗钻石，到安全地点后开始分赃。他们一共五个人，制定了分赃的规则：抓阄确定一个人设计分配方案，如果获得半数或以上同伙的同意，就照此执行；否则就杀了这个人，重新抓阄选人来设计方案，直到大家都同意为止。按顺序算，假设抓到阄的人分别为1号至5号。如果是你第一个被选中了，你怎么分配？你应该大胆地说，全部100颗钻石都归你。这是因为：

（1）只剩下两个人时，只要抓到阄的人（4号）所做的方案未把全部钻石分给另外一个人（5号），5号就会反对，这样就可以杀掉4号，而自己可以独吞全部的100颗钻石。进行到这个阶段时，两个人都有50%的概率成为4号，从而被杀。

（2）在只剩三个人时，抓到阄的人变成3号；则无论3号制定的分配方案是什么，另外两个人都得同意，否则就会进入到剩两个人的阶段，这两人都有50%的概率变成4号，并因此丧命。因此分赃不可能进行到两个人的阶段，会在三个人的阶段就终止。

（3）在还剩四个人时，抓到阄的人是2号，如果他被杀，才可以进行到三个人的阶段。而一旦进入到三个人的阶段，根据上面的推理，就一定会终止，不会有人被杀。因此，2号的方案一定不能获得通过，2号一定会被杀，分赃一定会从四个人阶段进入到三个人阶段。

（4）因此，在一开始时，任何一个同伙第一次抓到阄变成1号后，无论其提什么方案，未抓到阄的四个人都不会反对。否则，杀了1号之后进入到四个人阶段时，剩下的四个人必然有一个人成为2号，2号一定会被杀，四个人被杀的概率各为25%。

案例分析

在博弈论里，这是一个序贯博弈，或称动态博弈。上述预测结果的过程被称为回溯推理，这一推理用到了理性和理性共识的假定，因此是演绎推理。这里的理性是指五个盗贼都希望保全人身安全，在人身安全有保障的情况下寻求最大利润，而且都有能力做到。理性的共识是指，五个人都知道另外四个人的目标是什么、他们会怎么做。

但是，如果事情真正落到你头上，你第一个抓到了阄，会怎么做呢？或许你不敢将全部的钻石分配给自己。为什么呢？原因在于可能你根本就没有这样推算过，不知道如何下手，就像学生做练习题一样，不知道正确的答案是什么，虽然有一个唯一的正确答案。这种情况表明你不具备理性，要知道理性还意味着会推算。也可能是因为你担忧另外的四个人没有遵循上述逻辑，即使他们是那样想的；就算你确定他们很会推算，但是不能确定他们是否知道你也很会计算。这就是说，实际上并不具备“理性的共识”。

不妨再换一个角度想这个问题。假如这五个盗贼都读了这个案例，也读懂了，而且对彼此的推算有信心，那他们就会形成理性的共识。那么，第一个抓到阄的人一定选择自己拿全部的100颗钻石，他有信心另外四个人必然会同意。

现实中有很多需要理性共识的场合。当两个人在狭窄的路上骑车相向而行时，一定会选择各自的右侧会车。但是如果你看到对方刚刚从精神病院出来而且着装怪异时，即使这个人完全正常，你还会毫不犹豫地选择靠右骑吗？如果是你刚刚在精神病院看完病人出来，正好穿着条纹服装，你还会毫不犹豫地选择靠右骑吗？在这两种情景下，理性的共识都不复存在，或者是你不知道对方会如何骑，或者是你不确定对方是否会误以为你不正常而无所适从，因此你无法断然选择怎么骑过去。

问题讨论

（1）这个案例中是否存在着均衡？这里的均衡与你在微观经济学其他地方看到的均衡是否有相同的性质？

（2）如果没有理性的共识，请问这个例子中有没有均衡存在？

理论提示

（1）理性；

（2）理性共识；

（3）演绎推理；

（4）序贯博弈；

（5）回溯推理；

（6）均衡。

均衡分析：如何理解我国粮食价格的波动

案例内容

自改革开放到2008年，我国粮食价格的走势可以分为以下几个阶段。

第一阶段（1978—1989年），粮食价格震荡盘升。这个时期粮食价格的上涨原因主要包括两个方面：一是1979年国家对8种农副产品大幅度提高了收购价格，其中包括粮食收购价格；二是1985年开始，国家将实行了30多年的粮食统购制度改为合同定购制，这标志着合同定点收购与市场收购相结合的“双轨制”的确立，市场调节的成分开始增多，从而导致这个时期粮食价格大幅上涨。从绝对价格看，虽然各年份表现不一，但1978—1989年，全国粮食收购价格总体上逐年上升，1978年全国三种粮食（稻谷、小麦、玉米）每50千克平均收购价格为11.03元，1979年提高到12.96元，1984年为17.35元，1989年涨至28.98元，1989年较1978年上涨了约162.7%。

第二阶段（1990—1991年），粮食价格出现下跌。1985年开始的价格改革，由于步子太大，改革措施不配套，我国经济出现了通货膨胀加剧等问题，这使得1988年末国家开始整顿经济秩序，宏观调控开始实施“硬着陆”。物价受到控制，加上粮食流通不畅等原因，使得1990年和1991年我国粮食价格出现了下跌走势，农民出现了卖粮难的现象。1990年和1991年全国三种粮食每50千克平均收购价格为26.85元、26.12元，同比分别下降7.1%和2.7%；粮食收购价格指数分别下降6.8%和6.2%。

第三阶段（1992—1995年），粮食价格持续上涨。1990年和1991年出现的卖粮难现象促使政府加快了粮食市场化改革的速度。到1993年年底，全国95%以上的市县都完成了放开粮价的改革，从而彻底结束了自1953年开始的长达40年之久的城镇居民粮食供应制度（即统销制度）。于是出现了全国性的粮食价格持续大幅度上涨。1992—1995年全国三种粮食每50千克平均收购价格为28.43元、35.8元、59.44元、75.11元；粮食收购价格指数分别上升5.3%、16.7%、46.6%和29.0%；1995年与1992年相比，三种粮食平均收购价格上涨154.8%，粮食收购价格指数累计上升133.5%。

第四阶段（1996—2002年），粮食价格持续下降。究其原因，一方面是国家调控的结果，另一方面是粮食的连年丰收。1996—2002年，除2001年粮食价格小幅上涨外，其余年份价格持续下降，成为改革开放后粮食价格下降持续时间最长的时期；全国三种粮食每50千克平均收购价格为72.29元、65.09元、62.05元、53.04元、48.36元、51.50元和49.24元；2002年与1996年相比，价格下降31.9%。同期粮食生产价格指数分别下降-5.8%、9.8%、3.3%、12.9%、9.8%、-9.8%和4.2%，累计下降27.9%。

第五阶段（2003—2007年），粮食价格恢复性上涨。2003年以来粮食价格的上涨是国家一系列支农惠农政策的重要组成部分，因而定义此波上涨为恢复性上涨。1999—2003 年粮食连年减产，供求关系开始趋紧。促进粮食生产、保护农民利益成为事关粮食安全的重要问题，为此国家出台了一系列政策。2003—2007 年，除 2005 年全国粮食生产价格指数小幅下降 0.8%外，其余各年均上升。2003 年和 2004 年粮食生产价格指数分别上升 2.3%、28.1%。2006 年粮食生产价格指数上升 2.1%，当年全国每 50 千克三种粮食平均收购价格分别为 78.51 元、70.64 元、58.47 元，三种粮食加权平均收购价格为 71.98 元。2007 年全国粮食生产价格指数上升 10.3%；在主要粮食品种中，小麦价格上涨 5.5%，稻谷价格上涨 5.4%，玉米价格上涨 15%，大豆价格上涨 24.2%。

资料来源：改革开放以来我国粮食价格走势分析，清真网，2008 年 12 月 19 日。

案例分析

这个例子有助于我们理解均衡分析，其中包括静态均衡和比较静态均衡，不涉及动态均衡。

从案例中我们看到，粮食价格一直在变化之中，每一年价格都不同，每个月价格也不同，那么我们关注哪个价格呢？总不能把所有价格列表展示，对其背后原因事无巨细也详尽描述？我们需要抓住重点，这里的重点就是在一段时期相对稳定的价格；或者这段时期虽然价格仍然在波动，但是大致围绕某个基准在波动，这个基准就是重点。相对稳定的价格，或者围绕自己上下波动的价格，就是均衡价格，它表明在供求双方力量势均力敌时价格不再变动。而案例中所分的五个阶段就是指均衡价格的变动，是指在外部条件发生改变后带来的结果。至于区分五个阶段还是四个或者六个阶段，取决于研究者的目的。

均衡价格代表着一种静态均衡，从一个均衡价格到另外一个均衡价格的变化代表着比较静态均衡，即对两个均衡价格进行比较，说明什么因素导致均衡价格变化。下一章会解释，不管什么因素影响到价格变动，一定是要么通过影响供给，要么通过影响需求来影响均衡价格的。

不只是价格，在分析所有的经济变量时，经济学都采取了均衡的分析方法。在分析需求时，经济学要解释消费者在既定收入、价格和其他约束下所选择的均衡消费量是多少；在分析供给时，经济学要解释生产者在要素成本和销售价格既定条件下所选择的均衡生产量或供给量是多少。

在大多数情况下，均衡是和最优联系在一起的，也就是和效用最大化或利润最大化相一致的。这是因为，只有经济决策个体实现了最大效用或最大利润时才不会改变自己的选择，比如不会改变价格，不会改变需求，不会改变供给等；要改变也并不会带给自己额外的好处。因此，实现了最优化，对经济变量如价格、供给或需求的选择也就稳定了，不再改变，于是均衡就出现了。（之所以说是大多数情况，是因为囚徒困境也是经常出现的。它是一种均衡，因为参与博弈各方在这种博弈结构里已经获得最大利益，没有动力单方面改变；但是它没有实现各方加总利益的最大化，还有改善的空间，所以叫做困境。）

经济学采取均衡的分析方法，道理很简单。最首要的是，要去粗取精，抓住本质的东西，显然均衡是本质的。分析不均衡的情况没有意义。其次，这样才能解释经济变量如价格在过去的变化背后的逻辑是什么、机制是什么、影响因素是什么，起到解释世界的作用。再者，可以根据“解释世界”得到的理论去预测经济变量如价格未来的走势，起到预测世界的作用。

均衡不只是在市场经济中出现，事实上，经济学中的均衡思想来自物理学，是指物体在受到不同方向的力的作用下，当相反方向的力互相抵消时处于静止的状态。但是一旦出现新的力，旧的平衡被打破，物体就会动，一直持续到新的平衡出现。这里的平衡就是均衡。比如多雨季节的山区公路，在晴天时，公路路面整洁平坦，这就是均衡；雨水催落滚石，导致滑坡，雨停后路面被土石阻塞，这也是均衡；公路养护工人及时清理路面，重新恢复原来的平坦通畅，出现新的均衡。

需要指出的是，市场经济中均衡的实现依赖人们的理性行为，同时本教材的所有均衡分析基本上也是基于人们的利己动机展开的。以需求为例，经济学所说的需求就是均衡需求，在每一个价格水平下都会有一个与之对应的均衡需求量，需求量和价格之间的一组关系被称为需求。当价格下降时，需求量会增加，因为这样能够增加消费者的效用，让其在新价格条件下继续保持最大化状态，显然这是一个利己动机。同时消费者能够计算出可以增加的利益空间，能够认识到增加需求量可以获取潜在利益，因此他又是理性的。

问题讨论

（1）这个粮食价格案例的分析为什么符合均衡分析原理？

（2）什么是静态均衡分析？什么是比较静态均衡分析？它们在粮食价格案例中是怎么体现出来的？

（3）在这个案例里是否涉及动态分析？

(4) 均衡和效用最大化是什么关系?

(5) 均衡与理性和利己之间是什么关系?

(6) 为什么经济学要进行均衡分析? 如果采取非均衡分析会怎样?

理论提示

(1) 均衡与均衡分析;

(2) 静态均衡与比较静态均衡;

(3) 动态均衡。

第一章　需求、供给和均衡价格

一、基本概念与原理小结

1. 内容摘要

微观经济学关注各种商品和服务以及各种要素的价格和数量是如何确定的。在市场经济中，它们由市场供给与需求共同决定。本章的核心内容正是对市场机制的运行过程进行事实描述，因此，本章也是微观经济学的开篇和导引。

对所有的商品或服务，或是生产要素而言，影响它们价格和数量的因素是非常多的。不过，无论是哪些因素，它们要么是通过影响供给来影响价格和数量，要么是通过影响需求来影响价格和数量。从根本上说，是市场供给与需求的相互作用决定了价格与数量。因此，要分析价格和数量是如何决定的，首先要分析需求和供给受什么因素的影响。

第一节分析市场需求。在市场需求方面，影响它的因素有：该商品自身的价格，其他商品的价格，消费者的收入，消费者对未来收入或价格的预期，以及一些偶然性因素如气候变化，等等。在分析这些因素如何影响需求时，一般将其分为两类因素：该商品自身价格，自身价格以外的因素。这样分类可以更好地处理需求影响价格和价格影响需求（量）的关系。同时这样分类也能更好地利用坐标系，这是因为在二维空间里，只能直接地显示两个变量之间的关系——用曲线将自变量与因变量联系起来，然后再通过曲线的移动来显示该两个变量之外的其他变量的影响。根据这种分类，微观经济学把由商品自身价格变化带来的商品需求变化叫做需求量的变化，把这种关系在坐标系里用曲线表示出来就得到需求曲线，因此，需求量的变化表现为沿着需求曲线的移动。相应地，微观经济学把商品自身价格以外的因素引起的商品需求变化叫做需求的变化，这种变化表现为整条需求曲线的移动。

各种因素对商品需求的影响可以用不同的方式表述，可以是纯文字的，可以是表格——需求表，也可以用公式——需求函数，还可以用曲线——需求曲线。

如果只考虑商品自身价格对商品需求的影响，则可以得到一个规律——需求规律：在所有其他条件不变的前提下，商品的需求量往往随着自身价格的上升而减少，随着其下降而增加。有两点需要指出：其一是“其他条件不变”，这在经济学中叫做局部均衡分析。为了更好地考虑两个变量之间的关系，我们往往会固定其他变量，否则我们无法判断该两个变量是否有因果联系。因此，这种方法在经济学中经常使用；事实上，在很多其他学科中、在日常生活中也经常使用。其二是需求规律也有例外，例如吉芬商品。显然，需求表、需求曲线和需求函数都是对需求规律的表述。

自身价格以外的其他因素也会影响对商品的需求。如果这个因素是其他商品价格，如何影响该商品需求，取决于它们是互补品还是替代品；如果是消费者收入，如何影响则取决于该商品是正常商品还是低劣商品；等等。这些影响都会通过需求曲线的移动显示出来。

第二节分析市场供给。在市场供给方面，其影响因素有：该商品自身的价格，其他商品的价格，各种生产要素的价格，技术水平，政府税收，厂商对未来的预期，一些偶然因素，等等。同对需求的分析一样，微观经济学也将上述因素分类为商品自身价格和价格以外的因素。相应地，微观经济学把由商品自身价格变化带来的商品供给变化叫做供给量的变化，把这种关系在坐标系里用曲线表示出来就得到供给曲线。因此，供给量的变化表现为沿着供给曲线的移动。相应地，微观经济学把商品自身价格以外的因素引起的商品供给变化叫做供给的变化，这种变化表现为整条供给曲线的移动。

各种因素对商品供给的影响既可以用纯文字表述，也可以用供给表、供给曲线和供给函数描述。

如果假定该商品自身价格以外的其他供给影响因素不变——即所谓的“其他条件不变”，只考虑商品自身价格对商品供给的影响，则可以得到供给规律：在所有其他条件不变的前提下，商品的供给量往往随着自身价格的上升而增加，随着其下降而减少。显然，供给表、供给函数和供给曲线都是对供给规律的表述。上述很多方面与需求分析基本上是对应的。但是不同于需求分析的是，供给规律基本上没有例外。

在影响供给的商品自身价格以外的因素中，最主要的是各种要素的价格和生产技术，其实就是生产成本。如果生产成本上升，供给显然会减少，即在每一个价格水平上，供给量都会减少。这表现为供给曲线的向左移动。如果生产成本下降，则情况正好相反。

分析完需求和供给的决定因素之后，就可以将两者结合起来分析均衡价格的决定，这就是第三节的内容了。商品的价格和数量一直处在变动之中。但是，只要其他条件不变——即影响需求和供给的非自身价格因素不变，该商品的价格与数量最终将稳定下来。显然，分析这种稳定价格才是有意义的。从市场来看，只有当商品价格能够使得供给与需求相等时，该价格才不再变动，因此，微观经济学称之为均衡价格。供给与需求对价格的影响过程正是市场机制起作用的过程：当供给大于需求时，价格会下降；反之则上升。由此微观经济学总结出供求规律：供给增加会促使价格下降，反之则相反；需求增加会促使价格上升，反之亦相反。

接下来的第四节介绍弹性理论。上面第一至第三节对需求与供给决定价格的市场机制进行了描述。要指出的是，这种描述是定性的分析，从关系方向上分析了需求（或供给）与其影响因素之间的因果联系是正向还是负向的，也定性地分析了供给与需求的变动对价格影响的方向，但是未分析影响的程度。因此也还有必要就需求、供给和价格之间的数量关系加以分析，即进行定量分析，这就是第四节的弹性理论。弹性理论是前面三节内容的扩展，要分析价格或其他因素影响需求或供给的程度。

第四节分别介绍了商品的自身价格、其他商品价格和消费者收入对该商品需求（量）的影响程度有多大，并引入了相应的测度标准，即需求的价格弹性、需求的交叉价格弹性、需求的收入弹性；也介绍了商品的自身价格对该商品供给量影响的程度，这是用供给的价格弹性来测度的。就弹性的一般意义而言，它是指一个变量（自变量）每变动1%，所能够引起的另外一个变量（因变量）的变动百分点。无论是需求弹性还是供给弹性，都可以根据其大小将其分为五类：富有弹性——弹性系数的绝对值大于1，缺乏弹性——弹性系数的绝对值小于1，单位弹性——弹性系数的绝对值等于1，无限弹性——弹性系数为无穷大，完全无弹性——弹性系数为0。

在计算上，需要知道点弹性和弧弹性的关系。点弹性是弧弹性的极限形式：价格变动趋向于零时，弧弹性就变成点弹性；也可以说弧弹性是需求曲线在该段弧上面的无数个点弹性的“平均值”。这样，点弹性可以通过求导数得到。

关于弹性概念，还需要注意这样几个事实：其一，需求弹性系数一般为负值，供给弹性系数一般为正值，但是我们习惯于以其绝对值的大小来说弹性的大小。其二，在需求或供给曲线上，弹性的大小既和曲线（或该曲线某一点切线）的斜率有关，也和位置有关，这从点弹性的导数定义上可以看出来，它等于切线斜率和射线斜率的比值。其三，与第二点有关，一个商品的弹性并不是固定的，它根据价格高低而有所不同，或者说根据所处曲线的位置而有所不同。

利用前面的供求均衡价格论（第一至第三节）和弹性理论（第四节），可以分析很多实际问题，包括微观经济政策对经济的影响等。这是第五节的内容。

2. 基本概念

需求，个人需求，市场需求，需求的变动与需求量的变动，需求规律；供给，供给的变动与供给量的变动，供给规律；互补商品，替代商品，正常商品，低劣商品，吉芬商品，奢侈品；需求价格弹性，需求交叉价格弹性，需求收入弹性，供给（价格）弹性；供求规律；静态分析，比较静态分析（比较静态学）。

3. 基本原理

（1）商品价格是由供给和需求共同决定的，当供给与需求相等时就处于均衡状态。

（2）供给增加引起价格下降，需求增加引起价格上升，反之亦相反。

（3）在其他因素不变的条件下，商品需求随着价格的变化而反方向变化，这是需求规律。

（4）在其他因素不变的条件下，商品供给随着价格的变化而同方向变化，这是供给规律。

（5）当供给发生变化时，供给弹性越大，则价格和数量变化都越小，这是因为由供给增加（减少）引起的轻微价格下降（上升），都会导致供给量的大幅减少（增加）。需求弹性越大，则价格变化越小，数量变化越大，这是因为，由供给增加（减少）导致的价格下降（上升）哪怕是轻微的，也会引起需求量大幅变化。这样，一个轻微的价格下降（上升）都会导致大幅的需求增加（减少）。

（6）当需求发生变化时，供给弹性越大，则价格变化小而数量变化大，这是因为，只需要轻微的价格变化就足以诱致供给变化以适应新的需求。需求弹性越大，结果同供给弹性大是一样的。

（7）对商品征税或补贴，税收负担或补贴受益是由供求双方共同承担或享受的，各自承担或享受的比例取决于供给弹性与需求弹性。以税收为例，消费者承担的份额与供给弹性成正比，与需求弹性成反比；生产者承担的份额与供给弹性成反比，与需求弹性成正比。

4. 重点难点

（1）区分需求的变动与需求量的变动，区分供给的变动与供给量的变动。利用这个概念理解“价格影响需求（供给），需求（供给）影响价格，因此价格影响价格”这种循环说法的错误所在。

（2）一个原理可以用不同的方式表达，用数学方式比较精简。了解如何将弹性概念与斜率、导数等联系起来。

5. 即问即答

问：供给曲线是直线时，其弹性系数为1吗？

答：不一定。如果是一条始自原点的射线，就是1；如果是从纵轴出发的射线，就大于1；如果是从横轴出发的射线，就小于1。

问：当房屋价格上涨时，人们由于担心其进一步上涨，因而会增加对房屋的需求量，这是否表示房屋是吉芬商品？

答：不是，因为此时商品需求上升不是单纯因为自身价格引起，而是因为人们的预期发生了变化，也就是说，是“其他条件”发生了改变。吉芬商品是单纯因为自身价格上升而导致该商品需求量增加的情形。

问：对消费者征税，税收主要由消费者承担，对供给者征税，税收主要由生产者承担，对吗？

答：错，无论对谁征税，税收负担的分摊都是一样的。

问：供给曲线与需求曲线共同决定价格理论是不是对所有的产品都适用？

答：可以粗略地这么说。但是准确地说，它只适合竞争市场，不适合不完全竞争市场。这是因为，不完全竞争市场不存在供给曲线（参见第五章）。因此，如果将“供给曲线”替换为“供给方面”，上述说法就准确了。

二、案例分析

1.1　学习理论的重要性：非专业人员易犯错误

案例内容

据报道，20世纪80年代，法国的香槟酒行业因为成功的营销活动而收获大量订单，利润大涨，因此各酒庄极其高兴，一些酒庄还举行了庆典。可是其中有一个CEO悲观地警示大家：目前香槟酒价格高企，是不利于需求的，当人们因为价格高而减少购买香槟酒时，香槟酒行业的冬天就来了。

《华尔街日报》专栏作家说，对进口服装征收关税有利于美国消费者。为什么呢？因为关税会提高进口商品的成本，从而导致商品价格上升；在价格上升后，消费者会减少需求，因此会导致价格下降。

案例分析

上面两个例子中的逻辑看起来有些奇怪，直觉告诉我们他们错了，可是普通人又很难弄清楚错在什么地方。这告诉我们，理论学习是有用的。理论给了我们一个工具，帮助我们更好地理解各种现象。这里的理论就是供求均衡价格理论。在均衡价格论中，要解释上述两个例子中的困惑，我们需要区分“需求的变动”与“需求量的变动”，区分“供给的变动”与“供给量的变动”。区分这两对概念是为了梳理各种现象之间的逻辑关系，以更好地解释问题。

我们先梳理一下这里的供求均衡价格论的逻辑。商品价格由供给和需求决定，而供给和需求又取决于各种因素，其中包含价格。这样看起来就走入“价格决定供给和需求，而供给和需求又受价格影响”的怪圈，这正是上述两个例子中的困惑症结所在。事实上，如果我们把影响供给和需求的因素区分为自身价格和自身价格以外的其他因素，就可以避免困惑。由自身价格带来的供给和需求的变化在理论上被称为“供给量的变化”和“需求量的变化”，而由其他因素带来的供给和需求的变化在理论上被称为“供给的变化”和“需求的变化”。基于这种理论上的梳理，我们就会发现，价格变化导致的是“供给量”和“需求量”的变化，影响价格的则是“供给的变化”和“需求的变化”，因此，价格变化后，“供给量”和“需求量”发生变化，但是没有发生“供给的变化”和“需求的变化”，即价格变化也就不会再反过来影响自己。

就是说，下面的逻辑推理是错的：

A：营销或关税变化→供给变化或需求变化→价格变化→B：供给变化（或需求变化）→价格变化

正确的逻辑是：

A：营销或关税变化→供给变化或需求变化→价格变化；B：供给变化（或需求变化）→价格变化

A 和 B 两个部分是没有联系的，但是在上述两个例子中，专栏作家和 CEO 混淆了“需求的变化”和“需求量的变化”，将两者混为一谈，从而将 A 部分与 B 部分联系起来了。事实上，在 A 部分，价格变化已经实现了均衡。如果我们借助供给曲线与需求曲线来分析，逻辑就更加清晰地呈现出来。以香槟酒的价格为例，新的价格是均衡的，是成功的营销活动促成“需求的增加”决定的。这在图 1.1 中表现为需求曲线右移，从 D 移动到 D'，从而均衡点沿着供给曲线向右上方移动，从原来的 E 点移动到新的 F 点，最终新的均衡价格为 P_1，仍然高于旧的均衡价格 P_0。由于新的供给与需求重新达至平衡，因此价格不再变动，而且“供给量”与“需求量”也不再变动。因此，在这个例子中，A 的过程是不可能导致 B 的过程出现的，两者是独立的。

换一个角度，我们可以将这个问题分为两个步骤来理解：最开始，当营销活动实现“需求的增加”时，需求曲线从 D 右移到 D'，在原有价格水平 P_0 上，出现供不应求的现象，需求量为 Q_2，大于供给量 Q_0，这表明原来的价格 P_0 不再是均衡的；于是，市场机制发生作用——供不应求促成价格上升，而随着价格的上升，“供给量”沿着供给曲线 S 增加，从 E 增加到 F；“需求量”沿着新的需求曲线 D'减少，从 C 减少到 F，但是相对于 E 而言，仍然是增加的。要知道的是，比较这两个步骤，首先有“需求的增加”——整个需求曲线的移动，然后有“需求量的减少”——沿着新的需求曲线进行，后者并未抵消前者的变化。因此，最终的结果是，均衡价格上升了，均衡状态的供给量与需求量也增加了。

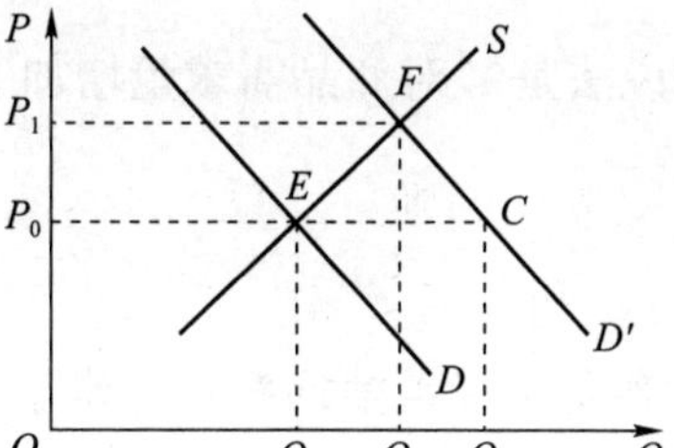

图 1.1　供需关系分析

这个例子清晰地画出了普通人士和专业人士的界限。在日常生活中，人们的思考不总是完全符合逻辑，用词也不会完全严谨，也缺乏辅助表达的有效工具。理论的出现解决了这些问题。在日常生活中，人们对于相同的现象会有不同的叫法，也会赋予不同的内涵，即从不同的角度来描述同一个现象。即使不同的人使用同一个叫法时，乃至同一个人在不同的场合或同一个场合的不同时间描述某个现象或使用某个叫法时，其着重点也是不同的，内涵也在发生变化。在使用概念描述现象时不够准确，不能前后一致，不能抓住实质，这就是所谓的“偷换概念”，会导致在思考和讨论时逻辑混乱，会导致虚假的循环论证，自己把自己绕进去了而不自知，或者知道出现问题，但是不知道问题在哪里。例如，在描述和成本相关的现象时，或者称之为成本，或者称之为费用，或者称之为代价；其含义则或者指机会成本，或者指历史成本，或者指会计成本；有时包含隐形成本，有时又仅指显性成本。而在上述案例里，普通人在说明需求和价格关系时，常常要将价格变化引起的“需求”方面的变化和收入或者其他商品价格变化引起的“需求”方面的变化混为一谈，从而导致了逻辑分析不能前后一致，在思考过程中偷换了概念。

经济学同所有理论一样，根据分析需要确定了必要的专业术语，并给予严格的定义，在上述案例里就是区分了“需求的变动”和“需求量的变动”，从而让人们在分析问题时避免逻辑错误。由于需求和价格的关系涉及多条逻辑线索，有可能陷入循环论证，因此借助数学工具就更为重要了，例如利用函数方程来分析，或者利用曲线来分析，那就一目了然了。这说明，经济学理论是一套不同于普通人思维，比普通人思维更为严谨的语言体系。它反映的是人们思维中正确的部分，同时也教导人们清晰地知道并坚持这个正确的部分。学习经济理论就是把普通人训练成专业人士。因此，当你说“价格下降引起人们对商品需求增加”时，作为普通人这个说法是对的，但是作为经济学专业的学生，这个说法是错的，正确的说法是“对商品需求量增加”。

问题讨论

(1) 利用上述逻辑，你是否可以尝试解释《华尔街日报》专栏作家的逻辑错误呢？

(2) 思考一下，为什么要区分供给量的变动与供给的变动，以及需求量的变动与需求的变动？

(3) 由这个例子思考，一项理论的目的到底是什么？

(4) 受过训练的专业人士与未受训练的普通人士的区别在哪里？

理论提示

(1) 任何一个学科都是由各种理论构成，掌握了理论有助于避免犯低级错误。

(2) 均衡价格论。

(3) 均衡的变动，供给的变动与供给量的变动，需求的变动与需求量的变动。

1.2 农产品缺乏弹性的后果：谷贱伤农

案例内容

那些戴旧毡帽的大清早摇船出来，到了埠头，气也不透一口，便来到柜台前面占卜他们的命运。“糙米五块，谷三块，”米行里的先生有气没力地回答他们。

“什么！”旧毡帽朋友几乎不相信自己的耳朵。美满的希望突然一沉，一会儿大家都呆了。

“在六月里，你们不是卖十三块么?”

“十五块也卖过，不要说十三块。”

“哪里有跌得这样利害的!”

“现在是什么时候，你们不知道么？各处的米像潮水一般涌来，过几天还要跌呢!”

刚才出力摇船犹如赛龙船似的一股劲儿，现在在每个人的身体里松懈下来了。今年天照应，雨水调匀，小虫子也不来作梗，一亩田多收这么三五斗，谁都以为该得透一透气了。

哪里知道临到最后的占卜，却得到比往年更坏的课兆!

这段文字出自叶圣陶的《多收了三五斗》，描绘的是20世纪30年代旧中国江南一群农民忍痛亏本粜米，在丰年反而遭到比往年更悲惨的厄运，它所反映出来的实际上就是人们平素所说的“谷贱伤农”。

案例分析

“谷贱伤农”出自《汉书·食货志上》：“籴甚贵伤民，甚贱伤农；民伤则离散，农伤则国贫。”

2004年，广东的荔枝大丰收，全省荔枝产量创历史最高纪录，接近100万吨。然而，伴随着大量荔枝的上市，荔枝价格越来越低，价格最低时甚至每千克不到1元钱，果农因此大受伤害，甚至不再采摘荔枝进行销售，任其烂在田间地头。2009年江南几省橘子大丰收，可每千克价格仅0.4元。2011年北京、河北、山东等地蔬菜迎来了大丰收，但随之而来的却是蔬菜价格的一路狂跌，山东省的大白菜价格狂跌至每千克0.12元，而2010年大白菜收购价为每千克0.7~0.8元；山西省吕梁市岚县的土豆往年的收购价能达到2.3元/千克，而2011年每千克0.8元都乏人问津，很多农民种菜的成本几乎都收不回来，大量农户陷入困境。2020年，湖北阳新黄颡口镇沙港村全村400余亩①柑橘获得丰收，柑橘年产量达到300万斤，但由于受全国柑橘普遍丰产、市场饱和等因素影响，有80万斤柑橘滞销，无人问津，收购价格也从2019年的每斤0.7元下降至0.5元以下。

为什么农民在丰年反而会遭受损失？经济学用弹性的概念对这个问题做出了解释。弹性衡量的是在其他因素不变的情况下供给量和需求量对价格变动的敏感程度。人们对粮食的生理需求决定了粮食是一种必需品，其可替代性很低，因而粮食的需求价格弹性很小。从历史上来看，无论是哪个国家，其粮食生产都经历过丰年与灾年，粮价也都有涨有落，但人均粮食的消费量均未出现大起大落。这说明了一个问题，作为生活必需品的粮食，人们对其的需求通常不受价格的影响，也就是说粮食的需求量对价格的变化不是很敏感，需求曲线非常陡峭，缺乏弹性。其他农产品虽然“必需”程度不如粮食，但是需求价格弹性总体上也仍然处于极低的水平，消费者的需求对价格不敏感，不会因为价格下降而大幅度增加消费。

农民的收入取决于农产品的产量和价格。由于粮食的需求曲线缺乏弹性，粮价变动时，对粮食的需求会相应变动，但变动得不多。当遇上丰年，农产品的丰收使得供给曲线向右平移，与需求曲线形成新的均衡价格和均衡产量，由于需求曲线缺乏弹性，粮食均衡价格的下降幅度往往大于粮食的均衡产量增加的幅度，使农民面临增产不增收的窘境：丰收降低了价格，但是因为需求缺乏弹性，只有大幅度的降价才足以刺激需求增加以满足增加了的供给，从而形成新的均衡。

① 1亩=666.7平方米。

问题讨论

(1) 什么是需求价格弹性?

(2) 什么是供给价格弹性?

(3) 用供求曲线图表示"谷贱伤农"。

(4) 假如仅仅是某个县出现农产品丰收，会不会也出现"谷贱伤农"?

理论提示

(1) 弹性原理;

(2) 各种商品的弹性，如必需品、替代品等;

(3) 供给的价格弹性，需求的价格弹性，需求的交叉价格弹性。

1.3 弹性用来确定竞争程度：杜邦公司与反垄断

案例内容

杜邦公司是我们所熟悉的企业，它的很多产品都在市场上享有垄断地位。在20世纪80年代，杜邦公司生产的玻璃纸占据了市场约70%的份额。如果从这点来看，其无疑是垄断，虽然不是完全垄断，但是具有很高的市场影响力量(market power)。既然此产品具有很高的垄断力，那么就应该置于政府反垄断法的管制之下。要知道，现代市场经济与政府关系的一个要则是，如果市场是竞争的，那么一切事情由市场主导；如果一个企业对市场有垄断力，就需要政府介入对其进行限制、引导。于是美国司法部开始介入调查。

问题是，任何一个公司都不愿意受到政府的限制，都想自行其是。杜邦公司也是如此。面临美国司法部的调查，杜邦公司声称其所生产的玻璃纸没有太大的市场影响力。它确实在玻璃纸市场上占有很大的份额，但是玻璃纸作为一种包装材料，受到很多其他包装材料如牛皮纸等的竞争，因此，美国司法部应该考虑的是整个包装材料市场上的竞争状况，而不仅仅考虑其中的一种包装材料。看来杜邦公司的抗辩也有道理。

案例分析

在这个案例中到底应该听谁的呢？这时弹性概念就派上用场了。

它们争论的焦点是玻璃纸是否具有市场影响力，是否面临很大的竞争，至于这个竞争是来自其他厂家的玻璃纸还是牛皮纸，都没有关系。因此，问题就在于如何测度竞争。很简单，用弹性来测算。

第一，需求的价格弹性可以完成这一任务。价格弹性越大，表明市场影响力越小，垄断程度越小。即使只有一家公司，如果消费者对其产品并不过于依赖，则这种百分之百的市场“垄断”对厂家而言并无意义。其实这也暗含着另外的可能，消费者可以购买一种看起来不同的产品来替代它。如果只有一家粮商供给大米和面粉，价格太贵的话，消费者可以购买土豆或玉米来替代。如果有多家公司供给同一种产品，消费者的选择就更多，该商品的价格弹性也就更大：提价会将更多的消费者赶向对手。

第二，需求的交叉价格弹性更有用。交叉价格弹性越大，表明两种商品之间的竞争程度越大。如果杜邦公司提高玻璃纸的价格，导致牛皮纸的需求量大涨，则表明杜邦公司的玻璃纸和其他公司的牛皮纸之间竞争程度很高。

正是利用上述原理，杜邦公司测算了玻璃纸需求的价格弹性和交叉价格弹性，结果表明弹性很大，高于司法部设定的用来决定是否进行反垄断调查的弹性标准。

这个例子表明，理论有其用处，在实践中可以化身为一个具有可操作性的机制，如利用弹性系数来判断垄断程度大小。

此类例子不胜枚举。不妨再看一下美国文具超市巨头合并的例子。在 20 世纪 90 年代，美国的专业文具超市有三家连锁公司——OfficeMax、Office Depot 和 Staples——分别占据市场 46%、30%和 24%的份额。1996 年前后，OfficeMax 和 Office Depot 商议合并，并向美国联邦贸易委员会（FTC）——反垄断法的执行机构——提出申请。联邦贸易委员会认为，无论是 46%还是 30%的市场份额都已经够大了，再合并的话，就达到 76%的份额，那就更不能容忍了。可是拟合并的两家公司声称，在专业文具超市市场上，两家份额固然分别达到 46%和 30%的高度；但是文具销售的竞争是广泛的，不应局限于文具超市，还应该考虑文具超市来自其他大型综合超市如沃尔玛（Walmart）的竞争。如果从整个销售卖场来看，OfficeMax 和 Office Depot 的市场份额还是很低的。那么，到底是应该在专业文具超市的范围内考虑竞争与否，还是从大型综合超市的角度来考虑呢？这取决于各个超市——无论是专业的还是综合的——是否真的存在着竞争，而测度的方式只能是需求的交叉价格弹性：专业文具超市的提价是否会导致大量消费者转向综合性超市？这一次，测算的结果对 OfficeMax 和 Office Depot 不利：弹性非常小，表明竞争不成立。根据这个测算，FTC 驳回了他们的合并申请。

这些例子还阐释了经济学与管理学之间的界限。经济学将问题解释清楚，解释其内在的规律，解释其原因与后果；管理学则要解决这些问题。经济学提出各种各样的原理，管理学将这些原理运用于实践。经济学提出原则性的思路，管理学据此设计具有可操作性可以付诸实施的方案。正像马克思的一句名言所说："哲学家总是以不同的方式解释世界，而问题在于改变世界"。弄清楚弹性与垄断程度的关系是"哲学家"的事情，而反垄断则是管理学的事情。

问题讨论

(1) 为什么价格弹性可以测度垄断程度？

(2) 在这个例子中，你是否看出来理论是可以用于指导实际工作的？怎样才能将理论用于实际？

理论提示

(1) 弹性原理；

(2) 垄断与反垄断的理论；

(3) 原理与应用之间的关系；

(4) 经济学与管理学的区别。

1.4 需求价格弹性与税收转嫁：我国烟草税的调整对香烟产销的影响

案例内容

财政部 2015 年 5 月 8 日发布通知，自 5 月 10 日起，将卷烟批发环节的价税税率由 5%提高至 11%，税率提高了 6 个百分点，并按 0.005 元/支加征从量税。另据新华社报道，国家烟草专卖局消息显示，烟草行业的批发价格也将同步上调。

财政部公布的最新烟草税税率表显示：在生产环节，甲类卷烟的税率为 56%加 0.003 元/支；乙类卷烟的税率为 36%加 0.003 元/支；批发环节，卷烟的税率为 11%加 0.005 元/支；雪茄生产环节税率为 36%，烟丝税率为 30%。甲类香烟为每条调拨价格在 70 元以上，乙类香烟为每条调拨价格在 70 元以下的卷烟。

此次是我国时隔 6 年后再度调整烟草税。我国烟草消费税分别于 1994 年、

1998年、2001年、2009年进行过四次调整。2009年的调整中，在生产环节，调整了计税价格，提高了消费税税率，同时，卷烟批发环节还加征了一道从价税，税率为5%。

一位烟草公司的销售人员表示，此次调税将带来卷烟价格的上涨，烟草公司卖给零售商的批发价格平均上涨幅度在6%左右。

“从下周一开始，卷烟的价格就会上调，5月9日我们会出来一份价格上调的价目表。我现在了解的情况是，不同的卷烟调价幅度不同，有的在4%~5%，有的达到11%；上调的平均幅度在6%左右。”上述销售人员称。

“以零售指导价为10元一包的烟来说，烟草公司卖给零售商的价格大概是8.8元一包，烟草税上涨后，烟草公司的价格会在9.4元一包左右，零售商可能也会随之上调0.6元，在10.6元左右。”上述销售人员说，价格上涨会影响部分烟民，消费量肯定会减少。

据新华社报道，记者从国家烟草专卖局了解到，卷烟批发环节的消费税税率上调后，全部卷烟批发价格统一提高6%，同时按照零售毛利率不低于10%的原则，同步提高零售指导价。“我们测算，此次调整后，考虑到自然增长、结构调整等因素，2015年预计终端零售环节的卷烟平均价格比上年提高10%以上。”国家烟草专卖局经济研究所副所长李保江说，只有把烟草税率上调最终传导到消费者身上，其控烟的目的和效果才能显现。

烟草税率上涨一周以来，零售商纷纷立竿见影对香烟价格作出调整，上涨幅度在10%左右。例如，黄鹤楼的售价由15元涨到了16元或17元，中南海从20元涨到22元，硬中华由45元涨到47元或48元。总体来看，一般价格低于10元的香烟涨幅在0.5元左右，10至20元的香烟涨幅在1至2元，20元以上的香烟涨幅在2至3元。

烟店老板张先生告诉记者，从最近一周的销售情况来看，这次烟价上调对于烟民的“震慑”实则并不明显。“对于抽20元以下烟的人可能影响稍大一点，有的人会改抽跟涨价前价格差不多的烟，多数还是维持老习惯”。不少烟店经营者表示，多数人在得知涨价后都是抱着欣然接受的态度，认为“该抽还是得抽”。

当然，也有烟民在打过一番小算盘之后，决定通过改变购买习惯来节约开支。“我算了一下，以后一个月得多掏30到50元钱，所以正在考虑以后换稍微便宜点的烟抽。”上班族吕先生无奈地表示。

记者由此发现，对于这次因烟草税率上调而引发的烟价小幅上涨，对烟民的购买欲并未造成实质性的影响。相较于英国等地实施的高价政策，国内的烟价走的依然是“亲民路线”，远没到让烟民们望“烟”兴叹的地步。

不过，业内专家对此表示认可，认为采取烟草税价同步上调的手段进行控烟是一种国际趋势。据悉，世界卫生组织曾发布数据显示，烟草价格每增长10%，放弃吸烟的成年烟民增加3.7%，放弃吸烟的青少年烟民增加9.3%，这一数字在发展中国家还要翻一番。

资料来源：中国烟草税时隔6年再度上调，香烟将涨价10%以上，中华网，2015年5月9日。

香烟售价因税率上调普涨1成，多数烟民无视涨价，人民网，2015年5月18日。

案例分析

因为其成瘾性质，卷烟属于一种缺乏弹性的商品，有研究表明其价格弹性系数的绝对值在0到1之间，发达国家和地区的卷烟需求价格弹性相对欠发达国家和地区要低一些，世界卫生组织估算中国卷烟需求的价格弹性位于0.50至0.64之间。

既然卷烟的需求缺乏弹性，消费者对于卷烟价格的变动不敏感，那么增加的税收将主要由消费者来承担，消费者负担加重将减少对卷烟的消费，这是卷烟消费税调整所声称的目的。然而，历年卷烟消费税调整的结果，不仅没有减少卷烟的总消费量，反而出现了量价齐升的局面。根据国家烟草专卖局公布的数据，2001年全国卷烟批发每条均价为27.92元，2009年上升为64.31元，年均增长率为10.99%。而全国卷烟销量由2001年的3 276.5万箱增加到2009年的4 547.5万箱，年均增长率达到了4.18%。1981—2009年烟草税收年均增长率为16.1%，2009年全国烟草税收达到3 881.4亿元，是1981年的64.8倍。2013年，烟草行业实现税利9 559.86亿元，新增910.47亿元，增长10.53%，上缴财政总额8 161.22亿元，新增近1 000亿元，增长13.9%，利润率为15%。2018年，烟草行业实现工商税利总额11 556亿元，同比增长3.69%；上缴国家财政总额10 000.8亿元，同比增长3.37%。2019年，烟草行业实现工商税利总额12 056亿元，同比增长4.3%，上缴财政总额11 770亿元，同比增长17.7%。2020年，全国烟草行业实现工商税利总额12 803亿元，同比增长6.2%，上缴财政总额12 037亿元，增长2.3%。2021年，烟草行业实现工商税利总额13 581亿元，同比增长6.08%，上缴财政总额12 442亿元，同比增长3.36%。

这表明，价格不断提高并没有抑制香烟的消费，烟草消费税的提高对于减少卷烟消费量的效果是有限的。究其原因，香烟消费因为其成瘾性而对价格变化不敏感，需求价格弹性系数是小于1的。这里的小于1又分为两部分：对吸烟者而言，几乎不会因为涨价而减少香烟消费量，当然有可能调整所消费香烟的档次；对尚未成瘾的潜在吸烟者而言，可能有部分放弃进入烟民群体。因此，总体上香烟需求的价格弹性系数介于0到1之间。由此带来的结果是：第一，税收上调的负担绝大部分由消费者承担；第二，香烟的产销总体上并没有大的变化。

那么，这样的结果是不是与政策制定者的初衷相悖呢？应该不是这样的。表面上看，香烟征税是为了抑制香烟消费，但是实际上征税或增税的主要目的是财政税收，政策制定者其实非常清楚，正如上面的分析逻辑所指出的那样，增税是无法抑制香烟消费的；而且，既然需求价格弹性小，那么提高税率就可以增加税收，因为就算税率提高带来产销减少，其程度也大大低于税率的提高。

虽然增税总体上对香烟的消费影响有限，但是这种影响也要区分不同的情况来分析。一方面，如果征收的是从价税，那么提高税率对高价烟的影响要大于低价烟，其原因是高价格区间的需求价格弹性是要大大高于低价格区间的，而之所以如此又是因为高价格意味着消费开支在收入中占比较大。另一方面，增税导致的价格提高对阻止青少年成为烟民作用更大，在发展中国家作用更是翻倍，这也是因为他们收入不高，从而香烟消费开支占比较大，所以他们对香烟需求的价格弹性相对较高。这两方面在前面的案例中都有体现。

卷烟消费税的调整带来的另一个结果就是卷烟供求结构的调整。1994年，国家开始“分税制”改革，将之前对所有行业统一征收的60%的产品税改为增值税，卷烟按出厂价征收40%的消费税。这一改革促使企业转向生产高档卷烟，因为高档卷烟价格高，能为企业带来更多的利润，因而市场上高档卷烟供给增加，而低档卷烟供不应求。1998年国家调整了卷烟税率结构，在原来40%税率的基础上，高档卷烟的税率增加了10个百分点，而低档卷烟的税率减少了15个百分点，税收政策的这一调整促进了低档卷烟的生产与供给，生产高档卷烟的企业利润下滑。2001的税改采取了从量与从价相结合的复合计税方法：高档卷烟的税率下降5%，低档卷烟的税率增加5%，与此同时，每5万支卷烟加征150元的定额税。这一税收新政加重了烟草企业，特别是生产低档卷烟的中小企业的税负，生产低档卷烟的中小企业大量倒闭破产，市场上低档卷烟的供给减少。2009 年的税改依然保留了从量与从价相结合的复合计税方法，但提高了征收的税率，调整之后，高档卷烟的税率增加了 16%，低档卷烟的税率增加了 11%。

问题讨论

(1) 不断提高烟草的消费税税率是否能够有效抑制香烟消费？是否能够有效阻止青少年成为烟民？为什么？

(2) 香烟消费税税率提高会带来多大程度的无谓损失？

理论提示

(1) 税收转嫁原理及其与弹性的关系；

(2) 税收的无谓损失及其与弹性的关系；

(3) 需求价格弹性因为价格高低而不同；

(4) 需求价格弹性因收入高低或该商品支出占比而不同。

1.5 弹性在营销中的运用：大众汽车如何反“薄利多销”而为，做到了“提价多销”？

案例内容

今天在很多城市，我们可以看到女车主驾驶着大众的甲壳虫汽车。这款汽车确实很成功，要知道其最早推出是在 20 世纪 50 年代。在 20 世纪 50 年代至 60 年代，德国大众公司为了将甲壳虫汽车打入美国市场，着实费了一番努力，他们利用了需求价格弹性的原理：需求价格弹性与价格高低有关——价格越高，弹性越大，价格越低，弹性越小；薄利多销出现在需求价格弹性很低时，即低于 1 时。刚开始进入美国市场时，大众公司将价格定为 800 美元，然后逐步提高价格，1964 年提高到 1 350 美元。这个战略为甲壳虫汽车打开了市场。

案例分析

最初大众将甲壳虫汽车定价 800 美元一辆，这大大低于当时竞争对手的价格。在这个价格水平上，尽管销售量很大，但是总销售收入是很低的。我们经常说的薄利多销原则，大众公司并没实现：虽然销量很大，但是收入很少。这是因为在很低的价格水平上，需求的价格弹性是很小的，是缺乏弹性的，因此做不到薄利多销。那么大众公司犯了错误？没有！它着眼于长远的利益，希望庞大的销量能够将甲壳虫汽车的高品质在汽车用户中广为传诵。结果它做到了。因为价格很低，所以当大众公司不断提高价格时，虽然销量可能会减少，但是销售收入是增加的。记住，此时的需求价格弹性是小于1的，是缺乏弹性的。到1960年，大众公司将价格提高到1 250美元，到1964年，又提高到1 350美元。在这个增长过程中，其销售收入一直在增加。换言之，这种策略不是薄利多销，而是“多”利多销，是“提价多销”。在价格弹性低于1时，是可以做到提价多销的；而在价格低时，价格弹性是低于1的。

显然，随着价格的不断提高，需求价格弹性会不断上升。当价格过高时，再提高价格就不能做到“提价多销”。大致而言，1 350美元大约是这样的转折点。那么，是否就不能再提价了呢？不是！如果需求曲线不右移的话，那么1 350美元确实是需求价格弹性由小于1变成大于1的临界点。但是，正是因为50年代的低价策略，甲壳虫汽车培养了大量的客户，这些客户口耳相传，将甲壳虫汽车的优良品质传诵到整个汽车市场，由此导致甲壳虫汽车需求量大幅增加。在图1.2中即表现为需求曲线向右边移动。这表明，在1 350美元的价格水平上，因为需求的增加，需求价格弹性再次变小，因此，又可以采取提价策略了，而且不影响销售收入增加。事实上，随后的几年里，甲壳虫汽车又先后提价至1 500美元和1 800美元。

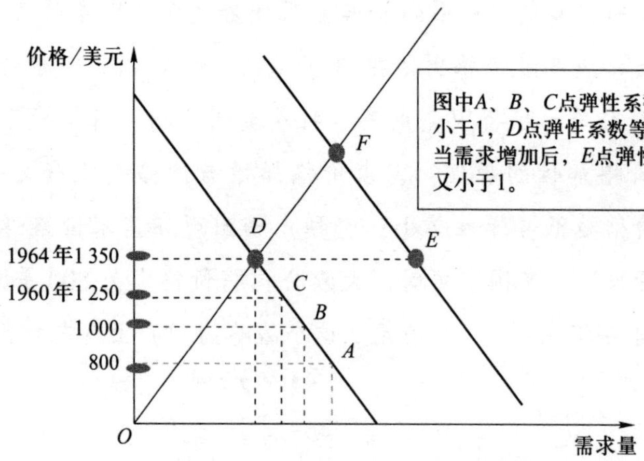

图1.2 甲壳虫汽车的需求与弹性

问题讨论

(1) 需求价格弹性与价格水平之间可能是什么样的关系？在甲壳虫汽车的

例子中，它是什么样的关系？这种关系是否普遍存在？

(2) 对大众汽车公司而言，要想实现既定销售战略，它需要做哪些与微观经济学有关的工作？

理论提示

(1) 需求价格弹性；

(2) 弹性与销售收入之间的关系；

(3) 需求函数与需求曲线。

1.6 市场均衡价格论的意义：科研新品种葡萄如何确定价格

案例内容

2003 年 8 月，4 个人进入北京农林科学院林业果树研究所葡萄研究园内偷摘葡萄约 47 斤（1 斤为 0.5 千克）。殊不知此葡萄系科研新品种，偷葡萄者的行为导致研究所研究数据断裂。北京物价部门对被偷的葡萄评估金额为 11 220 元。当时有三人被批捕，另外一人因年龄未达到 16 岁以及情节显著轻微而释放。此案引起广泛争议，参与讨论的民众也非常矛盾，因为偷葡萄者为外地进京务工人员，是人们一直关心的群体。到最终判处时，葡萄的价值回落到 376 元，每斤 8 元，3 名务工人员被无罪释放。2012 年 7 月 2 日，同样的事情在郑州上演，只是这次是桃而不是葡萄。有三个人到中国农业科学院郑州果树研究所偷桃，总共偷了约 30 斤，涉及品种约 15 个。据称该所共投入 200 万~300 万元培育这些新品种桃子，其中有的桃子研究培育历时 13 年。

案例分析

这两个例子中，法律上如何处置不是经济学要考虑的，但是法律处置要考虑到葡萄和桃的价值。如果是普通的葡萄或桃，那也简单，按市价即可。可是这是科研实验用的葡萄和桃，一方面科研人员连续多年投入巨大费用，另一方面，如果成功投产，则可获得巨大收益。那么，价格应该怎么定呢？这正是微观经济学研究的核心。

如果仅仅看到葡萄或桃的前期巨大投入而认为其价格高昂，这就落入到生产费用价值理论的窠臼，因此是错误的，对偷窃者——在这里是“交易的购买方”——不公。现实中有很多类似的例子，因为宠物遭遇车祸而寻求巨额赔偿，根据购买宠物时的原始花费和后期投入要价，或者认定宠物和自己产生了情感而要价，都是基于“生产费用价值理论”，显然是对“交易的购买方”——肇事者不公的。

而如果采信科研人员的说法，这些品种会在将来形成巨大的收益，因此其价格应按照未来的预测市价确定，这符合供给与需求共同决定价格的理论。当然，此时的问题是，预测是否正确，对未来市场供给与需求的判断是否正确。按后一种说法，又会衍生出另外一个问题：如果因为偷窃导致实验中的葡萄或桃数据丢失，致使整个实验中断，或者需要额外投入资金才能接续实验，那么葡萄或桃的定价就应该包括这个损失。但是再一次提醒，这个损失也应该由市场供求来估价。

尽管科研人员的说法代表着“市场供求均衡价格论”，但是还应注意的是，必须是竞争市场下的供求均衡。如果新品种形成某种垄断，据此形成的价格（估算）是错误的，用经济学的语言说，正确的价格应该是接受了政府管制、符合相关法律的。

从上述例子中可以得到微观经济学的基本结论：着眼于商品“价值”，会有很多争论，难以达成一致，如果着眼于“价格”，则容易找到争议双方也即交易双方的交集——价格是具有可操作性的。我们认为正确的劳动价值论在西方行不通，生产费用价值论也只考虑了交易的一方——供给方，而不会被另外一方——需求方接受；效用价值论则有可能低估也可能高估供给方的付出。由于这些原因，市场定价才是双方都接受的；而通过竞争，能够使得交易双方的要价向中间趋近。

回到上述案例中，最终判处时，葡萄的价格不再是估价 11 220 元，法官接受了每斤 8 元共 376 元的估价。如果每斤 8 元的估价是基于当时市场行情，并充分考虑了新品种（价格会更高）特性，按微观经济学原理，这是一个正确的方向。

从这个例子里可以看出，解决法律纠纷不仅依赖法律工具，也依赖纠纷标的所属领域的专业知识。当控辩双方关于赔付价格有了巨大分歧时，需要有一个合理的理由让法官或仲裁者采纳，这个合理的理由应该同时符合法学精神和经济学原理。在这个案例里，竞争均衡价格论的说服力超出了目前我们能想到的其他所有理由。

但是这里面还有一个问题：由偷窃引起的“交易”是由偷窃方强迫进行

的，不是受害方自愿参与的。你怎么看这个问题呢？

问题讨论

(1) 一个商品的价格到底由什么力量决定？

(2) 什么样的定价机制是你能够接受的？

理论提示

竞争市场条件下的供求均衡价格理论。

1.7　供求均衡价格论：经济学家“大脑”的价格

案例内容

经济学家编了很多笑话自嘲，其中之一是关于大脑买卖的。话说在一个小岛上，人脑非常值钱，同时又根据不同职业，价钱各不相同。一天，美国经济学家代表团到访该岛，参访活动之一是考察当地市场。他们发现，不同职业中，科学家大脑价格高于医生，医生大脑价格高于律师，律师大脑价格高于会计师，如此等等。他们认为，这个价格与美国各个职业的市场基本一致。可是，他们惊异地发现，经济学家大脑价格居然是所有大脑中最昂贵的。同时，他们早已经了解到，这个小岛经济学家人数远多于上述各个领域专业人士。因此，他们很为这个发现兴奋：在经济学家如此之多的情况下，大脑还如此高价，这说明经济学家很有市场，很有价值。我们知道，经济学家非常注重实证分析，因此要将刚才的猜想加以检验。于是他们询问陪同的当地人。当地人回答说，小岛确实有众多的经济学家，但是其大脑昂贵不是因为市场需求量大，恰恰相反，市场需求量很小。美国经济学家继续问，既然如此，那么为什么经济学家大脑还这么贵？当地人的进一步解释让他们窘迫不已：这是因为，虽然需求量小，可是经济学家大脑供给更少，因为每一个经济学家供给的大脑不到其他人的一半。

案例分析

这个自嘲的例子解释了供给与需求相互作用决定价格的机制。

如果供给旺盛而需求不足，那么价格就低廉，例如丰收时的农产品；如果供给稀缺而需求巨多，那么价格就昂贵，例如有机或绿色食品、高端矿泉水等；如果供给和需求都旺盛，那么价格高还是低就取决于两者的对比，例如瓜果价格在刚上市时高，然后会降低；如果供给和需求都不足，那么价格高还是低也同样取决于两者的对比，例如奢侈品价格很高，而不少野菜价格很低。

案例中经济学家大脑就属于上面第四种情形：虽然需求很少，如果供给更少，价格依然会很高。当地并不待见经济学家，对其需求很少，但是因为脑容量更少，结果物以稀为贵，因此大脑价格高于其他专业人士。

从寓言回到现实世界，奢侈品类似于案例中的经济学家大脑。某品牌的包动辄以十万元计的价格并不是因为消费者对它的需求多，而是因为它是限量供给。对它的需求还能多过粮食需求、水果需求吗？再如钻石也是如此。钻石的需求远远低于人们对水和食物的需求，可是钻石供给非常稀少，因此其价格要远远高于水和食物。可是，如果是在沙漠中，当人们短时期很难逃离时，钻石就不值钱了，水会变得最为昂贵。这是因为，供求发生了改变：相对于需求而言，水的供给要远远少于钻石。

问题讨论

（1）是否所有的价格都可以在供求均衡价格论的框架下讨论？

（2）怎样理解价格是由供给与需求双方共同决定的？

理论提示

（1）供给；

（2）需求；

（3）均衡价格。

1.8 蛛网理论：从疫情期间的猪肉价格过山车看理性与均衡是否存在

案例内容

2020年以来，猪肉价格可谓经历了过山车般的跌宕起伏。受非洲猪瘟和新冠肺炎疫情的双重影响，2020年国内猪肉价格不断攀升，经历秋季短暂回落之后，再次返回到了上升轨道。2020年12月30日，全国生猪出场价格已达每千克35.06元，猪粮比价为13.18∶1。2021年，全国生猪价格经历年初小幅波动后开始出现大幅下降，6月23日全国生猪出场价格已跌至每千克14.10元，为两年来最低价，较去年底跌幅达59.78%，猪粮比价为4.90：1，已进入过度下跌一级预警区间（低于5：1）。然而，6月23日至29日，生猪价格连续上涨，出现了持续反弹的迹象。

回顾2021年年初以来的猪肉价格下跌，供给恢复或为主导因素。2018年非洲猪瘟疫情的发生，让不少养猪户和企业暂停补栏，导致了生猪产能下降。伴随着非洲猪瘟防控的逐步加强，生猪产能得到快速恢复。截至2021年1月，全国能繁母猪存栏量实现连续16个月增长。为在价格高点及时盈利，且对猪肉价格预期过于乐观，2020年年底部分养猪户和企业急于出栏，造成生猪供给短时增加，由此引致的价格持续低迷，使得养猪户和企业迟迟不愿出手，以至于大量标猪长成了肥猪，只能于2021年上半年被迫出栏。与此同时，2020年为应对猪肉市场供给不足，中央储备冻猪肉全年投放38次，累计投放量达67万吨。另外，2020年通过进口猪肉缓解供给偏紧局面，全年共进口439万吨，同比增长108.25%，2021年1—5月进口量不减反增，达196万吨，同比增加13.70%。

出栏量的增加、国家储备冻猪肉的大量投放以及猪肉进口量的激增使国内猪肉供给逐渐恢复，2021年上半年的价格下跌，正是对2020年以来国内猪肉市场供给能力大规模释放的集中反应。从需求侧看，春节后进入消费淡季同样也是价格持续下跌的重要原因。

半年来的价格下跌，让不少猪企陷入深度亏损，养猪户开始抛售退场，甚至部分头部猪企也提前开始减少存栏量，因此，猪肉市场近期在供给端面临一定程度的收缩。另外，六月末伴随着毕业季的到来，全国餐饮消费市场进入活跃期，在供需双方的作用下，近期猪肉价格开始出现小幅反弹。

卖出一头猪要亏1 500~1 800元，这是河南养猪户李梅没有预料到的。2020年，一头猪能赚2 500~3 000元，激发了李梅的养猪热情。即便是在仔猪价高达1 600~1 800元/头的情况下，她还是毫不犹豫外购了一大批仔猪回来育肥，期待来年大赚一笔。2021年6月份，眼瞅着出栏的时间已经到了，市场给出的收购价却不足14元/千克，不仅赚不到钱，反而要亏钱。李梅告诉记者："如果按照这个价格卖出去的话，一头至少要亏1 500块。"

目前，李梅的猪场里大概还有300多头猪，几乎都是在2020年年底行情好的时候购入的，那也是她第一次将养殖规模从100头提高到了300头。那时候，单单是购入一头仔猪，就意味着已经产生了高达1 600~1 800元的成本。

李梅告诉记者，“前两年很赚钱大家都知道，但是今年突然一下跌了，真是没有想到。”2021 年 3 月份的时候，李梅还在和身边大多数养殖户一样，对 2021 年下半年的市场抱有不错的预期，但是没成想，到 5 月，猪价便开始崩盘。李梅说：“这等于辛辛苦苦大半年的时间，没有赚钱，还在倒赔钱。”

李梅告诉记者，所有养猪户都清楚知道猪周期怪圈，尽管如此，依旧绕避不开这种“规律性伤害”。

所谓猪周期，是一种经济现象，指“价高伤民，价贱伤农”的周期性猪肉价格变化怪圈。猪周期的循环轨迹一般是：猪肉价格下跌→养殖户大量淘汰母猪→生猪供应量减少→肉价再次上涨→养殖户来大量补栏→母猪存栏量大增→生猪供应剧增→猪肉价格再次下跌。

一位资深生猪研究人士告诉经济观察报记者：“养猪是个技术活，也考验养猪人的眼光和对行情的判断力，但搞养殖业最忌盲目跟风一拥而上，因为大量的资金和人员涌入一个行业必然会导致需求过剩，最终猪价下跌。而最终受伤害最大的还是那些盲目冲进来的人。”

资料来源：南财快评：如何看待猪肉价格波动的趋势？新浪财经，2021 年 6 月 29 日。

养猪户卖一头猪至少亏 1 500 块，探寻猪价涨跌“密码”，新浪网，2021 年 7 月 3 日。

案例分析

这个案例涉及供求均衡和蛛网模型，也涉及动态分析。在 2020 年，由于生猪供不应求，因此价格大涨，2020 年 12 月 30 日，全国生猪出场价格已达每千克 35.06 元；到了 2021 年，由于养猪户增加养猪数量，导致 5 月份生猪出栏数大增，供过于求，价格坍塌，6 月 23 日全国生猪出场价格已跌至每千克 14.10 元，为两年来最低价，较 2020 年年底跌幅达 59.78%。这就引来三个问题：

第一，2022 年价格会怎么变化？2023 年和 2024 年呢？可以肯定，因为 2021 年的价格是让养猪户亏损的，所以出于利益的考虑，经过审慎的计算，2022 年的价格几乎一定会上涨。说“几乎”是因为，理论上也有下降的空间。其一，按照蛛网理论模型，生产者根据现期价格预期未来价格，再极端一点，认为现期价格会维持到下一个时期，他们就会减少生猪的存栏数，那么 2022 年生猪价格就必然上涨。其二，就算不按照蛛网理论的假设，假设养猪户不会愚蠢到认为 2021 年的低价会延续到 2022 年，他们至少也要考虑到养猪户减少和生猪存栏数减少会带来的供不应求。因此，仍然会有养猪户继续养猪，甚至会按照高于 2021 年的价格来判断成本收益。这就意味着，2022 年的生猪供给会增加。这种供给比蛛网模型条件下的供给要多，但是低于 2021 年年底的供给，因此价格仍然会上涨，只是没有蛛网模型所分析的那种上涨程度。其三，养猪户很可能会想，2021 年价格低，因此大家都没有积极性了，会减少存栏数，那么 2022 年价格就会上涨，因此应该扩大生产。当所有养猪户都这样想时，2022 年的生猪供应仍然充足，从而价格仍然保持在 2021 年的低价上。

如果蛛网理论属实，那么 2022 年价格会上涨，2023 年价格会下降，生猪价格呈现出围绕“均衡价格”波动的态势。是离均衡点越来越近，最终收敛于均衡价格，还是越来越远，呈发散的趋势，这就取决于供给和需求的价格弹性了。如果供给价格弹性小于需求价格弹性，那么就会收敛，最终会回到均衡价格上；如果供给价格弹性大于需求价格弹性，那么就会发散，实际价格不断波动，且波动幅度越来越大；如果两者相等，那么实际价格呈现出一种闭环波动的格局，离均衡价格始终保持特定的距离。

第二，2020 年和 2021 年是均衡价格吗？从书本的解释看，它是非均衡的价格，因为在回到均衡点之前，价格会不断一上一下地波动。但是，从理论上说，各年不断波动的价格仍然是当年的均衡价格，但是偏离了长期均衡价格。在图 1.3 中，假设 2020 年供给量在 A 点，那么价格可以提高到 B 点。按照蛛网模型，生产者认为来年价格仍然保持在 BC 一线，因此其供给量增加至 C 点。但是，到 2021 年时，生产者发现，根据需求曲线，要把 C 点的供给全部卖出去，价格必须降低到 F 点。看上去 F 点离 E 点甚远，但是请注意，这是生产者在当时“生产”过剩情况下愿意收取的价格，因此根据 F 点的价格，生产者愿意“供给”Q_F 数量的产品，把过剩的产量卖出去。这表明，他的短期即时供给曲线不是 S，而是 S'。因此，F 点是一种短期均衡情况。退一步说，说 F 点价格不均衡很难和定义对上：既然不均衡，为什么它当年维持在那个位置不变呢？因此，可以说 F 点是短期均衡，不是长期均衡。

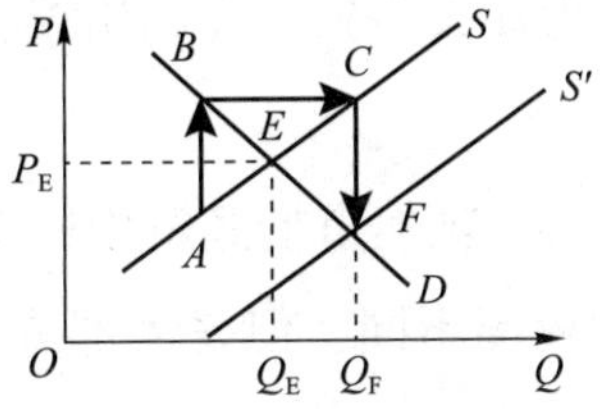

图 1.3　供给需求曲线

需要说明的是，书本里的解释和我们在这里的解释都对，区别在于两处采取了什么样的方法，它们所反映的事实是完全一样的，也都做出了很好的解释。读者需要掌握的是，应该按照哪个理论来解释更符合自己的逻辑。

第三，蛛网模型到底是否现实？这个很难说。就如同问经济学的理性假设是否现实一样。在案例中，李梅告诉记者，所有养猪户都清楚知道猪周期怪圈，尽管如此，依旧绕不开这种“规律性伤害”。所谓猪周期，是一种经济现象，指“价高伤民，价贱伤农”的周期性猪肉价格变化怪圈。猪周期的循环轨迹一般是：猪肉价格下跌—养殖户大量淘汰母猪—生猪供应量减少—肉价再次上涨—养殖户倒过头来大量补栏—母猪存栏量大增—生猪供应剧增—猪肉价格再次下跌。但是，也有研究人士说：“养猪是个技术活，也考验养猪人的眼光和对行情的判断力，但搞养殖业最忌盲目跟风一拥而上，因为大量的资金和人员涌入一个行业必然会导致供给过剩，最终猪价下跌。而最终受伤害最大的还是那些盲目冲进来的人。”李梅眼中的养猪户是不理性的，研究人士提到的是市场经济中需要理性思维。

如果养猪户是理性的，那蛛网模型就不成立。养猪户既然认识到猪周期存在，为什么不考虑到猪周期之后再决定生产呢？比如先进行调研，通盘考虑来年可能呈现的供需状况。至少他应该想：如果我不生产，其他人和我一样不生产，那么明年生猪价格就会上涨，因此我要扩大生产；但是如果其他人也和我一样想，也扩大生产，那么价格就下降，那我还是不扩大生产……显然这是一个有难度的决策，此时经济学理论就能派上用场，让经济学家来帮忙预期和决策。

如果养猪户不是理性的，即如蛛网模型所假设的那样，简单而错误地把现在的价格当成未来仍然会保持的价格，那么蛛网理论的结论就会成立。

这样，第三个问题又引出一个经济学的终极问题：到底我们是否要假设养猪户是理性的呢？如果假设不存在理性，但是明明又出现了猪周期；如果假设理性存在，那没法解释他们为什么会犯明显的错误，明明知道有猪周期，还继续陷入旋涡中。

这个问题我们不妨这么看，虽然市场经济中的个体并不总是理性的，或者并不全是理性的，或者理性程度不同，但是大部分人在大部分时候是理性的，理性是个体的平均特点。因此，经济学就分析这种理性原理主导的选择行为，如消费决策和生产决策等；至于还有非理性的行为，就由另外的经济学理论加以分析，如行为经济学。另外，人们会从不理性学着变得理性，如果总是不理性，那就总是会犯错，就会被竞争淘汰，从市场中消失，市场上剩下来的就都是理性的人了。养猪户就是如此，如果不反思不学习，那只好退出生猪市场了。我们在20世纪80年代逐渐建立市场经济时，还有很多不理性的行为，但是随着经济发展、国际化和市场化，个体也都变得非常理性了。在20世纪80年代和90年代，猪周期在很多农产品市场上都存在，例如西瓜价格往往就是一年高一年低的交错变化，但是现在已经没有这个周期了，猪周期在国际上也并不存在。

问题讨论

（1）蛛网模型在20世纪80年代的教科书中还比较流行，很多外文教材都有介绍，但是现在的教科书就很少提及了。你是怎么看这个问题的？

（2）均衡分析方法能否用于分析案例中的猪周期？

（3）蛛网模型是否是以理性原理为基础的？

（4）蛛网模型是否现实？还有没有价值？

理论提示

（1）动态分析；

（2）比较静态分析；

（3）理性；

（4）均衡。

1.9 价格上限政策的影响：高铁旺季时的排队方式配给资源

案例内容

准备购买火车票的小伙伴注意啦！2019年5月22日起，12306网站和APP在前期试点的基础上，将铁路候补购票服务扩大到所有旅客列车。什么是候补购票服务？候补购票服务是指在通过12306网站和APP购票时，如遇所需车次、席别无票，可自愿按日期、车次、席别、预付款提交购票需求，售票系统自动排队候补，当对应的车次、席别有退票时，系统自动兑现车票，并将购票结果通知购票人。记者体验发现，当旅客在12306网站和APP购票，输入乘车日期、发到站等信息查询没有余票时，页面会在相关车次的席别余票显示列表中出现蓝色的“候补”字样。点击“候补”，字体颜色变成了橙色，同时系统将候补需求自动加入左下角“候补下单”列表中。在候补下单页面中，可以看见车次、出发到达时间等信息，并提示当前等待的位序，见图 1.4。

点击下一步，即可进入到候补订单页面，再确认好乘客信息和截止兑现时间后，即可提交订单并支付票款。如果在截止兑现时间之后仍未候补到车票，系统则会发起退款；如果候补成功，系统将自动出票。见图 1.5。

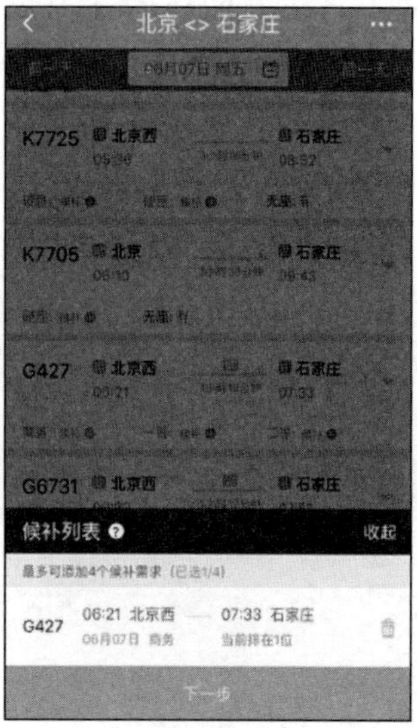

图 1.4 候补订票

图 1.5 候补订票（续）

目前，每位用户可提交 1 个候补订单，1 个订单中可添加发到站相同（可以是同城的不同车站）的 2 个相邻的乘车日期，每个乘车日期可添加 2 个不同“车次+席别”的组合需求。

资料来源： 官方“捡漏”神器来了！详解 12306 如何“候补购票”，北京日报客户端，2019 年 5 月 22 日。

案例分析

每到春运时，火车旅行一票难求，无论是高铁，还是普通列车，都是如此。但是飞机旅行相对好一点，总还是能买到机票，就是价格贵一些。再不行就买商务舱、头等舱。

放到二十年前，春运时购买火车票要么买黄牛票，价格翻了几番；要么通宵排队买票，仅仅是为了购买一张硬卧，用通宵排队换来一夜列车上的睡眠。到了 12306 问世，春节抢票时就得不断手动刷票，拼的是速度，然后各大抢票软件应运而生。再后来，2019 年 5 月 22 日，官网“抢票”解决方案上线：当有余票流出的时候，例如有人退票，或者是官方放票等，车票首先进入 12306 官网的候补池中，按照候补顺序，依次发票。如果候补发完后还有多余的票，才会放到余票池中，此时轮到第三方抢票软件大显神通了。

那么问题来了：从以前的通宵排队到现在的官网候补和软件抢票，买票的机制是不是变化了呢？完全没有！官网候补不就是排队吗？软件抢票同样是另外一种排队。

微观经济学研究资源的配置，即稀缺资源如何分配到各种产品的生产中，产品又如何分配到各个消费者手中。稀缺资源（产品）从生产方销售到购买方的配置有如下不同形式：

竞争市场机制：农贸市场上的粮食和副食品是以竞争市场机制通过供求调整价格，再通过价格引导生产和消费的方式分配到各个消费者手中。在这里，供给和需求双方都处于竞争之中。

垄断定价（卖方垄断）：电力、石油、列车运输的资源配置是通过垄断定价的方式完成的，其中民用电力市场和列车运输均只有一家企业，属于完全垄断，而石油公司有多家。在这里，销售方是垄断的（或者寡头垄断的），购买方是竞争的。

垄断定价（买方垄断）：发电市场上的电力供销也是以垄断定价的方式实现电力资源的配置的，其中发电厂是竞争性的，而购电的电网或电力公司则是垄断性质的。

垄断定价（买卖双方垄断）：动车车辆销售市场上买卖双方各只有一家企业，在定价时就不再是以市场竞争的形式进行，而是以议价的形式进行，动车生产企业与铁路运输企业之间的交易属于双方垄断。

价格歧视：航空公司在销售机票时，会在不同时段以不同价格销售。因此你在乘飞机时，落座后问问四周的乘客，会发现机票价格各不相同。这种价格歧视，买方必须具有一定的垄断性，从而握有市场权力。

价格控制下的配给：在计划经济时期，所有必需品的价格都是政府定价，没有市场供求调节，价格往往低于市场均衡价格，结果是供不应求。

上面提到的资源配置方式可以归为两大类：价格机制和非价格机制。价格机制又分为竞争市场、单一价格垄断和价格歧视三类。政府控制价格属于非价格机制，在案例中它采取了确定价格上限的方式。价格机制就是高价优先获得商品，非价格机制则是通过票证或者排队配给商品。

本章的内容是竞争市场下的供求均衡价格理论，也在此基础上讨论了市场受到政策干预时的结果。此处的火车票案例属于政府确定价格上限后的资源配置问题，这种配置一般叫做非价格配给。由于价格上限低于市场均衡价格，所以导致了资源或者产品短缺，此时该如何满足过多的需求，解决物资短缺呢？有两种方式：一是票证配给，二是排队购买。

票证配给就是配额，在计划经济时代非常流行，各种必需品都需要票证和人民币的结合才能购买到。粮食有粮票，食用油有油票，猪肉有肉票，白糖有糖票，即使是火柴或者牙膏，有时也需要按票供应。现在虽然是以市场的方式配置稀缺资源或产品，但是票证配给并没有完全退出。例如部分航空运输的航线就是由中国民航局分配给各个航空公司，并不完全是高价优先。而在特殊经济形势下，例如在新冠肺炎疫情防控期间，非价格配给就起到更大作用了，例如医疗物资不再完全由市场调节。即使是案例中的火车票的供应，铁路公司也会预留车票给特定的政府部门，这种配额就是票证配给的一种形式。

排队购买则更为常见。在计划经济时代，几乎无处不排队。例如，有市民为了购买平价排骨而凌晨早起，甚至要排队一两个小时才能购买到。在当今的市场经济中，也仍然有排队的现象，例如一些医院的热门科室或者专家门诊，需要排队才能挂到号。在12306官网上抢票也仍然是排队，只不过技术进步了，不需要到购票窗口排队，而是在官网上“排队”，由官网的算法来维持排队秩序，先来先得。想想看，如果在20年前，排队者人手持有一个号，到了售票窗口开门营业时按照手持号的序号购票，是不是就省去了排队的劳累了呢？而现在的互联网技术将这个“号”付诸实施了，大大提高了排队效率。同样地，软件抢票也是排队。

春运时购买火车票需要排队，但是购买机票和长途车票却很少要排队。原因是，机票和长途车票是由市场调节的，可以反映市场供求的变化。而火车票的价格则是固定的，其实就是政府干预将其价格固定了；即使在2002年前后列车实行春运票价浮动时，车票价格也没有完全反映市场供求变化，仍然带有价格上限的性质。

接下来的一个问题是，在春运期间，是按照火车票的“候补”购票或者软件抢票方式来配给车票好，还是像航空公司那样充分按照市场供求来调整票价随行就市好呢？这是一个资源配置效率问题，是本教材第七、第八章要讨论的，但不妨在此处提前分析。确切的答案是，非价格配给车票是没有效率的，因为并没有做到出价最高者获得车票，这也就意味着没有把车票配置到最需要且有支付能力的乘客手中；要知道，最需要而又有支付能力的乘客愿意出最高的价格。资源配置的结果很可能是，不那么迫切需要车票，仅仅是要利用假期到另外一个城市旅游的乘客抢到车票了，而需要回家与家人团聚的乘客，甚至是需要到另外一个城市就医的乘客，却没有及时购买到车票。当然，也许你会说，平价车票对工薪族友善。你说得对，但是你依据的标准不是效率，而是公平。效率和公平是两个不同的标准。效率是指稀缺资源是否配置到社会最需要的地方，从而实现最大价值。

总结一下，政府在控制价格以实现非价格配给稀缺资源时，有价格上限和价格下限两种形式。案例中的春运车票价格不能上浮，是被政府有关部门限制了的。价格上限带来的结果是排队或者票证。我国各地政府制定的最低工资属于价格下限。铁路公司在淡季时经常出现上座率低，未能满员运营，而仍然不向下浮动价格，这是铁路公司的自愿定价行为，不是受制于政府政策不得降价，因此并不属于价格下限。

问题讨论

(1) 什么是资源配置？一般而言，资源配置的方式有哪些？

(2) 政府对价格进行限制会带来什么后果？是否是有效率的？

(3) 春运期间仍然保持火车票价格不变，这个政策你是否赞成？利用经济学原理说明你的理由。

理论提示

(1) 价格上限；

(2) 均衡价格论；

(3) 排队配给；

(4) 票证配给；

(5) 效率与公平。

1.10 税收的负担：中美贸易摩擦谁买单

案例内容

联合国贸易和发展会议5日发布了一份关于中美贸易摩擦影响的研究报告。报告指出，自2018年年中美国对中国产品加征关税，至2019年第一季度，加征的关税都是由美国消费者和美国进口企业负担。美国政府希望通过加征关税使制造业回流美国的计划，也没有取得成功。

联合国贸易和发展会议5日发布的一份最新研究报告显示，自2018年年中美国开始对中国产品加征关税以来，至少在2019年第一季度前，加征的关税都是完全由美国消费者和美国进口企业负担。

报告作者联合国贸发会议经济学家亚历山德罗·尼西塔表示，根据相关数据，直到2019年第一季度，中国出口到美国的商品并没有降价。“由于加征了关税，所以进口到美国的部分商品的价格肯定就要增加。那么谁会为增加的这部分买单呢？可以说，直到2019年第一季度，都不是中国出口商，而是美国的进口商和美国的消费者负担了这部分费用。”

尼西塔指出，数据显示，2019年第二季度，中国出口到美国的被税商品，平均价格下降了约8%。这意味着中国出口商为了保持竞争力，开始承担部分关税费用。

记者查阅资料显示，至2019年6月，美国已对2 500亿美元中国商品加征高达25%的关税，所以中国出口商大约负担了1/3的费用。

报告指出，2019年上半年，受美国加征关税的影响，中国相关商品对美国的出口额减少了约350亿美元，但这些商品并不是全部由美国国内的产能替代了，其中超过60%，也就是210亿美元的商品只是转而从中国台湾、墨西哥、欧盟等地进口。

近日，芝加哥大学和美国联邦储备委员会的一项联合研究用“洗衣机的例子”来证明提高关税对消费品的影响。结果显示，自2018年1月美国对进口洗衣机加征关税以来，洗衣机的平均价格上涨了12%，美国消费者每年在洗衣机和烘干机上的支出增加了15亿美元，每台洗衣机要多花86美元，每台烘干机要多花92美元。

资料来源：联合国研究报告：美国对中国加征的关税主要由美国自己买单，国际在线，2019年11月6日。

案例分析

一般情况下，对商品征税，不管是对生产者或是供给者征收，还是在零售环节对购买者或消费者征收，税收负担都是由双方共同承担的，双方承担的比例取决于供给弹性和需求弹性。

美国对中国输美产品加征关税，这项关税会转嫁到销售价格上去。但是如果关税全部加在价格上让消费者承担，会引起需求量的减少，导致原来出口规模不能维持。而如果关税完全由中国供应商承担，维持出口价格不变，那中国供应商的税后价格就会骤减，导致中国供应商减少供应量。因此，关税只能有一部分加到价格上去，至于加多少取决于供应商的反应更剧烈，还是消费者的反应更剧烈。

就供给而言，我国对美国出口产品的供给价格弹性较小。我国输美产品是很难转销其他国家的，因为其他国家的市场是既定的，已经承载了来自中国和其他国家的商品输入。因此，一旦加征关税导致我国输美产品价格下降，供给减少只能是有限的。这就意味着只有大幅降价才能维持出口规模。

从需求而言，美国消费者对我国产品的需求弹性是很小的。我国输美产品规模庞大，品类齐全，关税主要涉及的领域和行业包括：化肥、大豆、海鲜（海产）、钢铁、铝合金、化工产品、建筑材料（工具、木材及玻璃产品）、太阳能电池板、服装纺织品和鞋、生活日用品（杂货、体育用品等）、家用电器（空调、洗衣机、一些电子产品等）、家具等，这些都是生活必需品，是其他国家难以替代的。因此就算关税转嫁到价格上，消费者也不得不接受，减少的购买量极其有限；尤其是在短期来不及调整需求结构时，需求价格弹性就更低了。

综合来看，我国输美产品的需求弹性应该是大于供给弹性的，因此美国消费者承受的关税负担要大于中国出口商。而且我们还看到，在加征关税的初期，绝大部分关税是美国消费者负担的，因为短期内消费者无法充分做出反应。一段时期以后，消费者开始寻找替代品，从而中国出口商负担的比重就增加了。

对中国出口商而言，一方面负担了一部分关税，另一方面出口减少了。对美国消费者而言，负担了更大比例的关税，购买到的商品数量还减少了。因此，如果从短期来看，关税造成了两败俱伤。

问题讨论

（1）为什么对中国出口商品加征关税，税收也会由美国消费者承担？

（2）如果中国输美产品有足够的来自其他国家的竞争，关税负担主要由谁负担？

理论提示

（1）征税的影响；

（2）税收负担的分摊；

（3）供给弹性；

（4）需求弹性。

第二章　消费者选择

一、基本概念与原理小结

1. 内容摘要

第一章对市场机制的运行做了一个高度概括的描述，接下来的各章是对市场的各个方面进行理论分析：分析需求方面背后的力量，分析供给方面背后的力量，分析厂商在不同市场条件下的行为模式——供给与需求的相互影响，要素的市场行为，市场是否有效率，等等。

本章（第二章）分析市场的需求方面：需求和影响需求的各种因素之间的关系是如何形成的。如果说，第一章分析了需求与价格、其他商品价格和消费者收入之间的关系，那么本章要分析的是为什么会有这种关系。第一章让我们知其然，第二章（和以后的各章）让我们知其所以然。

商品需求来自消费者，因此需要讨论消费者为什么要消费或需求商品。一方面，通过对市场的观察，微观经济学假设消费者是理性的，在经济活动中要寻求效用最大化，而商品消费带给消费者满足或效用。另一方面，由于社会或经济体普遍面临稀缺性的约束，在市场经济中体现为有限的收入和必须支付价格，因此消费者在消费活动中必须做出取舍。也就是说，消费者是在价格和收入的约束下，选择购买各类商品，以便让自己获得最大满足，即效用最大化。本章对这种行为模式进行细致的分析。

第一节分析消费者的效用，同时希望用效用函数的方法来分析需求规律背后的原因。

经济学用效用一词来说明消费者从商品消费中或从其他活动中获得的满足，是一个主观心理感受。通过对现实的观察或归纳，经济学发现存在着边际效用递减规律：在一个特定时期，随着消费量的增加，总效用增加，但是边际效用递减。那么如何测度消费者获得的效用呢？经济学史上先后提出了基数效用论和序数效用论。

基数效用论认为，人们从消费中获得的满足或效用有多大，可以用基数来准确测度，可以比较大小，也可以加总求和。序数效用论则认为，因为效用是一个主观心理活动，所以只能排序，不能准确比较大小。不过，在现代经济学引入数学工具后，从技术上说，也可以用基数来表达序数效用理论，只是这里的基数只起到其中所包含的序数部分的功能：具有大小排序的功能，但是不具有程度比较和加总求和功能。在现代西方经济学中，序数效用论已经取代了基数效用论成为唯一的效用理论。

进一步地，第一节还用基数的方法讨论了消费者如何在既定价格和收入前提下做出消费决策。这个思路非常简单：如果消费者从商品消费中获得的效用可以用基数来表达，我们就可以得到效用函数——消费者的效用来自他所消费的各种商品。同时，消费者面临着收入和价格的约束，这可以用预算方程来表达。于是，消费者的消费行为就表现为常规的最优化问题：如何在预算方程的约束下寻求目标函数——在这里是效用函数——最大化。求解的结果是，消费者的购买和消费行为应该保证实现这样的条件：每一个商品的边际效用和价格之比都应该相等。这个条件也可以表述为：所有商品的边际效用之比应该和价格之比相等。换言之，每一个商品带来的效用都应该和其价格相当。显然，没有人愿意消费效用很低但是价格很高的商品，也没有人愿意将消费停留在商品效用很高而价格很低的状态上。

根据上述理论，可以推导出商品价格变化引起商品消费或需求量反方向变化的结论。这是因为，当一个商品其价格上升（下降）时，只有减少（增加）其消费量，才会使边际效用也随之上升（下降），从而保证均衡条件继续成立。

第一节还根据上述理论推导出了消费者剩余：消费者愿意支付的价格——这往往是他获得效用的货币度量——与实际支付价格的差。

此后的第二至第四节用曲线的方式对第一节的理论进行了重新表述。其中第二节无差异曲线对应的是效用函数分析，第三节预算约束线对应的是预算方程分析，第四节则将二者结合起来寻求均衡点。要特别说明的是，第一节的理论与第二至第四节的理论是同一个问题的不同表述方式，两者之间没有任何实质的区别。虽然第一节看起来用到了基数，但是只用到了基数中的序数功能。如同你在中级微观经济学乃至高级宏观经济学里可以进一步深入了解到的，基数形式的效用函数完全可以用来表述序数实质的效用论。

第二节讨论无差异曲线，这和效用函数思想相同，逻辑一致（事实上曲线和函数是同一个问题的不同表现形式）。消费者从多种商品消费中获得效用，用效用函数可以很好地对此加以分析。但是，如果利用二维平面坐标系来分析，只能分析两个商品消费带来的效用，而且效用作为第三个变量只能间接地显示出来。由此我们得到无差异曲线：在表示商品空间（两轴分别代表两个商品数量）的坐标系里，任何一点都代表两个商品消费的数量组合，把其中能够带来相同效用的消费组合点串起来形成的线就是无差异曲线。无差异曲线具有如下特点：无差异曲线斜率是负的；同一条无差异曲线代表相同的效用；任何两条无差异曲线不能相交；离原点越远的无差异曲线代表的效用越大；无差异曲线越陡峭，代表消费者对横轴上的商品相对更为偏好，反之亦相反；一般而言，无差异曲线是凸向原点的。

在无差异曲线上，还有一些数学性质需要说明。无差异曲线的斜率在经济学上叫做边际替代率：是指在保证效用不变的前提下，消费者愿意用一个商品替换另外一个商品的比率；称为“边际”，是因为它要计算的是在既定消费组合下进行更改带来的交换比率。由于边际效用递减，边际替代率（绝对值）也是递减的，所以无差异曲线呈现出凸向原点的特征。这表明消费者的消费具有“中庸”特点，不会极端偏好一种商品。

关于无差异曲线，还有几点值得注意。第一，尽管无差异曲线只表示了两个商品之间的消费组合关系，更多的商品也可以利用无差异曲线来表达。一种方式是用一个轴代表一种商品，另外一个轴看成是所有其他商品。另外一种方式是通过移动无差异曲线或给无差异曲线赋予不同的效用值，来代表其他商品对消费者效用的影响。第二，效用也可以用偏好来表示，它们都表示消费者从商品消费中获得的满足，二者在概念上是等同的。消费者对一个商品的偏好多于另外一个商品，说明从前者得到的效用要多于从后者得到的效用。第三，无差异曲线也可以转化为无差异表和效用函数。第四，一般而言，无差异曲线平滑地凸向原点；但是也有特殊的例子，如互补品和替代品，前者是直角折线，后者是直线。

无差异曲线描述了消费者的偏好或目标，显然，其消费应该离原点越远越好。但是稀缺性——需要用既定的收入支付价格——限制了他的选择。于是第三节就利用预算方程或预算约束线来分析消费者面临的约束。预算方程假定，消费者将既定的收入按市场价格全部用于购买两个商品，这商品空间的坐标系里就表现为预算约束线或预算线：它是消费者有能力购买到的两种商品消费组合的点的轨迹。预算线的斜率为相对价格比，这实际上是消费者能够实现的商品交换比率（区别于无差异曲线上斜率所代表的意愿交换比率）。价格的变化与收入的变化都会导致预算线发生改变：收入增加推动预算线平行向外移动，反之亦相反；X 商品相对于 Y 商品的价格下降会使得预算线逆时针旋转，反之则顺时针旋转。

如果还有其他的约束，例如征税，或者补贴，或者食品券等，则预算线会出现变化。

第四节将消费者的偏好（第二节）和面临的约束（第三节）结合起来，讨论其如何将既定的收入分配到不同的商品购买和消费中，以获得最大效用或满足，也就是实现最偏好的商品消费，经济学称之为消费者均衡。消费者均衡的条件是，消费者对两种商品的消费恰好保证自己处在预算线和无差异曲线的切点上，这表示，他在自己的支付能力范围内，选择了离原点最远的无差异曲线。在数学上，寻找这个切点等同于在约束条件下求最大值。因此，消费者均衡的条件还可以表述为，无差异曲线的斜率与预算线的斜率相等且正好处在预算线上。

将这个条件转化成经济学含义就是，在花完既定的收入预算后，每一个商品的边际效用与其价格之比相等——这表明花在每一个商品上的最后 1 元钱的效用都是相等的，或者说在两个商品上多花 1 元钱带来的效用是相等的。这个条件也可以换一个表达方式：在花完既定收入预算后，每一个商品的边际效用之比和其价格之比相等，即相对而言，每一个商品最后一单位消费量要和其价格相称。这个条件还可以有第三个表达方式：消费的购买行为要保证意愿的交换比率（边际效用之比或无差异曲线的斜率）与实际交换比率（相对价格之比或预算线的斜率）相等，否则，就还可以通过调整消费结构来增加效用。

如果价格和收入发生了变化，预算线会变化，相应地，均衡点会发生变化，这就解释了为什么当收入或价格发生变化时，消费者需求会发生改变。第三节特别解释了价格变化对消费者均衡的影响，这也是解释第一章第一节所描述的需求规律何以存在——为什么价格变化会引起需求量的反向变化。

第五节利用无差异曲线分析，将价格变化的影响分解为替代效应和收入效应。当一个商品价格变化时，消费者的实际收入——即收入购买力——会发生改变，商品的相对价格也会发生变化，这都会引起消费者做出消费调整。如果仅仅考虑价格变化引起的相对价格变化，假设收入的购买力没有改变，那么消费者会倾向于购买相对变便宜的商品，这就是替代效应。反之，如果单纯考虑因为价格变化引致的实际收入变化，假设相对价格没有改变，则消费者也会改变商品消费量，这就是收入效应。例如，当价格下降时，消费者的实际收入会增加，如果是购买正常商品，消费者会多购买；如果是购买低劣商品，消费者会减少购买。因此，替代效应对任何商品都是一样的，而收入效应要区别正常商品和低劣商品而有所不同。相应地，价格变化对商品需求产生的影响对不同商品是不一样的。对正常商品而言，价格变化的收入效应与替代效应方向相同，因此需求量会随着价格的变化而反方向变化。对低劣商品而言，价格变化的收入效应与替代效应正好方向相反，因此价格变化对需求产生什么样的影响就取决于两种效应的比较：一些商品的替代效应会超过收入效应，因此需求仍然会随着价格的变化而反方向变化；另外一些商品替代效应会低于收入效应，从而需求会随着价格的变化而同方向变化，这就是低劣商品中的特殊类别——吉芬商品。

前面的分析都是建立在确定性前提下的。现实中经常出现这样的消费现象：消费者对要消费的对象缺乏明确的信息，消费会出现什么样的结果是不确定的，但是每一种结果都有发生的概率。换言之，消费是存在着风险的。对这类消费就需要有相应的理论加以分析。第六节利用期望效用理论分析了不确定性条件下消费者如何进行决策的问题。

第六节首先介绍了用来讨论不确定性条件下消费的工具——彩票。任何一种消费结果带有不确定性的消费方案都可以用彩票来描述：消费的结果如彩票最终抽奖一样出现各种可能性，每一种可能性结果都有一个概率与之对应。

第六节接着讨论了消费者从不确定性消费中获得效用的理论，即期望效用理论：消费者从结果存在着各种可能性的消费中获得的效用等于每一种可能性结果带来效用的期望值——即用概率对各种可能结果带来的效用进行加权加总。该理论还认为，消费的目标就是在各种消费方案中做出正确的选择，寻求期望效用最大。

进一步地，第六节对不同消费者针对风险的态度进行了描述。第一种是偏爱风险——如果两种消费方案的结果带来的期望消费值（非期望效用）相等，但是消费者选择了不确定性的、从而是有风险的消费方案。例如，尽管确定能够获得 100 元的消费结果，但是消费者选择了要么获得 500 元，要么获得 10 元，但是其期望值也是 100 元的消费方案，这就是偏爱风险。第二种是回避风险——与第一种情形正好相反。例如，消费者放弃了要么获得 500 元、要么获得 10 元但是其期望值为 100 元的消费方案，选择了确定能够获得 100 元的消费方案。第三种是风险中性——消费者对前面描述的两种消费方案具有相同的偏好，或者说偏好没有差异。

最后，第六节以保险市场为例分析了一个回避风险的消费者如何选择消费方案。

2. 基本概念

效用，偏好，边际效用，边际效用递减规律，消费者剩余；基数效用论，序数效用论；无差异曲线，边际替代率；预算线；消费者均衡；价格消费曲线，恩格尔曲线；正常商品，低劣商品，吉芬商品；不确定性，彩票，期望效用；风险偏好，风险回避，风险中性。

3. 基本原理

（1）消费者是理性的，在消费活动中会根据商品的价格高低和自己对商品的相对偏好，将既定的收入花在各种商品的消费上，以寻求最大满足，即效用最大化。

（2）基数效用论认为，消费获得的满足可以用基数表达，可以进行程度比较，可以加总求和。但是现代西方经济学已经放弃了这个理论。

（3）序数效用论认为，效用是主观心理感受，是难以用基数准确测度的，更不可能进行程度比较和加总求和。效用的大小只能进行排序，通过排序来说明偏好情况。同时，序数效用认为基数和序数都可以用来表达序数效用论，只是在使用基数时，应该放弃其中的程度比较和加总求和的功能，只使用其大小排序的功能。

（4）现代经济学认为，序数效用论可以用效用函数表达，也可以用无差异曲线来表达。无论是哪种方式来分析消费者的选择行为，都可以得出相同的消费者均衡条件。这个条件可以有不同的表述方式：

① 从曲线上看，消费者的购买应该确保预算线和无差异曲线相切。

② 从代数式子来理解，消费者的购买应该实现两种商品的边际替代率和相对价格相等。

③ 直观上理解，消费者的购买应该保证两个商品的边际效用之比和价格之比相等，即在边际上，所购买的商品要保证效用和价格相当。

④ 还可以换一种角度从直观上理解，消费者的购买要保证两个商品的边际效用和价格之比相等，也就是说要保证花在每一个商品上的最后 1 元钱所带来的效用相等。

（5）收入的增加将引起消费者均衡的变化：如果是正常商品，收入增加

（减少）会导致该商品消费和需求增加（减少）；如果是低劣商品，正好相反。

（6）价格的增加也会引起消费者均衡的变化，从而导致商品需求量的变化。价格变化通过替代效应和收入效应影响商品的需求：

① 如果是正常商品，价格的下降（上升）通过替代效应引起该商品需求量增加（减少），因为该商品相对变便宜（昂贵）了；同时通过收入效应引起该商品需求量增加（减少），因为消费者收入的购买力增加（减少）了。因此，综合起来看，正常商品的价格下降（上升）引起该商品需求量增加（减少）。

② 如果是低劣商品，价格下降（上升）的替代效应与上面相同，即引起该商品需求量增加（减少），但是收入效应则与上面相反，会促使该商品需求量减少（增加）。

③ 低劣商品价格的下降（上升）最终引起该商品需求量增加还是减少，取决于替代效应与收入效应的比较。当替代效应超过收入效应时，价格下降（上升）仍然和上面正常商品的情形一样，会促使该商品需求量增加（减少）；当收入效应超过替代效应时，情况正好相反，价格下降（上升）会引起该商品需求量减少（增加），此即吉芬商品。

（7）不确定性条件下的消费可以用彩票来表达：消费会出现不同的可能结果，每一种结果都有相应的发生概率。

（8）消费者对不确定性消费的偏好可以用期望效用来代表，每一个消费者都寻求期望效用最大（而不是期望值最大）。

（9）不同的消费者对风险的态度是不同的，可以分为风险偏好、风险回避和风险互换三种。如果两个消费方案的消费结果期望值相同，则：

① 风险偏好者选择结果不确定从而有风险的消费方案，此时出现“期望效用大于期望值的效用”；

② 风险回避者选择结果确定而没有风险的消费方案，此时出现“期望效用小于期望值的效用”；

③ 风险中性者对两个消费方案的偏好不偏不倚，没有差异。

4. 重点难点

（1）序数效用论既可以用序数来表达，也可以用基数来表达，用基数表达时要抛弃其中的“程度比较”和“加总求和”功能。

（2）教科书中给出的消费者均衡条件是一个必要条件，数学上经常叫做“一阶条件”，它只能保证极值，不能保证其是极大还是极小。要实现消费者均衡，还必须满足“二阶条件”，即无差异曲线平滑地凸向原点。如果“二阶条件”不能满足，则教科书中的消费者均衡条件只能带来效用最小化。

（3）直观上理解为什么要满足消费者均衡条件。

（4）直观上理解边际替代率的直观经济学含义、相对价格（商品价格比）的经济学含义。

（5）理解价格变动的替代效用和收入效应的逻辑，以及其在曲线上的表述。

（6）期望效用理论。为什么对不确定性条件下的消费带来的效用要用（或可以用）期望效用来说明。

（7）理解第二章的内容是微观经济学方法论的集中体现，是对理性行为进行的演绎分析。也就是说，它假定个人行为是理性的，其选择会导致均衡出现，在这个基础上分析理性选择如何实现均衡。

5. 即问即答

问：效用可以是负值吗？

答：根据序数效用论，效用值本身没有意义，通过比较大小来排序才有意义。因此效用值可以是负值。例如，X 带来−4 的效用，Y 带来−30 的效用，则说消费者从 X 的消费中获得的效用大于 Y。

问：效用和使用价值相同吗？

答：完全不同。在西方经济学中没有使用价值这个概念。如果一定要比较的话，那么使用价值是商品的客观属性，例如空调可以制冷；而效用是商品消费带给消费者的主观心理感受，例如夏天里空调让人感觉舒适。如果说有联系的话，那么可以说效用来自使用价值；如果说有区别的话，那么可以说即使使用价值相同，不同的人也可能获得不同的效用，例如正常人在夏天从空调中获得舒适感，而有些病人则可能会感到不适。

问：消费 A 带来效用值 5，消费 B 带来效用值 20，是否可以认为 B 的效用是 A 的 4 倍？

答：不可以。根据序数效用论，20 与 5 比较时，我们只能说 20 比 5 大，但是不能说 20 是 5 的 4 倍。效用大小排序是有意义的，程度比较是没有意义的。

问：边际替代率是两个商品消费的增量（可以是负值）之比，也是商品的边际效用之比，如何区分？

答：前者是其定义，后者是其决定因素。

问：吉芬商品必然是低劣商品吗？

答：对。首先，商品根据需求收入弹性是正值还是负值而分为正常商品和低劣商品；低劣商品又根据价格变动的影响（通过替代效应和收入效应）而区分为一般的低劣商品（没有特定名称）和吉芬商品。吉芬商品是低劣商品中的一种。

问：效用是否可以称为效应或效益？

答：不能。一般容易混淆的概念是效用、效应、效率、效益。其中效益是口头语言，往往指一个企业是否挣钱，但在经济学中没有这个概念。效应在经济学中倒是经常使用，往往是指影响或后果。效用和效率在经济学中有专门的定义，但是有本质的区别。

问：只要保证商品的边际效用和价格之比都相等，就可以实现效用最大化吗？

答：一般而言是对的。需要指出的是，它暗含着一个假定：无差异曲线平滑地凸向原点，也就是说边际效用递减。

二、案例分析

2.1 价值与价格：钻石和水的价值悖论

案例内容

亚当·斯密（1723—1790）在《国富论》中提出了著名的价值悖论："没有什么东西比水更有用，但它几乎不能购买任何东西……相反，一块钻石有很小的使用价值，但是通过交换可以得到大量其他商品。"亚当·斯密对此感到困惑，未能做出解释。到19世纪70年代，门格尔、杰文斯和瓦尔拉斯利用边际效用理论分别做出解释。他们认为，商品价值不是由商品的全部效用决定，而是由边际效用来决定。因为水大量存在于自然界，根据边际效用递减规律，其边际效用很少；而钻石是极端稀缺的，因此虽然总效用低，但是边际效用很高。马克思并没有明确解释这个谜，但是根据马克思的理论，可以对此做出解释。解释之一是，价值源泉是劳动，价值由社会必要劳动时间决定，钻石生产需要的劳动量多于水，因此钻石价值更高。解释之二是，价格与价值会存在偏差，因此钻石的价格是超出其价值的。

案例分析

上述解释仍然不能消除人们全部的困惑。就边际效用价值论来说，消费同样数量的钻石和水时，显然水的边际效用要高于钻石；只是因为人们能够使用越来越多的水时，水的边际效用就降低了，降低到远远低于钻石，最低可以低至零。人们在使用水时会按照需要程度进行。比如，第一桶水是用来饮用的，第二桶水是用来梳洗保洁的，第三桶水是用来洗衣服的，第四桶水是用来浇花浇草的，第五桶水是用来供应喷泉的，第六桶水是让人们在上述用途中更加从容一些，不用那么节约。这样我们就看到，当人们消费水的数量增加时，所获得的边际效用就减少。如果钻石数量与水一样充裕，那么钻石带给人们的边际效用远远低于水，也就沦为沙子一样的地位。这是边际效用学派的理论。但是，显然该理论并未解释，水的总效用远远高于钻石，为什么是其边际效用决定价值。

至于价格与价值的偏差的解释，也同样不能打消疑惑。如果价格总是与价值存在偏差，是不是要解释为什么还要用价值这个词呢？如果价值这个词有用且不同于价格，那么为什么两者之间会持续存在差距，在钻石这个例子里并不是价格围绕价值波动呢？

而现代经济学为此提供了一个全面的解释。钻石与水的例子既是理解均衡价格理论的最好素材，也是理解价格和价值关系的最好素材。

价值之谜用均衡价格论解释起来非常简单。商品价格由供给和需求决定，不管是什么因素影响到价格，例如是否有用，生产成本高还是低，要不要征税，产品有没有替代品竞争，人们有没有足够的收入形成支付能力，这些因素都会通过供给侧或者需求侧影响到价格。在供给方面，水天然存在，因此供给充足，几乎不费多少成本，因此其供给曲线在坐标系里远离左方，而且极为平缓，见图 2.1 中的 S_W。这表明，以同样的成本可以供给非常多的水，而且水还可以用较少的增量成本来进一步增加供给。而钻石极为稀缺，扩大生产很困难，因此其供给曲线是陡峭的，而且在坐标系里靠近左方，见图 2.1 中的 S_D。这表明即使供给少量的钻石也需要非常高的成本，可能是开采成本，也可能就是机会成本，而想要增加供给量，就更需要大量的成本增加。在需求方面，人们对水的需求量非常庞大，见图 2.1 中的 D_W。对钻石而言，尽管珍贵，但是人们的需求其实远远小于对水的需求，见图 2.1 中的 D_D。把供给和需求综合起来，相对于水而言，尽管钻石没有太多用处，从而需求很少，但是其供给困难，供给更少，因此其价格 P_D 远远高于水的价格 P_W。

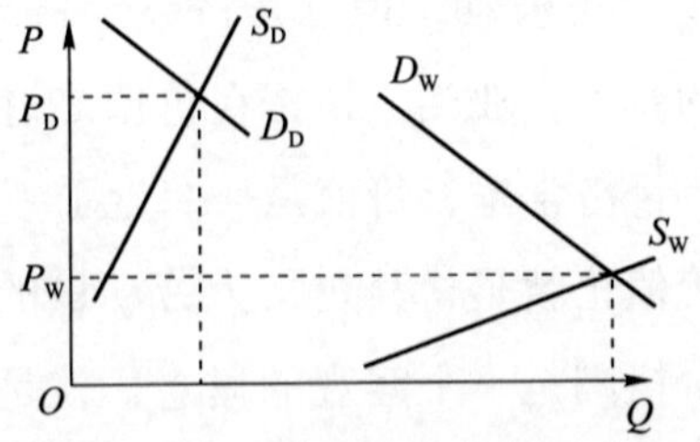

图 2.1　利用供求曲线解释价值之谜

显然，效用价值论和费用价值论都融入均衡价格理论中。水的供给充足，成本低廉，因此能够维持较低的价格。其需求虽然庞大，但是由于边际效用递减，要让人们增加对水的需求，其价格必须降低。因此，尽管水总体上非常有用，人们愿意花更高的价钱，但是因为成本低廉，通过市场竞争，价格也就保持在极低水平，能够按照边际效用确定价格。而钻石则正好相反。尽管没有什么太大用处，但是因为成本高，供给少，价格就保持在极高水平。由于人们对最初数量的钻石消费具有很高的欲望，因此也愿意花费高价少量购买，但是，要让消费者像购买水一样大量消费，其价格就必须低至比沙子还要便宜。问题是由于成本限制，这不可能实现，结果只能是高价少量。

我们还可以看到，在沙漠地区和污染严重地区，洁净饮用水的价格会大幅攀升，因为一方面其成本上升了，另一方面消费者只能满足基本需要，从而边际效用也比其他地方要高。在沙漠地区，也许水比钻石还要昂贵。

还需要补充几点说明。第一，均衡价格论解释了钻石与水的价值之谜。这实际上是将生产费用价值论和效用价值理论综合在一起的产物。经济学说史上，马歇尔提出的均衡价格论就是经济学的第二次综合。

第二，尽管人们为水付出较低的价格，他们从水的消费中获得的边际效用低于钻石，但是水带给他们的福利——消费者剩余——是远远大于钻石的。即使让他们付出数倍于当前价格的金钱，他们也是愿意接受的；当然这会减少他们的消费者剩余。但是，在竞争机制下他们无需有此担心。

第三，如果存在垄断，则商品供给会被控制，以限产保价，增加超额利润。钻石就存在着这种情形。“钻石恒久远，一颗永流传！”这就是南非戴比尔斯公司的广告词。戴比尔斯公司控制了全球 70%以上的钻石毛坯供给，因此它可以控制供给量而让价格远远高于其成本。同样，如果你能够控制住水源，水的价格也可以直追钻石。

最后又回到了经济学最古老的争论，什么是价值？什么是价格？尽管我们经常会说价格围绕着价值上下波动，但这是古典经济学的观点，更准确点说，这是马克思劳动价值论的观点。亚当·斯密在价值之谜中提到的其实是交换价值，也就是价格。在古典经济学里，价值是一个近乎“主观”的概念，它取决于你如何定义它。劳动价值论就是将其定义为劳动量的凝结，因此围绕价值的争论是难有定论的。而价格则是一个客观的概念，就是交换价值，是商品之间的交换比例，是我们可以观察到的，因此解释其形成与变化就很容易了。

在《国富论》中，为了解释价值如何决定，亚当·斯密使用了多种概念，包括价值、交换价值、价格、真实价格、名义价格、货币价格、自然价格等。本质上，使用这些概念只是要说明什么是价格和价格如何决定。价格如何决定指的是均衡价格如何决定，亚当·斯密的自然价格实质上就是均衡价格。这再次告诉我们，在理论世界，概念越少越好，理论越简单越好，这就是所谓的大道至简，当然前提是能够给出清晰而令人信服的解释。

问题讨论

（1）你认为价格与价值之间是怎样的关系？它们是否应该是供给与需求的统一体？

（2）价格、价值与市场竞争的关系是什么样的？

（3）在西方经济学的理论体系里，生产费用价值论、效用价值论、边际效用价值论是否被统一在均衡价格论里？

理论提示

（1）供求均衡价格论；

（2）生产费用价值论；

（3）效用或边际效用价值论；

（4）劳动价值论；

（5）市场竞争。

2.2 培训机构的套餐是怎么设置的？

案例内容

某知名培训机构针对不同年级的学生提供了 A、B、C、D 四种套餐，具体内容如表 2.1 所示。四种套餐应用的客户群体已经做了明确的区分，消费者可以根据自己的情况，非常明确地选择合适的套餐。四种套餐内容的区别主要体现在培训课程以及次数的不同。同样是价格 4 000 元的套餐，一、二年级的培训内容只包含语文和数学两门课程，次数分别都是 20 次；三、四、五年级的培训内容就加入了英语，但三门课程的总次数只有 34 次；六、七年级的课程与三、四、五年级相同，但选择方式和次数都有所区别；八、九年级又加入物理和化学两门课，五门课程的总次数下降到了 18 节。

表 2.1　培训机构 4 000 元套餐内容

	应用对象	套餐内容描述	套餐特点
A	一、二年级	语文 20 次课，数学 20 次课	共 40 次课，语、数各一半
B	三、四、五年级	语文 10 节，数学 12 节，英语 12 节	年级升高，课时单价上涨，总课次变成 34，加入了英语
C	六、七年级	语、数、英三科，任选两科，每科目 13 次课	给予一定的选择空间，且课时单价上涨，共 26 次课
D	八、九年级	语、数、英、理、化，任选两科，总课次 18 节	课时单价上涨，如果想要享受更多的课程，需要购买双倍或三倍的套餐

案例分析

该培训机构的套餐计划是根据消费者的不同偏好设计的，每一种套餐针对一种消费者类型。

消费者决定购买 4 种套餐中的哪一种，其实就是对其 4 种子产品的购买。因此，消费者如何选择首先取决于他们的偏好和需求。更进一步讲，消费者的偏好和需求是根据家庭的实际情况（家中小孩的年龄或者年级）而定的。例如，一个家庭中的小孩正在读小学二年级或者即将升入二年级，这样的家庭就会选择 A 套餐；小孩正在读小学六年级或即将升入六年级的家庭就会选择 C 套餐；当然其他两种套餐也有相应的家庭选择。显然，在目前的套餐设计下（对消费者而言形成约束），不同的人群根据自己的偏好和需求会选择不同的套餐。

在这个例子中，该培训机构不能通过改变每种套餐提供的产品数量，来改变消费者对不同套餐的选择。因为该培训机构针对不同年级学生所提供的套餐只有 1 种，而消费者家中小孩的年龄和年级通常是固定的，没办法根据培训机构提供套餐内容的变化改变自己的偏好和需求。但有一种特殊情况，如果某个家庭中有两个或两个以上适龄儿童，且每一个儿童对于课外培训的需求状况都是相同的，而这个家庭的经济状况只能允许给其中1个孩子进行培训，那么这时候，消费者才会根据培训机构提供的套餐内容进行最优的选择。

同时，该培训机构可以增加同一年级的套餐数量，让不同套餐每门课程的相对价格发生变化，在这种情况下，上述消费者的选择会做出调整。比如，培训机构针对三、四、五年级的学生在不改变总课程次数的基础上再增加E、F和G三种套餐。E套餐的内容是语文8次课、数学13次课和英语13次课，F套餐的内容是语文13次课、数学8次课和英语13次课，G套餐的内容是语文13次课、数学13次课和英语8次课。E、F和G套餐的课程总次数是一样的，区别主要体现在语文、数学和英语的课程次数，对于不同的消费者，可以根据自己小孩的实际需求选择更合适的套餐。

当然，哪一个产品结构更合理，还需要看市场的反应。市场会验证该培训机构的产品结构是否有竞争力。

问题讨论

（1）请举出现实中其他类似于案例中培训机构的套餐设计的商业例子。

（2）消费者到餐厅消费时会点不同的菜肴，他的依据是什么？你能否利用消费者选择理论来分析他的行为？

（3）培训机构的例子中存在着套餐限制，而消费者到餐厅就餐时基本上没有套餐限制。想象一下，如果培训机构不只提供了现有的四种套餐，而是提供了非常多的套餐可供选择，此时消费者的选择和其在餐厅消费时的选择是否完全一样？

（4）汽车制造商在设计一款既定成本的汽车时，是否也面临着培训机构那样的选择？

理论提示

（1）无差异曲线的分析方法；

（2）约束条件下的最优化问题；

（3）消费者选择理论（或消费者均衡理论）；

（4）无差异曲线方法在企业产品设计中的运用。

2.3　消费者选择理论：性价比对旅游支出结构的影响

案例内容

当地时间1月7日，2019“一带一路”东欧旅游消费峰会在匈牙利首都布达佩斯举行。中国旅游研究院院长发表了题为“中国出境旅游的价值与思想”的演讲。其表示，2018年中国出境旅游市场规模和消费支出再创历史新高，分别接近1.5亿人次、超过1 200亿美元，成为世界旅游经济繁荣与增长日渐重要的基础市场。

据统计，2018年人均消费2 971美元，较去年的人均2 586美元增长了14.9%，远高于欧洲来华游客1 953美元的人均消费。其中，人均消费在1 500~2 000美元的游客从27.22%增长到33.38%，而人均消费2 000美元以上的游客更是从33.12%增长到46.12%。相对于消费能力的增强，我们更加关注消费结构的明显变化。游客在目的地期间用于餐饮的支出比重从2017年的1.96%增长到14.13%，用于住宿的支出从1.59%增长到21.47%，用于文化娱乐的支出从0.79%增长到24.38%，与此同时，用于购物的支出则从34.34%下降到16.48%，参团费用则从46.61%剧减到16.20%。

从这些听起来有些枯燥感的数据中，我们能够感觉到2018年确实是游客消费结构发生革命性变化的一年：餐饮、文化娱乐、住宿消费等承载美好生活品质的项目获得了快速增长，而委托代购、亲友送礼、冲动消费支撑的购物消费和走马观花的景点“打卡”消费则大幅下降。这是消费理性和市场成熟的体现，也是我们希望看到的结果。①

另据邢剑华、张辉的研究文章，2018年中国游客在不同国家旅游的支出结构也呈现出大致如戴斌所说的结构变化，见表2.2。②

表2.2　出境旅游各类花费比例　　单位:%

花费项目	国家							
	日本	韩国	美国	泰国	加拿大	法国	澳大利亚	平均
住宿	23.8	12.0	25.4	4.4	10.5	21.0	30.4	18.2
餐饮	15.5	12.1	3.2	14.0	9.8	10.6	24.3	12.8

① 资料来源：戴斌：中国出境旅游市场规模和消费支出再创新高，中国网，2019年1月9日。

② 资料来源：邢剑华，张辉. 中国内地游客境外购物结构性数据分析与评价反思 [J]. 经济问题，2019 (8)：121-129.

续表

花费项目	国家							
	日本	韩国	美国	泰国	加拿大	法国	澳大利亚	平均
娱乐游览	1.5	8.3	11.2	23.0	10.6	8.1	5.1	9.7
当地交通	6.3	3.0	3.7	2.3	4.7	5.5	7.7	4.7
购物	51.4	64.2	55.2	53.0	63.0	54.0	32.1	53.3
其他	1.5	0.4	1.3	3.3	1.4	0.8	0.4	1.3

注：数值四舍五入保留小数点后一位。

还有研究显示，国内不同地区的人们对于出境游消费偏好也不同。例如，东北人更喜欢购物，最多的旅行支出花在了购物上；东部地区的人们更偏好住得好、吃得好，住宿和餐饮消费占比远高于其他地区，其中，对美食最为热衷的是来自广东的消费者。

案例分析

本章有关消费选择的理论分析消费者在既定预算开支下，如何分配预算到各种商品的消费中去。但是这只是消费者决策的一部分。消费者还要决定，这个月或者这一年要做多少消费预算。

事实上，完整的消费决策包括两部分或者三部分。第一，要决定如何将一生的收入用于一生各个时期的消费，这是一个跨期消费选择问题。年轻人可能不会仅仅满足于花费年收入的一部分，他们可能会选择现期借钱消费，今后收入增长时再还贷。中年人可不会花掉全部的年收入，他们会选择储蓄一部分，以便在退休后消费水平不至于下滑。收入不稳定的消费者会估算较长一段时期的总收入，然后再决定各个时期如何消费，尽量保证虽然收入波动但是消费平稳。这就涉及储蓄和动用储蓄，在储蓄不够时就借助于消费信贷。要么储蓄——借钱给别人包括银行，要么动用过去的储蓄，或者动用未来的“储蓄”——现在借钱未来还债。弗里德曼的持久收入假说和莫迪利安尼的生命周期假说对这个消费决策提出了经典的理论。

第二，一旦决定了现期消费多少，确定了一段时期的消费预算，就需要决定消费预算花在哪些方面，衣食住行日常生活花多少，教育花多少，文化娱乐花多少，医疗保健花多少，旅游花多少，都需要作出决定。

第三，一旦确定了花在旅游上的开销是多少，就要对旅游各个项目上的支出结构做预算。

显然，第二和第三个决策完全类似，是同时期各个消费项目上的决策，而第一个决策则是跨时期的决策。不管是哪个决策，约束条件下的优化选择原理都是适用的，性价比相当条件也是需要满足的。也就是说，本章的理论可以用于分析跨期选择；更准确一点说，在上述三种情形的消费选择中都要利用效用最大化原理。

回到案例的内容上来。案例内容涉及上面的第三个决策，是第一个和第二个决策依据做完后需要做的决策。可以看到，一旦决定了出境旅游打算支出多少，接下来就需要决定在购物、住宿、餐饮、文化娱乐等项目上支出多少。不管是早期旅游者为了购物而近乎风餐露宿，还是现在旅游者大大增加了住宿和餐饮上的支出，他们的消费行为并没有改变，仍然是遵循性价比相当的原则。

十多年前我们看到出国旅游者入住廉价的酒店，吃最简单的饮食，不会花钱买矿泉水喝，但是会购置大量的商品，甚至吃泡面排队，只为购买奢侈品。现在的出境旅游者已经今非昔比，追求住宿舒适，选择享用当地美食，愿意体验旅游地文化。这个变化是收入增加带来的，而不是人们眼界大开，消费偏好改变了；是人们变得富裕了，能够买得起不那么必需的商品了。也就是说，在所有的耐用必需品都充分拥有之后，所有非耐用必需品的需求都完全满足之后，还有余钱用于奢侈品上，而且也愿意斥资购买奢侈品。其原因在于，消费者已经获取了足够的衣食住行等必需品，其边际效用已经非常低了，而当奢侈品消费刚刚起步时，其边际效用是非常高的，因此，即使所费不赀，边际效用与价格之比——多增加 1 元钱带来的效用——也仍然可以做到与必需品相当。

从案例中我们看到的是同一批旅游者的消费呈现出时间上的纵向变化。如果在每一个时间节点上横向看，也会发现同样的规律：在任何时候，都有高收入者对住宿、饮食、文化娱乐有着更多的需求。当某些旅游者吃泡面排队买奢侈品时，巴黎、伦敦、罗马的五星级酒店里也住着从中国出境旅游的高收入人士。

问题讨论

(1) 你会如何决定自己的储蓄？消费者选择理论是否能够用来分析储蓄决策？

(2) 你能否利用数学方程来解释中国消费者出境旅游时的消费特征？

理论提示

（1）性价比与消费者最优的条件；

（2）必需品、奢侈品、正常商品。

2.4 消费者选择与消费者均衡：富人的世界我们也能懂

案例内容

北京时间7月11日晚，维珍银河创始人理查德·布兰森成为第一位开启太空旅行的航空航天公司所有者，前往8万米外的太空边缘，开启亚轨道之旅。

布兰森乘坐的是维珍银河公司开发的航天飞机“太空船二号”，由运载母舰“白色骑士二号”携带到高空后点火，可以飞升到8万米以上的高空，短暂体验太空失重，并观赏太空风光。根据福克斯消息，截至目前已经有700人为获得进入亚轨道空间的机会预订了座位，其中包括布拉德·皮特、莱昂纳多·迪卡普里奥、汤姆·汉克斯等名人，还有8 000多人等待。

太空旅游是以娱乐为目的的人类太空旅行。

截至2009年，已有7名太空游客乘坐俄罗斯联盟号宇宙飞船进行了8次太空飞行。该飞船由美国太空探险公司（Space Adventures）代理飞往国际空间站，公布的价格是每次旅行2 000万~2 500万美元。一些太空游客与第三方签订了合同，在轨道上进行某些研究活动。

第一位真正的太空游客是丹尼斯·蒂托，他支付了2 000万美元购买“机票”，与太空探险公司合作，于2001年4月乘坐俄罗斯航天器飞往国际空间站，旅游观光了8天。

就收费而言，维珍银河每张票售价在20万~25万美元之间。而蓝色起源则采取拍卖方式，本次和贝索斯一起上天的船票被蓝色起源公司以2 800万美元的价格卖出（蓝色起源亚轨道飞行的常态票价为25万美元）。

资料来源：布兰森抢飞贝索斯抵达太空边缘：太空旅游时代来了吗？经纬创投，2021年7月12日。

案例分析

花费少则20万美元，高至2 000万美元，就是为了在太空绕行俯视蓝色星球？富人的世界我们不懂！

但是，微观经济学会帮我们揭开他们的世界：无论富人穷人，行事逻辑并无二致，都是理性选择的结果，是约束条件下的最大化行为。消费者无论收入高低，都会将既定收入分配到不同商品的购买中，以获得最大效用。要获得最大效用，在买得起的前提下（即满足预算约束），必须满足各商品边际效用与价格之比相等，或者换一个表达方式就是，花在每个商品上的最后1元钱的效用相等——这也是一种边际效用相等，只是此时的边际效用不是按消费数量计算的，而是按照消费金额计算的。

这个条件看上去非常理论化，似乎与现实世界有距离，其实不然。边际效用和价格之比其实相当于普通人日常用语中的"性价比"。相应地，要想获得最大效用，消费者应该确保购买各种商品时做到性价比相当。因此，收入高的人会买2万元一台的苹果计算机，贵是贵了一点，但是性能好；暂时拮据的人会购买2 000元一台的入门计算机，虽然性能不够强大，但是便宜。如果性价比指的是功能质量与价格之比，那么苹果计算机的性价比明显低于普通计算机；事实上，所有高价高质量产品的性价比都低，价格翻倍而质量和功能并未翻倍。但是，这里的性价比指的是效用与价格之比，而且是在边际上测度。因此，虽然质量和功能只增加50%，但是效用可能增加70%。

假设效用可以在人际之间比较（实际是不能的），也许苹果计算机的性价比在高收入者那里要比低收入者小，比如它们分别为10和15，即花在苹果计算机上的最后1元钱分别带给高收入者10单位效用，带给低收入者15单位效用，但是它与高收入者所消费的其他商品的性价比是一样的，即高收入者在食物、着装、旅游等方面所消费的最后1元钱获得的效用也是10单位。低收入者消费预算开支小，花在每个商品上的费用也少，相应地其边际效用还能保持在较高水平，为15单位。高收入者预算开支远高于低收入者，在所有商品上的开销要多得多，能购买更多更好的商品，根据边际效用递减规律，最后1元钱的效用也就低多了，为10单位。需要指出的是，尽管边际效用低，但是因为消费多，高收入者所获得的总效用是高于低收入者的。

根据这个逻辑，我们就知道了，当我们变成布兰森、贝索斯或马斯克，拥有上百亿美元的财富时，豪掷亿元上太空观光就是顺理成章的事情了。这是因为他们所消费的高端餐厅食品、豪华跑车、定制服装、高档酒店、山珍海味太多了，最后1元钱所带来的效用少而又少，就算再多花钱消费这些商品，效用已经为零了。而此时还有很多钱没有花完，如果有太空旅游，那不仅负担得起，而且也仅仅是第1个或第2个消费，其效用要大得多，分摊到1 000万或者2 000万美元上，每1美元的效用也仍然显著大于零。这可以比做，最初我们只买得起1台计算机，收入多时购买2台计算机，分别放在办公室和家里，收入再增加时会购买第3台袖珍型计算机，可以出差时携带。

总之，随着人们收入的增加，必需品的消费需要得到充分满足，然后不断增加对必需程度越来越低的那些产品的需求，增加对越来越奢侈也越来越昂贵的产品的购买。但是，不管呈现出来的消费特点有多不同，无论贫富，隐藏在背后的行为准则是，买得起而且性价比相当。

学习了经济学，富人的世界我们也是能懂的。

问题讨论

(1) 随着收入的变化，人们的消费行为是否发生了改变？

(2) 消费时要做到各个商品的边际效用和价格之比相等，这是理论还是现实？这个说法是否准确地描述了人们的消费行为？了解这个说法是否有助于人们更加理性地消费？

理论提示

(1) 效用最大化原则；

(2) 约束条件下的优化；

(3) 性价比与消费最优的条件；

(4) 必需品、奢侈品、正常商品。

2.5 吉芬商品

案例内容

吉芬商品的首次提出源于英国经济学家罗伯特·吉芬对19世纪爱尔兰市场上土豆消费的研究。1845年爱尔兰出现了饥荒，土豆价格飞涨，而人们消费土豆的数量不但没有减少反而更多了。由于吉芬的这一发现，经济学开始将需求量随着价格的上升而上升的商品称为吉芬商品。

细数中外市场，不少经济学家提出了一些符合吉芬商品特征的商品。比如，1988年中国抢购风潮中的生活必需品。1988年7月，统计局公布的物价上涨幅度为19.3%，为改革开放以来的最高纪录，催生了一场席卷全国的抢购风潮。全国的物价如脱缰的野马，抢购风潮随即在全国蔓延。柴米油盐酱醋茶都成了人们抢购的对象，这种抢购甚至蔓延到了当时价格不菲的家电领域，冰箱、风扇哪怕是有问题的也会被人们搬回家。8月，扣除物价上涨因素，商品零售总额增加了13%，其中粮食增销30.9%，棉布增销41.2%，电视机增销56%，电冰箱增销82.8%，洗衣机增销130%。

案例分析

对吉芬商品的存在性，学术界一直存在争论。有些学者认为现实世界存在着吉芬商品，如著名经济学家马歇尔在其《经济学原理》中写道："然而存在着例外。例如，如同吉芬先生已经指出的，面包价格的上升耗费了贫穷的工人家庭的大量资源，极大地提高了他们的货币的边际效用，这使得他们被迫削减对于肉和其他更昂贵的食物的消费；同时，面包仍然是最便宜的食物，他们消费更多而不是更少。"也有一些学者持质疑的态度，高鸿业用数学方法证明吉芬商品不存在，张五常在其《经济解释》中明确表示现实生活中没有看到吉芬商品存在的例子。

学者们对于这个问题的争论归根结底是对于吉芬商品本质的探究，考察目前国内外的主流经济学教材，对吉芬商品的定义大同小异，都强调：第一，其他条件不变；第二，吉芬商品是一种特殊的低档商品；第三，吉芬商品的收入效应超过了替代效应，因而需求曲线向右上方倾斜。只要抓住其本质特征，现实生活中到底有没有吉芬商品，以及哪些商品能划分为吉芬商品，人们自会做出判断。

有的学者提出像中国的房价、"非典"时期的醋、日本地震时期的盐、股票价格上升初始阶段的股票都是吉芬商品，因为它们符合吉芬商品的需求曲线，即随着价格的上升其需求量上升。但是这些看法存在着概念上的错误，因为它们都改变了吉芬商品存在的前提：当价格变动时，其他条件也发生了变化。上述例子是不符合吉芬商品定义的。例如，在中国房地产市场，房价越涨，人们越买，其背后的原因是，房价上涨改变了人们对未来房价的预期。因此，住宅不具有吉芬商品的性质。换言之，有很多争论是建立在概念不统一的基础上的。

应该说，现实中纯粹的吉芬商品非常稀少。吉芬商品与经济发达程度或人们的收入紧密相关，对于经济不发达的国家和地区来说，由于人们的收入普遍较低，因而对大部分人来说都存在吉芬商品；而对于发达国家和地区来说，只有低收入群体才会有吉芬商品。在极端灾荒的年份，也会出现吉芬商品。

问题讨论

（1）与正常商品相比较，吉芬商品具有哪些特点？

（2）吉芬商品、低劣商品与正常商品之间的关系是什么？

理论提示

（1）正常商品、低劣商品和吉芬商品的定义；

（2）价格变动的收入效应与替代效应。

2.6 理性选择与最优化决策：中国生育率变化背后的经济原因

案例内容

国家统计局盐城调查队2021年6月中旬对205名20~49岁的适龄青壮年进行了专项调研。结果显示，盐城适育居民三孩生育意愿呈现三个显著特点：一是三孩生育意愿占比最低。在全部受访对象中，理想孩子个数在3个及以上的仅占4.4%；理想孩子个数为2个的占55.6%，占比最高；理想孩子个数为1个的占34.6%；暂时不要孩子的占5.4%。在已经生育二孩的受访对象中，想继续生育三孩的仅有5.0%。二是不同年龄段三孩生育意愿普遍较低。受访对象中，20~29岁、30~39岁、40~49岁三个年龄段，有生育三孩意愿的分别占5.0%、4.0%、4.5%。三是农村居民三孩生育意愿强于城镇居民。受访对象中，农村居民有生育三孩意愿的占11.8%，比城镇居民高了8.9个百分点。

国家统计局金华调查队的生育意向调研结果也呈现出“农村家庭三孩生育意愿高于城市家庭”的特点。在受访的农村家庭中，有生育三孩意愿的占10.2%，其中6.12%的受访者计划在1年内生育三孩；城镇家庭中，有生育三孩意愿的占7.48%，其中4.72%的受访者意向在3年后或更长时间来考虑三孩生育计划。在该调查队另一份调研报告中，城镇居民不想生二孩比例高于农村，有69.6%的城镇受访居民不想生二孩，较农村受访居民高39.2个百分点。

另据第一财经报道，记者梳理2019年各省份的人口出生率发现，生育率较高的省份主要位于西北、西南以及华南地区和山东等地。其中，受传统宗族文化、生育文化影响，粤东的潮汕，粤西的湛江、茂名等地一直保持较高的出生率。广东省体制改革研究会执行会长彭澎对第一财经记者分析，广东、福建的农村地区，有生育文化，又有一定经济实力，三孩的生育意愿也可能会强一些。

资料来源：苏浙鲁三市调研结果：农村居民三孩生育意愿强于城镇居民，澎湃新闻，2021 年 7 月 5 日。

中年人更愿意生三孩？全国多地开展三孩生育意愿调查，第一财经，2021 年 6 月 23 日。

案例分析

案例数据告诉我们，纵向地看，我国适龄家庭生育意愿是降低了的；横向地看，西部地区和山东的生育率比东部地区高，农村比城市高。这里的生育意愿是基于经济能力考虑的意愿，理论上说，是和实际生育率一致的。那么，为什么生育率会发生变化？为什么不同地区不同家庭生育率存在差别呢？消费者选择理论可以告诉我们答案。事实上，这个答案最早来自美国诺贝尔经济学奖获得者家里·贝克尔。他对于人口变化、婚姻、家庭等方面的问题，做了精辟的经济学分析。他用到了理性原理来解释，其在数学上的表现就是约束条件下求最优化的问题。

适育家庭打算养育几个孩子的决策依赖三个方面：一是收入是否足够，二是养育孩子的成本有多高，三是有没有养育孩子的偏好（愿望）。

纵向地看，随着经济的发展，适育家庭收入普遍持续增加，逐渐变得富有，但是变得富有的同时，时间也更值钱了，养育孩子的成本也因此增加了，同时生育偏好在减弱。

改革开放之前，养育孩子的成本非常低，小孩除了食物之外几乎再无其他开支。玩具是自己做的，衣物可以是父母缝制的，还可以穿哥哥姐姐穿小了的；父母没有太多市场机会，时间相对充裕，花时间陪孩子并不损失金钱；同时哥哥姐姐就可以带弟弟妹妹，不用占父母太多时间。而在生育愿望方面，在不够发达的时代，人们眼界浅，看不到其他更好的追求，因此养育孩子是生命中最重要的部分。

自改革开放以来，中国社会发生了深刻变化。一方面，养育孩子的成本大幅提高：要上幼儿园，要防止被拐走，要避开被工业社会伤害（如越来越多又杂乱无序的汽车），要买价格不菲的玩具，要不断买新衣服，要不断更新学习用具，要上课外班，等等。重要的是，养育孩子的机会成本上升了，因为父母的工资收入在上涨，市场机会在增加，花时间养育孩子就意味着牺牲更多的经济收入。

据不完全统计数据显示，仅仅是直接的货币成本，还不包括时间的机会成本，我国十大城市育儿成本（至 18 岁）最低已经超过 150 万元，最高的北京大约要 276 万元，平均每年的成本高达 15. 3 万元。根据国家统计局金华调查队对于 378 户适龄家庭开展生育意愿调研的结果，在目前抚养孩子最主要的经济负担方面，62. 7%的受访居民认为是教育培训费用。有的受访居民反映各类早教、兴趣培训班从娃娃抓起，一年花费上万元甚至数万元。

另一方面，人们的生育意愿平均而言也在减弱，对养育孩子的偏好没有过去那么强了，尤其是当农村人口进入到城市后更是如此。经济全球化，经济高速增长，地区间、国家间交流日益频繁，这些导致社会迅速转型，为人们开辟了一个又一个的新天地，人们视野更为开阔，因此生活追求也扩展到家庭、孩子之外。除了孩子带给自己寄托和生活的乐趣之外，人们还有其他更丰富的人生追求，更强调个人空间和生活品位，家族兴旺、传宗接代的想法已经没有那么强烈了。正是因为这些变化，又进一步增加了养育孩子的机会成本——为了养育孩子要放弃更多的东西。2017 年全国生育状况抽样调查的数据分析报告显示，育龄妇女不打算生育的首要原因就是“经济负担重”，占比高达 58. 9%；其次是“没人带小孩”，占 27. 0%，第三是“养育孩子太费心”，占比为 26. 6%。这些都指向养育孩子的成本。

因此，尽管经济增长惠及所有阶层，让人们富裕起来，收入不断增长，但是生育意愿下降更快，养育孩子机会成本增加更快，这导致出生率不断下降。1995 年后，人口出生率越来越低，已远远达不到更替生育率。我国 2010 年的人口普查表明，中国的生育率已经降到了 1. 5%以下（平均每个妇女只生了不到 1. 5 个小孩），远远低于 2. 1%的更替生育率——即指维持每一代人人口数量不变的生育率。1. 5%以下的生育率，意味着下一代人比上一代人少 30%，而在 1975 年之前，我国的生育率是 4. 77%。即使是在 2016 年二孩政策放开以后，也并没有出现想象中的人口激增，2017 年出生人数已经比 2016 年减少，2019 年更是达到了历史的低谷，人口自然增长率为 3. 34‰，是除 1960 年外新中国历史上的最低水平。

从城乡对比横向地看，一方面，在农村与在城市的孩子养育成本和生育成本都大大不同。城市的市场机会远远多于农村，免费的支出项目远远少于农村，因此城市养育孩子的成本不管是直接的货币成本还是时间的机会成本，都远远大于农村。直接货币成本包括直接开销和超生后受到的惩罚。直接开销包括住房、教育等支出，城市居民住房还贷压力大，而农村地区居住在自有房屋中，没有还贷压力。计划生育政策只针对超生部分产生成本。在2016年之前二孩政策尚未放开时，计划生育政策具有极强的约束力，增加了养育多孩的成本，但是对城市而言成本影响要远远大于农村。这是因为城市居民超生后受到的惩罚力度大于农村，城市居民可能会因此丧失工作，如果是体制内的工作，代价就更大；而在农村对超生的惩罚则不一定能完全落实。就时间的机会成本而言，无论家庭教育还是照料都需要大量时间，生育两个孩子以上会严重影响女性在职场上的竞争力，影响女性劳动参与率，而且不可恢复。另一方面，平均而言，城市家庭在传宗接代和人丁兴旺方面不如农村居民那么热衷，养育更多孩子的意愿是比较弱的。因此，不管是以前还是现在，农村生育率都要高于城市，而城乡收入差距不足以逆转这个方向。即使是从农村来到城市的打工者的生育率也远低于农村，尽管他们如果超生所受到的惩罚要比城市居民小得多。

从地区对比横向地看，西部地区不如东部地区经济发达，市场机会相对较少，因此养育孩子的机会成本要低一些，结果是西部地区生育意愿总体上要高于东部地区。在西部和东部的生育意愿差别中也呈现出个体的不同。2021年的生育意愿抽样调查显示，山东、福建和广东的生育意愿是比较高的。这是因为，尽管这些地区经济相对发达，居民收入相对高，因此养育孩子的机会成本比较高，但是这些地区受到传统文化习俗的影响，对多子多福、人丁兴旺更为追求，因此形成了更高的养育孩子偏好。

从居民收入对比横向地看，中等收入家庭的生育率要低于低收入家庭和超高收入家庭。例如，我们看到很多超高收入者即使在2016年全面放开二孩政策之前也育有二孩甚至三孩。虽然对超高收入家庭而言，孩子养育成本更高，但是，他们的收入已经能够支付得起这个成本，例如请多个保姆来带孩子，请高水平的家教来教孩子，送孩子去最好的私立学校上学，支付超生的罚款，这些都在他们的支付能力之内。

我们还可以将上述分析纳入消费者选择的无差异曲线模型中。适育家庭要选择将自己拥有的经济资源或收入配置到不同的需要中去，这包括养育孩子和满足各种消费需要。因此，我们可以把对孩子的养育需求看成是类似于对耐用消费品的消费需求，一方面需要动用资源，支出货币费用，另一方面能够从中获得效用。那么为了获得最大效用，应该配置经济资源或收入到养育孩子和物质享受的性价比相当的程度。而当经济发展，收入增加，市场机会变多时，养育孩子的直接成本和机会成本大增，“性价比”就降低了；当人们自我意识觉醒，对养育孩子的偏好降低了，养育孩子的“性价比”也降低了。此时养育孩子的边际效用与价格之比——即所谓的“性价比”也就低于物质享受了，低于对生活品位的追求了，因此要减少对孩子的生育，增加边际效用（边际效用递减的反面），以提高“性价比”。而当人们从中等收入跃升至高收入或超高收入时，又有能力负担起养育更多的孩子了，养育二孩三孩而不至于牺牲物质消费，从而继续保持“性价比”相当。

从图 2.2 中可以看到，图 2.2（a）和图 2.2（b）都代表 2016 年放开二孩政策之前同一个时期城乡居民生育选择问题；图 2.2（a）代表农村地区，图 2.2（b）代表城镇地区。相对于城镇地区而言，农村地区的预算约束更平缓，表明孩子养育成本要低；无差异曲线更陡峭，表明对孩子的养育意愿要高。均衡时，*A* 点代表的孩子数量要高于 *B* 点。同时，在图 2.2（b）中，无差异曲线在 *B* 点出现断裂，*B* 点代表 1 个孩子，这说明如果超生，就需要付出极大代价，支付罚款，收入骤降，这意味着要减少大量的商品消费。

图 2.2（c）和图 2.2（d）代表了经济发展之后的近几年，其中图 2.2（c）代表普通家庭，图 2.2（d）代表超高收入家庭，两类家庭的无差异曲线倾斜程度大致相同，表明生育意愿没有大的差别。但是，超高收入家庭预算线在中收入和低收入家庭预算线以右很远的地方，这表明前者有足够的经济能力既养育更多的孩子，又维持高消费水准。因此，*D* 代表的生育数量高于 *C*。

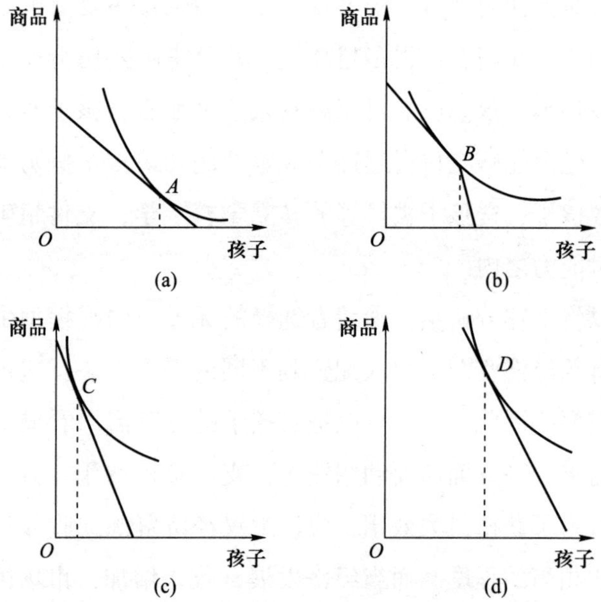

图 2.2 无差异曲线与生育率的决定

问题讨论

(1) 无差异曲线分析的基本理论框架是什么?

(2) 怎样理解无差异曲线分析体现了微观经济学的基本原理?

理论提示

(1) 无差异曲线分析;

(2) 理性原理;

(3) 约束条件下的最优化问题;

(4) 机会成本。

2.7 不确定性下的选择:计算机价格与保修

案例内容

从戴尔官方网站(2013年2月5日)可以查询到,Inspiron 15z (5523) 超级本网上特惠价为5 499元,其中包含2年的远程诊断后消费者送修服务。如果要增加保修服务,就要支付更高的价格。例如,要获得"2年消费型产品有限硬件保险,远程诊断后上门服务",加收198.9元;要获得"2年消费者上门服务,含高级电话支持",或者是"3年消费者有限硬件保修,远程诊断后上门服务",要加收398.97元;要获得"3年消费者上门服务,含高级电话支持",加收699.66元;要获得"3年意外损坏服务,带高级电话支持",加收948.87元。(见图2.3)。

你会不会购买额外的保修服务呢?会购买哪一款呢?你是怎么考虑的?

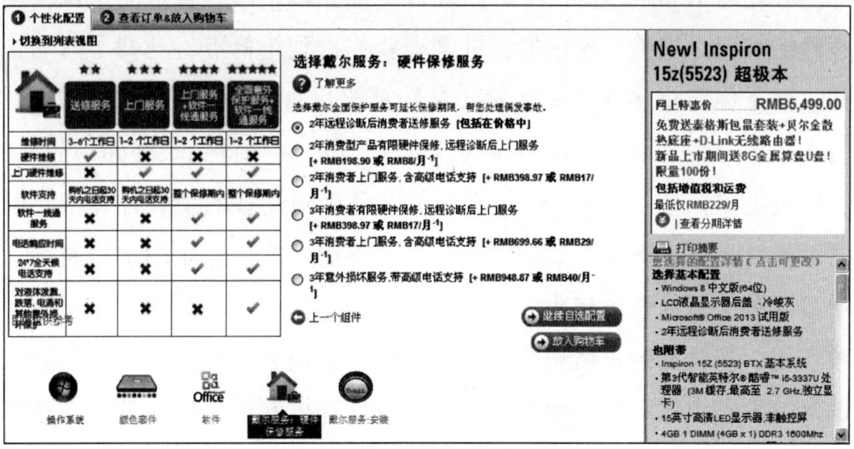

图 2.3 戴尔公司的保修服务

案例分析

这个例子反映了生产者非常清楚消费者是如何在不确定性下做出选择的，也说明保险业务无处不在，不只是保险公司的专享。

在很多情况下，消费者购买的商品能够给他带来什么样的效用是不确定的。以计算机为例，购买来的计算机可能在5年内都工作良好，不出任何故障；也可能半年不到就发热导致硬盘烧坏。很多商品都具有这种特点：买一包方便面，正常情况下平安无事，也可能出现调料包中混入异物，还可能幸运中奖——免费获赠10包方便面；乘飞机旅行有可能是正常起飞、正常降落，也有可能晚点乃至异地备降；购买一件衣服，正常情况下衣服很贴身，不缩水，不掉色，也有可能穿两天发现缝线开裂或左右不对称。显然，这些商品和彩票没有本质区别。购买一张彩票也会出现多种结果：要么中奖得到100元、1 000元甚至更多，要么白花了2元而没有任何收获。无论是购买商品消费，还是购买彩票，未来都面临着多种结果。

在面临不确定性时，消费者需要考虑怎样让好的结果出现的可能性提高。市场提供的方案是，支付更高的价格来获得商品质量的保证。去大商场购买服装，购买品牌方便面，去专卖店购买计算机，去连锁餐厅就餐，都可以降低糟糕结果出现的概率，但是前提是你得付出更高的价格。如果购买杂牌计算机，或者在小商铺买服装，或者到路边摊就餐，都会便宜很多，可是你得赌一把运气。这实际上说明，在普通的商品消费中，也存在着类似保险的机制：以更高的价格购买品质有保障的商品，其中多花出的钱就像是购买了一份保险一样。

回到案例中来，戴尔公司不同的保修方案就是上述机制的体现。你可以只花5 499元购买Inspiron 15z（5523）超级本计算机，但是有可能出现发生故障需要报修的状况。虽然厂家保修，可是需要你送到维修点，花费了时间，耽误了工作。如果你愿意多花198.9元，在计算机出现故障时可以得到上门服务，从而省去很多麻烦。如果你愿意多付398.97元，会获得更长时间的品质保障。另外，你也可以只花3 499元的价格购买一台相同配置的杂牌计算机，可是出故障的可能性更高，而且得到的保障更小。推而广之，你出的价格越高，产品出现质量问题的可能性也越小。

事实上，花较高的价格购买品牌计算机，就相当于购买了一份保险。只是这时的保险不是由保险公司承保的，而是由计算机制造商提供的。在这里，计算机制造商就扮演了保险公司的角色。一方面，制造商卖给你一台计算机；另一方面，如果你愿意支付更高价格，制造商就愿意确保这款计算机没有质量问题。确保计算机没有质量问题也包括一旦出现问题就迅速解决。

那么哪些人购买保险呢？或者说哪些人愿意花更高的价格确保计算机质量能够得到保障呢？是那些回避风险的人。而偏爱风险的人愿意花较低的价钱赌一把。戴尔公司之所以设计不同的售后维修方案，也就是要把不同风险偏好的消费者都网罗进来。

问题讨论

(1) 是否可以用彩票来描述所有的商品消费和购买？

(2) 购买商品中是否包含着购买保险的因素？

理论提示

(1) 不确定性下的消费者选择理论；

(2) 期望效用理论。

第三章　企业的生产和成本

一、基本概念与原理小结

1. 内容摘要

第二章讨论了市场的需求方面，解释了为什么需求曲线向右下方倾斜。顺理成章，接下来要讨论的就是市场的供给方面，而这个问题略微复杂，涉及生产过程中的技术问题和市场结构（竞争还是垄断）对厂商的影响。本章首先讨论纯粹的技术层面的问题，即在市场过程中投入和产出之间存在着什么样的关系。与市场结构有关的厂商行为则在第四章和第五章中讨论。

第一节先介绍了与企业有关的问题。这一节首先在《公司法》的框架下就有关企业类型的知识做了介绍，指出企业一般而言在形式上有个人独资、合伙制和公司制三种。接着本节归纳了所有企业的相同目标：利润最大化。本节也指出了对于公司制企业而言，其目标具有复杂性的一面，有可能不是追求单纯的利润最大化。

从第二节开始，教材正式讨论投入和产出之间的物质技术关系。其中第二至第四节讨论产出如何随着投入变化而变化，从中得出基本的生产规律——短期内的边际报酬递减规律和长期内的规模报酬规律。第五节和第六节换了一个相反的视角，讨论投入和花费在其上的成本如何随着产出的变化而变化。

具体而言，第二节利用生产函数对产出如何随着投入的变化而变化做了一般性的分析。该问题的分析就完全可以利用生产函数进行——将产出看成各种投入的函数。因此，投入与产出之间的物质技术关系具有什么样的特点就表现为生产函数的形式是什么样的。生产函数可以有各种各样的形式，其中柯布-道格拉斯生产函数是运用最广的。可以通过总产量、平均产量和边际产量来说明生产函数的性质，也就是可以用这些概念来说明企业生产的特点是什么。

投入和产出之间的关系在短期和长期是不一样的。经济学根据生产要素投入是否有足够的时间调整来区分短期和长期。短期是指这样一个时间，期间至少有部分生产要素来不及调整，同时至少有部分生产要素来得及调整。长期则是指所有的生产要素都来得及调整的时期。

接下来的第三节分析短期的生产函数，也就是分析短期内的生产具有何种特点。短期生产的特点是存在着边际报酬递减规律——在技术不变的条件下，将可变投入不断增加到有固定生产要素的生产过程中去，总产量会持续增加，边际产量一开始会增加，增加到一定程度会保持不变，然后很快开始减少。要指出的是，边际产量并非一开始就递减，而是递增一段时间后开始递减。由于任何企业都避免不了边际产量最终会递减的命运，而且如第四章要证明的，追求利润最大化目标的企业必须在边际产量递减阶段生产，因此，经济学把边际产量的这种变化特点命名为边际报酬递减规律。

边际报酬递减规律决定了边际产量、总产量和平均产量之间的关系。这从数学上很好理解：在函数性质上，函数的斜率（边际产量）决定了该函数的性质，即决定了函数值（总产量）和函数射线斜率（平均产量）是如何变化的。

长期内的生产又有自己的特点，这是第四节要讨论的。在长期，所有的要素都可以发生改变，于是我们需要讨论什么样的要素比例是合适的。这非常类似于消费者的选择问题——如何确定商品消费结构（比例），相应地，这一节用到的主要工具是等产量线，它与无差异曲线性质完全相同；事实上，无差异曲线又叫做等效用线。

在长期生产中的产出方面，等产量线用来分析企业产量与两种要素投入之间的物质技术关系，说明每一个既定产量可以通过哪些种类的要素组合来实现。等产量线的特点与无差异曲线也完全相同：负斜率，凸向原点，离原点远的线代表的产量要高，任意两条线不能相交。有必要特别注意的是等产量线的斜率，它代表了经济学的专业概念——边际技术替代率。边际技术替代率是在生产相同产量前提下，用一种要素替代另外一种要素的比率，其大小取决于该两种要素的边际产量比值。显然，等产量线中的边际技术替代率与无差异曲线中的边际替代率性质相同。由于边际报酬递减，所以边际技术替代率（绝对值）也是递减的。还要指出的是，等产量线是生产函数的变化形式：在有两个生产要素的生产函数中，观察产量既定时两个要素的函数关系，并把这种关系反映到二维的产品空间中去，以纵轴和横轴各代表一种生产要素，产量就可以间接地表达出来。

在长期生产中的投入方面，也需要了解企业成本情况，这是通过等成本线来描述的。等成本线表示将既定的成本预算用于两种生产要素时，它能够支持的要素组合是什么。等成本线的斜率为两种要素的价格之比。显然，等成本线与预算线在数学性质上是一样的。

既然要讨论生产要素的搭配比例，就需要了解企业的目标和约束。一种情况是，企业产量既定，因此目标就是成本最小化；另外一种情况是，企业成本预算既定，因此目标就是产量最大化。无论是哪种情形，目标的实现都被称为生产者均衡。生产者均衡的条件的数学表达式是，两种生产要素的边际技术替代率应该等于要素价格之比。将其转换成经济学语言就是，每一个生产要素的边际产量和其价格之比应该相等；这也就是说，投入到每一个生产要素上的最后1元钱带来的产量应该相等。从曲线上看，生产者均衡是等产量线和等成本线的切点。这就是说，如果企业按照该切点所代表的生产要素组合进行投入，就可以实现生产者均衡。如果处在目标等成本线上，产量就是最大的；如果处在目标等产量线上，成本就是最小的。

如果动态地考虑当成本预算增加时生产者均衡的变化，可以得到生产扩展线，它是等成本线与等产量线切点随着等成本线变化或等产量线变化而形成的轨迹。

在第二节至第四节从产出的角度讨论完企业的生产问题后，紧接着的第五节和第六节从投入的角度继续讨论这个问题，这就是成本变化问题了。其中第五节着眼于短期，第六节着眼于长期。

第五节在分析短期成本变化规律之前，首先介绍了经济学中的成本概念，指出成本一定是按照机会成本理解的，既包括会计学上的显性成本，也包括隐性成本。

由于短期意味着同时存在着可变生产要素和固定生产要素，所以短期的成本就比较复杂，可以区分为7大类：总成本，不变成本，可变成本；平均成本，平均不变成本，平均可变成本；边际成本。短期内企业的成本变化规律——成本如何随着产量的变化而变化——就是通过这7类成本的变化反映出来的。这7类成本的变化规律以及它们之间的相互关系都源于边际成本变化规律。因此，短期内的成本规律是由边际报酬递减规律决定的。这一点很好理解，因为产量的变化规律与成本的变化规律恰好是一枚硬币的正反两面。

第六节分析长期的成本变化规律。由于在长期所有的生产要素都是可变的，所以就不存在固定要素和不变成本了。这样，长期成本就只有三类：长期总成本，长期平均成本，长期边际成本。

因为所有的生产要素都是可以变化的，所以企业在长期可以回避边际报酬递减规律的影响。但是长期存在着规模报酬变化规律——当一个企业不断扩大规模，同时以相同比例增加各类生产投入时，总产量也会增加，而且其增加比例最初会超过生产规模的扩大比例，此即规模报酬递增，与此相应，此时长期平均成本是递减的；然后其增加比例等于生产规模扩大比例，此即规模报酬不变，与此相应，此时长期平均成本是不变的；最后会出现其增加比例低于生产规模扩大比例，此即规模报酬递减，与此相应，此时长期平均成本是递增的。

正是规模报酬变化规律决定了长期成本的变化规律：随着产出的增加，长期总成本先以递减的比例增加，然后以递增的比例增加；长期平均成本先递减后递增；长期边际成本先递减后递增，并且从长期平均成本的最低点穿过。

需要记住的是，规模报酬的变化规律是和长期平均成本联系在一起的，这与短期的情形不一样，在短期，边际报酬递减规律是和短期边际成本（或边际产量）联系在一起的。

还需要记住的是，长期成本是由无数个短期成本构成的。这是因为，长期的生产规模是可变的，短期的生产规模是不变的，从而长期的规模就是由不断调整的短期规模构成，其中每一个规模都是针对相应产量而言成本最低的生产规模。在数学表达上，长期成本曲线是相应短期成本曲线的包络曲线。

2. 基本概念

生产函数，柯布-道格拉斯生产函数；长期与短期；各种产量概念：总产量，平均产量，边际产量；边际报酬递减；等产量线，等成本线，边际技术替代率，生产者均衡，生产扩展线；规模报酬递增，规模报酬递减，规模报酬不变；各种成本概念：总成本，不变成本，可变成本，平均成本，平均不变成本，平均可变成本，边际成本，长期总成本，长期平均成本，长期边际成本；机会成本，显性成本，隐形成本。

3. 基本原理

（1）产量变化规律和成本变化规律是由同一个规律主导，是同一个事实的不同表述角度。

（2）短期内，边际报酬递减规律主导着企业生产中投入和产出之间的物质技术关系。

（3）边际报酬递减规律是指，在技术不变的条件下，如果有一些生产要素是固定的，那么，不断增加可变生产要素投入时，总产量一开始以递增的比例增加，然后以不变比例增加（短暂时间），最后必然会以递减比例增加。

（4）边际报酬递减规律体现在边际产量或短期边际成本的变化特点上。

（5）如果生产要素比例可以变化，当企业做到每一个生产要素的边际产量与价格之比都相等时，就实现了生产者均衡——在产量既定时成本会最小，在成本开支既定时产量会最大。

（6）在长期，规模报酬变化规律主导着企业生产中投入和产出之间的物质技术关系。

（7）规模报酬变化规律是指，当一个企业不断以相同比例增加所有生产要素投入时，产量一开始会以更大的比例增加，然后以相同的比例增加（短暂时间），最后必然以越来越小的比例增加。

（8）规模报酬变化规律体现在长期平均成本（而非边际成本）的变化特点上。

（9）长期成本曲线是短期成本曲线的包络曲线。

4. 重点难点

（1）企业生产只有两个生产规律，短期是边际报酬递减规律，长期是规模报酬变化规律。而且两者原因并不相同。

（2）边际报酬变化规律体现在边际产量或边际成本上面，而规模报酬变化规律体现在长期平均成本上面。

（3）短期内各种成本之间的关系，各种产量之间的关系。

（4）长期成本和短期成本之间的关系，包络曲线的含义。

5. 即问即答

问：这一章是关于厂商行为的理论吗？

答：不是，这一章讨论生产过程中客观的投入产出关系，是一种技术关系，厂商的行为是主观的，在后面的章节讨论。

问：生产者均衡是不是利润最大化？

答：不是。生产者均衡是利润最大化的必要条件，要从生产者均衡中发现利润最大化，还需要观察市场价格。生产者均衡只能保证既定产量下成本最低，或者既定投入中产量最高，但是不能保证产量能够卖一个好价钱。

问：边际报酬规律在长期生产中成立吗？

答：我们分析时往往假定其是短期的规律。但是就一般意义的长期而言，当要素比例发生变化时，仍然会出现边际报酬递减规律：如果两个要素投入都增加，但要素比例发生变化，那么增加速度快的生产要素会最终会出现边际产量递减，而增加速度慢的要素会出现边际产量递增。事实上，在一个要素固定另外一个要素可变的短期，其实质是要素比例发生变化。从这个意义上说，经济学又称边际报酬递减规律为可变要素比例规律。

问：等产量线不适合短期分析吗？

答：错。处于短期内的企业也可能拥有三个要素，一个要素是固定的，另外两个要素是可变的，此时仍然可以利用等产量线来分析。

问：规模报酬变化规律和长期边际成本有关还是长期平均成本有关？

答：和长期平均成本有关。

问：长期（平均）成本曲线是由短期（平均）成本曲线的最低点构成的吗？

答：错。一条短期成本曲线的最低点与各种短期成本曲线中最下端的那条曲线上的一点不是同一个概念。长期（平均）成本曲线的构成点是指后者，这些点处在最低位置的短期（平均）成本曲线上，但不一定是在该曲线的最低点。

问：埃隆·马斯克和比尔·盖茨度假时入住同一间五星级酒店同一种客房，请问他们付出的成本是否相同？

答：货币成本相同，但是考虑到时间的机会成本，埃隆·马斯克是 SpaceX 和特斯拉汽车等公司的总裁，还要支付时间的机会成本，而比尔·盖茨已经退休，不需要支付时间成本，因此埃隆·马斯克支付的成本要高于比尔·盖茨。

问：经济学要关注的是“以最小的代价获得最大的收益”吗？

答：这个表述是错的。最小和最大是相对的，如果没有限定，它们会趋向于无穷小或无穷大。正确的说法是“以最小的代价获得既定收益”或者“以既定代价获得最大收益”。更准确点说，应该是“寻求收益减成本的差值最大化”。

二、案例分析

3.1　生产可能性边界与边际报酬递减：在学习中的运用

案例内容

美国能源部前部长朱棣文上学时成绩在十名左右徘徊，而哥哥朱筑文则一直保持班级第一。工作之后，朱棣文当上教授时哥哥是副教授，朱棣文获得诺贝尔奖时哥哥当上正教授。杭州天长小学教师周武将这一现象称为“第十名现象”：小学期间前几名的“尖子”在升入初中、高中、大学（乃至工作之后）

有相当一部分会“淡出”优秀行列，而许多名列第十名左右的学生在后来的学习和工作中竟很出人意料地表现出色。在以培养优秀人才为己任的刘道玉看来，知识能力的过度开发会抑制人的能力和发展。保持第一名要用掉学生太多的精力，状元不能代表什么。南方科技大学创校校长朱清时非常赞同刘道玉的观点。他说，数学大师陈省身生前为中科大少年班题词：不要考100分。朱清时解释，原生态的学生一般考试能得七八十分，要想得100分要下好几倍的努力，训练得非常熟练才能不出小错。要争这100分，就需要浪费很多时间和资源，相当于土地要施10遍化肥，最后学生的创造力都被磨灭了。

资料来源：谢湘，堵力：理想的大学离我们有多远——北大清华再争状元就没有希望，中国青年报，2012年5月3日。

案例分析

人们的精力是有限的，不可能把所有的课程都学得最好。而且，当成绩提高时，要进一步提高成绩，需要付出的努力就会越大。这是因为，在学习上同样存在着边际报酬递减规律。如果我们在横轴上测度一个学生的经济学成绩，在纵轴上测度他的数学成绩，那么会发现，他能够取得的最大成绩组合就是一条凹向原点的线，其与横轴与纵轴的交点均低于或等于100分。在所有的分数组合中，总分最高的点一定在两个交点之外的地方，也就是说，如果他能够将时间合理分配到两门课的学习中，所得到的总分一定大于偏科学习得到的总分。原因是什么呢？原因是学习一门课的“边际效率”最终是递减的，从而两门课程成绩的“边际转换率”是递增的。边际转换率递增的含义是，要持续提高一门课的成绩，会导致另外一门课的成绩越来越多地下降。或者说，牺牲一门课的成绩来换另外一门课的成绩，能够换取的成绩是越来越少的。

当然，要指出的是，上述原理对大部分学习者适用，而对那些偏才就不成立了。

问题讨论

(1) 这个案例中适用的是边际效用递减规律还是边际报酬递减规律？

(2) 无差异曲线的分析是否在这里适用？

(3) 如何归纳这个案例中体现出来的理性原理的应用？

理论提示

(1) 边际报酬递减；

(2) 边际转换率；

(3) 生产可能性边界；

(4) 无差异曲线分析。

3.2　"大跃进"违背了边际报酬递减规律

案例内容

1958年6月8日，《人民日报》放出第一颗"卫星"，报道河南省遂平县卫星农业社5亩小麦平均亩产达到2 105斤。6月12日，又报道该农业社放出的第二颗"卫星"，2.9亩小麦试验田，亩产达3 530斤。随后，各地陆续放出了小麦亩产"卫星"。8月13日，新华社报道，湖北省麻城县溪建园一社出现"天下第一田"，早稻亩产36 900斤。9月5日，《人民日报》报道广东省连县1.73亩中稻亩产60 437斤。现在我们知道，这些都是虚假的报道，它们显然是违背了基本生产规律的。在一块土地上，无论你如何深耕、密植，其总产量也都有一个限度。另一方面，虽然一开始产量会因精耕细作而增加，但是与投入人力和物力的力度不成比例。虽然技术进步能够增加单产，可是技术进步也不是不间断、快速度进行的。直到今天，小麦亩产也只在400~700千克，水稻亩产试验田最高纪录刚刚突破900千克。

案例分析

农业生产是最能反映边际报酬递减规律的生产领域。在农业生产中，固定生产要素为土地，可变要素为人工，农业物资如化肥、种子、农业机械等。在一个固定生产要素上，产量总会有个最大限度。这也就意味着，增加可变要素时，产量的增加必然呈递减趋势。

同所有的生产一样，边际报酬递减规律是一个经验规律，是通过总结各类生产而得出的结论，无法用原理加以解释。根据这个规律，"大跃进"、放"卫星"是非常荒唐的。

另一方面我们也看到，粮食的亩产随着时间的推移也在逐步提高。20世纪50年代初期，中国水稻亩产全国平均只有150千克，目前亩产平均增加到400~500千克。那么是否否定了边际报酬递减规律的存在呢？不是的。边际报酬递减规律存在的前提是技术既定不变，而中国过去的亩产提高是通过技术创新实现的，从水稻矮化品种的培育，到杂交水稻的发展，再到现在的超级水稻育种成功，无一不是技术创新的体现。这也就是说，技术进步延缓了边际报酬递减的出现，在图中它表现为总产品曲线、平均产品曲线或边际产品曲线的向上变化。

还要指出的是，技术进步的速度并不稳定。我国水稻亩产在 20 世纪 70 年代中期是 200 千克左右，到 80 年代增加到 300 千克左右，再到 90 年代增加到 400 千克左右，基本上每十年上一个新台阶。2000 年中国中稻亩产为 466 千克，2007 年才增长到 470 千克，7 年的时间亩产量仅增长了 4 千克。从这个意义上说，边际报酬递减规律仍然是重要的。虽然袁隆平的超级水稻在试验田里亩产突破了 900 千克甚至更高，但是在全国各地的实际生产中，水稻亩产仍然为 500~700 千克。

问题讨论

（1）边际报酬递减规律是人类生产活动的一个重要约束吗？你怎么看？

（2）边际报酬递减规律是否存在于所有的生产领域？

（3）边际报酬递减规律用产品曲线或成本曲线怎么表示？

理论提示

（1）边际报酬递减规律；

（2）生产函数与成本函数以及相关曲线；

（3）技术进步的重要性。

3.3 生产要素最优组合

案例内容

玉环机床行业协会秘书长张辉祥说，2008 年玉环曾有几家机床企业因为订单不足而关门，2009 年就恢复到此前的正常水平，2010 年需求量增加了五成，今年全行业 50 多家企业开足马力仍不能满足市场需求。“玉环数控机床缓解了当地制汽摩配、水冷阀门企业的用工荒，结果自己遇到用工荒了。”

总部在杭州的中国机床商务网也见证了机床行业爆发式的需求增长。2008 年机床采购需求共发布 18 805 条，2009 年是 15 502 条，到 2010 年猛增到近

30 000条，2011年前两个月发布的采购信息同比接近翻番。

数控机床卖断货，背后是浙江制造企业大量涌现的采购需求，而促使企业购买的动力正是近年日趋严峻的用工荒。

嘉善通达密封件实业有限公司是家10多年的老厂，一直使用手工机床生产，年产值常年徘徊在500万元左右。最近四五年，每年春节后总有一成左右的工人不回来，老板张根良将工资从每天60元涨到120元，却还是招不到人。去年他听朋友的建议购买了两台数控机床，尝到了甜头。

张根良说，过去1个工人只能操作1台手工机床，1天生产100件产品。手工机床全靠工人凭手眼配合的经验操作，这个行当向来采取师傅带徒弟的培养模式。这样就带来两个问题：一是学徒培养期往往长达1年以上，期间还会生产大量的残次品；二是熟练师傅经常被其他工厂高薪挖走。引进数控机床后不到1个月，好处就体现出来了，这种设备不需要工人有经验，加工图纸输入计算机生成程序以后，工人只要会开关机器就能操作。更重要的是，同样的时间内单台数控机床加工产品的效率是手工机床的2倍，一个工人同时可以操作2台设备。同时加工精度大幅提高。

2010年，张根良的工厂实现产值800万元，成为当地密封件行业的龙头企业。初尝甜头的他2011年又订购了3台设备，预计年产值超过1 500万元。

浙江双飞无油轴承有限公司是浙江省龙头企业，这家以本地工人为主的企业招工问题原来并不突出，但近年飞速增长的订单迫使公司在提高单位产能上下功夫。该公司从2007年开始进行数字化改造，到2009年基本完成改造，数控机床成为生产线主要设备。

据公司管理部金女士介绍，改造后的生产线由过去一个工人操作1台设备增加到3台设备，单台设备产量则翻了一番。也就是说，单个工人的效率提高了5倍。不仅如此，数字化改造之后的加工精度达到了国外采购商的要求，过去2年中有半数产品出口到德国、意大利、日本、美国等20多个国家和地区，销售额则从不足2亿元增长到2010年的4亿元。“如果用旧设备生产，要实现2010年的产值公司至少要在现有基础上增加1倍的工人，数控机床帮我们解决了这个问题。”

资料来源：朱文科：浙江制造业用技术和资本替代劳动力，杭州日报，2011年3月1日。

案例分析

企业追求利润最大化，也就是说，企业要保证销售收入 PY 与成本之间 C 的差额达到最大。对于一个竞争性的企业来说，这有两种途径：一个是在价格不变的情况下尽可能多地销售产品；一个是控制成本 C，使之最小化。

在竞争性市场上，追求利润最大化的企业的要素使用原则是要素的边际产品值等于要素价格。对于嘉善通达密封件实业有限公司来说，工人工资上涨了一倍，但工人的边际产品价值并未相应上升，仍然等于产品价格，这样一来，边际产品值低于要素价格，企业将减少劳动力这一要素的使用，直到二者相等。而使用数控机床，生产率是手工机床的两倍，表明数控机床的边际产品值是原来手工机床的两倍，边际产品值高于要素价格，企业将增加资本这一要素的使用，直到二者相等。

20 世纪 60 年代，日本就出现过类似于中国机床企业 2010 年出现的现象。当时日本也面临着劳动力短缺的问题，工人工资的上涨使得日本制造业依靠廉价劳动力的增长模式走到了尽头，于是日本用资本替代劳动，促进了产业结构的升级。而在今天的中国，除了制造业之外，越来越多的行业，包括服务业也出现了资本对劳动的替代。比如，现在走进银行能够见到越来越多的自助业务办理机、自动存取款机；航空公司推出电子机票，乘客坐在家中轻点鼠标就可以轻松地在网上买到机票，还可以选择自助值机；中国铁路也于 2011 年开始实行网络订票；等等。这些反映出来的都是要素相对价格的变化带来的企业要素选择的变化：在人工成本变得愈发高昂的时候，用变得相对更便宜的资本来替代劳动力，以保证实现利润的最大化。

问题讨论

(1) 生产要素的价格是如何影响企业利润的？

(2) 是否实现了生产要素最优组合就实现了利润最大化？

(3) 生产要素最优组合与消费的最优组合是否遵循同一个原理？

理论提示

(1) 企业利润最大化的要素使用原则；

(2) 约束条件下的最优化。

3.4　沉没成本与商业决策：协和飞机项目的失败与“钓鱼工程”

案例内容

协和飞机由英国和法国合作研制和生产。英国始于20世纪50年代研制超音速客机，60年代初期法国加入进来。协和飞机1969年首次试飞，1976年投入商业运营，2003年6月停飞。生产总数仅20架，其中最后一架出厂时间是1979年。在1970的大阪“世博会”上，协和飞机一共获得了超过70架意向性订单。按照研制初期最保守的估计，到1975年订单会达到225架。但是随后1973年出现石油危机，协和飞机音爆、噪声、污染等问题相继出现，加上制造成本高昂，油耗巨大，发动机维护费时，大量意向性订单被取消，最终只有英法两国的航空公司采购，而这种采购是以补贴为基础的。到1976年协和飞机正式投入航线运营时，英法两国总投资已经超过8亿英镑，超出最初预算近6倍。这意味着协和飞机至少要卖出64架才会收支相抵，但实际上，前后一共只有16架飞机投入运营。而在航空公司方面，两国航空公司在协和飞机的运营上每年亏损4 000万~5 000万美元，飞行是以两国政府补贴来维持的。协和飞机从巴黎至纽约的往返票价为9 000美元，从伦敦至纽约的往返票价为9 850美元，比其他类型飞机的头等舱票价还高出至少25%。此外，协和飞机研制周期漫长，推出新型飞机至少需要15年。

案例分析

协和飞机项目是典型的“技术上的成功、商业上的失败”。该项目犯了两次错误，第一次错误是对未来航空市场的预期出现失误，对技术创新的潜力做了正确的判断，但是对市场前景做了错误的估计。当然，这样的错误并不是总能避免的。在执行这个项目的过程中，该项目的问题逐渐暴露出来，不能盈利的迹象越来越明显。但是两国政府接着犯了第二个错误，不能及时收手，未能以剜肉补疮的决断力终止该项目，而是害怕前期投入的巨大费用收不回来，结果事情久拖不决，反而导致更大的损失。协和飞机1969年首飞获得成功，但是1973年之后订单取消，这其实已经反映了航空业的大势所趋，预示协和飞机的商业前景非常暗淡。如前面所提到的，后来的财务数据证实了这一点。可是项目还在继续，一直到1976年投入商业运营。第二个错误是应该而且可以避免的，没有避免的原因是沉没成本从中作梗。前期投入形成的设备有很大一部分已经不能作为他用，其机会成本为零，因此这一部分变成沉没成本。此时应该考虑的是，还需要增加多少投入才能建成项目，飞机制造出来后能够产生的收入能否弥补新增成本和已经建成设备的机会成本，但是不需要考虑沉没成本。

协和飞机从巴黎到纽约耗时 3 小时 15 分，而两地时差为 6 小时，因此乘客总是说："我还没出发，就已经达到。"但是，到了 1973 年，协和客机的生产者就应该意识到："飞机还没有成熟，就已经失败。"其实协和飞机项目一开始就带有政治目的，是为了和美国在大飞机项目上抗衡，或许商业上失败的可能性一开始就没有考虑太多。类似于协和飞机项目的决策模式在日常生活中也经常见到。例如，隔夜的蔬菜已经不新鲜了，可是仍然要热一热吃掉；房屋装修错了，可是舍不得拆除后重新装修。

沉没成本有时也被有意地加以利用以获取利益。在一些水利项目中，即使不能盈利，为了获得批准，地方政府或项目承办人会有意低报造价，形成有利可图的假象。当项目进行到一半时，再申请追加投资，此时上级主管部门已经骑虎难下。不批准，则前期投入就会浪费掉了，因为其中有很多是沉没成本，没有其他用途了。难道你还能把修建一半的大坝拆掉卖给其他人？因此为了避免浪费，只好批准。例如，一个项目未来收益估计只有 18 亿元，但是其全部的投入前前后后需要 20 亿元。那怎么从国家财政拿钱让它上马呢？申请者会做一个方案，说项目只需要 15 亿元。当 15 亿元资金投入进去后，要建成的话就需要追加 5 亿元；如果终止，可能只能收回 6 亿元，另外 9 亿元就变成沉没成本，无论如何是收不回来的了。从这时开始，新的机会成本是 11 亿元，而收益有 18 亿元。权衡一下，只能批准这个项目。

这些例子告诉我们经济学另外一个原理：不要为泼洒了的牛奶哭泣。今天的决策要和过去决裂，过去的错误不能影响到今天。要考虑的是今天的决策产生的成本是什么，获取的收益是什么。这就是"等边际原理"——新增收益等于新增成本。最优消费结构、最优产量、最优要素使用的条件都是"等边际原理"的应用。

问题讨论

(1) 案例中包括了经济学的哪些原理？

(2)"等边际原理"在微观经济学的哪些理论中有具体应用？

(3) 现实中还有哪些利用沉没成本的例子？

理论提示

(1) 沉没成本；

(2) 机会成本；

(3) 利润最大化条件；

(4) 等边际原理。

3.5　机会成本、沉没成本与成本收益分析：一个乘客的航班与中国古典智慧

案例内容

2008 年 12 月 23 日，天津飞广州的南航 CZ3302 航班只有一位乘客。该航班飞行时间 170 分钟左右，每小时飞行成本大约 3.5 万元，就算该乘客购买的是全价 1 700 元的机票，对于该航班的成本来说也是杯水车薪。南航声称，乘客买票，航空公司就有责任将其运送到目的地；此外，该航班的执飞飞机当日还安排了从广州出发的飞行计划。

案例分析

其实，这种一个航班只有一位或几位乘客乘机的情形时有发生。南航所说的第一个理由有些拔高自己的形象，第二个理由才是真实的。航班只运送一位乘客或少数乘客，是完全理性的决策，是符合其自身利益的，人们无须感动。企业要考虑的是新增成本和新增收益的比较，不应考虑沉没成本。既然这趟航班必须执行，那么每小时 3.5 万元的成本就是沉没成本了，在决策时不用考虑进成本中去。这样考虑，则运送一位乘客而产生的成本也就是食物、饮料和空乘服务等方面的开销，最多也就 100 元，而其票价即使 5 折，也可以为航班带来 850 元的收入，因此当然要欢迎这位乘客登机。

这个例子说明了一个简单的道理：一项活动要不要付诸实施，只考虑由此新产生的成本和收益的比较。只要新增收益超过新增成本，就应该实施该项活动。这就是经济学所说的决策原则：将生产进行到边际收益与边际成本相等的水平上。在生产活动中，从短期来看，固定成本就是沉没成本，无论是否生产都要支付，如这个例子中的飞行成本，因此决策时是不需要考虑的。

经济生活中还有很多类似的例子，例如商铺清仓甩卖，电力公司实行夜间波谷电价，等等。

同时，利用机会成本原理、不考虑沉没成本也是各类活动的准则，其中最著名的要数秦朝末期项羽破釜沉舟的例子。项羽以 2 万兵力渡河攻击数倍于自己的秦兵，断掉自己部队的后路，希望置之死地而后生，结果大败敌兵，获得全胜。原因是，按秦末作战规则，可是没有优待俘虏一说的。因此进可能死，退更可能死，这说明己方士兵的生命已经是沉没成本，不需要考虑了，只要能够活下来就够了。相比之下，如果有退路的话，逃跑有可能活命，奋勇杀敌则有可能战死或重伤，因此进攻的收益不一定大于成本——此时的生命不再是沉没成本。

中国古语有云，穷寇勿追。这正是沉没成本原理的运用。也正因为如此，我们可以了解到毛泽东不循常理出牌的豪迈，因为他写下了“宜将剩勇追穷寇”的诗句。

问题讨论

（1）会计师眼中的成本与经济学中的成本是否一样？他们的决策结果是否相同？

（2）机会成本与沉没成本的原理在现实生活中的应用是否广泛？

理论提示

（1）沉没成本与机会成本；

（2）等边际原理的运用；

（3）经济决策的基本方式。

3.6 规模经济：证券公司规模扩张

案例内容

2002 年，深圳某知名证券公司引进香港职业投资银行家担任高管，产生内地高管和香港地区高管共同治理的局面，并且两派力量对市场的判断并不相同。2002 年，股市处于熊市之中，内地高管预测 2003 年会转向牛市，但是来自香港地区的高管与之观点相左。2003 年年初，很多券商不断裁撤证券营业部以节约成本，而该证券公司在内地高管的主导下不断招兵买马，接手其他券商转让的营业部——稍加装潢和改造，派驻自己的人马、挂上自己的招牌营业。当然，结果是熊市持续到 2005 年。2004 年，扩张的营业部经营惨淡，该公司不得不将其关闭。伴随着新门面的关闭，内地高管精英也转投其他券商。

案例分析

这个例子是和规模经济有关的。不同的产量——在券商的证券营业部这里表现为投资者开户人数、资金额和交易量——适应不同的规模。通常来说，市场上会将新增开户数视为“散户风向标”，因其能反映出中小投资者对于市场的态度。熊市时，开户人数减少，尤其是资金和交易量都会减少，但固定资本和设备基本没有变化，因而单位成本自然上升；如果裁撤合并营业部，则可以降低成本。

在这个例子中，如果不扩张营业部，则当牛市到来时，不得不用少量的营业部来容纳暴涨的开户数、资金量和交易量，此时适用的是短期成本曲线，单位成本会急剧上升；如果扩张营业部，则当牛市到来时，产量与生产规模相匹配，成本与营业部少的情形相比会低很多。如果熊市期间保留少量的营业部，牛市期间扩张营业部，该券商就处于长期成本曲线上——由两个短期成本曲线构成，它可以保证成本曲线更平缓一些——即下降过程更长一些，上升过程更缓慢一些。

该券商内地高管的错误在于，由于预测失误，在熊市中使用了适合牛市的营业部数量。由于在2003年年初扩张营业部，到了当年下半年，市场仍处于熊市时，其营业部数量来不及调整，结果是该券商处在一个不合适的短期成本曲线上，而不是处在长期成本曲线上。到了2004年，该券商针对熊市还会持续的现状，再度裁撤营业部，从而回到合适的短期成本曲线上，它和长期成本曲线重合。

这个例子说明，长期成本曲线由与各种产量相适应的短期成本曲线构成——这就是数学中所说的包络曲线。

问题讨论

(1) 长期成本与短期成本的关系是什么？

(2) 规模经济规律与边际报酬规律各在什么时期起作用？

(3) 在现实中规模经济规律还有哪些应用？

理论提示

（1）短期生产与边际报酬递减规律；

（2）长期生产与规模经济规律；

（3）最优生产规模；

（4）短期成本与长期成本。

3.7 中国汽车产业的规模经济

案例内容

中国的汽车产业经历了从无到有、再逐渐做大做强的过程；改革开放之后，汽车产业更是成为我国的支柱产业，在市场需求的推动和国家政策的扶持下，取得了快速的发展。中国汽车工业起步于1956年，当年产量非常低，仅为61辆；1992年达到106.2万辆，首次突破100万辆，世界排名第11位。1999年之后，特别是加入世界贸易组织之后，汽车产量除了个别年份（2008年和2011年）之外均保持了两位数的增速，汽车工业呈现出加速发展的态势：2002年和2003年汽车生产的增长速度分别达到了38.9%和36.6%，2006年中国成为世界第三大汽车生产国，2009年中国全年累计生产汽车1 379.10万辆，同比增加48.3%，超过美国和日本成为汽车第一大生产国；2010年产销量达到1 826.47万辆，同比增长32.4%，刷新了全球历史纪录。

中国汽车的销量规模增加也很迅速，1999年之后基本保持两位数的增速，2002年和2003年连续两年的增速甚至超过35%；2006年，中国成为第二大汽车销售国；2007年汽车销量达到879.15万辆，同比增长21.84%；2009年销售汽车1 364.48万辆，同比增长46.2%，相较我国2002年汽车销售同比增长37%的历史纪录高近10个百分点，产销增幅同比提高了43.3个百分点和39.6个百分点，一跃成为世界最大的新车市场；2010年销售汽车1 806.19万辆，同比增长了33%。

资料来源：1. 中华人民共和国工业和信息化部装备工业司：2009年汽车工业经济运行报告。

2. 中华人民共和国工业和信息化部装备工业司：2010年汽车工业经济运行报告。

3. 中华人民共和国工业和信息化部装备工业司：2011年汽车工业经济运行报告。

案例分析

规模经济是指在一特定时期内，企业扩大经营规模可以降低平均成本，从而提高利润水平。

汽车产业属于典型的规模经济产业，其生产规模和长期平均成本呈很强的相关性。19 世纪 60 年代时，经济学家马克斯和斯尔博斯就提出了“马克斯和斯尔博斯”曲线——一条 U 形曲线，用以描述汽车产业中规模经济的产生过程：开始时随着产量的增加，成本会迅速下降，但下降的幅度会越来越小，到达最优经济规模之后，成本下降到最低点；此后会经历一段产量增加但成本不变的时期；随着生产规模的进一步扩大，产量继续增加，但单位生产成本缓慢上升，出现规模不经济。有研究表明，1955 年到 1965 年间，美、日、欧的汽车企业的绩效都随着企业规模的扩大有明显的提升。从边际成本角度来考察，如今国际公认的经济规模为 200 万辆。

然而在相当长的时期内，中国的汽车生产企业普遍存在规模小、生产分散的问题，远未达到通常认为的规模经济水平，近年来通过兼并重组等方式的调整和整合，产业集中度逐年提高，但仍远远低于发达国家。2006 年，一汽的销量在全国居首位，但在全球销量排行榜中仅排在第 17 位，其在该年的产量为 69 万辆，仅相当于丰田的 7.65%，相当于排名世界第 9 位日产的 21.3%。2008 年，我国尚无一家汽车企业能达到 200 万辆的产量，2009 年仅有上汽集团汽车销量突破 200 万辆，达到 270.55 万辆，2010 年上汽、东风、一汽、长安 4 家汽车生产企业（集团）产销规模超过 200 万辆，2011 年前述四家企业（集团）共销售汽车 1 163.45 万辆，占汽车销售总量的 63%，销量分别达到 396.60 万辆、305.86 万辆、260.14 万辆、200.85 万辆。中国汽车制造业规模与世界汽车生产大国的差距可见一斑。

问题讨论

（1）为什么汽车行业会产生规模经济？

（2）是否企业生产规模越大越好？

理论提示

（1）规模经济与规模不经济；

（2）长期生产规律；

（3）产品与成本的变化规律。

3.8 规模经济：中国彩电行业的洗牌

案例内容

改革开放之后，国人的收入明显增加，冰箱、彩电、洗衣机替代自行车、缝纫机和收音机成为人们家庭建设上追求的新“三大件”。当时的电视机主要是黑白的，后来彩电才进入了为数不多的家庭。可无论是黑白电视还是彩色电视，由于日本的品牌质量出色，其在市场上几乎占据了绝对的优势，人们茶余饭后津津乐道的是日立、东芝、索尼、JVC、三洋、松下等品牌。当时中国的经济还处于极度的短缺中，电视机在“票证时代”还是一种奢侈品，人们需要凭关系、走后门才能买到，如果哪个家庭拥有一台日本原装进口的14寸电视机是件令人羡慕的事。

1978年国家开始批准引进彩电生产线后，中国电视机行业开始迅猛发展。据统计，到1985年，全国共引进了113条彩电装配生产线，几乎遍布于全国各省；彩电企业也遍地开花，到20世纪90年代中期，全国的彩电企业超过了200家。在这股迅猛发展的浪潮中，涌现出了长虹、TCL、康佳、创维、海信等为国人所熟知的品牌。

1996年3月26日，长虹挑起行业内的第一次大规模价格战，电视机行业从此全面洗牌。据国家信息中心的统计，20世纪90年代中后期，有竞争力的彩电品牌尚有五六十个，价格战的冲击使得很多企业退出市场，高路华、乐华、嘉华、熊猫等品牌陆续消失；2006年，TCL、长虹、康佳、创维、海信、海尔和厦华七大品牌占据了国内市场约75%的市场份额。彩电业寡头垄断的市场结构特征越来越明显。

案例分析

任何产业都有其适度的发展规模，而彩电业是一个规模经济性较为显著的产业。20世纪80年代的迅猛发展使得中国电视机的产量大增，到1985年我国电视机年产量就超过美国，达到1 663万台，成为仅次于日本的世界第二大电视机生产国。1987年，我国电视机产量达到1 934万台，一举超过日本，成为世界上最大的电视机生产国。2011年，根据工业和信息化部统计数据，我国彩电产量为12 231万台。曾有人称全世界的彩电需求量为1.8亿台，中国就生产了1亿台，彩电行业的规模可见一斑。不仅如此，在彩电行业不断洗牌、集中的过程中，企业的规模也日益扩大，20世纪末产量达100万台的大型企业就有

8个，2006年前后TCL、长虹、康佳、创维、海信的销量均超过500万台。2004年，兼并重组汤姆逊彩电业务的TCL集团宣布其彩电全球销售量达1 716万台，超过三星跃居全球第一。

规模经济带来成本的降低，彩电生产越来越集中于少数知名企业之后，这些企业在生产要素市场上就拥有了谈判的权力，能够降低生产的成本——无论是原材料成本还是劳动力成本。除了规模经济之外，技术进步使得彩电的生产标准化、自动化程度日益提高，彩电企业的劳动生产率也显著提高，因而生产成本显著下降。

我们以TCL为例来说明彩电业的规模经济。1996年春，TCL注资1.5亿港元控股蛇口陆氏集团。陆氏集团本身的技术力量雄厚，拥有完整的科研开发和生产设施，此次兼并不仅降低了TCL进行彩电研发的技术风险，也使得其直接获得了技术进步带来的好处。不仅如此，这次兼并还使得TCL从此有了自己的生产基地，在短时期内实现了规模的扩张，降低了成本，获得了规模经济效益。兼并之后，TCL在深圳的生产基地仅生产TCL王牌彩电就可以达到月产8万台，再加上为爱华、日立加工整机1.5万台，生产规模大大提高。这次兼并无疑是成功的，规模的扩大带来了成本的大幅下降，提高了TCL的经济效益。据TCL兼并陆氏彩电项目的财务报表显示，仅一年该公司就盈利了1亿元。1997年6月，为了与长虹竞争，TCL投资6 000万元兼并了美乐集团。这次兼并使TCL一举切入了广大的农村市场，仅销售运输费用的节省就十分可观，大大降低了TCL的销售成本。

1996年之前，消费者购买一台彩电要花费其年收入相当的比例，当时一台彩电的价格一般为4 000~5 000元，而到1999年，一台29寸的彩电花费已经不到3 000元，消费者剩余增加了，而这也得益于规模经济和技术进步。

问题讨论

(1) 规模经济是如何降低成本的?

(2) 是否规模越大越好?

(3) 为什么很多行业在全球范围内出现了一家独大的现象? 是否说明这些行业的规模经济所要求的规模是非常大的? 这些跨国公司的规模是否符合规模经济要求?

理论提示

(1) 规模经济与规模不经济；

(2) 适度规模。

第四章　完全竞争市场

一、基本概念与原理小结

1. 内容摘要

第三章讨论的是企业的生产特点，本章和后面的第五章进一步将企业置于不同的市场中分析其行为特征。

第四章的第一节是对第四章和第五章的导论，对企业的行为做出一般性的分析。微观经济学假设企业的目的是寻求利润最大化，因此要分析如何确定产量或生产要素使用量来获取最大利润。显然，利润是收益减去成本后的剩余。但是要特别指出的是，这里的利润是指经济利润，是经济利润的简称，这与会计学上的利润在概念上不一样。就其性质而言，经济利润是一种超额利润。同时，在成本之中，包含有正常利润。这就是说，做到了收支相抵，也还是有正常利润可赚。

利润涉及成本与收益，其中成本的变化规律已经在第三章中进行了充分分析，因此本节需要接着讨论收益，以便了解企业如何实现最大利润。

可以从平均收益和边际收益的角度来讨论企业总收益。平均收益理解起来很简单，就是价格的另外一种表述方式。可是边际收益要复杂一点。虽然边际收益概念是清晰的，但是其变化规律要依据不同市场特点而有所不同。这是因为，在竞争和垄断的不同市场条件下，要多销售产品，价格的变化是不一样的，因此多销售产品带来的新增收益（即边际收益）有着不同的变化规律。

市场中竞争成分与垄断成分的构成被称为市场结构。市场结构的两极是完全竞争和完全垄断，而更多的市场实际上是介于两者之间的，其中两个带有标尺性的市场被定义为垄断竞争和寡头竞争，其中垄断竞争更接近竞争，而寡头垄断更接近垄断。换言之，在微观经济学里，从竞争向垄断变化，市场结构被区分为四种标志性的市场：完全竞争（简称为竞争，也有教材称纯粹竞争），垄断竞争，寡头垄断（简称为寡头），完全垄断（简称为垄断）。区分这四种市场的依据是：有多少个企业在竞争，它们销售的产品是否相同，进入或退出该市场是否容易。要指出的是，市场结构是一个连续的体系，而不是离散的。就是说，市场结构并不是只有完全竞争、垄断竞争、寡头垄断和完全垄断，还有很多市场介于它们两两之间。

至于市场结构具体如何影响到企业的收益状况，本章后面的内容以及第五章中会将其融入企业决策中展开分析。

无论是哪种企业，在进行生产决策时，为了得到最大利润，必须考虑收益和成本问题。可以证明，利润最大化的必要条件是：生产（和销售）的产量必须确保该产量的边际收益和边际成本相等。

从第二节开始，本章利用利润最大化条件对完全竞争条件下的企业行为加以分析，讨论其如何实现利润最大化，其决策的结果具有何种特点。

首先，第二节对完全竞争的特点和完全竞争条件下的企业收益特点进行了分析。完全竞争市场最重要的特点是“存在众多的企业”和“生产完全相同（同质）的产品”。这样才能保证竞争充分，没有任何垄断成分。显然，这样的市场是一个理想化的概念，现实中并不存在。但是其意义在于，将理论上假设的完全竞争作为一个标尺，用以对比分析现实市场的特点。在现实世界，有一些市场是接近完全竞争的，例如农产品市场，因此这些市场也具有接近完全竞争市场的特点，事实上，它们在本质上是一样的。正是因为竞争充分，所以没有哪个企业能够单方面左右市场、影响价格，所有的企业都只是市场价格的接受者，而不是制定者。因此，一个企业可以按照既定价格销售它愿意销售的任何数量的产品；当然，前提是它仍然是无数个厂商中的一个。在这种情况下，企业的需求曲线就是水平的，企业的边际收益和平均收益始终相等，而利润最大化条件也就由“边际收益等于边际成本”演化为“价格等于边际成本”。

然后，本章在接下来在第三节和第四节中，结合前面的收益规律和上一章的成本规律，区分短期和长期，对企业如何进行生产和销售决策展开了分析。其中第三节分析了短期企业行为，指出企业会按照市场价格，把产量确定在短期边际成本和边际收益相等的水平上。在这种决策下，企业能否盈利呢？因为是短期，盈亏皆有可能：其一，如果此时价格高于平均成本，则赚取超额利润；其二，如果此时价格等于平均成本，则盈亏平衡，收支相抵，只赚取正常利润；其三，如果此时价格低于平均成本，但是又高于平均可变成本，则有亏损，但是需要继续生产，否则亏损更大；其四，如果价格低于平均可变成本，则有亏损，而且需要停产才能将亏损减至最小。其中，价格等于平均成本被称为收支相抵点（盈亏平衡点）；价格等于平均可变成本是一个生产和停业的临界点，被称为停止营业点。

从上述短期的厂商均衡（或企业均衡）中可以了解到，为什么企业供给曲线是向右上方倾斜的。原因是，企业的边际成本曲线是向右上方倾斜的，因此，只有当价格上升时，增加生产才能保证价格持续等于不断上升的边际成本。相应地，平均可变成本曲线之上的边际成本曲线，就构成了企业的短期供给曲线。

第四节将视角投向长期。与短期不一样的是，竞争市场的长期意味着企业能够自由地进入和退出市场。于是，长期生产的利润最大化条件为，价格不仅与长期边际成本相等，还要与长期平均成本相等，即企业只能实现收支相抵条件下的正常利润，不能赚取任何超额利润，也不会出现任何亏损。这是因为，如果企业有超额利润可赚，那么其他企业就会加入进来，这样会增加供给和压低价格，一直到超额利润消失为止；反之，如果这个行业是亏损的，就会有企业退出市场，以至于该市场供给减少、价格上升，一直持续到亏损消失为止。

第四节还将所有企业结合起来，进一步分析了长期中竞争市场的市场均衡，并分析了长期竞争市场中的市场供给曲线。如前所述，企业供给点都处于长期平均成本的最低点上，长期边际成本在此点与价格相等，因此，长期供给曲线形状依赖于长期平均成本曲线的变化情况。于是，长期市场供给曲线可能会面临三种情形。第一种情形是我们通常见到的，长期市场供给曲线向右上方倾斜。其原因是，如果企业应需求增加而增产，会需要更多的生产要素投入，从而会导致生产要素价格上升，继而企业生产成本上升。第二种情形不那么常见，长期供给曲线是水平的。其形成条件是，所有企业是同质的，同时生产要素价格不会因为企业对其需求量增加而上升。第三种情形是长期供给曲线向右下方倾斜，即伴随着需求增加，价格会下降，而供给量会增加。这种曲线虽然一开始有些费解，但是也比较常见，其原因是整个行业的规模经济会带来生产成本下降——需求扩大会刺激企业数量增加，从而使得整个行业呈现出规模经济。

无论是三种情形中的哪一种，对企业而言都只能获得正常利润。与此同时，也有例外，这主要发生在向右上方倾斜的长期供给曲线中。这个例外是指企业在技术上不同从而在成本结构上并不是同质的，成本有高有低。因此，当需求增加时，只有不断提高价格，才能促使成本渐高的企业愿意加入这个市场。这意味着，只有最后一个企业正好实现收支相抵，其他所有企业都有超额利润可赚。（这个例外在曼昆的《经济学原理》中有提到）

2. **基本概念**

边际收益，平均收益，利润（经济利润，超额利润），正常利润，市场结构，完全竞争，收支相抵点，停止营业点。

3. **基本原理**

（1）企业利润最大化的必要条件是边际收益等于边际成本。

（2）在竞争市场中，企业的边际收益就是平均收益，与价格相等。因此，企业利润最大化条件是价格等于边际成本。

（3）在竞争市场的短期，企业根据利润最大化条件确定产量，可能出现四种盈亏情形：超额利润，正常利润，亏损但是继续生产，亏损并且停止营业。

（4）企业短期供给曲线就是边际成本曲线在最低平均可变成本以上的部分，或者说二者重合。

（5）在竞争市场的长期，如果所有企业都是同质的，它们都只能获取正常利润。

（6）竞争市场中的长期市场供给曲线有可能出现三种形状：递增的，不变的，递减的。

（7）在竞争市场的长期，如果企业在成本结构或在技术条件上并不同质，则只有成本最高的企业实现收支相抵，其他企业都可以获得超额利润。此时的长期市场供给曲线一定是向右上方倾斜的。

4. **重点难点**

（1）理解边际收益等于边际成本是企业利润最大化的必要条件。

（2）理解当边际收益与边际成本相等，在短期内企业仍然有可能亏损。

（3）理解正常利润，理解竞争企业在长期只能做到收支相抵。

（4）理解供给曲线与边际成本之间的关系。

（5）理解长期市场供给曲线有可能是向右下方倾斜的。

5. **即问即答**

问：企业需求是企业对商品的需求吗？

答：错。企业需求是市场对该企业所生产产品的需求。与之对应，个人需求是单个消费者对所有企业所生产的同一种产品的需求。因此，企业需求加总等于市场需求，个人需求加总也等于市场需求。

问：利润包括超额利润和正常利润，对吗？

答：错。经济学中的利润是特定概念，又叫经济利润，其性质是超额利润，即超出正常利润之外的利润。

问：如果企业只能盈亏相抵，生产就没有意义吗？

答：错。在经济学的术语中，正常利润包含在成本之中，因此收支相抵就意味着获取了正常利润，因而足以吸引企业继续生产下去。

问：完全竞争并不存在，为什么还需要分析它？

答：一方面，完全竞争固然只是一个理想化的概念，但是可以作为理解现实问题的一个基准或一个参照系。另一方面，存在着接近完全竞争的市场，它们具备完全竞争的基本性质。

问：竞争市场中，一个企业能否影响价格？

答：价格接受者是说，一个企业单凭自己的力量对市场价格没有任何影响。就如同一个人一桶水一桶水地倒向长江，对长江水位毫无影响；但是如果很多人同时向江中倒水，会影响到其水位。

问：为什么一个企业在竞争市场中可以按照既定的价格销售任意数量的产品？

答：这是一个理解角度问题。因为是竞争市场，因此要假定无论该企业销售多少产品，其销售量只能占整个市场微不足道的比例。如果认为该企业将销售量增加到对市场有举足轻重的影响的水平，那就不是竞争企业了。

问：实现边际收益等于边际成本，就一定能实现利润最大化吗？

答：不是。除了满足边际收益等于边际成本之外，还必须满足边际成本处于上升阶段这一条件。这就是所谓的一阶条件和二阶条件。如果在边际成本下降阶段选择生产以满足边际收益等于边际成本，则会出现利润最小化。要指出的是，教科书往往暗含地假定了二阶条件的成立。

问：为什么满足了边际收益与边际成本相等的原则，仍然有可能亏损？

答：利润可以是负值。因此，边际收益与边际成本相等时，利润是最大化的，但是有可能是负值；当它是负值时，其绝对值是最小的，也就是说亏损最小。

二、案例分析

4.1　完全竞争市场的短期均衡：春节的洗车服务涨价

案例内容

《楚天金报》2013 年 2 月 3 日报道：今年春节假日，武汉洗车价格普涨到每台60元，不少网友发帖抱怨洗车店“趁节打劫”，但物价部门和受访律师表示政府对洗车业价格没有强制性规定，价格波动属于市场行为。位于汉口天门墩一家汽车美容店店主说，从小年到正月初八洗车60元，别人涨，我们也得涨，去年同期也涨得蛮高，每天也不愁生意，一天要洗好几十台车。在常青花园机场高速高架桥下一家洗车店，涨价信息在显眼处张榜：2月1日到3日，普通车30元；腊月二十四到正月初六执行春节价格，普通车即5座轿车每次60元，越野车每次70元，商务车每次80元。武昌区物价局相关工作人员表示，政府对洗车业价格没有强制性规定，临近春节，洗车价格上涨，价格波动属于市场行为，物价部门没有法律依据来制裁这种涨价行为。湖北金卫律师事务所李光福律师说，根据《价格法》的规定，我国大多数商品和服务价格实行市场调节价，洗车服务不属于重要的公用事业和公益性服务，因此不宜由政府部门对其价格进行指导和干预。另外，人工费在洗车成本中占了很大比重，临近春节，农民工纷纷返乡过年，洗车工人供不应求，洗车价随之上涨也在情理之中。

尽管物价部门和受访律师都称洗车价格波动属“市场行为”，但涨价还是引发大量车主吐槽。在一家医院工作的车主侯先生对记者说，这个价涨得太离谱了，如果其他行业也这样，那出租车起步价岂不是可以涨到30元、40元，照样有乘客；医院也有理由涨到平时几倍，春节期间急着要看病的人高价也会看，建议工商、物价部门定个指导价。在一家科技公司上班的车主张先生也告诉记者，不能“瞎涨”。

《北京晨报》2013年2月12日也刊载了一篇《北京春节洗车费涨至220元》的报道。文中称：趁着春节涨价的还不只饭馆，记者发现洗车的价格也翻了几番，在京广桥附近的一家洗车店排队洗车的有近20辆车，原来20元的洗车价现已经涨至150元，而原本在店中办理的洗车卡在春节期间也不能使用。洗车店中仅剩下3个伙计在忙前忙后。“春节期间大多数工人都回老家了，我们人手不够，不涨价也忙不过来。”洗车店的老板说道。而150元洗一辆车的价格还不是最高，记者调查中发现，航天桥附近的一家洗车店将价格从30元涨到了220元一辆车。

案例分析

洗车市场接近完全竞争市场。一方面，一个城市有很多洗车店，尽管分布在不同的地方，但是对于快速移动的汽车而言，仍然近若比邻，尤其是在互联网时代。另一方面，存在着无数辆汽车需要这些服务。在这个市场，春节期间的洗车又构成一个特殊的子市场，它同样是竞争的。

从平时的市场过渡到春节市场，洗车行业出现了变化，因此带来均衡的改变。一方面，车主都想洗干净爱车过年，因此春节期间对洗车的需求大大增加。另一方面，洗车店也面临员工短缺的情况，即使是现有的员工和经营者，在大家回家团聚的春节期间工作，其工作的机会成本也上升了。不仅如此，按照现行法规，春节期间工作属于加班，应该支付 3 倍的工资，这进一步增加了生产成本。因此，这个市场到了春节时供给在减少，而需求在增加，由此导致洗车价格上升，从原来的 20 元左右骤涨至 50 元甚至更高。供给减少的原因是，单个洗车店的洗车成本上升了。春节期间 50 元的洗车费用是新的均衡，是针对春节市场的，到了春节过后，它又会降回到平时市场的均衡价格。

那么这个价格是否合理？是否需要政府加以干预呢？理论上说，所有的定价都需要有约束，不能恣意妄为。如果是竞争市场，定价的约束来自市场竞争，此时企业无法自行涨价，只能接受市场价格。如果是垄断市场，例如一个城市仅存少数几家洗车店，从而没有市场竞争来约束企业行为，此时就需要政府对定价加以规范。在中国，是由物价局实施此管制。

这样我们可以看出，洗车价格的上涨是完全合理的，是一个市场行为，不应在政府干预的范围之类。而且，进一步地深究可以发现，它的成本上涨了，而竞争将洗车价格控制在成本附近。因此，即使价格上涨至 50 元，这也仍然是与春节期间的成本相当的，洗车行业并未获得超额利润。要知道洗车工放弃了休假，放弃了享受节日，放弃了与家人的团聚。但是对出租车而言就不一样了。它不是一个竞争市场，政府事先就限制了出租车牌照的发放量，在出租车行业形成了一定的垄断，从而也就限定了其价格。即使因为春节期间成本上涨而需要调价，也不能任意而为，需要在政府规范下进行。而各个城市的实际做法是，定价时已经考虑到了不同时期的成本，通过取其平均值而确定了固定价格。尽管不能上调的价格在春节期间或许略低于成本，可是在平时又略高于成本。

问题讨论

(1) 怎样理解洗车行业是一个完全竞争市场？怎样理解春节洗车市场是一个特定的市场？

(2) 竞争市场的价格浮动需要政府介入干预吗？

(3) 一般而言，商品价格如何定价才是社会可以接受的？

(4) 为什么春节期间洗车价格会上涨？

理论提示

(1) 竞争市场理论；

(2) 竞争均衡的变动；

(3) 供给曲线与成本曲线的关系；

(4) 超额利润与正常利润。

4.2 完全竞争市场短期与长期均衡：旺季热门景区的酒店住宿市场存在暴利吗？

案例内容

十一黄金周，旅游成为了很多人的选择。但如今，你可能面临客房价格飞涨但仍订不到房的尴尬局面。

在9月19日之前，一篇《国庆稻城亚丁房价：最高3 700一晚，而2 600的房间已经售罄，恐怖!》的文章引发网友关注。文中描述，国庆期间，稻城亚丁的酒店价格疯涨，最贵的价格已经涨到了3 675元一晚起。

不仅是稻城，国庆节前夕，AI财经社致电厦门、丽江等多家旅店、民宿，对方均表示国庆期间，旅游人数增多，价格肯定上涨。在一些热门景点，客房的价格普遍上涨1~2倍，在少数地方，价格上涨幅度甚至超过了5倍。

此前，据封面新闻报道，稻城市宣传部相关负责人表示，在亚丁景区游玩，较近的住宿点主要在亚丁村、仁村和香格里拉镇，把三地的酒店与民宿全部算上共计有超过2万个床位。但是，亚丁景区此前已发布“限流通告”，规定单日游客最大承载量为16 054人次，因此能够满足游客住宿需求。

在今年8—9月，稻城附近宾馆房间价格仅为300~400元，目前的房间价格已经涨到了接近1 400元。老板表示，目前景区内的房间价格普遍涨幅在5倍多，有个别的房间价格已经突破了3 000元，“一年就指着国庆节赚点钱”。

不仅稻城亚丁，多地客房价格都在涨。

一位丽江客栈的老板告诉AI财经社，每年国庆节期间，客房价格都会上涨。相较于稻城独特的地理环境，丽江可供选择的客栈更多一些。但面对假日激增的游客数量，丽江酒店数量还是偏紧张，也会出现订不到房间的情况，因此大多数客栈都会涨价。

目前，丽江古城内的客房价格，涨幅为2~3倍。一间房的价格普遍在500~600元。在他的客栈里，家庭房的价格已经涨到了900元。而上个月这个房间的价格还在300元左右。

资料来源：国庆长假天价酒店：稻城淡季300元如今2 000，丽江曾现万元房，AI财经社，2018年10月3日。

案例分析

住宿市场在性质上属于完全竞争而非垄断竞争。也许看起来各个酒店差别很大，产品并不是同质的，因此并不是严格意义上的完全竞争。但是在完全竞争与垄断竞争之间，热门景区的住宿市场是更接近完全竞争的。

长假期间房价涨3倍，最高涨5倍，可是这并不是暴利。毕竟景区的住宿市场是一个竞争市场，如果是暴利的话，那就会有更多的资本进入，会建造更多的酒店，而事实上景区的酒店规模并没有扩大，而是已经保持平稳不变。那为什么3倍和5倍的价格还不是暴利呢？要知道这3倍和5倍的价格仅仅是旺季才有，淡季时又回归低价。但是，不管是淡季还是旺季，酒店的固定成本都是要开支的，就算是不营业，没有收入，酒店的资金占用仍然有支付成本，酒店的折旧仍然要分摊。因此，如果仅考虑可变成本，那么平时的淡季价格可能略有盈余，而旺季价格则远超可变成本数倍；但是考虑到固定成本，则淡季时的价格是亏损的，而旺季的价格才是盈利的。将全年淡季旺季总合起来看，平均价格是正好弥补全部成本的，恰好能保证住宿业获得不多不少的正常利润。

这样我们就看到：

在淡季，景区的住宿市场定价都在平均成本以下，但是高于平均可变成本，此时呈现出有亏损的短期均衡。虽然是亏损，但是比停止营业要强，毕竟价格在弥补可变成本之后还有一个剩余，用来部分弥补无论是否经营都得开支的固定成本。如果是在北方，例如在内蒙古草原或者新疆牧区，酒店就会直接停止营业，此时如果继续营业的话，价格必然在可变成本之下，不仅不能弥补固定成本，连经营时产生的可变成本也不能完全收回。

在旺季，景区的住宿市场定价不仅高于可变成本，而且高于平均成本，实现了有超额利润的短期均衡。显然这个超额利润只能短期享有，正如案例中的酒店老板所说："一年就指着国庆节赚点钱。"

在包含了淡季和旺季的一年里，景区住宿市场实现了长期均衡。此时既无新的经营者加入，而现在的经营者也无意退出。

如果我们看到哪些景区还在大兴土木盖酒店，或者看到哪些景区的酒店不断关闭倒闭，那说明那些景区还处在短期的调整之中，还没有实现长期均衡。一直到景区的酒店不增不减时，才实现长期均衡。

最后补充说明一下为什么酒店是完全竞争而不是垄断竞争。

微观经济学将企业所处的市场分为完全竞争、垄断竞争、寡头垄断和完全垄断四个类型，但是事实上，如果以竞争和垄断的程度来区分各类行业或企业，对它们进行排列，那么不同行业或企业会呈现出连续变化的关系，而不是离散的关系。也就是说，有些企业可能正好落在上述四个市场类型中，但是还有不少企业介入两个类型之间，却又没有必要再独立一个类型出来，此时就根据这些企业的主要属性靠近两个类型中的哪一个来对其分类。这样看来，景区的住宿市场似乎有点像垄断竞争，因为酒店各个不同。但是从理论分析上，在游客心目中，各个酒店的差别并不大，他们的目标在于景点，并不在乎酒店的差异。因此从理论上看，每个同类别酒店所面临的需求曲线是接近水平线的。

问题讨论

（1）为什么应该将景区的住宿市场看成是完全竞争的市场？

（2）景区的住宿市场是否只能挣取正常利润？

（3）景区住宿市场的短期均衡和长期均衡有什么特点？

理论提示

（1）竞争市场；

（2）短期与长期竞争均衡；

（3）停止营业点；

（4）正常利润。

4.3 农贸市场最接近完全竞争

案例内容

在一个城市里任何一个有一点规模的农贸市场里，我们会发现它们有相同的特点。在同一个市场里，会聚集蔬菜、水果、粮食、副食、水产、生鲜肉类、调味品等不同类别的商品销售。说到蔬菜，几乎所有摊贩贩售的蔬菜都是种类相同的，每一种蔬菜也都是相同品种，而且是那种大面积种植、产量庞大的品种，比如在武汉地区辣椒基本上是芜湖辣椒、杭椒和螺丝椒。只有少部分摊贩销售本地品种的蔬菜，数量极少。各个摊位的水产品也都是一模一样，在武汉地区都是武昌鱼（鳊鱼）、花鲢、黄骨鱼、鲫鱼和翘嘴鲌，冬天会有草鱼和青鱼。而且全部是那种价格，尽管很少明码标价，但是也完全相同。

再说到价格，尽管很少有明码标价的，但是所有商贩的价格也都是一样的，当然少数商贩会狡诈地对待不那么计较、不经常买菜的顾客。价格一天之内早晚不同，尤其是新鲜蔬菜和水产品。如果遇到特殊情况，比如雨雪天气或者蔬菜产地受灾，则价格急剧上升。

即使是在同一个城市，不同区域农贸市场的蔬菜价格也会有实质性的差别，比如在政府公务员、学校教师居住集中的区域，或者是在高档小区附近，一方面除了同样供给普通蔬菜之外，还会供给差异化的品质好价格高的蔬菜，比如供给绿色有机蔬菜。就普通蔬菜而言，价格也高于其他农贸市场。

如果常年观察这些农贸市场，会发现蔬菜摊位非常稳定，常年都是熟悉的面孔。倒是在农贸市场里开的其他商铺如各类熟食、特色产品等，会不时地变动。经济不景气时，一些铺子倒闭，甚至可以看到有铺子空置的时候。

案例分析

在所有的市场中，农贸市场应该是最符合完全竞争定义的市场了。尽管农贸市场上的摊位和商品有着我们看得见的差别，但是在性质上它更接近完全竞争，而不是垄断竞争。倒是那些小规模生产的蔬菜品种，偶尔会在农贸市场出现，一般会在高端一点儿的超市里出现，以我们熟悉的辣椒为例，湖南的樟树港辣椒就只会在个别超市售卖，还有很多地方的特色产品也只会在个别超市售卖。这些就是垄断竞争了。

以农贸市场的蔬菜为例，它具有非常典型的完全竞争性质。因为竞争机制的存在，各个摊位规模相同，蔬菜种类相同，而且价格也完全一致。

如果观察各个摊贩的利润，会发现他们的利润率没有显著差别。不仅不同农贸市场蔬菜利润率没有显著区别，而且蔬菜和水产、水果、副食等摊位的利润率也没有显著区别。就前者而言，可能有些高档小区或者公务员、教师小区附近农贸市场蔬菜价格略高一些，但是入驻这些地方要缴纳的管理费也会高一些。如果缴纳完管理费后所获得的利润率仍然有显著的差别，那也只能是短期均衡，长期会有摊贩从低利润率的农贸市场流入高利润率的市场，直到不同市场利润率趋同。如果市场利润率不能趋同，那只是因为流动受到阻碍，此时就不是完全竞争市场了。就后者而言，也同样存在着进入和退出的机制，如果其他摊位的利润率长期显著高于蔬菜，那么会有更多人加入进来；反之，现存商铺或者摊位会减少。

如果我们看到蔬菜摊位在增加，这表明此前蔬菜利润率是高于其他摊位的；如果看到蔬菜摊位减少，表明蔬菜利润率是低于其他摊位的。在这个过程中，就会从短期均衡过度到长期均衡。另外，我们也会看到在学校周边地区，农贸市场里的小吃摊位在寒暑假期间会部分关闭，这正是停止营业的均衡。

在蔬菜品种的销售中，也许有时利润会大大增加，也许有时会有亏损，但是长期而言，利润率是平稳的，而且各个摊位之间相比，以及蔬菜摊位和其他摊位之间相比，利润率都是相似的。按照平均利润率挣取的利润就是正常利润：当你在蔬菜摊位挣取这个利润时就必须放弃在其他摊位挣取到的同等利润。因此你是收支相抵的，没有超额利润。

问题讨论

（1）还有哪些市场属于完全竞争？

（2）到底什么是正常利润？为什么经济学把它看成是成本的一部分？

（3）你有没有发现在农贸市场里有的摊位利润率非常高，高于其他摊位而且能长期维持？有的话，是为什么？

理论提示

（1）完全竞争与垄断竞争；

（2）正常利润与零超额利润；

（3）停止营业点。

4.4　农产品滞销

案例内容

2012年11月3日，寒潮席卷华北大地，包括北京在内的华北大部分地区降下了今年入冬以来的第一场雪。往年入冬第一场大雪下来之前，老蒋家的苹果几乎全部卖完了，但今年的销售让他发愁。“今年还剩下一半多。我算是卖得比较早的，还有不少没怎么卖的。”在张星镇，中国证券报记者看到沿途多数果园的苹果没有摘完，有的果园满树都挂满了红彤彤的苹果。老蒋说，如果这些苹果不能尽快采摘销售，等大雪下来，苹果就会冻坏。

招远水果代购商刘洪庆说：今年价格最高的时候是10月上旬，苹果收购价在2.6元/斤。不到一个月时间，苹果价格从2.6元/斤跌到了1.8元/斤。现在，苹果不论贵贱都没有人要了。记者在采访过程中发现，不少以前的水果代购商都说自己今年不干了，因为没有水果商来。而在栖霞市观里镇的一位代购商说，今年可能要继续亏损。

资料来源：多地农产品出现滞销 解决“卖难”须建立长效机制，中国经济网，2012年11月12日。

案例分析

农产品市场是生活当中最接近完全竞争的市场：市场上有数量众多的买者和卖者，所有的参与者都是价格的接受者，没有人能影响市场价格；产品是同质无差别的；厂商进入或退出市场是自由的；市场参与者的信息是完全的。在本案例中，表现为构成苹果市场供给方的农户和需求方的消费者数量，数量众多，双方只能接受市场供求均衡的价格，无论是2.6元还是1.8元，没有任何人能改变价格；同一地方出产的苹果，被认为质量是一样的，比如山东栖霞的苹果是市场上公认比较优质的品种，就不会因为是这个农户而不是那个农户生产的，而认为品质不一样；种植苹果的农户是否种植苹果的决策是由个人做出的，不存在阻碍其进入或者退出市场的壁垒和障碍；苹果市场上的买方和卖方，都很清楚苹果这一产品的品质。

“滞销”指的是供给大于需求，也就是存在超额供给。既然如此接近完全竞争市场，那么，农产品市场就应该是能够出清的，不存在超额供给或超额需求才对，可为什么出现像这个案例所描述的“滞销”呢？

首先，我们需要明确的一点是，经济学中假设的完全竞争市场的条件是非常苛刻的，现实生活中并不存在这样的市场，农产品市场只是近似完全竞争市场而已。那么，为什么经济学还要研究这个根本不存在的市场呢？这一方面是为了理论研究的需要，另一方面是以它为参照标准来分析非完全竞争市场。

本案例中，苹果市场出现的超额供给，是市场的供求失衡所致，这种失衡只存在于短期。因为，随着时间的推移，如果市场上存在超额需求，如我国 20 世纪 90 年代就出现了苹果畅销的情形，这时价格会上升，上升的价格一方面抑制了部分超额需求，另一方面促使更多的农户种植苹果，增加市场上的供给，使得供求重新实现均衡。均衡的价格和产量都会高于原来的水平。如果市场上存在超额供给，比如案例中的这种情形，市场价格下跌，一方面消费者会消费更多的苹果，另一方面有些农户就会退出这一市场，供给减少，供求重新实现平衡。因而，我们说，竞争市场的失衡只会在短期存在，长期来说，市场的供求是均衡的。

面对市场上的短期失衡，地方政府应不应该进行干预呢？这个问题涉及政府干预经济的原则。经济学的原理告诉我们，如果市场不是完全竞争的，市场的价格信号出现了扭曲，由市场来配置资源出现了低效率时，政府就应该干预经济。本案例中的农产品市场近似完全竞争，价格信号真实地反映了市场的供求信息，尽管出现了短期的失衡，也应该由“无形的手”来进行调节。如果政府做了市场该做的事就是越俎代庖了，不仅不能解决问题，反而会加剧失衡并带来低效率。

问题讨论

(1) 为什么说竞争市场上的失衡只存在于短期？

(2) 生活中还存在其他近似完全竞争市场的市场吗？

理论提示

(1) 不同的市场类型；

(2) 价格变动引起的替代效应、收入效应；

(3) 供求失衡的类型；

(4) 长期均衡。

4.5　手机与向右下方倾斜的供给曲线

案例内容

北京时间2月19日消息，据市场调查机构Gartner发布的最新报告显示，尽管智能手机2012年的销售量以2亿部创历史新高，但去年全球手机市场规模却出现自2009年以来的首度衰退。其中，HTC受到来自中国内地联想、TCL通讯等低价品牌的冲击，以及三星与苹果在全球智能手机市场总占有率超过5成的影响，去年第四季度跌出全球前十大手机品牌之列。

Gartner表示，尽管2012年全球智能手机销售量以2.07亿部创历史新高，并较2011年大幅增长38.3%，但受到功能手机销售量持续下滑的影响，去年全球手机销售量仅有17.5亿部，较2011年减少1.7个百分点，这也是自2009年全球金融风暴后首次出现衰退。

Gartner预计，2013年，智能手机出货量将继续保持高速增长，并有望首次突破10亿部大关，不过智能手机出货量集中在三星、苹果的程度会越来越高。

数据显示，2012年第四季度，三星手机总出货量为1.695 7亿部，占全球手机市场总出货量的22.7%；诺基亚手机出货量为8 505.4万部，占比为18.0%。苹果以4 345.7万部的出货量，占全球手机市场总出货量的9.2%，排名全球第三位。

至于智能手机出货量第三名则季季不同，Gartner表示，去年第四季度由华为抢下季军位置，但在其他品牌的产品竞争力与品牌影响力表现不稳定，而且明显不及三星、苹果的情况下，目前没有品牌能够稳坐季军的宝座。

而就2012年整体手机市场来看，三星、诺基亚、苹果的出货量仍是市场前三名，出货量分别为3.846 1亿部、3.339 38亿部、1.301 33亿部，在全球手机市场的占有率分别为22.0%、19.1%、7.5%。而中兴则在新兴市场主打低价策略奏效下，取代LG，成为全球第四大手机品牌。华为也紧追LG之后，出货量位列全球第五位。

值得关注的是，包括来自中国内地的低价智能手机竞争对手，如联想、TCL通讯等，去年第四季度出货量均比2011年同期上升，顺利跻身全球前十大手机品牌之列，反观HTC去年第四季度出货量还较2011年同期减少两成，导致HTC去年第四季度已经正式跌出Gartner全球前10大手机品牌之列。

表4.1为2002—2012年全球手机销量数据。

表 4.1 2002—2012 年全球手机销量

年份	全球手机销售量/亿部	较上年增长/%
2002	4.32	
2003	5.20	20.5
2004	6.74	30.0
2005	8.17	21.0
2006	9.91	21.3
2007	11.50	16.0
2008	12.22	6.3
2009	12.11	-0.9
2010	16.00	31.8
2011	17.76	11.1
2012	17.46	-1.7

数据来源：根据 Gartner 公布的历年数据整理得到。

与产量大增形成对照的是手机的价格。大家公认的第一部智能机是 NOKIA 7650，2002 年刚上市时报价 5 200 元；美国苹果公司于 2010 年 9 月 12 日发布名为 iPhone5 的新一代智能手机，iPhone5（16G）的报价为 199 美元，折合成人民币不到 1 500 元。看起来，手机市场上价格下降了，但销量却增加了。为什么？

资料来源： Gartner：HTC 跌出全球手机出货量前 10 名，搜狐 IT，2013 年 2 月 19 日。

案例分析

供给规律表明：随着价格的上升，供给会增加，因而供给曲线向右上方倾斜。但这一规律在手机产品上似乎不成立，这类产品的价格在不断下降，但供给却越来越多。难道真的有违背供给规律的产品存在吗？

回答这个问题，我们首先要注意供给规律的成立是有条件的，即其他条件不变。而手机产业在发展的过程中，“其他条件”一直处在变化当中。消费者对手机的需求旺盛，存在超额需求，在供求曲线图上，最初就表现为价格沿着需求曲线上升，需求量相应减少；而超额需求带来的价格上涨，能为企业带来更多的利润，因而手机企业会不断扩大生产规模。规模的扩大使得企业的生产成本不断降低，形成规模经济，其结果会促使市场上供给增加。注意，这里供给的增加不是由价格变动引起的，因而供给量不再是沿着原来的供给曲线移动，而是短期供给曲线向右平移。如果市场上不存在由需求不断增加诱使企业的规模经济，即“其他条件不变”，那么手机的供给会随着价格的上升而增加。

另外，手机的供给能基本保持两位数的增长率，甚至2010年的增长率超过了30%，有一个因素是起了决定性作用的，这就是技术进步。技术进步能够提高企业生产的标准化和自动化程度，因而能极大提高生产率。因而，虽然技术进步本身与供给曲线的形状、低利率无关，但它却是过去二十年手机供给量变化的重要原因。

通过分析，我们能够得出结论：手机市场上存在的向右下方倾斜的供给曲线是因为使得供给规律成立的前提条件发生了改变，存在着规模经济和技术进步，所以说手机产品并没有违背供给规律。

问题讨论

(1) 试绘出手机市场上的供求曲线图。

(2) 生活中还有其他的产品会呈现出向右下方倾斜的供给曲线吗？你能解释其形成的原因吗？

理论提示

(1) 供给规律及其成立的条件；

(2) 规模经济。

第五章　不完全竞争市场

一、基本概念与原理小结

1. 内容摘要

上一章讨论了完全竞争条件下的企业行为，这一章讨论企业在其他市场条件——垄断、垄断竞争和寡头垄断——下的生产和定价决策。

第一节讨论垄断企业的行为特征。垄断是与竞争相对立的另外一个极端，在这个市场中只有一个企业在经营，因而没有任何的竞争因素。垄断的原因是多方面的。第一个原因是，相对于市场规模而言，企业规模经济的要求只允许一家企业存在，由此导致的垄断就是自然垄断。第二个原因是企业垄断了生产所需要的特定的自然资源。第三个原因是法律或政府给予的，如凭借专利形成垄断或获得政府特许经营权。

垄断企业的目标同样是利润最大化，该企业面临的成本特点也与所有企业一样。但是，垄断企业的收益特点与竞争企业有着根本的区别。由于垄断企业有能力影响价格，因此其面临的需求曲线是向右下方倾斜。相应地，其边际收益低于价格水平，并且也是随着生产量和销售量的增加而递减。

为了实现利润最大化，垄断企业必须正确选择产量，做到边际收益与边际成本相等，然后根据需求曲线来制定能够卖得出去的最高价格。此时，价格一定高于边际收益和边际成本。从短期来看，垄断企业与竞争企业一样，可能出现四种利润状况：超额利润，收支相抵，亏损但是继续营业，亏损并且停止生产。从长期来看，垄断企业至少能够获得正常利润，更多的情况下能够获取超额利润。这是因为，如果长期亏损，它会退出这个行业；如果长期盈利，其他企业也因其垄断地位而无法染指。

垄断企业与竞争企业相比有一个重要性质，即不存在供给曲线。这是因为，垄断企业为了实现利润最大化，要按照边际收益与边际成本相等的原则确定产量，再根据需求曲线确定价格。当需求发生变动时，存在着只需要改变产量而不需要改变价格就能够继续保持边际收益和边际成本相等的情况，也存在着当需求发生变动时不用改变产量但是要调整价格才能继续维持边际收益与价格相等的情况。这两种情况表明，价格和供给量之间不存在着稳定的关系，因此供给曲线是不存在的。要指出的是，这个性质对所有的不完全竞争企业都成立。

由于垄断企业能够左右市场，因此往往可以根据不同的消费者或者消费者不同的购买数量而对同一种商品收取不一样的价格，即进行价格歧视。要进行价格歧视，垄断企业必须有能力对市场进行分割，而且分割后不同的市场有不同的需求价格弹性。价格歧视分为一级、二级和三级三种。一级价格歧视又称完全价格歧视，是指对每一单位销售量都按照消费者的最高支付意愿制定价格；二级价格歧视是指根据消费者购买的不同数量制定不同的价格；三级价格歧视是指在不同的市场收取不同的价格。显然，一级价格歧视是二级价格歧视的极端形式。从结果看，价格歧视增加了企业的利润，减少了消费者的消费者剩余。

第二节讨论垄断竞争企业的生产与定价决策。在垄断竞争市场上，存在着非常多的企业，它们生产的商品虽然是同类的，但是有区别。因此，这些企业既在同类产品上展开相互竞争，同时又对自己产品的独特性具有垄断。相应地，与竞争企业不一样，垄断竞争企业对价格有一定的影响力。

同样，要分析利润最大化生产决策，就要了解企业的收益规律，而这和需求曲线有关。与所有企业不同的是，垄断竞争企业面临着两条需求曲线。一条是主观的需求曲线（书中的 *DD* 曲线），这是它认为自己单方面行动时会面临的需求曲线，即它假设只是自己调整价格而其他企业保持价格不变时自己能够面临的需求曲线。但是，相同的企业会有相同的行为模式，因此它还面临第二条需求曲线，即客观的需求曲线（书中的 *dd* 需求曲线），这是当所有企业都同样调整价格时其中某一个企业所面临的需求曲线。显然，主观需求曲线要比客观需求曲线更为平缓，这是因为，既然企业主观地认为自己调价而其他企业不调价，因而也会判断自己的需求更有弹性。当然，每一条需求曲线都有自己对应的边际收益曲线。

短期内，企业实现均衡的条件是，按照主观需求曲线下的边际收益和边际成本相等的原则确定产量，并且在此产量水平上主观需求曲线和客观需求曲线相交，然后将价格确定在交点处。按照这个条件进行生产，企业在短期内的盈利状况同样可能出现四种情况。

在长期，垄断竞争企业与完全竞争企业一样，只能获取正常利润，其背后的逻辑也是一样的——企业会因亏损而退出，因盈利而加入。此时垄断竞争企业的长期均衡条件可以表述为：企业选择的产量要保证主观需求曲线产生的边际收益与边际成本相等，同时在这个产量水平上，主观需求曲线与客观需求曲线相交，而且在交点上主观需求曲线与平均成本曲线相切。

垄断竞争市场的长期均衡表明，该市场会出现产能过剩。这是因为，由于平均成本曲线是U形的，需求曲线是倾斜的，因此能够保证需求曲线与平均成本曲线相切的产量一定是在平均成本曲线最低点的左端。

第三节讨论寡头企业的行为模式。寡头或寡头垄断的特点是，少数几家厂商左右了整个市场。这里的少数是指，企业数量少到每一个企业都有足够的市场份额，从而对市场有着举足轻重的影响。显然，寡头企业比垄断竞争企业更有能力影响价格。由于企业数量少，所以这些企业之间有可能相互勾结。相应地，寡头企业的均衡特点也会因为是相互勾结还是相互竞争而有所不同。

微观经济学提出了很多理论模型分析寡头垄断企业的生产和定价行为。其中古诺模型、价格领导模型和斯威齐模型等就是经典的寡头理论模型。古诺模型分析了相互竞争条件下各个寡头企业的产量决策问题。在这个模型中，每个企业都要根据对方的产量来确定自己的最优产量，按照这个方式确定的市场均衡就是古诺均衡，这在本质上是纳什均衡。

价格领导模型分析了现实中寡头企业之间相互勾结的一种形式——在价格上暗中勾结。这些寡头企业为了避免竞争带来的两败俱伤，往往会在价格上达成一种默契，让一些企业率先定价或调整价格，其他企业跟从。根据率先定价企业的不同，价格领导分为大厂商价格领导、小厂商价格领导、低成本厂商价格领导和晴雨表型厂商价格领导等。

斯威齐模型利用拐折的需求曲线分析了寡头垄断市场中的价格稳定性。该模型指出，当一个企业提高价格时，其他企业会夺走更多的需求，因此不会跟从，此时提价企业的需求曲线非常平缓，需求价格弹性非常大；当该企业降低价格时，其他企业为了避免顾客被夺走，也会随之降低价格。因此降价企业能够增加的需求量有限，需求曲线变得陡峭，表明需求的价格弹性非常小。因此，企业需求曲线在既定价格水平位置出现拐折，无论价格是上调还是下调，效果都不会好；这说明了价格为什么会稳定。还可以进一步地在理论上说明价格何以会稳定：在需求曲线的拐折点上，边际收益曲线出现断裂，此时即使成本曲线在一定范围内变化，不用调整价格也还是可以持续保证边际收益与边际成本相等。

由于竞争会两败俱伤，寡头企业也有可能进行公开勾结，这往往采取卡特尔的形式。卡特尔实际上是指寡头企业就企业经营的某些方面如价格、产量、市场范围等问题达成协定，或者是指由这个协定维持的组织。卡特尔会根据所有成员企业的总利润最大化目标来确定总产量和价格，原则是确保市场边际收益和整个卡特尔的边际成本相等。然后再根据各个成员企业的情况例如边际成本情况来分配产量。显然，卡特尔等同于完全垄断企业。但是，在卡特尔内部，每个成员企业都有暗中违背协定的动机，因此卡特尔组织并不稳定。

正如这一节一开始所说，寡头垄断市场只有少数几家企业，因此它们的决策会相互影响，决策时就应该考虑对方的反应。这个特点使得寡头企业行为的分析主要以博弈论的方法为主。博弈论是用以分析各个决策者在他们的决策相互影响时如何做出选择以实现各自利益最大化的一个强大工具，其基本要素包括参与人、决策（或行动）与收益。博弈论的基本解是纳什均衡，这是指所有参与博弈的各方所做决策都是对对方所做决策的最优反应时所达到的一种状态。各种复杂的博弈的解也都是围绕着纳什均衡为核心展开的。纳什均衡的特点是：在任何情况下，纳什均衡都存在（如果允许考虑混合策略）；纳什均衡可能是一个，也可能是多个；纳什均衡可能是有效率的，也可能是没有效率的；在多重纳什均衡中，可能相互都是有效率的，也可能有些是无效率的。纳什均衡用于分析各种决策的结果，或者用于预测未来。前面分析的古诺均衡就是纳什均衡。卡特尔均衡是否稳定，也可以用博弈论来分析，分析结果显示，卡特尔均衡对成员企业而言是有效率的，但是不构成纳什均衡，因而是不稳定的。除非有强制性的约束，否则，卡特尔成员企业相互欺骗，违背卡特尔协定，暗中或公开展开竞争。这才是常态，博弈论称之为纳什均衡。这种纳什均衡也说明了卡特尔均衡的不稳定性。

第四节对竞争、垄断竞争、寡头垄断和完全垄断的长期市场均衡从“效率”的角度进行了比较。首先从成本、价格、产量、利润和价格是否等于长期边际成本的角度比较了各个市场的“静态效率”，得出的结论是：竞争企业价格和成本最低，低于所有的不完全竞争企业；竞争企业产量最多，多于所有的不完全竞争企业；在利润方面，竞争企业和垄断竞争企业一样都只能挣得正常利润，而垄断企业和寡头垄断企业常常能够获得超额利润；在价格与长期边际成本的关系上，只有竞争企业能够做到二者相等，所有不完全竞争企业的价格都高于长期边际成本（进行完全价格歧视的企业除外）。因此，直观而言，既然竞争企业以最低价格生产了最多的产量，因此它比不完全竞争的企业更有效率（再一次强调，进行完全价格歧视的企业除外）。

但是，经济学中的效率有更明确的含义，其定义将在第七章中详加讨论。要更准确地判断市场结构是否有效率地配置了资源，需要看该市场条件是否满足了边际社会成本与边际社会价值相等，这表明，在生产最后一单位产量时，其给社会带来的价值弥补了其带给社会的成本。如果不存在外部性（第八章会讨论），竞争企业是能够满足这个条件的。这是因为，一方面，价格既然是消费者对最后一单位产品愿意支付的费用，那就可以用来说明产量在边际上带给消费者的价值；既然不存在外部性，那么消费者的价值就是社会价值。另一方面，不存在外部性时，企业的成本就是社会成本。竞争企业既然做到了价格与边际成本相等，在不存在外部性的条件下也就做到了边际社会成本与边际社会价值相等。所以说竞争企业是有效率的。反观不完全竞争的各个企业，除进行完全价格歧视之外，都会实现价格高于长期边际成本，因此无论如何都不能满足边际社会成本与边际社会价值相等。所以说不完全竞争企业是没有效率的。

另一方面，从动态的角度看，考虑到技术进步问题，情况会有所变化。垄断企业和寡头企业有超额利润，因此更有能力进行发明创新，带来技术进步。而且其发明创新和更先进的技术具有正的外部性，会扩散到其他企业。相对而言，垄断企业和寡头垄断企业要比竞争企业和垄断竞争企业更具有动态效率。

2. 基本概念

不完全竞争，寡头（垄断），（完全）垄断，垄断竞争，自然垄断；价格歧视，一级价格歧视，二级价格歧视，三级价格歧视；主观需求曲线，客观需求曲线；古诺均衡，反应函数，反应曲线；价格领导，卡特尔，拐折的需求曲线；博弈论，纳什均衡。

3. 基本原理

（1）不完全竞争市场中，企业需求曲线向右下方倾斜。

（2）不完全竞争市场中，边际收益低于平均收益和价格。

（3）不完全竞争市场不存在供给曲线。

（4）在短期，不完全竞争市场中的企业与完全竞争市场中的企业一样，利润最大化决策有可能带来四种不同的利润情形：超额利润，正常利润，亏损但继续营业，亏损并停止营业。

（5）在长期，垄断竞争企业与完全竞争企业一样，只能获取正常利润，垄断和寡头企业有能力获得超额利润。

（6）垄断企业有能力进行价格歧视，包括一级、二级和三级价格歧视。

（7）在一级价格歧视（完全价格歧视）下，利润最大化的条件也是价格等于边际成本，这是因为此时边际收益与价格相等。

（8）垄断竞争企业面临的需求曲线存在着主观和客观两种。

（9）垄断竞争企业总是会出现生产能力过剩。

（10）寡头垄断企业可能会相互竞争，也可能会相互勾结。当它们相互勾结时，受到反垄断法的限制，它们可能进行暗中勾结。公开勾结往往采取卡特尔的形式；暗中勾结往往采取价格领导制的形式。

（11）寡头垄断市场中，价格具有稳定性。

（12）博弈论是分析寡头垄断的强大工具，其解是纳什均衡。

（13）在具备一定条件下，完全竞争市场能够实现资源的有效率配置，不完全竞争市场不能实现资源有效率配置（完全价格歧视除外）。

（14）从动态的角度考虑，垄断和寡头垄断更有能力促进技术进步和发明创新。

4. 重点难点

（1）自然垄断产生的原因。

（2）垄断竞争企业的主观需求曲线和客观需求曲线。

（3）垄断竞争企业长期均衡的条件。

（4）古诺均衡的概念和求解。

（5）拐折的需求曲线。

（6）博弈论与纳什均衡。

（7）不完全竞争市场不存在供给曲线，只有完全竞争市场才存在供给曲线。

5. 即问即答

问：垄断了自然资源，就可以形成自然垄断吗？

答：错。自然垄断与自然资源无关，是规模经济要求和市场规模限制结合的产物。

问：竞争企业的利润最大化条件是价格与边际成本相等，不完全竞争企业要求边际收益与边际成本相等，因此它们利润最大化条件是不同的，对吗？

答：错。本质上它们的条件都是边际收益和边际成本相等，只是在竞争市场中，边际收益与价格相等，这是一种特例。

问：不完全竞争的企业的供给曲线与竞争企业一样，都是边际成本曲线？

答：错。无论是垄断，还是垄断竞争，或是寡头垄断，都不存在供给曲线，因为对它们而言，价格与供给量之间缺乏稳定的一一对应关系。

问：纳什均衡一定是有效率的吗？

答：错。纳什均衡可能是没有效率的，例如囚徒困境。古诺均衡就是纳什均衡，但是对企业而言是两败俱伤。

问：任何博弈都一定有纳什均衡吗？

答：对。如果考虑所有的策略，一定有纳什均衡存在。不过，如果只考虑纯策略，有的博弈可能不存在纳什均衡。

二、案例分析

5.1 垄断竞争市场：经营餐厅能挣大钱吗？

案例内容

中商情报网讯：民以食为天，近几年我国餐饮业市场规模稳定增长，由2014年的28 926亿元增加至2019年的46 721亿元，期间的复合年增长率为10.1%。中国餐饮业有巨大的发展机会，2019年的人均食物开支约为每日16.4元，而美国则为每日102.6元。

中国的餐厅可按经营模式分类为自营连锁餐厅、加盟店及非连锁餐厅。非连锁餐厅市场占比大，2019年我国非连锁餐厅市场规模37 549亿元，占比80.4%。自营连锁餐厅市场规模2 079亿元，占比4.4%。加盟餐厅市场规模7 093亿元，占比15.2%。

按服务类型，中国餐饮业一般可分类为快餐、休闲餐饮、正式餐厅及其他。正式餐厅市场份额最大，2019年正式餐厅市场规模26 882亿元，占比57.5%。快餐及休闲餐饮市场份额较小，分别为22.9%、11.4%，但是市场增速较中国整体餐饮业增长更快，预计快餐及休闲餐饮市场份额将提升。

中国餐饮业也可以按菜式分为三个细分市场，即中餐、西餐及其他菜式。中餐市场占中国餐饮业的比重最大，2019年的市场份额为79.4%。中餐的市场规模由2014年的23 863亿元增至2019年的37 108亿元。西餐市场份额较小，2019年西餐市场规模7 112亿元，占比15.2%。近几年，西餐市场规模迅速增长，预计市场份额将提升。

我国餐饮连锁细分市场包括正餐连锁、快餐连锁、饮料及冷饮服务连锁和其他餐饮连锁市场。从门店数量上看，2019 年，正餐、快餐、饮料及冷饮服务连锁企业总店数量分别为 254 家、187 家、38 家。从门店总数上看，2019 年，快餐连锁门店总数达 18 725 家，平均总店拥有门店数达 100 家。

从从业人数上看，2015—2019 年，快餐连锁企业从业人数稳居第一，且一直处于稳定增长态势，2019 年，快餐连锁企业从业人数达 53 万人；正餐连锁企业从业人数呈波动变化。在结合门店数量情况看，2019 年，快餐连锁企业平均单店从业人数达 28 人，正餐连锁企业为 41 人。从营业额上看，2015—2019 年，正餐、快餐、饮料及冷饮服务餐饮连锁企业营业额均呈上升趋势，快餐连锁企业营业额位居第一，2019 年营业额达 1 198.87 亿元；正餐连锁企业营业额位居第二，2019 年达 738.85 亿元。

资料来源： 2020 年中国餐饮行业市场规模及细分市场规模情况分析，中国情报网，2020 年 9 月 3 日。

2020 年中国餐饮连锁行业细分市场竞争格局分析快餐连锁企业优势明显，东方财富网，2020 年 12 月 20 日。

案例分析

餐饮业属于竞争行业是毫无疑问的，每一个餐饮企业根本就谈不上市场份额。一项调查显示，在 2020 年，各类餐饮的市场份额为：四川菜 12.4%，广东菜 8.2%，江浙菜 6.3%，湖南菜 6.3%，北京菜 3.5%，西北菜 3.3%，东北菜 3.2%，安徽菜 3.3%，云南菜 3.1%，新疆菜 3.1%，火锅 13.7%，中式快餐 12.2%，中式美食广场 7.5%，中式烧烤 4.7%，其他中式正餐 5.8%，其他 5.3%。这个份额还仅仅是按餐饮类别计算，而不是餐饮企业。如果按照具体餐饮企业计算，那么基本上没有市场份额。

但是餐饮业并不是完全竞争。每一个餐饮企业也具有自己的独特性质，因此形成“垄断”。因为各个餐厅无论是在菜品食物，装修风格，还是在服务特色等方面都竭力营造自己的与众不同，餐饮业的差异化是非常明显的。而且每个企业的市场份额微乎其微。因此，总体上餐饮业属于垄断竞争行业。

作为垄断竞争行业，除了各个企业产品和服务差异化极大、市场份额小得近乎零这两个特点之外，因为门槛低，竞争非常激烈，行业的流动性也非常大，不断有新企业成立，也不断有企业关店退出，淘汰率极高。这再度夯实了其竞争特性。

也正是因为竞争激烈，餐饮行业利润率非常低。虽然很多消费者认为，1斤蔬菜才4元钱，可是清炒后卖到20~40元，就算扣除人工、租金和装修，也是暴利啊。但是，这完全误解了餐饮行业的成本构成。餐饮菜品的价格不只是食材的成本，还包括很多方面。就连锁餐饮企业而言，其成本包括：对各门店的管理和督导，新员工培训，中央厨房系统采购与维持，新菜品研发与培训，新产品研发，运营系统结构设计，总部的管理行政系统，广告营销，全门店全流程监控监督，食品安全管理，人工成本等。很多餐厅还装有摄像头、电视大屏幕。根据一项调查可以看到，抽样100家餐饮企业成本构成中，原料进货成本占营收41.9%，房租物业占11.8%，人力占21.4%，能源占4%，三项费用（营业费、管理费和财务费）占21.3%。据2021年的一项调查显示，餐饮行业在2017—2019三年的净利润率最高分别为15.7%、23.1%和18.5%，平均分别为5.4%、7.8%和2.0%，中位值分别为6.7%、6.7%和4.1%。这三年期间，全聚德为8.1%、4.6%和2.5%，呷哺呷哺为11.4%、9.7%和4.8%，海底捞为11.2%、9.7%和8.8%，广州酒家为15.6%、15.1%和12.7%。因此，从利润的角度看，大部分餐饮连锁企业都属于垄断竞争行业，利润率低至只能获取正常利润，只有少部分企业能够获得超额利润。

要正确理解餐饮行业利润的性质，还需要注意，餐饮行业的利润不能从短期内判断，应该从较长的时间，至少是一年来考虑。餐厅一定时期的高利润率正是为了平衡其他时期的低利润率的，如果无法平衡，那餐厅就会转手，资本就会退出。如果能够平衡，餐厅就会坚持经营，长期而言仅仅获取一个平均的利润率，此时实现长期均衡。

最后需要注意的有三点。第一，餐饮行业的特点说明了，没有哪个企业或者行业百分之百地符合市场结构四个类型中的一个。只能说，企业或者行业都是介于任何相邻两个类型之间，但是具有其中一个类型的典型特征，或者相对更接近这个类型。在餐饮行业里就非常明显，一方面，放眼全国，餐饮企业成千上万，但是在一个城市或者一个街区，企业数量可能只是几十上百。另一方面，每一个企业都非常具有特点，有多多少少的垄断力量。因此，到底属于垄断竞争，还是寡头垄断，还是需要细致分析的。

第二，套用市场结构来分析的市场是如何定义的，也需要谨慎处理。是整个餐饮业作为一个市场，还是其中的某一个类别如快餐、正餐或外卖分别作为一个市场，甚至在快餐里再区分中式和西式然后再分别当作一个市场来处理呢？原则是消费者是否在乎不同类别餐饮企业的区别。就像同样是饮品，但是是咖啡和茶的区别，还是红茶和普洱的区别，前者是两个不同的市场，后者属于同一个市场。消费者是否在乎，还可以通过计算两种餐饮之间的需求交叉价格弹性来测度（参见第二章关于价格弹性的案例）。

第三，与前面类似，如果一个餐饮企业有自己不同于同行的显著特点，这个特点是已经显著到让它变身为一个寡头垄断企业，还是让它继续待在垄断竞争市场中，分析时也需要慎之又慎。显而易见的是，麦当劳、肯德基、海底捞在垄断竞争和寡头垄断两个类型之间已经更接近寡头垄断了，从前面介绍的海底捞的净利润率可以看到，它在持续稳定地挣取超额利润。

这三点告诉我们，理论与现实是有区别的，理论不是复原现实，而是对现实的本质特征进行归纳和分析。

资料来源：中国餐饮行业市场份额、盈利情况分析（2021年），百度文库，2021年3月10日。

问题讨论

（1）哪些商品构成一个市场？比如是交通工具是一个市场，还是汽车是一个市场，还是家用乘用车是一个市场，还是城市SUV是一个市场，还是中型城市SUV是一个市场？

（2）在餐饮行业里有没有寡头垄断的情形？有没有完全竞争的情形？

（3）餐饮行业整体是一个市场，还是其中的某一些类别是一个市场？比如是按中餐和西餐，还是按快餐和正餐分类？

（4）你认为经营餐饮能否长期挣得超额利润？

理论提示

（1）垄断竞争；

（2）超额利润与正常利润；

（3）短期与长期厂商均衡。

5.2　自然垄断：中国电信行业的变化

案例内容

我国的电信化起步于20世纪六十年代，到八九十年代进入了大规模的尝试性应用阶段，之后随着互联网的兴起进入了快速建设时期。2006 年后由于信息化融合，移动互联网、大数据和云计算等新技术的出现，中国电信行业进入规模爆发式的增长阶段。截至 2011 年 12 月底，全国电话用户达到 12.7 亿户，跃居全球首位。相比 2000 年增长了 10.4 亿户，累计增长 454%。其中固定电话用户达 2.85 亿户，较 2000 年增长 1.41 亿户。移动电话用户达 9.86 亿，较 2000 年增长 8.97 亿，用户增长超过 2000 年用户总数的 10 倍。此外，3G 电话用户达到 1.28 亿户。同时我国网民数量达到了 5.13 亿人，其中手机网民的规模达到了 3.6 亿人，互联网普及率达到了 38.3%。中国电信业近 20 年间发展迅速，经历了多次改革，从一家独大的自然垄断逐步向竞争市场过渡，形成了现在的 3 家基础电信企业全业务运营竞争的格局。

1987 年我国实行改革开放政策以前，我国的通信业（主要是电话）都是由邮电部独家垄断经营。当时中国电话资费由月租费和通话费组成，因为用户基数小导致收益过低，从而使得电话业的赢利甚少乃至亏损，所以其发展只能依靠国家投入。而电信业是一个高技术、高投入的产业，因而其发展又需要大量的资金投入。但是那个时候国家财政一直处于不理想的情况，于是国务院出台了 165 号文件，同意收取电话初装费，以此来缓解电信业建设资金不足的问题。当时，电话初装费大多数都在 5 000 元左右，再加上昂贵的电话资费，对于一个普通老百姓而言，电话是一种奢侈的消费。

由于邮电部既是国家电信政策的制定者和监督执行者，又是国家唯一授权的经营者，所以在很大程度上阻碍了国家电信体制的转型和进程。为了摆脱邮电部政企不分所带来的市场混乱局面，1988 年，国家提出了“三步走”的电信改革方案，即第一步将施工、器材与工业等支持系统分离；第二步将电信业务管理与政府职能分离；第三步进行邮电分营和电信业重组。这样才推动了中国电信业现代化的进程。

1994 年 7 月，中国联通有限责任公司经国务院批准成立，打破了“老中国电信”的垄断地位。1995 年中国电信进行企业法人登记，从此逐步实行政企分开。1999 年 2 月，国务院批准中国电信改革方案，将原中国电信拆分成新中国电信、中国移动和中国卫星通信 3 个公司，寻呼业务并入联通。同时，网通公司、吉通公司和铁通公司获得了电信运营许可证，形成“数网竞争”的经营格局。2002 年 5 月国务院对电信又进行了南北拆分重组，北方九省一市划归中国网通，成立新的中国电信集团公司。

由于竞争机制的引入，电信行业资费得到大幅度下降，加之电话初装费的取消，使得大众都能消费得起，这样电信市场容量就变得很大。从2001年开始中国手机用户就以每年上亿的速度迅速扩大，而这些增长着的手机用户中，有将近80%来自中国移动。中国移动无疑成为了移动通信的新垄断者。为了平衡电信企业之间的市场势力，2008年6月，六大通信运营商整合为电信集团、联通集团和移动集团。

案例分析

通过回顾我国电信行业的发展，我们不难看出，电信行业的建立需要大量的固定资本投入，使其成为一个自然垄断行业。最初只能由国家进行投资，并只有邮电部有运营资格。由于电话的运营成本高昂，虽然存在着潜在的巨大市场，却无法开发。当然那个时代还有计划经济制度上的原因导致电信行业运营绩效差。

到了20世纪90年代，随着经济不断增长、经济活动越来越活跃、人们收入持续增加，对电信的需求也在增加，这意味着即使电信业投入巨大，当所面临的市场不断扩大时，这个市场也允许存在第二家或者第三家公司开展经营，而且仍然是有效率的。但问题是，中国特有的利益集团阻止了第二家固定电话业务的出现。虽然以前的铁通和网通想借助中国电信的网络来开展固定电话尤其是长途固定电话业务，可是被无情地绞杀了。绞杀的方式很简单，接通的权力掌握在电信手中，多制造几次接通故障，消费者就不愿意再使用铁通和网通的业务了。

另外，移动通信业务慢慢发生了变化。最早只有中国移动通信公司经营，然后中国联通加入进来，再后来中国电信也加入进来。当然，这些也都是在政府的主导下完成的。但是，它还是反映了一个事实：规模经济的要求和不断扩大的市场容量使得自然垄断慢慢被溶解。移动通信同样需要大量的投入，在最初市场容量有限时，一家公司足矣。随着市场需求不断扩大，它可以容纳多家需要大规模投入的企业同时营业，因此联通加入进来，中国电信也加入进来。

当中国电信市场采用市场机制，并引入第二家联通公司时，消费电话或者手机有了替代性的选择，这样电信行业价格就普遍被拉低。由于资费被拉低，更多的百姓可以消费得起电话手机了，于是电信行业的市场容量继续不断扩大。人们对于手机电话的强烈需求，使得其他电信企业有了进入的空间，这样就出现了“数网竞争”的格局。但是由于电信行业的特殊性，即网络之间不兼容，导致市场份额小的公司最终逃不了被收购的命运。最终我国电信行业由3家势力相当的企业主宰。

问题讨论

（1）形成自然垄断的原因有哪些？你能一一举例说明吗？

（2）为什么垄断竞争相对于垄断是一个帕累托改进？

理论提示

（1）自然垄断；

（2）垄断竞争；

（3）寡头垄断；

（4）自由竞争。

5.3 寡头垄断：高铁与民航寡头之间的竞争与垄断

案例内容

《长江商报》在2013年1月4日的一篇报道称：“自京汉高铁开通当天起，武汉至北京、西安等地机票开始‘缩水’。去年12月27日，携程旅行网上北京飞武汉航线的最低票价为300元；12月29日，武汉飞北京的航线上，票价更是低至1.4折的150元。即便是加上燃油附加费，以上机票的总价格也与高铁二等座票差不多。”

案例分析

从报道中可以看出来，客运市场是不完全竞争市场，应该是比较接近寡头垄断的。一方面，高铁占据较大的陆路客运市场份额，另一方面，由于民航管制，一条航线上的航空公司数也屈指可数。因此它们之间有竞争，由此导致价格下降。但是高铁运输和航空运输有各自不同的特点，各自形成不同的客源结构，这构成了垄断。因此，在此轮竞争中，那些暂时投奔高铁的高端旅客最终还会回归机舱。

在高铁没有加入时，武汉到北京的航线也是寡头垄断：多家航空公司飞同一条航线。但是，因为缺乏高铁强有力的竞争，看起来多家航空公司达成了“缄默的串谋”，折扣非常少，最低只有5折、6折，而且转瞬即逝。即使有很多空位，到最后24小时内，票价仍然维持全价。当高铁加入竞争时，这一状态得到暂时扭转。武汉飞北京低至1.4折的机票已经比较接近竞争的结果。但是这只是它们之间竞争的第一步，还未形成最后的均衡。

那么它们最终能够达成一种怎样的均衡呢？一个合理的预测是，民航的价格将高于1.4折，但是低于高铁未介入时的水平。而且，也可以预测，高铁最终会以某种方式改变一成不变的价格，会像机票一样打折。一方面高铁与航空客运各有自己的核心旅客，因此可以维持较高的垄断价格，另一方面，随着高铁的加入，航空公司之间以及航空公司和高铁之间“暗中串谋”以维持垄断高价的难度就更大了。

最后我们来看看高铁发展的福利意义：是否有人从中受损呢？是的，低收入者受损失。对中高端乘客而言，高铁的加入降低了航空运输票价，增加了他们的选择，带来了福利改善。但是，对低端客户而言，少了一项适合自己需求的选择，不再有方便的低价普通列车可供选择。铁路运输在长距离地面运输中仍然居垄断地位，它们凭借这种垄断地位，减少普通客运，将所有乘客都赶到高铁运输上去。这增加了铁路的利润，但是损害了低收入群体的利益。

问题讨论

(1) 高铁最终会不会像航空公司一样在不同的班次不同的季节对票价进行浮动？

(2) 高铁加入竞争后，运输市场的效率是否有所改善？

理论提示

(1) 寡头垄断；

(2) 古诺模型；

(3) 福利经济学。

5.4 如何判断垄断的存在：乔占祥诉铁道部春运票价上浮案

案例内容

中国铁路系统一直因为运输能力不足而广为诟病。2001—2006年，铁路部分直通客车实行春运价格上浮，春节前自广州（集团）公司、北京、上海铁路局始发，节后自成都、郑州、南昌、上海铁路局始发的部分直通客车中，新型空调列车上浮 20%，其他列车上浮 30%。乘客乔占祥认为铁道部关于涨价的通知侵害了其合法权益，在向铁道部申诉未果的情况下，向北京市第一中级人民法院提起行政诉讼，最终败诉。显然是受此影响，2002 年铁道部就春运涨价举行了价格听证。

案例分析

怎么看待这样的价格上浮呢？我们知道存在着边际报酬递减规律，在铁路基础设施未变化的前提下，铁路在春运期间增加运力是会提高平均成本的，据此提高价格无可厚非。因此，铁路春运票价上浮是否合理就在于其成本是否提高。如果存在着充分的市场竞争，则无论价格如何调整，都会逼近成本，价格上调也一定是反映成本的上升的，厂商不会有超额利润的空间。但是，如果在不完全竞争市场，那么价格调整完全可能脱离成本变化，在这种情况下，就不能指望用市场机制来约束企业行为，政府必须介入。铁路春运票价上浮就属于这种类型，应该在政府管制垄断的框架下讨论问题。因此，听证会的形式是必要的。

问题是，2002 年铁路春运票价上浮听证会仅仅是形式，缺乏实际内容。实际上，听证会应该解决两个问题：

第一，是否存在着垄断的问题。铁路部门声称其是与公路运输和航空运输展开竞争，因此不应视作垄断。是否如此呢？需要一个可操作的规则来判定，这就是利用需求的价格弹性和交叉价格弹性。通过计算铁路春运票价上浮 1 个百分点会引起空运和公路运输需求量增加多少个百分点，可以判断出竞争是否存在和激烈与否。但是，听证会根本就没有从这个角度着想。

第二，如果铁路存在着垄断——事实很可能就是这样，那么价格上浮是否合理，就要看其春运期间的运营成本是否上升，要看两者是否一致。同样，这也不是拍脑袋能够解决的，否则必定是口水仗——铁道部认为合理，乘客认为不合理，谁也说服不了谁。因此，必须对成本变化有一个专业的令人信服的评估。可是听证会仍然没有朝这方面努力。有一点必须提醒，计算成本时，还必须考虑平时运力过剩带来的浪费。

从这个例子中我们还可以看到，一方面，理论是可以指导实践的，政府职能部门需要有接受系统理论训练尤其是经济学训练的专业人员。另一方面，理论的指导应该转化成可以操作的方案，如提出测度垄断与否的标准。前者属于经济学，后者就属于管理学的范畴了。

问题讨论

(1) 请用所学的经济学理论判断，铁路运输价格上调是否合理？

(2) 哪些企业的价格调整需要由政府相关部门监管？

理论提示

(1) 需求的价格弹性与交叉价格弹性；

(2) 垄断程度的确定；

(3) 反垄断的理论与实践。

5.5 为什么卡特尔不稳定？

案例内容

航空业往往是一个典型的卡特尔勾结。以中国民航业为例，1997年年底以来，中国民航局实行“一种票价，多种折扣”的办法。但是到1998年年初，民航亏损额高达24亿元，中国民航局认为这是因为机票打折带来的恶性价格大战导致的。所以1998年5月，中国民航局上收企业定价权利，严格禁止民航公司的机票折扣行为。然而航空公司的各种暗中折扣行为使得中国民航局的禁令流于形式。2000年4月，中国民航局在多次禁止机票打折均无济于事的情况下，又推出了航线联营的政策，选择了102条航线，将同飞一条航线的航空公司联合起来，按照中国民航局统一核定的票价售票，再由中国民航局进行统一结算。2001年3月，联营航线增至150多条，占民航航线总量的60%以上。如此大规模的价格联盟，真的有起到作用吗？答案很明显，这个价格联盟本质上还是一个卡特尔勾结，而卡特尔勾结注定是一个不稳定的均衡结果。实际上，航空公司各种暗中折扣的行为并没有因此而停止，只不过是改变了暗中折扣的形式。中国民航局最终在2002年11月宣布不再实行航线联营。

案例分析

当市场上企业数量不多时，经济学称这种市场为寡头。在寡头市场中，企业所占有的市场份额会直接影响其利润收入，这时他们将面临合作和不合作的行为选择。而企业的行为又将决定市场的竞争程度。如果为数不多的企业都以不合作的方式共处，它们就处于竞争关系，这会形成价格大战，其结果就是每个企业的利润最终都会受损。而当它们设法将彼此之间的竞争程度降到最低时，它们实际上就是以一种合作的方式相互勾结起来。这时它们共同确定价格或产量，明确自己占有的市场份额以维持一个较高的产品价格来获取更多的利润。

卡特尔就是这种生产相似产品的独立企业联合起来以限制产量和提高价格的一种组织。卡特尔的结果虽然能够给寡头企业都带来更高的收益，却是一个不稳定的组织，因为每一个成员都有违约的动机。当对方遵守卡特尔协议制定的价格或者产量时，单方面地违背协议，降低价格或者增加产量都将获得对方的市场份额从而赚取更多的利润。所以卡特尔的勾结形式很难长期维持，往往只能在短期起到作用。石油输出国组织（OPEC）就是一个长期勾结失败的例子。OPEC 规定其成员国的石油产量以维持一个较高的石油价格。在 1973 年，OPEC 就成功地限制了石油产量，导致石油供给量的急剧下降和石油价格的飞涨。但此后，每隔几年一些 OPEC 的成员国家就会做出无视规定的配额而增加产量的行动，导致价格竞争战爆发，比如沙特阿拉伯在 1986 年将其石油价格从每桶 28 美元降低到 10 美元以下。

问题讨论

（1）为什么卡特尔勾结是一个长期不稳定的组织？

（2）你还能给出一个现实中卡特尔勾结的例子吗？

理论提示

（1）寡头市场理论；

（2）卡特尔与串谋；

（3）囚徒困境。

5.6 囚徒困境与纳什均衡：禁放香烟广告背后的逻辑

案例内容

在 20 世纪 60 年代的美国，很多电视节目都是由一些大烟草品牌赞助的。

比如那个时代有名的一句烟草广告词“香烟就选云斯顿（Winston tastes good like a cigarette should!）”就出自云斯顿（Winston）烟草公司。又比如美国一个固定电视新闻节目《骆驼新闻大篷车》就是由骆驼（Camel）烟草公司赞助的，所以在新闻主播台上会有一个明显的烟缸摆设，同时背后就是一个大型骆驼烟草商标背景。朗朗上口的广告词和醒目的广告标识使得香烟公司企图洗脑消费者的策略（抽烟是一种很酷的生活方式）非常成功。但是这引起了联邦通讯委员会的忧虑，因为在电视上讨论吸烟与健康话题的效果完全不足以抵消烟草广告的“神奇魔力”。于是1967年联邦通讯委员会推动法案支持电视台无偿播放“吸烟有害健康”的公益广告，烟草广告也因此成为国会关注的一个议题。

1970年4月，国会通过了《公共健康吸烟法案》，正式禁止烟草公司在电视上或者广播中放广告。奇怪的是这些大型烟草公司居然没有动用自己的政治游说能力去阻碍法案的通过。难道是这些烟草巨头忽然有了社会责任感，也觉得不应该误导消费者的价值观吗？其实不然，因为法案的颁布实际上把他们从一种“过度广告”的囚徒困境中解救出来了。

案例分析

下面我们就来看看烟草巨头的广告策略是如何陷入囚徒困境的，而法案的颁布又是如何解决这个囚徒困境的。

烟草行业并不是自由竞争而是寡头垄断的行业，所以烟草公司制定广告策略除了要宣传自己的产品，还有和对手竞争的目的。为了简化分析，我们假设行业中只有两家大型烟草公司：云斯顿和骆驼。如果两家公司都不做广告，那么他们将平分市场，比如各自赚得4亿美元的利润。如果两家公司都做广告，那么他们仍然将平分市场，但是此时各自都只能赚得3亿美元的利润（因为电视广告是有成本的）。如果只有一家公司做广告，而另一家公司不做，那么做广告的公司就会赢得更大的市场份额，这样它的利润可以高达5亿美元；而没有做广告的公司就会损失这部分的市场份额，最后只能赚得2亿美元。如果我们把这个博弈过程转换成图5.1的博弈矩阵形式，那么很快就能找出囚徒困境的纳什均衡。

		云斯顿	
		打广告	不打广告
骆驼	打广告	(3，3)	(2，5)
	不打广告	(5，2)	(4，4)

图 5.1 纳什均衡 （单位：亿美元）

如图 5.1 所示，下划线标识的（3，3）是纳什均衡的结果。从骆驼公司的角度出发，它首先会考虑如果云斯顿选择打广告，自己的最优反映策略是打广告（因为打广告的收益 3 大于不打广告时的收益 2）；接着它还会考虑如果云斯顿选择不打广告，自己的最优反映策略是打广告（因为此时打广告的收益是 5 大于不打广告时的 4）。也就是说，无论对手云斯顿的策略是什么，打广告的收益都将大于不打广告的收益，所以对于骆驼公司来说打广告是一个占优策略。从支付矩阵的数值组合不难发现这是一个对称的支付分布。所以从云斯顿的角度出发，他也会进行和骆驼一样的分析决策。于是双方都会选择打广告这个占优策略，最后达到（3，3）的纳什均衡结果。

仔细观察图 5.1，我们会发现（3，3）的结果对于双方来说都不是最优的，而波浪线标识的（4，4）是一个更好的结果。（4，4）其实是一个合作或者勾结的结果，即双方能够一起达成某种共识，承诺不会打广告。但是当双方处于（4，4）的位置时，都有“出卖”对方的诱惑。因为“出卖”对方独自打广告就能“偷取”对方的市场份额而获得更大的利润。这样就导致（4，4）这个更好的结果不能达到，而最后达到的确实是次优的（3，3）均衡。这种博弈是一种典型的囚徒困境。不难发现“禁止烟草公司打广告”法案的作用，实际上就是强制执行这种“合作或者勾结”的承诺。所以法案的颁布使得烟草公司能够逃离广告的囚徒困境均衡（3，3）而达到获益更多的合作均衡（4，4）。

需要补充说明的是，这个例子也体现了“囚徒困境”以外的经济学原理：第一，它说明市场是有缺陷的，烟草市场降低了整体社会福利，因此需要政府干预，美国联邦通讯委员会（FCC）就是为此设立的，国会也要为此采取相应的立法行动；第二，既然立法禁止广告反而导致各烟草商利润增加，这说明烟草产品是一种低弹性的商品，即使没有广告，人们的需求也不会减少多少；第三，立法禁止广告起到了两个积极的作用，其一是减少了广告开支的资源浪费，其二是对减少吸烟者和吸烟量多多少少起到了作用。

问题讨论

(1) 面对这种囚徒困境，你能想出什么办法解决这种困境吗？

(2) 囚徒困境是不是纳什均衡？是否也可以通过占优策略找到均衡结果，而且这个结果具有纳什均衡的性质？

(3) 你能说明为什么占优策略一定是纳什均衡吗？

(4) 纳什均衡是否必然具有帕累托效率？

理论提示

(1) 纳什均衡；

(2) 囚徒困境；

(3) 占优策略与占优策略均衡。

5.7　序贯博弈与纳什均衡：杜邦公司抢占市场的图谋

案例内容

二氧化钛是一种常用的化工产品，又称钛白粉，可以起到漂白的作用，可以用于颜料之中。在20世纪70年代初期，美国市场上生产钛白粉的企业主要是杜邦公司和全国铅业公司（National Lead，后更名为NL工业公司）以及另外的七家公司生产，杜邦公司和NL工业公司各占约三分之一的市场份额，另外七家公司合起来占据了另外三分之一的份额。从1972年开始，杜邦公司预期钛白粉市场会出现三个变化：环保条款趋于严厉，原料价格会上涨，市场需求会增加。杜邦公司认为，相对而言，自己的技术能轻易适应更严格的环保标准，能消化原料价格的上涨。因此，它准备扩大生产，抢占更多的市场。怎样才能做到将其他公司排除在外呢？杜邦公司的计划是抢先扩大生产规模，计划到1985年将生产能力扩大到占当时市场量64%的份额。

案例分析

杜邦公司的这种策略能够将其他公司阻止在新增市场之外吗？当然可以，因为此案例的关键在于沉没成本。钛白粉的生产设备是专用的，除了生产钛白粉之外没有其他用处，也就是说，用于扩大生产能力的投资是沉没成本，其机会成本为零。这就意味着，在竞争过程中杜邦公司会舍命相拼，除此再无退路。如果有其他公司加入进来，杜邦公司会打价格战，其价格制定不会顾及已经变成沉没成本的先期固定投资，只会考虑新增成本如原料成本和人工成本等作为制定价格的底线。这对其他尚未进入或者说尚未建成生产能力的企业就构成了威胁，而且这个威胁是可信的，因为，相比而言，在对方进入后进行价格战要好于维持既定价格以容纳对方。其中的道理是：如果容纳对方进入，维持先前的价格，则市场销售会大幅减少，因此生产能力得不到充分利用，单位成本会非常高；如果在对方进入后大幅降低价格，虽然也可能低于成本，但是可以保持更多的销售，从而得以利用既定生产能力带来的规模经济，以降低成本。

我们可以将上述逻辑转换成博弈论的语言，以报酬矩阵的形式呈现出来。参与者是杜邦公司和潜在竞争者。杜邦公司的策略是什么时候选择高价，什么时候选择低价。竞争对手的策略是进入市场和不进入市场。

在扩产之前，双方的收益矩阵用表 5.1 说明。

表 5.1 扩产前杜邦公司与潜在竞争对手的收益矩阵

利润		竞争对手的策略	
		不进入市场	进入市场
杜邦的策略	维持高价	杜邦：100 对手：0	杜邦：60 对手：40
	低价（价格战）	杜邦：50 对手：0	杜邦：50 对手：-5

由于这是一个序贯博弈，是竞争对手先行，杜邦公司作出反应。因此，潜在竞争对手的策略很简单，就是“不进入市场”和“进入市场”。但是杜邦公司的策略就要复杂一些，不是“维持高价”或“低价”，而是“什么时候维持高价，什么时候进行价格战”。其中的一个具体策略是“如果潜在竞争对手不进入，就维持高价；如果进入就减价进行价格战”，这实际上是一个威胁。检查一下收益矩阵可以看到，如果这个威胁策略可信的话，潜在竞争对手就不会加入，只能选择“不进入市场”，因为前者利润为 0，而后者利润为-5，是亏损。问题是这个策略是不可信的！如果潜在竞争对手选择“进入市场”，杜邦公司会按照宣称的那样进行价格战吗？当然不会。这是因为，如果保持高价、容忍对方加入，可以获得 60 的利润；但是如果打价格战的话，只能得到 50 的利润，是两败俱伤的结果。（注意，假设前提是这些产品只销售一季就不再有生产，因此不存在通过价格战将对方赶出去后再提价的后续步骤）。此时的纳

什均衡是（杜邦公司：高价；潜在竞争对手：进入市场）。准确地说，纳什均衡应该是（杜邦公司：无论对方进入与否都选择高价；潜在竞争对手：进入市场）。

那么杜邦公司有没有方法让威胁策略可信，从而拒对手于门外呢？有，杜邦公司选择了扩大产能的方法。当杜邦公司将自己的产能扩大到整个市场的64%时，上述收益矩阵发生了本质的变化。表 5.2 表明了这个变化。

表 5.2　扩产后杜邦公司与潜在竞争对手的收益矩阵

利润		竞争对手的策略	
		不进入市场	进入市场
杜邦的策略	维持高价	杜邦：200 对手：0	杜邦：20 对手：50
	低价（价格战）	杜邦：100 对手：0	杜邦：60 对手：-50

矩阵显示，当对方加入市场时，杜邦公司维持高价的话就意味着容纳对方，但是自己要失去一半的市场，从而扩大了的生产能力不能得到充分利用，由此导致利润骤减为 20；如果此时降价竞争，可以保有大部分的市场，将生产能力充分利用起来，降低了成本，因此，虽然价格降低了，但是成本降低更快，从而利润反而为 60，而对方则转盈为亏了，损失 50。这说明，杜邦公司的威胁是可信的，按照威胁策略做是符合其利益的。此时的纳什均衡为（杜邦公司：高价；潜在竞争对手：不进入市场）。准确地说，纳什均衡是（杜邦公司：不进入市场就高价，进入市场就低价；潜在竞争对手：不进入市场）。

真实的结果是什么呢？其他企业当然没有进入，也没有扩大生产能力。但是，其他企业不进入的原因不是因为杜邦公司抢先扩大生产规模，从而确立了可信的威胁，而是因为经济形势的发展与杜邦公司的预期相悖，钛白粉市场对其他公司不具有足够的吸引力。随后的事件演变表明，杜邦公司预期的三个变化都不显著：市场需求没有显著的增加；环境保护方面的管制做了调整，但是严格程度低于预期；原材料价格上涨幅度也很有限。由于市场并没有扩大多少，杜邦公司出现产能过剩，未能充分利用规模经济的好处。不仅如此，杜邦公司这个计划独占市场的意图太过明显，因此后来招致美国司法部的反垄断调查，可谓得不偿失。显然，杜邦公司在这个决策上是失误的，但是失误的原因在于其预测，而不在于策略设计。不考虑反垄断调查的话，它所设计的策略是正确的。

问题讨论

（1）为什么美国司法部会关注杜邦公司的商业行动？

（2）杜邦公司的做法是否具有普遍性？我们还可以从哪些例子中看到这样的操作？

理论提示

（1）沉没成本；

（2）可信的威胁或承诺；

（3）反垄断；

（4）序贯博弈与纳什均衡。

5.8 价格歧视：网约车算法收割韭菜是否合理合法？

案例内容

复旦大学管理学院副教授孙金云带领团队在国内5个城市进行了800多次打车测试后发现，当用户选择一键呼叫“经济型+舒适型”两档时，与非iPhone手机用户相比，iPhone手机用户更容易被价格更高的舒适型网约车司机接单，比例为非iPhone手机用户的3倍。

半月谈记者使用了多部售价不同的手机进行多次测试发现，在同一上下车地点同一时间使用“滴滴打车”软件发单呼叫快车，iPhone手机叫车相对价格略便宜的安卓手机更快。在测试中，半月谈记者还多次发现，在同一上下车地点同一时间使用“滴滴打车”发单呼叫快车以及专车，使用iPhone手机的用户预测价格较安卓手机用户多次出现更贵的情况，尽管差值往往集中在0.5元以内，但在12次测试中有5次出现了这一问题。

此外，“苹果税”还体现在打车优惠上。孙金云团队的研究数据显示，iPhone手机用户平均只能获得2.07元的优惠，显著低于非iPhone用户的4.12元。

案例分析

网约车的做法是典型的价格歧视。苹果手机价格比其他手机贵，这表明苹果手机机主收入比其他手机机主高，支付能力强，对价格的敏感性弱，因此网约车据此制定了不同的乘车价格，只是这种价格歧视是基于对大数据的掌握和特定的算法来实现的。

在网约车基于算法和大数据进行的价格歧视还体现在：不同的用车高峰时段价格不同，不同的地区价格不同，新用户和老用户价格不同，用车频率不同的用户价格不同，如此等等。

与此类似的价格歧视还有，当你在出行网站上查询酒店价格或者机票价格时，初次查询和再次查询价格不一样，经常出现再次查询时价格就上涨了。那是不是因为行情变化了呢？并不是，因为当你再用另外一个订票网站查询时，价格大抵还是原来的价格。

网约车的算法歧视只是价格歧视的一种，价格歧视还有很多种类，例如：

简单粗暴型。有的企业要求出示学生证、老年证、残疾人士证件。或者干脆，女性同胞半价，男性同胞全价，你总不至于为这一点价差去男扮女装吧？你买引进的外版教材时，有没有注意到，教材往往会在封面或封底印上一段文字：本书仅限中华人民共和国大陆地区销售。这就意味着，在中国港澳台地区，在它最初出版的国家，销售价格是不一样的。一本经济学教材，引进到中国大陆售价 70 元左右，但是在美国要卖 200 元，还是美元。这就是一个简单粗暴的价格歧视。

温情脉脉型。例如对进口水果促销广而告之：下周一我们全天半价销售，货不等人，过时不候。这是什么意思呢？本来我打算今天要少买一点水果的，得，干脆等到下周一多买一些吧；本来他觉得水果太贵吃不起，发现还有降价这等好事，那就等降价了再买呗。

无可厚非型。例如律师、保险代理人、汽车销售代表等，他们对不同的客户收取不同的价格。一般而言，汽车销售代表卖一辆车的时候都有一个提成比例的，比如 15%。换言之，如果你能和他讨价还价，最高你可以还价还到优惠 15%。但是不同人议价能力是不一样的，因此汽车销售就有了价格歧视。

精心布局型。超市里定期对不同商品打折销售歧视是用到了复杂的机制，这里面既有看人下菜的成分，也有根据销售数量来进行价格歧视的性质。要做到让不同的人按照他们各自的最高出价购买，就必须采取一些做法。比如，很多超市会在你每次购物时发一些券，但是这些券可能是十二生肖，集齐六张券就可以获得购物 8 折优惠，集齐十二张券就可以获得五折优惠。还有，电商赶着双十一的机会疯狂打折、面包店采取每天晚上 7：30 后面包买两个第二个半价的做法，同样是价格歧视。

所有的价格歧视几乎都是最大化生产者或供给者的最大化利润的，是损害消费者利益的，只有少数例外（比如对高收入者收高价从而能够以低价为低收入者提供服务或供给产品）。

但是，在各种价格歧视里，有些是我们能够接受的，有些则是不能接受的。案例中的“算法收割”就是消费者深恶痛绝的一种价格歧视，相比之下，其他价格歧视我们会觉得正常。这是一种直觉，但是很多直觉往往是有道理的。这个道理就是，面对“算法收割”，我们是待宰羔羊，没得选择。而其他大部分价格歧视，虽然企业仍然具有垄断力量，我们不一定能够选择与之竞争的企业，但是在选择哪一种价格时仍然有自己的消费自由。

正是因为这个原因，国家市场监督管理总局起草了《价格违法行为行政处罚规定（修订征求意见稿）》，于2021年7月2日向社会公开征求意见。其中第十三条“新业态中的价格违法行为”，直指大数据杀熟和低价倾销：电子商务平台经营者利用大数据分析、算法等技术手段，根据消费者或者其他经营者的偏好、交易习惯等特征，基于成本或正当营销策略之外的因素，对同一商品或服务在同等交易条件下设置不同价格的价格违法行为，可处上一年度销售总额1‰以上5‰以下的罚款，有违法所得的，没收违法所得；情节严重的，责令停业整顿，或者吊销营业执照。

问题讨论

（1）为什么应该针对算法杀熟的价格歧视进行反垄断，同时对其他价格歧视不予干预？

（2）有哪些价格歧视是你愿意接受的？理由是什么？

（3）团购价是否属于价格歧视？政府应不应该干预？

理论提示

（1）价格歧视；

（2）反垄断。

第六章　生产要素市场和收入分配

一、基本概念与原理小结

1. 内容摘要

市场包括产品市场和生产要素市场两大类，而且两者相互联系——生产产品需要有生产要素的投入，而购买产品则需要动用出售生产要素获得的收入。第三、四和五章从技术关系和市场结构两个方面讨论了产品市场中的价格与数量的决定。这个框架也适用于对生产要素市场的理解——生产要素的价格与使用数量也是由供给与需求两个方面的力量决定的，而且生产要素的市场结构影响着供给与需求的相互作用。

第一节至第五节讨论竞争条件下生产要素价格的决定。其中第一节讨论企业对生产要素的需求；第二节讨论生产要素的供给；第三节至第五节将生产要素的供给与需求结合起来，具体讨论劳动、土地与资本的价格决定；第六节讨论垄断市场中生产要素价格的决定。显然，生产要素市场与产品市场是对称的。

第一节指出，在生产和消费决策中适用的"等边际原理"——一种选择的新增收益与新增成本相等——在市场要素需求决策中也适用。企业必须做到投入最后一单位生产要素所产生的收益——即边际收益产品（MRP），与企业使用该要素需要额外支付的成本——即边际要素成本（MFC）——相等，即 $MRP=MFC$。

在收益方面，边际收益产品（MRP）既然是额外使用一单位生产要素带来的新增收益，那么它可以分解为额外生产要素带来的新增产量乘以额外产量带来的收益；前者为边际产量（MP），后者为边际收益（MR），因此 $MRP=MP\cdot MR$。由于是竞争市场，因此产量的边际收益（MR）和产品的价格（P）相等，即 $MR=P$。于是，边际收益产品（MRP）在竞争条件下就等于生产要素的边际产量（MP）和产品的价格（P）的乘积，即 $MRP=MP\cdot R=MP\cdot P$，微观经济学称这个乘积为边际产品价值（VMP）。

在成本方面，最后一单位生产要素需要开支的成本就是该生产要素的价格 W，即 $MFC=W$。

因此，竞争企业对生产要素需求的原则是，将生产要素的使用量确定在确保边际产品价值与要素价格相等，即 $VMP=W$ 的水平上。这就意味着，竞争市场中企业对生产要素的需求曲线与边际产品价值曲线是重合的。由于边际报酬递减规律的存在，VMP 曲线也是递减的，从而企业对生产要素的需求曲线是向右下方倾斜的——企业对生产要素的需求随着该要素的价格下降而增加。将企业对生产要素的需求曲线水平加总起来，就可以得到生产要素的市场需求曲线。

第二节利用预算线和无差异曲线对生产要素的供给进行了一般性的分析。生产要素是由居民户供给的，居民户在产品市场中是消费者，在生产要素市场中是要素供给者。一方面，对居民户而言，生产要素可以自用以获得效用（例如时间用于闲暇），也可以出售给企业（受雇于企业）获得收入，进而用收入购买商品进行消费，从中获得效用。另一方面，居民户拥有的生产要素是有限的，要素的价格也是既定的，这构成了居民户的约束。显然，居民户是在要素价格和拥有的生产要素数量有限这两种约束下，选择如何使用自己的生产要素，其中包括供给多少生产要素给企业，多少自用。因此，生产要素的价格影响着居民户对生产要素的供给。一般而言，随着生产要素价格的上升，其供给量也会上升，由此我们可以得到生产要素的供给曲线。需要说明的一点是，后面讨论的劳动、土地和资本的供给都是指只出售一定时间的使用权，即被企业租用而不是买断，因此所涉及的价格是租金价格。

第三节利用前面建立的理论对劳动市场展开分析，讨论工资水平和劳动就业量的决定。第一节中的生产要素需求理论可以直接运用于这里，而第二节的生产要素供给理论运用于劳动供给时有其自己的特点，需要进一步分析。居民户将自己拥有的时间用于闲暇和工作，其中工作可以带给他收入，进而支持他消费并获得效用。因此，居民户需要做出决策，是将自己拥有的时间用于自行消费即享受闲暇，还是用于工作以赚取收入、购买商品消费。后者即是对劳动的供给。在这种情况下，工资率的高低影响着居民户的劳动供给数量，而如何影响则由工资变化的收入效应和替代效应决定。由于闲暇是正常商品，工资上升引起的收入增加会导致闲暇增加，这是收入效应；同时由于消费闲暇意味着放弃商品消费，因此工资上升引起闲暇机会成本上升，引起消费者减少闲暇消费，这是替代效应。在收入效应和替代效应的作用下，当工资上升时，居民户一开始会增加劳动供给，随后会随着工资的进一步增加而减少劳动供给。

第四节运用第一节和第二节的理论分析土地市场上地租与土地使用量的确

定。土地市场的特点在于，由于土地自用所获取的效用很小，只能出租，用租金收入购买商品消费以获取效用，同时土地是自然资源，不是生产出来的，因此，土地的（租用）供给曲线是垂直的。

第五节具体分析资本市场。一方面，资本可以买断式地出售，获取价格；也可以租用一段时间，获取利息收入——即资本服务价格，这也是租金价格的一种，而每一单位资本的租金价格就是利率了。另一方面，资本是用来自储蓄的可贷资金生产出来的，而可贷资金的使用是需要支付利息的，其价格为利息率。因此，资本市场的分析需要解释两个问题：资本出售价格和资本服务价格的确定；可贷资金价格即利息率的确定。

就资本的价格而言，如果资本价值（售卖价格）已定为 P，资本无限期存续，各期收入恒等于 Z，则该资本的收益率（或利息率）决定于资本价格 P 和各期收益 Z，即 $r=Z/P$。而且在竞争条件下，各项资本服务收益率即利息率最终趋向于相等。利息率决定资本的需求与供给，其中资本需求在第一节中已经讨论，并没有自己独特的内容，而供给则来自储蓄。因此需要分析储蓄是如何决定的。

储蓄来自居民户对自己所掌握资金（来自收入）的处置：是用于当期消费，还是储蓄起来用于未来消费。这样，居民户一方面面临预算约束——既定的资金和市场利息率（由前面所述资本的需求与供给决定），另一方面形成对今天和明天消费的偏好。用预算约束和无差异曲线对居民户的储蓄决策行为展开分析：如何在既定资金与利率约束下，将资金分配于今天和明天的消费，以获取总效用最大。这里的总效用是今明两天效用贴现值的加总。这种分析显示，利率的变化会影响到消费者的储蓄决策。同劳动供给一样，这种影响与利率变化的收入效应和替代效应有关。收入效应表明，由于消费者的时间偏好，相对更偏好今天消费，因此利率上升引起的实际收入增加会鼓励消费者增加今天消费，减少明天消费。替代效应表明，利率的上升增加了今天消费的成本，因此趋向于促使居民户增加储蓄，从而增加明天的消费。一般而言，当利率提高时，居民户最初会增加储蓄，此时替代效应大于收入效应；到利息率提高到一定程度时，他们又会减少储蓄，此时替代效应小于收入效应。

储蓄在弥补资本损耗即折旧之后就形成资本供给。由于资本生产是有周期的，即今天的储蓄影响的是明天的资本，因此短期内资本供给是固定的，与利率无关，资本供给曲线是垂直的。垂直的资本供给曲线与资本需求曲线的交点就决定了利息率的高低。但是，从长期来看，昨天的储蓄超过折旧会导致今天的资本供给增加，从而引起利息率下降。因此，只有当利息率确保短期资本供给与资本需求相等，同时储蓄与折旧相等时，才算实现长期均衡。此时资本存量会保持不变，该短期资本供给就会长期存在，从而实现长期资本供给与资本需求相等。

上面的第一节至第五节讨论了竞争条件下生产要素价格与使用量决定的一般理论和运用，接下来的第六节就转向垄断条件下的生产要素价格与使用量决定。第六节主要进行了一些原则性的理论分析。

首先要清楚的是，对包括垄断企业在内的所有企业而言，生产要素市场中的企业均衡条件都是边际收益产品与边际要素成本相等，即 $MRP=MFC$，这个条件决定了企业对生产要素的需求。在竞争条件下，边际收益产品和边际产品价值相等（$MRP=VMP$），边际要素成本和要素价格相等（$MFC=W$），因此，竞争企业要满足要素使用的边际产品价值与要素价格相等，即 $VMP=W$，由此可以得到企业对生产要素的需求曲线。但是，如果出现不同形式的垄断，虽然企业仍然要满足 $MRP=MFC$ 的条件，但其表现形式与竞争市场有很大不同。

其次要清楚的是，不完全竞争的要素市场在分析时是非常繁琐的，因为既涉及企业在产品市场上的竞争与垄断地位，也涉及企业在生产要素市场上的竞争与垄断地位，还涉及生产要素供给者是否有垄断地位的问题。尽管其分析逻辑很清晰，但是要考虑三个方面的竞争与垄断的搭配问题，因此显得很繁琐。为了只揭示一般原理，在不损失一般性的原则下，教材假定生产要素供给者是竞争的，垄断出现在企业一方；而且企业在出现垄断时，教材只分析其中的单边市场出现垄断的情况：要么在产品市场上作为卖方是垄断的（此时在生产要素市场上作为买方是竞争的），要么在生产要素市场上作为买方是垄断的（此时在产品市场上作为卖方是竞争的）。这也就是表 6.1 中的垄断 A 和垄断 B，而后面的垄断 C 至 G 在教材中省略掉了，可以从前面的分析中推导出来。

表 6.1　企业的垄断类型

		竞争	垄断 A	垄断 B	垄断 C	垄断 D	垄断 E	垄断 F	垄断 G
企业	产品市场	竞争	垄断	竞争	垄断	竞争	垄断	竞争	垄断
	要素市场	竞争	竞争	垄断	竞争	垄断	垄断	竞争	垄断
生产要素供给者		竞争	竞争	竞争	垄断	垄断	垄断	垄断	竞争

在理清逻辑关系之后，我们再来看第六节的内容。第六节先分析了企业处于“卖方垄断、买方竞争”——在产品市场上作为卖方具有垄断地位，而在生产要素市场上作为买方处于竞争之中——这种垄断状况（表 6.1 中的垄断 A）时的要素使用原则和要素价格的确定。在这种分析中暗中假定生产要素的供给方是竞争的。为了获取最大利润，企业在使用生产要素时必须满足 $MRP=MFC$ 的原则，而在企业“卖方垄断、买方竞争”的条件下，存在着 $MR<P$ 和 $MFC=W$，因此有 MRP（$=MR\cdot MP$）$<VMP$（$=P\cdot MP$）。因此，企业需要将生产要素的使用确定在 $MRP=W$ 的水平上。这就意味着，MRP 曲线就是企业的要素需求曲线，这不同于竞争条件下的企业要素需求曲线 VMP。由于 $VMP>MRP$，因此，$VMP>W$，这表明，企业支付给生产要素的价格低于该要素给它创造的产值，因此被认为是企业以其在产品市场上的垄断地位形成对生产要素的剥削。

随后第六节分析了企业在“卖方竞争、买方垄断”——在产品市场上作为卖方处于竞争之中，而在生产要素市场上作为买方具有垄断地位——这种垄断状态（表 6.1 中的垄断 B）时的要素使用原则和要素价格的决定。同样，该企业必须满足 $MRP=MFC$。而在“卖方竞争、买方垄断”条件下，存在着 $MR=P$（从而 $VMP=MRP$）和 $MFC>W$，因此 $MRP=MFC$ 具体体现为 $VMP=MFC$。这就是说，企业使用的生产要素要确保其带来的边际产品值与其引起的边际要素成本相等，然后再据此确定生产要素价格。在这种情况下，对生产要素的需求与生产要素的价格之间不存在着稳定的一一对应关系，从而不存在着企业对要素的需求曲线（这和产品市场垄断条件下不存在企业供给曲线是对称的）。这是因为，有可能会出现这样的情形：在同一个生产要素使用量上有不同的要素价格对应同一个边际要素成本，从而同一个生产要素需求对应不同的生产要素价格，其中到底对应哪一个价格，取决于生产要素的供给状态（体现在生产要素供给曲线上）。此时对企业而言，依据生产要素供给状况的不同，即使要素价格不同，也可能形成相同的生产要素需求量。这还可能是因为，有可能出现在同一个价格水平上对应两个不同的边际要素成本的情况，其中到底对应哪一个边际要素成本，也取决于生产要素的供给状况。此时对企业而言，依据生产要素的供给状况不同，同一个要素价格可能会带来不同的生产要素需求量。

2. 基本概念

边际收益产品，边际产品价值，边际要素成本，要素需求，租金价格，利息，利息率。

3. **基本原理**

（1）同产品市场一样，生产要素价格与使用数量的决定也是由供给方面与需求方面的力量共同决定的。

（2）同产品市场一样，生产要素的使用要服务于企业利润最大化目标。同时，企业使用生产要素的一般原则是，确保该生产要素带来的新增收益（边际收益产品 MRP）与其新增成本（边际要素成本 MFC）相等，即 $MRP=MFC$，这样才能保证利润最大化。

（3）在完全竞争条件下，企业使用生产要素的边际收益产品（MRP）与边际产品价值（VMP）相等，因此，企业使用生产要素的条件就变成边际产品价值与生产要素价格相等，即 $VMP=W$。

（4）在完全竞争条件下，企业对生产要素的需求曲线与边际产品价值曲线重合。

（5）生产要素供给由居民户根据效用最大化原则确定。居民户从生产要素的自用中获得效用，也从出售生产要素获得收入、购买商品消费中获得效用，因此需要就生产要素在自用和出售的数量上做出选择，以获得最大效用。这个选择决定了居民户对生产要素的供给。

（6）生产要素供给的一般原理当然也适用于劳动的供给。劳动供给受到工资的影响，这种影响包括收入效应和替代效应，两种效应是相反的——工资上升通过收入效应会减少劳动的供给，通过替代效应会增加劳动供给。

（7）利用生产要素供给一般原理分析土地供给时会发现，由于土地的特殊性，其供给不随着土地价格——租赁价格——的变化而变化。

（8）利用生产要素供给的一般原理分析资本供给时，这个原理首先表现为居民户的储蓄决策，因为储蓄决定着资本供给的新增部分。居民的储蓄决策受到利息率的影响。利息率通过收入效应和替代效应影响着储蓄，这两种效应也是相反的：当利息率上升时，其收入效应导致今天消费增加，从而储蓄减少，其替代效应导致今天消费减少，从而储蓄增加。因此，利息率变化对储蓄的影响取决于两种效应的比较。

（9）资本的供给有其独特性。其独特性之一是，从储蓄变成资本需要经过一个资本形成的过程，即今天的储蓄会增加明天的资本，因此短期内资本供给是不变的。

（10）资本供给独特性之二是，资本供给的变化取决于前一个时期的储蓄和折旧，因此从长期而言，当储蓄和折旧相等时，资本供给处于不变状态。

（11）资本的价格——利息率——的确定由资本供给与资本需求共同决定。显然，只有当利息率一方面促使由其引起的储蓄与折旧相等，从而资本供给不变，另一方面该资本供给与由利息率决定的企业对资本需求相等，此时资本市场处于长期均衡之中。

（12）如果企业处于在产品市场卖方垄断、在要素市场买方竞争时，其使用生产要素的原则是确保边际收益产品与要素价格相等，$MRP=W$，此时它们低于边际产品价值，即 $MRP=W<VMP$。

（13）如果企业处于在产品市场卖方竞争、在要素市场买方垄断时，其使用生产要素的原则是确保边际产品价值与边际要素成本相等，即 $VMP=MFC$，它们都高于生产要素的价格，即 $VMP=MFC>W$。

4. 重点难点

（1）注意区分各种“边际收益”和“边际成本”的概念，通过它们之间的对称性来理解和区分。其中：

① 起因于产量的“边际收益”概念有：价格（平均收益）P，边际收益 MR。

② 起因于产量的“边际成本”为：边际成本 MC。

③ 起因于生产要素投入的“边际收益”有：边际产品 MP，边际产品价值 VMP，边际收益产品 MRP。

④ 起因于生产要素投入的“边际成本”有：边际要素成本 MFC，生产要素价格 W。

（2）理解边际收益产品和边际产品价值之间的关系。

（3）理解边际收益产品和边际产品价值与企业对要素需求曲线的关系。

（4）关于生产要素供给的一般原理：如何通过无差异曲线工具分析居民户围绕生产要素所做的选择。

（5）居民户如何供给劳动以获取最大效用。

（6）通过理解资本、储蓄与利率的关系来理解资本市场均衡和利息率的决定。

5. 即问即答

问：土地、资本、劳动等生产要素的价格与产品的价格主要区别是什么？

答：前者是租赁价格，是提供一段时期服务收取的价格；后者是“买断”价格。

问：是否所有的企业都存在一条对要素的需求曲线？

答：不是。要素需求曲线反映了要素需求与价格之间的关系，如果企业在要素市场上是买方垄断的，这个稳定的一一对应关系就不存在，从而也就不存在生产要素需求曲线。这与企业在产品市场上处于卖方垄断时不存在产品供给曲线是对称的。

问：理性原理和均衡原理在生产要素市场上是怎样体现的？

答：理性原理体现在：从企业而言，需要选择使用多少生产要素以获取最大利润；从要素供给者而言，需要决策供给多少储蓄、劳动、土地以获取最大效用。均衡原理体现在，当他们实现了最大利润或最大效用，就不再改变决策，从而处于均衡状态。

问：微观经济学重要的原理之一——等边际原理是怎样体现的？

答：无论是企业选择购买生产要素，还是居民户选择供给生产要素，都要确保决策带来的新增收益和决策的新增成本相等。

问：企业的产量生产决策和要素购买决策有没有联系？

答：两个决策是同一个行为的不同角度。可以证明，生产决策最优化条件和要素使用的最优化条件是等价的。

问：资本市场、储蓄与利率之间到底是什么关系？

答：资本的供给是一个存量。储蓄的供给是一个流量，起到增加资本供给的作用。折旧也是一个流量，起到减少资本供给的作用。资本的供给与需求决定着利率，利率又影响着资本的需求，并通过影响储蓄而影响资本的供给。

问：西方经济学不承认“剥削”概念吗？

答：一方面，马克思所定义的剥削不存在。另一方面，西方经济学自己定义了另外的剥削：通过垄断地位剥削交易对手。这意味着，如果厂商在产品市场或要素市场上有垄断地位，就会“剥削”要素所有者，包括“剥削”工人。但西方经济学也认为，如果要素供给者具有垄断地位，就会“剥削”厂商，如工会垄断会形成对企业的“剥削”。

二、案例分析

6.1 劳动力成本的上升：凡客远走东南亚

案例内容

凡客诚品是中国最大电商服装品牌。作为大众时尚品牌，凡客产品的价格定得很低，29 元、69 元、99 元的价格吸引了大量用户，但也挤压了盈利空间，给它带来很大的盈利压力，凡客至今处于亏损状态。为缓解成本压力，凡客诚品将部分订单转移至劳动力成本相对较低的孟加拉国，这也是国内服装类电商首次试水海外代工。

资料来源：谁逼凡客远走东南亚？腾讯财经，2012 年 8 月 11 日。

案例分析

我们从要素需求的角度来分析凡客诚品的出走。本章理论告诉我们，如果劳动力市场存在买方垄断，追求利润最大化的企业其要素使用原则是要素的边际收益产品（竞争条件下为边际产品值）等于边际要素成本。就劳动力而言，竞争条件下的边际要素成本即为工资水平，而在存在买方垄断的条件下边际要素成本大于工资水平。由此我们得到了一条向右下方倾斜的劳动力需求曲线，企业对劳动力的最优需求量随着工资的上升而下降。

像玩具、服饰等加工制造业本身的利润空间并不大，又是劳动密集型产业，要达到最优的利润水平，就只能尽可能地缩减劳动力成本，因此在廉价劳动力丰富的地区设立代工企业成为许多海外制造品牌的全球战略。中国也曾凭着廉价劳动力的优势吸引外资，带动了国内制造业以及出口产业的发展。然而，近些年来这样的情况发生了变化：随着 CPI 的节节攀升，工人工资也应声而涨，劳动力不再廉价。例如在上海，服装制造业中员工的工资在每月 2 500 元人民币左右，而在柬埔寨每月只有 70 美元左右，孟加拉国约为 100 美元。据有关统计，中国工人工资正在以每年 15%～20% 的速度增长，大约四五年后，一些沿海城市的劳动力成本甚至将逼近美国。

资本的本性是追逐利润，当中国的人口红利渐失、劳动力优势不再时，许多海外企业和中国的本土企业开始重新寻求拥有丰富廉价劳动力的地区。2009 年 3 月耐克关闭在中国唯一的生产工厂后，另一体育用品巨头阿迪达斯也关闭了自有工厂。而中国本土的制造业也在逐渐迁离沿海城市，迁至河南、江西等内陆省市，中国制造业的布局正在改变。

问题讨论

(1) 竞争性企业的要素使用原则是什么?

(2) 试举出一些其他竞争性企业要素使用的例子。

理论提示

(1) 要素需求与供给;

(2) 边际收益产品、边际产品价值与企业对要素的需求;

(3) 人口红利。

6.2 “民工荒”的背后

案例内容

“民工荒”即民工的短缺现象，最早出现在南方一些主要城市，并在春节时期尤为明显。“民工荒”曾因世界金融危机的爆发而一度淡出人们的视野，近两年，随着中国经济的逐渐回暖，关于“民工荒”现象的报道又开始占据各大媒体的版面。2009 年 8 月以来，据多家媒体报道，在中国的珠三角、长三角等地，很多中小企业的订单大量增加，但是却招不到工人。来自广州、深圳、东莞、佛山等珠三角城市劳动力市场的信息显示，劳动力市场求人倍率在 1∶1.14到 1∶1.51 之间；在温州，2009 年 8 月份该地区职介中心的用工缺口占比约为 73%，相比同年 6 月上升了 21 个百分点。而且这种情况似乎一年比一年严重。不仅在传统的民工输入地——珠三角和长三角出现了民工荒，在传统的民工输出地——四川、重庆、河南、湖北、安徽等地也出现了“招工难”。然而，也有些观察发现，民工荒只是春节荒。那么，民工荒是真“荒”还是假“荒”? 是局部现象还是普遍现象? 这些又说明了劳动力供给方面的什么问题呢?

在一些企业大喊缺工的同时，有一些企业却并不慌张。例如深圳富士康，2011 年 2 月，其每日平均招募人数约为 4 000 人，但应聘者却在 8 000~10 000 人。相比富士康的火爆，在深圳龙华富士康清湖招聘中心附近，一家来自观澜的电子企业招聘现场气氛却颇为冷清，只有寥寥数十人在咨询。这家电子企业缺工一千多人，在这里摆了三天，也只招到一百多人。一些在富士康接连排了三天仅的求职者仍不愿意去这家企业，原因是与富士康相比待遇太低——经过调薪后的富士康，综合收入可达 2 100~2 800 元/月；新员工试用期满六个月起，若考核合格，综合收入甚至可达 2 700~3 600 元/月；而在这家企业，只能拿到 1 300~2 000 元/月。一些打了多年工的求职者表示，即使小厂开出比富士康更高的工资，他们也愿意选择大厂，因为“名气大，比较规范，承诺的工资一般能拿到，而小厂最后能拿到多少不知道”。另一个例子是宇龙通信公司，这家以“酷派”智能手机在国内 3G 市场中崭露头角的通信制造商，在将生产基地从深圳搬到东莞松山湖科技产业园之初，100 多人的招工计划只来了 27 个。宇龙通信不得不开出了 1 600~2 400 元的普工薪酬——这被他们称为“深圳待遇”，比当地许多企业要高出一大截。招聘的牌子刚打出去，马上就有员工跑过来。

从另一个现象中，我们也能看到 80 后 90 后新生代农民工们，呈现出与他们父辈不同的人生观和价值选择。这使得一些内迁企业的招工经历并没有他们想象得那么顺利。全球最大的制鞋企业——台湾宝成集团进驻国家级贫困县——湖北省黄石市阳新县。普通工人月薪 900~1 200 元，熟练工 1 500 元，仍然留不住那些想看外面世界的年轻人。虽然加了薪，又有县政府的鼎力支持，第一期 1 万余人的招工任务，只完成了 2 500 人，基本是些想照顾家里的女人。然而，这边招工火热，那边背着行囊“东南飞”的人依然不少，阳新火车站总发送的农民工比去年同期还要多出 1 万多人。相比父辈们的生存要求，新一代年轻人开始更在意见识与尊严，这已经不仅仅是工资可以衡量的了。

资料来源：根据民工荒真相调查，南方周末，2011 年 3 月 3 日；民工荒，谁在慌？南方周末，2010 年 3 月 5 日整理得到。

案例分析

近年来，引人关注的“民工荒”体现出的是生产要素供求缺口的问题。经济学原理告诉我们，如果劳动力市场是完全竞争的，劳动需求曲线反映了劳动的边际产品价值，追求利润最大化的企业按照工人的工资等于他们的边际产品价值这一原则雇用工人，劳动力供求相等的点决定均衡的工资水平和均衡的就业量，这一点所决定的失业率即自然失业率，此时经济实现充分就业。而经济学中，竞争市场上存在着市场出清假设，即：价格具有充分的灵活性，能根据市场的供求情况进行迅速调整，使得供求相等，不会出现超额供给和超额需求。如果劳动市场能够出清，表明工资是能充分调整以使供求平衡的，劳动力供求缺口的出现，说明劳动力市场没有出清。造成劳动市场不能出清的原因有很多，在本案例中，雇主支付的工资高于均衡水平，会带来劳动力的超额供给，造成这一结果的原因是效率工资。富士康支付的工资高于市场均衡水平，因而能吸引更多的工人前来应聘，富士康公司能从中挑选到能力更强、受教育程度更高、受过培训更多的工人。这与 19 世纪福特公司实行 5 美元的效率工资有异曲同工之处。

通常来说，各市场的供给曲线都是向右上方倾斜的，劳动力市场也不例外，劳动力的供给是工资的增函数，将随工资的提高而增加。富士康能够提供更高的薪酬，求职者当然更倾向于选择待遇更好的企业，这个企业将会面临劳动力供过于求的情形。但需要注意的是劳动市场的供给曲线具有与其他市场不同的特征，工资较低时，供给曲线向右上方倾斜；工资达到较高水平之后，供给曲线将变得越来越陡峭，并最终向后弯折。每个劳动者都面临着时间约束，即一天只有 24 小时，需要对时间在劳动与闲暇之间分配以实现效用的最大化。由于工资是闲暇的机会成本，我们可以把工资率看作是闲暇这一商品的价格，当工资率上升时，闲暇的价格上升，理性的劳动者将会减少对这一商品的消费，增加劳动供给，这是闲暇商品的替代效应；同时，闲暇也是正常商品，工资率的上升带来劳动者收入的提高，将增加劳动者对闲暇商品的需求，这构成闲暇的收入效应。当工资提高时，替代效应使劳动者增加劳动供给，而收入效应使劳动者减少劳动供给。

改革开放初期外出打工的农民工多是出于生计的需要，东南沿海地区能够提供更高的工资收入使得大量的农民工涌入广州、深圳等城市，这在劳动供给曲线上体现为工资率较低的一段，随着工资率的上升，闲暇的替代效应大于收入效应，带来劳动供给的增加，形成了 20 世纪八九十年代的“孔雀东南飞”现象；而新生代农民工生活比其父辈富足得多，他们对工作的要求不再停留在糊口的生理需求水平上，要追求更高的心理满足感，也就是说，他们对于闲暇的需求增加了，随着工资水平的提高，闲暇的收入效应大于替代效应，在劳动供给曲线上体现为工资率较高的一段，曲线变得越来越陡峭，此时仅仅提供更高的工资率已难满足新生代农民工的需求，因而诸如台湾宝成集团等企业才会遭遇“招工难题”。

“招工难题”的出现还与劳动力市场上的超额需求有关，而这个超额需求不是来自短期的劳动市场，而是来自长期的经济增长。改革开放以后，我国常年保持着高速的经济增长，经济增长意味着产能的不断扩大，企业的生产规模也越来越大，必然会形成对劳动力需求的不断增加。需求增加提高了劳动力市场的工资率，而劳动力的供给一旦存在数量上的不足或结构上的不匹配，就会形成供求缺口，企业出现"招工难题"也就容易理解了。

另外，本案例中劳动供求的缺口既体现了自愿失业与非自愿失业，也体现了结构性失业。80后、90后的新生代农民工不愿意接受当地企业提供的工资水平而选择外出务工，他们寻找工作的那一段时间便体现为自愿失业；而在企业招聘中，那些宁可在富士康门外排三天队也不愿意去观澜电子应聘的工人，他们的失业便体现为非自愿失业——他们愿意接受现行工资水平却仍然失业了。观察实际生活，所谓"民工荒"中企业缺乏的并不是劳动力总量，而是具有一定技能和管理水平的工人，那些技能、经验、知识结构与可供的职位空缺不相匹配而形成的失业便是结构性失业了。

问题讨论

(1) 劳动市场上既然存在过剩的劳动供给，富士康愿意降低工资录用工人吗？为什么？

(2) 为什么受过更多培训的工人能得到更高的工资？

(3) 为什么劳动力的供给有减少的趋势？你能否利用无差异曲线来分析这一现象？

理论提示

(1) 无差异曲线分析与劳动力供给的原理；

(2) 工资提高的替代效应和收入效应；

(3) 结构性失业、自然失业率、自愿失业与非自愿失业；

(4) 效率工资理论。

6.3 劳动与闲暇的选择：增加工资所不能解决的问题

案例内容

2005年3月22日是法国人难以忘记的日子，从那天起天堂慢慢变成了法国人的回忆。因为在那一天，法国国会以压倒性多数通过了一项旨在提高国家竞争力法案，鼓励大家“多工作多拿钱”。然而新法案却引起了法国民众的强烈不满，他们已经习惯于支配丰富的休闲时光，拒绝牺牲休息的权利。于是乎，种种反对的言论遍布街头巷尾。的确，自工业革命以来，随着劳动生产率的不断提高，减少劳动时间一直是大势所趋。技术进步让人们通过较少的劳动生产出了较多的产品，并享有了较多的闲暇。乍看之下，法国增加劳动时间的行为似是“倒行逆施”，既有悖于人伦，又违反了社会发展的客观规律。其实不然，法国此举不仅本身颇有苦衷，而且实质上也有利于法国人民的长远利益。

资料来源：薛志英：35 岁以前要活学活用的 62 个经济学通识，北京理工大学出版社，2011.

案例分析

所有的人都面临着权衡取舍，劳动者也一样。每个劳动者一天的时间约束是固定不变的，都是 24 小时，因而他们需要在工作与闲暇之间进行权衡取舍：若想要工作以获得更多的收入，就必须放弃闲暇；若想要得到一小时的闲暇，就必须放弃一小时的工作，同时这也意味着要放弃一小时的工资收入，因而我们可以把工资看作闲暇的价格或机会成本。工资越高，闲暇的价格或机会成本就越高。生活中，对于高收入的人来说“浪费时间就等于浪费金钱”，其经济学含义即在于此。

劳动者在收入较低时，劳动的供给曲线是向右上方倾斜的，表明随着工资的增加，工人将增加自己的劳动供给，由于时间是有限的（每天只有 24 小时），工人增加劳动供给就必须放弃享受闲暇的时间。而闲暇作为商品，它和普通商品一样具有收入效应和替代效应。其收入效应体现为，工人的工资增加意味着收入增加，工人比以前更加富有，因而会增加对各种商品的消费，包括闲暇。其替代效应体现为，工资增加意味着闲暇的价格也上升了，于是工人会减少对这一商品的“购买”，转而寻求其替代品，即工作。因而，我们能够发现，由于收入效应，闲暇的需求量与其价格同方向变化；而由于替代效应，闲暇的需求量与其价格反向变化。

增加工资会带来闲暇的增加还是减少呢？这就取决于闲暇这一商品的收入效应和替代效应的比较。对于低收入者来说，工资增加会使得闲暇的替代效应大于收入效应，也就是说，低收入者会选择更多的工作以增加收入；对于高收入者来说，其工资水平已经处于较高水平，闲暇的收入效应大于替代效应，工资的上涨不仅不会使其增加劳动供给，反而会带来劳动供给的减少。这表明，劳动供给曲线是一条向后弯折的供给曲线。

因而，在本案例中，尽管从长期来看，法国国会的新法案将使劳动者增加劳动供给，带来更多的产出，实现经济增长，法国人民可以享受“做大蛋糕”的成果，但对于收入已经比较高的法国人来说，闲暇的收入效应更大，人们更愿意享受闲暇，新法案的出台引起民众的不满也就情有可原了。

问题讨论

(1) 请用无差异曲线分析，在享受闲暇和消费商品的偏好中，中国人与法国人有何区别？

(2) 为什么法国劳动市场中提高工资不能解决劳动力短缺问题？

理论提示

(1) 无差异曲线分析与劳动力供给的原理；

(2) 工资提高的替代效应和收入效应。

6.4　日本的房地产泡沫

案例内容

20世纪80年代后期，日本经济摆脱了“石油危机”的影响，开始快速回升，生产和需求十分旺盛，出现了历史上少有的繁荣期。在这个时期，日本出现了大量的剩余资金。从外部环境来看，1985年9月，美国、联邦德国、日本、法国、英国五国财长签订了“广场协议”，日元快速升值，致使国内企业生产成本上升，从而造成出口竞争力下降，日本投资者纷纷投资海外，影响了国内实业的发展，就业机会减少，国内购买力持续下降。日本政府为了鼓励国内经济发展，连续降息，由1986年1月的4.5%下调至1987年2月的2.5%，希望通过宽松的货币政策拉动国内投资的复苏。但事与愿违，此招导致的后果是投资向国内非生产性行业流动，比如房地产和股票证券市场，在极短的时间内房地产和股票价格以火箭速度上涨。同时，银行也更愿意投资房地产，而不愿投资实业，房地产泡沫因此越滚越大，而以摩根斯坦利为代表的国际资本也大举进军日本资本市场，获取资本价格升值和日元升值的双重收益。国际资本介入的后果是泡沫利润被无限放大，而同期实际GDP增长幅度远远低于股价和地价的速度。

日本房地产泡沫最初表现为地价的上升。从用途上讲，由商业用地到住宅用地、再到其他用地；从地域上讲，先是东京都中心、而后扩展到东京都圈、进而扩展到大城市圈、最后是中小城市圈。比如继1985年东京商业用地地价迅速上涨以后，1986年至1987年东京的住宅地价格也开始迅速上升，同时波及东京都圈的商业地、住宅地。东京以外的地区，1987年大阪、名古屋的地价，以及1999年其他中小城市的地价都接踵而上。日本国土厅公布的数据显示，1985年，东京都的商业用地价格指数为120.1（1980年为100），但到了1988年就暴涨到了334.2，在短短的3年间暴涨了近两倍。东京都中央区的地价上涨了3倍。1990年9月日本地价达到最高点，到了十分荒唐的程度。当时，国土面积相当于美国加利福尼亚州的日本，其地价市值总额竟相当于整个美国地价总额的4倍。仅东京都的地价就相当于美国全国的总地价。一般工薪阶层即使花费毕生储蓄也无力在大城市买下一套住宅，能买得起住宅的只有亿万富翁和极少数大公司的高管。

到了1991年，空前巨大的泡沫终于走向破灭。日本房价在1991年开始全国性的大暴跌。到1993年，日本房地产业全面崩溃，企业纷纷倒闭，遗留下来的坏账高达6 000亿美元。泡沫破裂的直接后果是引起了严重的财政危机，重创了日本经济。首先是大量房地产公司以及与其相关的大量金融机构倒闭，并由此造成了巨额不良资产，破坏了金融正常的运转机制，特别是针对中小企业，银行出现严重的惜贷现象。其次，泡沫时期形成的大量过剩的房地产投资，使企业负债过度，成为20世纪90年代日本企业投资不振的一个主要原因。再次，房地产价格持续下跌，日本平均储蓄率下降，生活质量无法提高。许多在泡沫经济时期购买房地产的日本人生活陷入窘境，甚至破产。最后，泡沫的破灭也使“银行不倒”“地价只涨不跌”的神话同步破灭，企业和国民的心理状态跌入深渊，信心指数下降。

日本的房地产泡沫最终让日本丧失了多年的发展机会，付出了极其沉痛的代价。此后，日本进入长期萧条期，十多年来经济增长始终徘徊在衰退与复苏的停滞状态。人们后来常称这次房地产泡沫是“二战”后日本的又一次战败。

资料来源：十年之痛解读日本房地产泡沫，凤凰资讯，2010年3月29日。

案例分析

地租是在一定时期内使用土地所支付的代价，或者说是土地这一生产要素提供服务所获得的报酬，由土地市场上土地供给与需求决定。一般来说，土地的供给是缺乏价格弹性的，这是由土地作为生产要素本身的特性所决定的，因而其供给曲线往往是垂直的，且位置固定不变，这就形成了地租产生的根本原因。地租产生的直接原因来自需求的增加，即土地需求曲线的右移。把向右下方倾斜的土地需求曲线和垂直的土地供给曲线结合起来可以得到地租的决定。

图 6.1 中的曲线 S 即代表土地的供给曲线，在这种情况下，土地供给完全缺乏弹性，供给曲线垂直于横轴。曲线 D 代表对土地的需求曲线，当需求曲线为 D 时，均衡地租为 P_0，均衡土地供应量为 Q_0；当需求增加，需求曲线就会由 D 向右平移至 D'，此时均衡地租上升为 P_1，均衡土地供应量仍然为 Q_0。也就是说，在土地供给完全缺乏弹性的时候，地租的大小取决于对土地的需求：需求增加，地租增加；需求减少，地租下降。

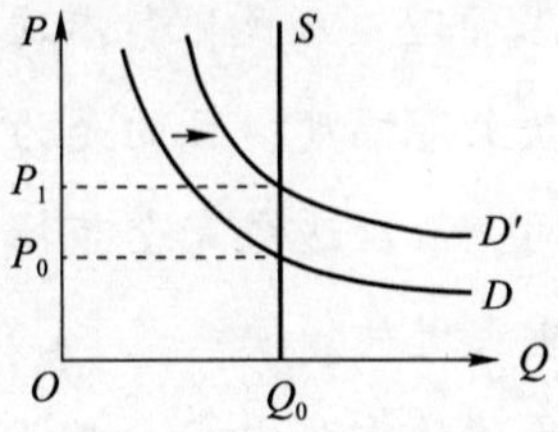

图 6.1　土地的供求与均衡

任何一个国家和地区，土地资源都是有限的，过度的需求推动需求曲线不断地向右移动，导致土地价格节节攀升，本案例中，日本地价的不断飞涨即是出于这一原因。地价构成房地产的主要成本之一，它的上涨必将造成房地产价格的快速上涨，容易催生泡沫。美国经济学家查尔斯・P・金德尔伯格认为：“泡沫可以不太严格地定义为：一种资产或一系列资产价格在一个连续过程中的急剧上涨，初始的价格上涨使人们产生价格会进一步上涨的预期，从而吸引新的买者——这些人一般是以买卖资产牟利的投机者，其实对资产的使用及其盈利能力并不感兴趣。”而泡沫一旦破裂，后果则是灾难性的，预期逆转、高空置率、价格暴跌，会对实体经济造成沉重的打击，日本的房地产泡沫后长期的经济萧条就是很好的例证。

问题讨论

（1）如果土地供给是有弹性的，将会如何影响房地产的数量价格？

（2）房地产泡沫是怎样形成的？

理论提示

（1）土地供给；

（2）房地产市场。

6.5 中国利率的市场化改革

案例内容

2012年6月7日，中国人民银行决定，自2012年6月8日起下调金融机构人民币存贷款基准利率，并自同日起，将金融机构存款利率浮动区间的上限调整为基准利率的1.1倍，将金融机构贷款利率浮动区间的下限调整为基准利率的0.8倍。在此之前，央行一直对存款利率实行基准利率上限管理，对贷款利率实行基准利率的90%的下限管理。人民银行本次放宽金融机构存贷款利率浮动范围，尤其是首次增加存款上浮幅度，目的是为未来利率市场化试水，通过逐步增加和扩大利率浮动区间，最后达成完全市场化目的。这一举措标志着我国利率市场化改革的又一次重大进展。

利率市场化是我国金融改革的重要内容。亚洲金融危机之后，我国利率市场化的进程主要包括了下列步骤：

第一，外币存贷款利率。分几步放开国内外币存贷款利率，这主要发生在2004年之前。

第二，扩大银行的贷款定价权和存款定价权。2003年之前，银行定价权浮动范围只限30%以内，2004年贷款上浮范围扩大到基准利率的1.7倍。2004年10月，贷款上浮取消封顶；下浮的幅度为基准利率的0.9倍，还没有完全放开。与此同时，允许银行的存款利率都可以下浮，下不设底。

第三，在企业债、金融债、商业票据方面以及货币市场交易中全部实行市场定价，对价格不再设任何限制。随着各种票据、公司类债券的发展，特别是OTC市场和二级市场交易不断扩大使价格更为市场化，很多企业，特别是质量比较好的企业，可以选择发行票据和企业债来进行融资，其价格已经完全不受贷款基准利率的限制了。

第四，扩大商业性个人住房贷款的利率浮动范围。2006 年 8 月，浮动范围扩大至基准利率的 0.85 倍；2008 年 5 月汶川特大地震发生后，为支持灾后重建，人民银行于当年 10 月进一步提升了金融机构住房抵押贷款的自主定价权，将商业性个人住房贷款利率下限扩大到基准利率的 0.7 倍。

至此与间接融资直接相关的人民币贷款利率下限和存款利率上限仍处于管制之中，在很长一段时间内并无明显松动迹象。进入 2011 年后，随着国有银行的股份制改革基本完毕，以及银行机构之间的市场竞争日益加剧，我国信贷市场利率呈现出双轨化趋势，即银行存贷款利率与民间融资利率之间的双轨并行和银行存款利率与理财产品收益率之间的双轨并行，这意味着市场已自发形成管制利率向市场利率转向的动力。2012 年年初，时任央行行长在采访时就明确指出："推进利率市场化改革的条件已基本具备"，而这次央行对存贷款利率浮动区间的调整可以说也是顺势而为的结果。

经过本轮对存贷款利率的调整，存贷款利率实际上分别形成了"明降暗升"和"一降再降"的局面，存贷款利率各自的浮动区间也相应进一步拉大。随着存贷款利率浮动区间的拉大，在短期内，本来就面临存款吸收压力和企业贷款需求不足问题的商业银行，在存贷款业务上的竞争可能会更为激烈，这将导致存贷款息差收窄，利润也相应降低。然而从长期来看，此次调整将促使商业银行转变传统经营模式，加强中间业务开展，将推动其整体竞争力的提升。此外，从宏观层面来看，本次利率浮动区间的调整在一定程度上有利于信贷资源的优化配置，完善货币政策传导机制，提高宏观调控的有效性，促进经济的长期稳定增长。

资料来源：根据从央行降息看利率市场化进程，中证网，2012 年 6 月 12 日；周小川：关于推进利率市场化改革的若干思考，中国人民银行网站，2012 年 1 月 13 日相关资料整理得到。

案例分析

利率市场化，顾名思义，指的是货币市场的利率水平由市场供求来决定，其内容包括利率的决定、传导、利率结构和利率管理的市场化，目的是要逐步发挥市场机制在利率决定中的作用，以实现资金流向和配置的不断优化。利率市场化强调的不是对利率水平的调节，而是由市场供求决定金融机构存贷款利率的市场利率体系和利率形成机制，使之成为反映宏观经济运行状况的准确价格信号。

发达国家几乎都逐步取消了利率管制，实行了利率市场化改革。比如美国，从20世纪70年代开始，美国开始逐步取消对大额可转让存单的利率管制，逐步推动利率市场化，至80年代中期利率市场化基本完成，美联储开始通过贴现率和公开市场操作引导市场利率。日本的利率市场化开始于1977年的国债上市流通，随后又逐步放开了国债发行利率和银行间拆借、票据利率，并对大额可转让定期存单等实行市场化定价。到1994年，日本的利率市场化顺利完成。

近年来我国银行理财产品的出现，使我国整个商业银行系统首次出现了突破利率管制的金融产品，是利率市场化进程中的先锋军，它承担了美国利率市场化中货币市场基金的作用，成为推动利率市场化的工具。2008年，国际金融危机重创国内资本市场后，投资者纷纷转向稳健的银行理财市场，信贷类和票据资产类理财产品迅速发展。2010年是理财产品的“爆炸元年”，表内理财产品发行余额高达2 495亿元。中国银行业协会发布的《中国银行业发展报告（2011—2012）》显示，2011年我国理财市场步入快速发展通道，表内理财产品发行余额急速上升到9 678亿元，产品发行数量接近2010年的两倍。事实表明，已经有越来越多的社会资金脱离银行体系，涌向理财产品，形成银行体系外的资金价格，这与美国利率市场化的历史惊人地相似。

利率市场化必然会挤压商业银行的利差空间，为了维持合理的利润水平，市场会自发形成新的金融服务模式。近年来，我国各种金融机构之间的相互合作越来越多，各种新的金融产品也层出不穷，其原因即在于此。这与很多企业在主业利润率不断下滑的情况下，通过并购组成产业集团以确保资本利润率有类似之处。

问题讨论

（1）你如何理解“利率是资金的价格”？

（2）市场化利率是由什么决定的？

（3）为什么说理财产品是利率市场化的一个表现？

（4）利率市场化会带来哪些结果？

理论提示

(1) 可贷资金的供给与需求同利率的决定；

(2) 货币的供给与需求同利率的决定。

6.6 美国棒球运动员市场的买方垄断势力

案例内容

在美国，最受欢迎的体育运动是棒球、橄榄球、篮球和冰球。这四项体育运动如今都有统一的全国职业联盟，即职业棒球大联盟（Major League Baseball，MLB）、全国橄榄球大联盟（National Football League，NFL）、全国篮球职业联赛（National Basketball Association，NBA）和全国冰球联盟（National Hockey League，NHL），一般统称为“四大联盟”（Big Four）。从最开始单纯的娱乐性活动发展到如今高度复杂的经济产业，这些体育联盟的发展都经历了曲折，期间劳资纠纷问题频发。这里我们以棒球联盟为例，看看棒球运动员市场中的买方垄断。

美国的职业棒球运动早在1869年就已发端，最初俱乐部都通过许以高薪的方式吸引其他俱乐部的运动员，这导致各家俱乐部的工资负担沉重，甚至到了无法维继的地步。为解决收入问题，棒球联盟实施了“保留制度”（reserve system）。该制度要求每家俱乐部将5名运动员放在交易市场以外，任何其他俱乐部都不得使用被“保留”的运动员，联盟中的俱乐部也不得同违反上述规定的俱乐部进行比赛。保留制度使得俱乐部能够控制运动员的流动，甚至永久性地占有运动员的劳动力，同时还限制了财大气粗的俱乐部利用高薪招募高水平球员的能力，从而削弱了俱乐部之间对运动员的争夺。在这一保留制度下，一旦一个运动员被某一球队挑中，他就不能为另一个球队打球，除非权利转卖给那个球队。这样，俱乐部老板就拥有了运动员买方的垄断势力，在新合同的谈判中，运动员几乎没有议价能力，因为如果不签协议，他可能就只能放弃比赛，或者出国打球。也因此，运动员的工资被长期压制，在20世纪60年代和70年代初期，他们的工资总低于其边际产出的市场价值。例如，1969年棒球运动员的工资大约是42 000美元，但如果市场是完全竞争的话，他们的工资其实可以达到300 000美元。

运动员们对“保留制度”表示了强烈不满，并与资方进行了激烈而漫长的斗争，劳资双方终于在1975年达成了一项协议。协议规定，棒球运动员在为一支球队打满六年之后就能成为自由代理人，保留制度不再有效。这样，之前那个高度买方垄断的劳动力市场得到松动，开始具有一定的竞争性，运动员的工资也得到大幅提高。1980 年，运动员的平均实际工资增加了一倍；到了 1992 年，平均收入更是达到了 1 014 942 美元。

资料来源：整理自（美）佩罗夫：中级微观经济学（第 4 版），机械工业出版社，2008；以及裴洋：美国反垄断法在运动员流动制度上的适用，2006 年体育仲裁国际研讨会论文集。

案例分析

在本案例中，球员市场作为劳动力市场的一个子市场，并不是完全竞争的市场，俱乐部作为市场上的买方串谋起来，拥有垄断势力，形成买方垄断。在这种情形下，俱乐部既可以通过减少雇佣数量来降低工资标准，也可以提高工资来增加雇佣人数，因此俱乐部支付给球员的工资低于其带给俱乐部的成本即边际要素成本，此时，雇佣球员的数量由球员的边际收益产品和边际要素成本决定。

所谓边际收益产品，指雇佣的最后一个球员给俱乐部带来的产量的价值，在完全竞争的条件下，它也就是最后一个球员带给俱乐部的增量收益，即边际产品价值。它是雇佣量的函数，随着雇佣球员数的增加和生产的球赛服务的增加，其边际收益递减，因此雇佣球员的边际收益产品递减。为了最大化利润，俱乐部会保证球员的边际收益产品与边际要素成本相等，但是在买方垄断的要素市场，边际要素成本高于工资，因此，球员的边际收益产品也就高于球员的工资。这表明，球员获得的工资低于其为俱乐部做出的贡献。西方经济学认为，这是俱乐部凭借垄断地位对球员进行了剥削。由此可见，球员的不满是有道理的。

从案例中看到，球员也组织起来了，成立了球员工会，与资方谈判。这时在球员市场上就形成了双边垄断。由于球员带给俱乐部的边际收益产品要高于球员获得的工资，因此他们可以对差额部分提出诉求，希望得到补偿。结果我们看到了，球员成功了，工资得到提高。工资提高的部分正是来自这个差额。

通常来说，要素市场上买方垄断力取决于以下三个因素：卖方的供给弹性、买方数量和买方的行动目标。本案例中，在“保留制度”下，俱乐部能控制球员，球员没有选择的权利，供给弹性很小，因而俱乐部能够以低价签约球员；作为买方的俱乐部，数量相对于球员的数量来说是有限的，而且俱乐部的数量越少，买方垄断力就越强；俱乐部老板常年以低于其边际产出的市场价值的工资支付球员，其目的就是控制价格以攫取更多的利润。

问题讨论

（1）买方垄断的要素市场具有哪些特点？

（2）在这个案例中是否存在着对球员的需求曲线？

（3）试举例说明经济生活中的买方垄断。

理论提示

（1）买方垄断时的要素需求理论；

（2）区分下述概念：边际产品价值与边际收益产品，边际要素成本与要素价格，（产品的）边际收益，（产品的）边际成本。

第七章　一般均衡和效率

一、基本概念与原理小结

1. 内容摘要

第一章至第七章的内容均是对一个个的单个市场、产品、要素、居民户、企业进行孤立的分析，讨论它们的理性选择问题或市场均衡问题。在讨论每一个产品或要素市场、每一个居民户或企业时，都会假定影响它们的其他方面因素保持不变，这种分析叫做局部均衡分析。

既然各个市场是相互影响的，就应该在相互影响的条件下研究所有产品或生产要素市场的同时均衡，这就是一般均衡分析，是本章第一节要讨论的内容。当一般均衡实现时，市场体系中的所有价格和数量都最终确定下来，成为均衡的价格和数量。那么这种均衡是否能够实现呢？瓦尔拉斯的一般均衡模型对此进行了分析。

瓦尔拉斯模型分析的是完全竞争的市场体系。为了简便起见，瓦尔拉斯假定居民户将所有的生产要素出售给企业以换取收入购买消费品，因此不存在要素的自用，当然也不存在储蓄或负储蓄。他还假定企业不需要进行投资和负投资，只需要用当期购买到的要素来进行生产。因此，这是一个静态均衡。

瓦尔拉斯的模型高度概括了完全竞争条件下的市场体系：

（1）这个市场体系一共有 n 个市场，其中产品市场为 r 个，要素市场为 $n-r$ 个。

（2）作为决策者的企业有 K 个，居民户有 H 个。

（3）单个的居民户供给所有的 $n-r$ 种生产要素（包括供给量为零的情形），需求所有的 r 种产品（包括需求量为零的情形）。

（4）单个的企业购买并使用所有的 $n-r$ 种要素（购买量为零表示不投入生产），用来生产所有的 r 种产品（产量为零表示不生产）。

在这个市场体系中，居民户在效用最大化原则的指导下出售要素，购买产品，从而形成了对产品的需求和对要素的供给：

（1）该居民户对产品的需求取决于所有的产品价格和要素价格。

（2）将所有的 H 个居民户对某一个产品的需求加总起来，就得到该产品的市场需求，这取决于所有的 r 个产品价格和 $n-r$ 个要素价格。

（3）该居民户对要素的供给同样取决于所有的产品价格和要素价格。

（4）将所有的 H 个居民户对某一个要素的供给加总起来，就得到该要素的市场供给，这也取决于所有的 r 个产品价格和 $n-r$ 个要素价格。

在这个市场体系中企业在利润最大化原则的指导下购买要素，出售产品，从而形成了对产品的供给和对要素的需求：

（1）该企业对某种产品的供给取决于所有的产品价格和要素价格。

（2）将所有的 K 个企业对某一个产品的供给加总起来，就得到该产品的市场供给，这取决于所有的 r 个产品价格和 $n-r$ 个要素价格。

（3）该企业对某种要素的需求取决于所有的产品价格和要素价格。

（4）将所有的 K 个企业对某一个要素的需求加总起来，就得到该要素的市场需求，这同样取决于所有的 r 个产品价格和 $n-r$ 个要素价格。

从上面的描述中可以看到，每一个产品或要素的价格确定，都取决于所有 n 个市场的同时均衡：所有产品和要素的市场供给与需求相等。这意味着，市场体系的均衡由 n 个均衡方程描述，未知数也正好有 n 个。但是，由于整个市场对所有产品的总需求必定等于总供给，因此任何一个均衡方程都可以由另外的 $n-1$ 个均衡方程推导出来。这就是说，独立的方程为 $n-1$ 个，而看起来未知的均衡价格则为 n 个。那么是否意味着不存在着均衡解呢？并非如此。这是因为，价格在本质上是商品之间的交换比例，这就意味着，任何一对商品之间的交换比例要和另外一对商品之间的交换比例相互一致，就必须有一个商品或一个价格作为所有其他价格（交换比例）的一般等价物。也就是说，以 n 个价格中的一个作为基准（即一般等价物），需要确定的是另外 $n-1$ 个价格，而均衡方程恰好是 $n-1$ 个。因此，存在着一组 $n-1$ 个价格促使 $n-1$ 个均衡方程成立。这表明一般均衡是存在的。

那么完全竞争的市场是否能够实现这个均衡呢？瓦尔拉斯假定存在着一个拍卖人通过“试错”的过程寻求一般均衡价格。显然这个答案不令人满意，随后萨缪尔森、希克斯、德布鲁、斯蒂格勒等人对一般均衡理论做了进一步的发展，或者从理论上分析其如何实现，或者从数学上证明其存在性。

第一节说明了完全竞争条件下一般均衡的存在性，接下来的第二节要分析这种均衡是否有效率。

经济效率是以帕累托最优为标准来定义的。如果资源配置达到这样一种状态，不存在不让任何人受损的条件下改善某个人或某些人的福利的可能，这种资源配置就被称为帕累托最优，是有效率的。

市场经济由生产和交换构成。在竞争市场中，交换是有效率的，也就是通过交换把既定的产品数量分配给各个消费者，让产品的分配达到帕累托最优状态。这是因为，效用最大化目标会驱使消费者将既定的收入合理分配到各种产品的购买和消费中，这就意味着他们的购买和消费行为需要确保，任何消费者的任意两个商品的边际替代率与该两个商品的价格比相等。当所有的消费者都做到了这一点时，就不存在着进一步增加效用的可能；如果有一个消费者未满足这个条件，就一定存在着允许至少一个消费者改善自己境况而于其他人无损的可能。在效用最大化的驱动下，他们会调整自己的消费结构，而这种调整又会引起产品价格的变化。最终居民户会持续调整各个产品的购买和消费数量，一直到条件重新满足为止。第二节利用艾奇沃斯盒式图对此进行了分析。

在竞争市场中，生产也是有效率的，也就是能够把既定的要素配置到各种产品的生产中去，让要素配置实现帕累托最优。这是因为，企业在利润最大化的驱使下，会在既定的成本开支约束下，根据要素价格的不同，合理选择各种要素的投入，以生产出尽可能多的产品。这就意味着对所有的产品而言，企业的行为要确保任意两个要素的边际技术替代率与该两个要素价格之比相等。如果这个条件得不到满足，就意味着可以通过调整要素投入比例增加产量，而这又带来要素价格的变化。企业会持续调整要素比例，直到条件重新满足为止。同第二节一样，第三节也利用艾奇沃斯盒式图对此展开了分析。

单独的交换分析假设产品产量是既定的，居民户的收入也是既定的；单独的生产分析假设要素价格是既定的，从而企业的成本开支是既定的。但是，居民户收入取决于要素的价格，要素的价格取决于企业对要素的需求，企业对要素的需求取决于居民户对产品的需求。因此，交换与生产是相互联系的，产品市场与要素市场也是相互联系的，这就要求必须考虑生产与交换同时存在时的效率。

从生产的角度来看，要素的配置存在着无数种帕累托最优。每一种帕累托最优的要素配置都生产既定数量组合的各种产品，而从一种产品组合转换到另一种产品组合时，一定会在增加一种产品数量的同时减少另外一种产品数量。在艾奇沃斯盒式图中，帕累托最优的资源配置是由生产契约曲线表示的。生产契约曲线出现在要素空间的坐标系中。如果直接在产品空间的坐标系中表示帕累托最优的资源配置，可以得到一条生产可能性边界，其上面的任何一点都代表着“最大数量的产品组合”。问题是，其中哪一个产品组合能够带来通过交换实现的产品分配的帕累托最优？

生产上的帕累托最优由生产的契约曲线描述，为了考察其与交换上的帕累托最优的联系，需要把生产的契约曲线转换为生产可能性边界。根据生产可能性边界，可以计算出现有技术条件下用一个产品替代另外一个产品的替代比率——即边际转换率 MRT。交换上的帕累托最优由交换的契约曲线描述，其上面的每一点都是消费者无差异曲线的切点，切点的斜率代表着所有的消费者都愿意接受的用一个产品替换另外一个产品的替代比率——即边际替代率 MRS。因此，在每一个产量组合上，当产品通过交换而形成的分配实现了它们的边际转换率与边际替代率相等，即 $MRT_{XY}=MRS_{XY}$，就同时实现了生产和交换的帕累托最优。

到此我们知道了生产与交换同时实现效率或帕累托最优的条件是什么。接下来的问题是，竞争市场能否自动满足这个条件呢？答案是肯定的（当然这是建立在不存在外部性和信息不对称的基础上的）。首先，追求效用最大化的消费者会自动寻求实现商品之间的边际替代率等于其价格之比，即 $MRS_{XY}=P_X/P_Y$。而竞争市场中产品价格对所有消费者都是一视同仁的，因此所有消费者的边际替代率都是一样的。其次，追求利润最大化的企业会按照产品的边际成本等于边际收益的原则展开生产，而竞争市场中的企业都是既定价格的接受者，因此边际收益等于产品价格。这就意味着产品的边际成本与产品价格相等，即 $MC_X=P_X$，$MC_Y=P_Y$。再次，在生产中，为实现要素的最优组合，企业要确保要素之间的边际技术替代率与要素价格之比相等，从而让所有的生产都处于契约曲线上，或者处于生产可能性边界上。在这种情况下，产品的边际转换率与产品的边际成本相等，即 $MRT_{XY}=MC_X/MC_Y$。

综合起来看，由于第一点保证产品的边际替代率等于相对价格，即 $MRS_{XY}=P_X/P_Y$，第二点保证产品的边际成本等于价格，即 $MC_X=P_X$，$MC_Y=P_Y$，因此有边际替代率与边际成本之比相等，即 $MRS_{XY}=MC_X/MC_Y$。另一方面，由于第三点保证产品之间的边际转换率与产品的边际成本之比相等，即 $MRT_{XY}=MC_X/MC_Y$，因此可以得知 $MRT_{XY}=MRS_{XY}$。这表明竞争市场在居民户和企业的自利动机驱使下是可以实现帕累托效率的。这实际上也就验证了亚当·斯密的“看不见的手”的原理：在自利动机的驱动下，市场机制这只看不见的手可以实现资源的有效率配置。

需要指出的是，有效率的资源配置不一定是公平的。在生产可能性边界的每一点都可以找到一个符合帕累托最优标准的资源配置，这个资源配置对应着不同居民户之间的效用组合，据此可以得到一条与生产可能性边界性质相似的效用可能性边界。在效用可能性边界上的每一点都是有效率的，但是不一定公平。要判断是否公平，需要有一个主观的评判标准。福利函数是寻求公平的一个尝试。

本章第三节的内容是开放式的讨论，有些内容在前面已经出现过。

2. 基本概念

局部均衡，一般均衡；效率（配置效率），帕累托最优，交换效率，生产效率，交换与生产的效率；艾奇沃斯盒式图，交换的契约曲线，生产的契约曲线；生产可能性边界，边际转换率，效用可能性边界，社会福利函数。

3. 基本原理

（1）在竞争条件下，存在着一组均衡价格，使得所有的市场同时实现均衡。

（2）如果所有消费者对任意两个产品的边际替代率都等于该两个产品的价格比率，产品在消费者之间的分配就是有效率的。这种分配是通过交换形成的。

（3）如果对所有的产品而言，边际技术替代率都等于要素的价格比率，要素在各个产品中的配置就是有效率的，即生产是有效率的。

（4）如果任意两个产品之间的边际替代率等于边际转换率，交换与生产就是有效率的。

（5）如果不存在外部性和信息不对称，竞争的市场可以自动实现效率。

（6）有效率的资源配置不一定是公平的。效率可以通过客观标准来检测，公平则必须借助主观价值判断。

4. 重点难点

（1）瓦尔拉斯一般均衡理论的思路。

（2）理解什么是帕累托最优。

（3）实现效率或帕累托最优的条件。尤其是理解交换与生产的帕累托最优的条件。

（4）理解竞争市场为什么会自动实现效率。

5. **即问即答**

问：效率和帕累托最优是一回事吗？

答：效率就是指配置效率，它是按照帕累托最优来定义的。因此，两者本质上是指同一个事情。

问：不同资源配置的效率有没有程度上的不同？

答：在西方经济学的概念里，只区分有效率和无效率，不再细分成不同程度的效率。例如，不能说 A 配置效率最大，B 配置效率其次，C 配置效率最差。应该说，A 是有效率的，B 和 C 是无效率的。

问：为什么不区分产品和要素来讨论效率呢？

答：事实上就是这样讨论的。交换发生在产品市场上，生产是和要素市场有关的。

问：一般均衡和效率是一回事吗？

答：不是一回事。一般均衡要说明市场是否会稳定下来，效率是评价市场结果是不是还有改善的可能。但是，竞争的一般均衡是有效率的（给定一些条件），而任何一个有效率的资源配置都可以通过竞争均衡实现。

问：经济学中有分配和配置两个词，两者含义相同吗？

答：不同。分配用于产品最终为谁所用，是收入的分配；配置用于资源被投入到哪些产品生产中，是资源或要素的"分配"。

二、案例分析

7.1　市场的效率：市场机制是疫情防控的功臣之一

案例内容

2020 年疫情期间，全球医疗器械和防疫用品需求急剧增加，与此同时，生产企业也在价格的引导下不断增加供给以满足全球防疫抗疫的需要。

有数据显示，截至 2021 年 4 月 28 日，共有 40 家医药器械上市公司发布了 2020 年一季度成绩单。其中，21 家企业实现利润同比增长，13 家业绩不及同期，1 家扭亏，5 家亏损。具体来看，在 2020 年第一季度中，有 28 家器械企业营收突破亿元。迈瑞医疗营收最高接近 48 亿元，位于榜首，鱼跃医疗营收接近 14 亿元。华大基因、英科医疗、山东药玻、奥美医疗、万孚生物、迈克生物 6 家营收突破 5 亿元，硕世生物的营收同比增长 276%达到 2 亿元。而在利润方面，仅迈瑞医疗一家利润破 10 亿元。鱼跃医疗、乐普医疗、达安基因、健帆生物、美康生物、蓝帆医疗、华大基因、英科医疗、硕世生物 9 家利润均破亿。其中，英科医疗、美康生物、达安基因的盈利与 2019 年一季度相比，分别增长 284%、140%、607%，达到 1.3 亿元、1.7 亿元、2 亿元。

我们再回顾一下疫情期间口罩价格的变化：2020 年以前，一次性口罩大约售价 0.2~0.5 元/个；2020 年 1 月疫情暴发，一次性口罩售价 5~10 元/个；3 月恢复生产，一次性口罩大约售价 1~3 元/个；5 月全面增产，一次性口罩售价 0.5~0.8 元/个；8 月疫情全面得到控制，一次性口罩售价 0.1~0.2 元/个。

生产口罩需要用到熔喷布。疫情暴发之前，我国熔喷无纺布行业运行不温不火，整体供需面相对平稳，民用 BFE90 级、医用 BFE95 级、医用 BFE99 级价格分别在 1.5 万元/吨、4 万元/吨、5 万元/吨左右，随着疫情的暴发，各级熔喷布价格从几万元涨到几十万元，在五月份医用 BFE99 级价格到达高点 70 多万元。疫情的稳定、天气的转暖、供应量的充足使价格悬崖式下跌，2020 年 6 月跌至 20 万元/吨左右，7 月回到 10 万元以内，直至 11 月已经回归至疫情前的价格。

案例分析

我国在疫情初期应对不力，后来全面动员，终于成功控制住疫情。在人与疫情较量的过程中，市场经济的作用功不可没。防控疫情需要大量的物资、物流和基础设施支持，市场机制使得这些支持得以实现。可以说，市场机制是防控疫情的功臣之一，看不见的手在抗疫中发挥了巨大的作用。

首先就医疗物资而言，口罩从紧缺到充足用了 2 个月的时间，而且还有能力出口到随后暴发疫情的欧洲和美国。在这期间，不只是原来的口罩生产企业扩产扩能，而且还有更多的企业转产生产口罩，进一步扩大了产能。例如格力、比亚迪、上汽通用五菱、三枪内衣、水星家纺等超 3 000 家企业搭建生产线，跨界生产口罩。这些企业绝不是完全履行企业社会责任、响应政府号召扩大产能或新建产能，更多的是追寻利润机会，在急剧上涨的价格引导下参与到口罩生产中来的。口罩价格从平时的每一个 0.2~0.5 元上涨到 5~10 元，吸引了大量的逐利资本进来；而资本流入带来的产能扩大又将价格平抑到原来的水平甚至更低。用于生产口罩的原料熔喷布也经历了同样的过程，市场经济协调了熔喷布对口罩生产的供给。除了口罩外，呼吸机、核酸检测试剂的扩产和新冠疫苗的快速问世，也都是在价格机制引导和盈利动机驱动下完成的。

其次是高风险疫情区的生活物资供应，这些供应既离不开生活物资的生产者，也离不开四通八达的物流，同样离不开大大小小的超市电商。制造商愿意及时加班生产，物流公司愿意加班运输，超市电商愿意及时配送，也都得益于个人利益的驱使和价格机制的协调。物流顺畅还离不开四通八达的铁路公路，这些完善的基础设施网络是此前市场经济运行的结果。

再次，疫情防控的成功还离不开互联网技术的成熟和信息技术的发展。有了这些技术，每一个人与疫情有关的信息都得到汇总和管理，使得疫情防控部门能够及时捕捉到疫情发生的火苗，从而及时部署防控措施；有了这些技术，各类生活物资能够更快捷地配送到封闭隔离的居民手中。

归纳起来，市场之所以能够成功，原因在于三个方面：

第一，市场的良好运作是建立在个人的理性计算和利己动机这两个行为基础之上的。每个人追求个人利益，也会计算个人利益，因此随时能够嗅到利润的机会，知道利之所在，知道是投资房地产挣钱，还是投资股市挣钱，或者是投资实体经济挣钱。在实体经济制造业领域，人们知道是生产汽车挣钱，还是生产电脑挣钱。

第二，每个人在自己利益驱动下所做的事情，恰好符合了社会利益，满足了他人需要。这是因为，社会的利益是通过价格的变化体现出来的。越是社会需要的商品，价格就会相对越高，或者上涨越快，因此市场机制通过价格信号将社会大部分人最迫切需求的产品进行排序。另一方面，因为生产者、投资者的逐利特性和计算能力，他们会把更多资源用于生产价格上升最快且最代表社会需求的产品，把较少的资源用于生产价格上升慢一点，代表人们需求不那么迫切的产品。这样一来，资源得到有效率的配置，配置到社会最需要的地方去了。

第三，市场机制相对于中央计划在信息处理上有着独特优势。相对于计划经济所采用的集中决策而言，通过分散在各地的交换，市场机制中的分权决策可以更有效地处理分散而瞬息万变的信息。你在海南需要什么商品，我在湖北有什么样的资源，他在四川有什么样的生产线，我们的朋友在北京的工厂遇到什么样的事故，这些信息每天都如白驹过隙、瞬息万变，远在北京的计划机构是无法在短时间捕捉到这些事无巨细、千头万绪的信息的；当计划机构获知了这些信息时，信息已经是过去时，又有新的信息处于正在进行时，还有更多的信息是将来时，正在蓄势待变，中央计划机关又哪里能一一掌控在手？反观市场则完全不同，它可以迅速而有效率地处理飞速流动的信息。这是因为，处理这些信息是他们的利益所在，而且他们只处理与自己相关的信息。种植粮食的农民只关注种子化肥涨不涨价，不用考虑石油价格的走势；石油公司只关注各国工业是否蓬勃发展，没必要在乎比特币的价格涨跌。

当然，市场不是完美的，事实上是有缺陷的。比如在疫情期间也发生了价格欺诈、囤积居奇、非法涨价、假冒伪劣等。这些方面是需要政府干预解决的。

问题讨论

（1）以你的理解，是否赞同市场经济是抗疫的功臣这一观点？

（2）市场经济有效率的原因是什么？

（3）市场经济出现失败的原因是什么？

（4）在抗疫过程中，看得见的手（政府）与看不见的手（市场）是如何携手作战的？

理论提示

（1）市场经济与市场机制；

（2）信息的作用；

（3）看不见的手；

（4）理性。

7.2 一般均衡理论的应用：投入产出分析的诞生

案例内容

“二战”开始之后，1941年美国总统罗斯福下令生产5万架军用飞机，当时负责军工生产的部门迅速安排了这项生产任务。但这一部门在做生产安排时，犯了一个大错误，即只考虑了生产飞机的直接消耗，如必需品铝等的消耗，却忽略了生产中的间接消耗。生产飞机的主要原料是铝，而铝是用电解法生产的，电解铝要消耗大量的电，而输电线路和变压器、电动机等机电设备又需要消耗大量的铜，结果造成铜的紧张。最后不得不向国库借用白银作为原材料来输电，以供应铝的生产。

案例分析

本案例是关于投入产出方法的一个著名事件。投入产出法由美国经济学家列昂剔夫在1936年提出后，一直未受到重视，直到第二次世界大战期间案例当中的事件发生之后，美国的相关部门才深感不仅在生产上需要采用先进的方法，而且在计划管理上也需要。于是在“二战”结束后，美国劳动统计局和空军开始编制投入产出表，投入产出方法也迅速传播到世界上的其他国家。

投入产出表是对国民经济各部门之间的投入产出关系的全面系统的反映，揭示生产过程中各部门之间相互依存和相互制约的经济技术联系。任何生产活动都需要原材料、燃料、动力，即中间投入，和劳动力、资本等要素的费用，即增加值；而生产出来的产品，要么是中间产品，作为原材料为其他生产活动提供服务，要么是最终产品，直接用于消费、投资和出口。而投入产出表一方面能告诉人们，各部门为了自身的生产是怎样从其他部门取得中间投入品及其他要素投入的；另一方面还能告诉人们国民经济各部门的产出情况，以及这些部门的产出是怎样分配给其他部门用于生产或怎样分配给居民和社会用于最终消费、投资或出口的。

以钢材生产为例，企业生产钢材需要投入铁矿砂、水等原材料以及煤炭、电力、石油等燃料、能源，还要支付劳动者报酬和资本使用的利息。钢材生产出来后，要么作为中间产品用于生产其他产品，如制造成专门的机械，用于铁矿砂、煤炭、石油、电力、水等产品的生产，要么以最终产品的形式进入消费、投资，还用于出口。同样，煤炭、电力、石油、水等行业的生产也存在同样的逻辑。由此可见，投入产出分析也是一般均衡理论的应用：在分析市场均衡时，我们要考虑所有与之相关联的产业和部门，如石油、水、电力、铁矿砂、煤炭等产品的供求和价格，考虑劳动力、资本等要素的供求与价格，还要分析它们之间是如何相互影响的。

国民经济各部门的生产是相互联系的，有些联系较为直接，容易被观察到，如案例当中飞机的制造与铝的生产；而有些则是间接的，较为隐蔽，正如被众人所忽视的铜的生产。投入产出表记录了国民经济各部门之间相互提供原材料、燃料和能源的过程，以及最终产品的分配使用过程，能够为产业结构的研究、制定和检查国民经济计划以及研究价格决策提供一种定量分析的工具。

问题讨论

（1）投入产出表有哪几种形式？

（2）投入产出分析主要应用于哪些方面？你能举例说明吗？

（3）为什么说投入产出分析是一般均衡分析？

理论提示

（1）一般均衡理论；

（2）乘数理论。

7.3 蝴蝶效应中的一般均衡理论：石油价格影响猪肉价格

案例内容

今年（2007年）第二季度以来猪肉的价格发生了波动，近一两个月以来波动还在继续。7月11日上午，商务部新闻发言人王新培在新闻发布会上表示，猪肉价格波动不是由猪肉的供求引起的。王新培介绍，昨天的消息，世界市场石油的价格已经突破了每桶75美元，达到了新高。由于石油价格的上涨，带动世界范围内其他产品的价格波动，对于国内的能源、运输、原料、饲料都有所影响，引起波动。

资料来源：商务部：石油涨价带动肉价波动，猪肉供应有保障，东方早报，2007年7月12日。

案例分析

针对王新培的说法，很多人报以嘲讽。但是王新培是对的，他是专家；那些嘲讽的人是错的，他们不懂经济学，或者没有认真理解王新培所说的理由。石油价格上涨，导致人们用酒精来部分代替它，而酒精主要来自玉米。据测算，如果石油价格高过每桶60美元，从粮食中提取生物酒精在经济上是划算的。当玉米被用来提取酒精时，生猪的养殖就缺乏饲料，结果是要么成本增加，要么供给减少。

因为同样的原因，石油价格不仅导致猪肉价格上涨，还导致粮食价格上涨。其实，当粮食价格和猪肉价格上涨时，劳动力要求提高工资的诉求就会增强，由此带来所有其他产品生产成本的上升。

这样，在分析市场均衡时，就要同时考虑原油、成品油、玉米、生猪等产品的供给、需求和价格，还要考虑劳动力等要素的供给、需求与价格，分析它们是如何相互影响的。例如成品油的价格决定于自身的供给与需求，其供给受到原油价格、劳动力成本的影响，劳动力成本又受到玉米价格与生猪价格的影响，因为他们会据此要求提高工资；其需求受到消费者收入、农业生产（包括粮食生产）的影响，而消费者收入又受到上述各个产品的生产的影响，因为消费者通过供给劳动或资本给上述生产过程而获得收入。

由此可见，王新培的观点是一般均衡理论的具体体现。蝴蝶效应表明，南美洲的蝴蝶扇一下翅膀，有可能在北美洲引发一场风暴。虽然有些夸张，但是它说明了世上万事万物都是相互联系的。如同蝴蝶效应一样，各个市场是相互联系的，一个市场的变化会传递到其他市场去。

问题讨论

（1）为什么说上述案例中的价格传递机制是一般均衡理论基本思想的体现？

（2）一般均衡理论的基本思想是什么？

理论提示

（1）一般均衡理论；

（2）投入产出理论。

7.4　蝴蝶效应中的一般均衡理论：经济全球化背景中苏伊士运河堵船的全球影响

案例内容

2021年3月24日，全世界最大的集装箱货轮中国台湾长荣海运“长赐号”，在经过苏伊士运河时意外搁浅，并拦住了整个河道，动弹不得，造成多年来最严重的航运拥堵。截至3月28日，淤堵货轮已达321艘。在3月29日晚间，苏伊士运河搁浅的货轮，已经完全恢复至正常航道，堵了7天的苏伊士运河基本已经恢复功能。

苏伊士运河的运量大约占到全世界航运量的12%。据全世界久负盛名的航运专业媒体《劳埃德船舶日报》统计，目前每天通过苏伊士运河往西的运量是51亿美元；东向亚洲的货运量是一天45亿美元。“塞船”导致苏伊士运河双向航运停摆，每天价值约96亿美元的航运也跟着被卡住，估算的经济损失每天约达4亿美元以上。

“塞船”事件也将扇动蝴蝶翅膀，影响全球市场上的石油、天然气、铜的供应，甚至可能威胁卫生纸的生产。

通过苏伊士运河运送的像液化天然气，还有石油，能占到全球能源航运总量的5%~10%。所以就在“长赐号”搁浅的当天，全球原油市场价格暴涨4%。在全球通过海路运输的石油中，有大约30%是通过苏伊士运河完成的。

大宗商品服务机构Mysteel表示，苏伊士运河堵塞事件拉长，可能导致中国的铜料供应问题更加恶化。

此次塞船事件可能导致纸浆运输也受阻，全球卫生纸短缺的风险将再次上升。世界上最大的卫生纸木浆生产商主要用散装货船运输木浆，但随着对集装箱船的需求激增，货物装运压力增大，很可能造成发货延迟。如果生产商没有充足的库存，纸浆贸易的中断最终会影响卫生纸供应。

资料来源：苏伊士运河堵船事件对宏观经济格局的影响，搜狐网，2021年3月30日。

案例分析

一般均衡理论在全球经济一体化的背景中更显得重要。苏伊士运河堵船影响到各国经济的方方面面，也会影响到全球经济，但是不会重塑全球经济格局。

案例中提到了其对原油、液化天然气、纸浆和铜的影响，这些是直接影响。可以肯定，这些影响会如同丢一块大石头到湖里产生涟漪一样，一波一波地影响其他行业。此外，案例中尚未提到的产品还有大量从中国和亚洲其他地区运往欧洲地区的各类消费品。

就其对中国的影响而言，最大的直接影响是提高物流成本，集装箱运费会大幅度上涨，另一方面又增加了对中欧班列运输的需求。而间接影响则增加了出口产品的总体成本，即使是可以从海运转向中欧班列运输，成本也要高50%以上。

一般均衡理论一方面说明某一个局部的经济变化会影响到经济系统的所有方面，另一方面说明最终会出现一个均衡的价格体系和数量体系。在苏伊士堵船事件之前，全球经济处于一个一般均衡状态。运河被堵是一个外在冲击，导致全球经济发生变化，但是最终会走向新的一般均衡。经过足够长的时间，如果没有其他变化，那么新的均衡与以前的均衡没有两样，就是说各类商品的价格和数量会回归以前的水平。

与苏伊士运河堵船事件类似的还有2021年6月深圳盐田港因为疫情防控缘故而停运。深圳盐田港是全球第四、中国第三大港，承担了广东超过1/3外贸进出口以及全国对美贸易1/4的货运量。2021年6月15日，盐田港码头出口货柜平均停留时间达到了23天，而过去这个时间仅为7天。据业内分析显示，盐田港14天累积35.7万标准箱（TEU），拥堵集装箱数已经超过了苏伊士运河因为长赐号搁浅造成拥堵累积的33万TEU。德鲁里（Drewry）发布的全球集装箱运价指数显示，40英尺集装箱运费上涨4.1%或263美元至6 726.87美元。南非生产柑橘，6月正值采收高峰，但当地出口商的集装箱运费已经达到7 000美元，而去年的运费只有4 000美元。不过，与苏伊士运河堵船相同，当盐田港恢复正常作业后，所有的价格和数量会回到以前的水平。

与苏伊士运河堵船与深圳盐田港停摆不同的是，2018—2019年的中美贸易摩擦和2020年的新冠肺炎疫情会彻底改写全球经济格局，影响更长更深远。从一般均衡理论的角度看，新的全球经济一般均衡将迥异于以前。

问题讨论

（1）苏伊士运河堵船事件和贸易战对你的生活有什么影响？据此说说你对一般均衡理论的理解。

（2）当苏伊士运河堵船事件解决后，重新出现的均衡与此前的均衡是否有本质的区别？为什么？

（3）中美贸易摩擦对全球经济均衡的影响是什么？

理论提示

（1）一般均衡；

（2）比较静态均衡。

7.5　铁路春运票价是否应该上浮？

案例内容

2001—2006年间，铁路部分直通客车实行春运价格上浮，春节前自广州（集团）公司、北京、上海铁路局始发，节后为成都、郑州、南昌、上海铁路局始发的部分直通客车中，新型空调列车上浮20%，其他列车上浮30%。后来，出于多重考虑，从2007年开始，铁路运输在春运期间不再上浮价格。价格不再上浮是对的吗？有效率吗？公平吗？这个例子集中了微观经济学所关心的方方面面，因此很值得综合分析。

案例分析

情绪化地看问题，当然会对铁路涨价口诛笔伐。但是，以经济学的观点看，铁路春运涨价与否实在是再简单不过的一个市场行为。既然是市场行为，涨价还是降价就应由供给和需求共同说了算，当然前提是市场是竞争的。或许，我们对铁路的看法和对农产品的看法要经历同样的历程。在20世纪80年代中期，蔬菜、肉蛋可不是说涨价就涨价的。现在农贸市场的价格一天早晚都不一样，我们对此早已习以为常。即使是现在，民航票价不也是一天三变吗？也没人说什么啊！

那么，铁路春运涨价合理吗？铁路春运涨价是有成本上涨的基础。在一些支线和淡季，一节车厢几乎没有几个人，铁路部门会亏损；而在节假日的旅行旺季，价格上浮会带来利润。因此，从全年来看，成本或许是持平的。其实不止如此。春运时客流量猛增，铁路和车站投入到管理和安全上的人力物力大大增加，平均每人每公里成本上升。边际成本递增，这是微观经济学的一个常识。

从需求的角度看，涨价应该可以接受。想过没有，你从平时回家看看和春节归故里感受到的天伦之乐和亲情交融是否一样呢？每个人在春节都比在平时更想回家，说明春运带给人们的价值更高了，票价略有上升也不过是物有所值。

接下来换一个问题，涨价有效率吗？如果票价不涨，你花的钱少了，但是得排队，为了一天时间的座位而排一晚上的队，或者雇人排队，或者买黑市，都要到处托人，结果还是得付出同等代价。显然，提价与不提价对个人而言，成本是一样的，要么是少花时间多花钱，要是想少花钱，那就要多花时间。但是，对社会来说则效率迥异。第一，排队时间是不必要的资源浪费；第二，价格管制导致黑市，黑市比合法市场效率低；如果组织人员取缔，则又凭空多了一笔资源耗费；第三，提价遭冻结，铁路运输也就得不到发展，已经运营的经营者不愿意扩大规模，其他拥有资源者也不会愿意涉足。提价的结果则大不一样，铁路运营者会获取超额利润，但是这个利润只能持续很短的时间，因为超额利润是一个诱饵，会吸引其他人纷至沓来，将资源源源不绝地引入，激发竞争，最终降低价格。

就算有效率，我们还会关心，涨价公平吗？人们认为铁路关乎国计民生，不可像普通商品一样随意涨价；或者说铁路应该体现人文关怀，考虑人们的思家心切，照顾民工等弱势群体。这种理由固然伟大，但也太过温情脉脉。铁路并不是非营利组织，也不是政府部门，更不是慈善机构，好像并不必然要承担公益事宜。它只是一个普通的生产企业。以降价体现对弱势群体的关怀，理由并不充分。其一，人文关怀好像不只是铁路运营者的义务，用工单位在年终增加一笔交通费用开支也可实现同样的初衷。企业固然要担负社会责任，而人文关怀主要是国家和社会的责任。其二，铁路运力紧张，照顾一个群体必然会影响另一个群体，这就不能体现对人们春节回家团圆这一人文关怀的普遍性。

如此看来，就应该允许铁路部门根据自己的需要提价？并非如此！如果市场是完善的和竞争的，企业行为能得到市场的制约和监督；如果企业是垄断的，就必须由政府来监督和管制。中国的铁路恰恰带有垄断性，而我们上面所有说法的立论基础是完善的市场和充分的竞争，在此基础上商品才能完全由供求决定。一方面，铁路也不是完全的商业性企业，仍然打上了计划经济痕迹，履行着一定的社会功能，因此涨价不能恣意妄为，于是听证会因此而兴起。另一方面，铁路缺乏充分的竞争，因此涨价也必须有合理的理由，并经过政府有关机构批准，而听证会正是政府获知有关信息以判断涨价合理与否的必要程序。这一点各国皆然。

按通常的做法，应允许竞争性企业以利润最大化标准为指导来定价，但垄断性企业定价只能满足其弥补平均成本的需要。这是因为，市场竞争会将竞争企业的超额利润排挤掉，而垄断企业却有能力长期攫取超额利润，并因此而损害社会效率。从社会效率的角度考虑，任何企业都不允许长期享有超额利润，只允许赚取正常利润，即平均利润。因此，与普通企业定价可以由市场供求确定不同，垄断企业产品价格只能依据成本进行调整，根据需求提价是断乎不可的。

如此一来，铁路似乎还是有理由涨价，因为铁路运输成本上升了。然而，事实也并非如此！我们可以质疑，铁路部门所提供的成本是否真实？其实，听证会正是对此举证。那么铁路部门提供的有关成本的财务信息可以成为价格上浮的依据吗？也不是，这么做仍然有问题。成本数据或许是真实的，但它经过市场检验了吗？没有，那只是铁路部门已经支付的各种费用。如果它支付员工福利远远高于其他行业，成本自然会高；如果它给予中、高层干部更多的工资，成本也会上升；如果经理人员乘飞机旅行，住高级酒店，在国外培训，差旅费要摊销在经营成本之中；如果管理不善，还会出现浪费。难道建立在此种成本上涨之上的提价，你服气？当然不！因为这样的费用开支太过离谱。那好，什么样的福利、什么样的工资、什么样的差旅费才算不离谱呢？要具有可比性，和其他同类行当里的开支大致相当时，才是合理的。因此，可以参照其他铁路运营部门的费用开支——如果存在这种竞争的话。这就是说，铁路运营依为定价参照的成本不应该是实际支付的，不应该是从会计账户上可以观察到的，而应该是一种机会成本。机会成本最准确的计算是竞争，存在另一个铁路运营商的竞争时，成本就会降至最低水平，实际支付的成本就是其机会成本了。

因此结论是，铁路春运涨价当然应该，毕竟成本上涨了。但问题的症结恐怕不在于涨价与否，而在于如何涨价和涨多少。听证会是必要的，但更重要的是政府的制约，对铁路运营部门申报的成本组织专业人员进行审核，然后决定批准与否。专业人员就有讲究了，要有会计师，有经济学家，有反垄断方面的律师。但是，成本是否准确，会计师说了也不一定准确，只能在市场中体现出来，通过竞争体现出来。因此，从长远来看，更好的办法是放弃铁路运输的社会职责，实现完全的市场化。同时还要引入竞争，这就要求放松准入限制，开放铁路运输市场。但是，铁路运输很容易形成自然垄断，因此需要路网分离。通过市场化和竞争，铁路运输成本和价格都会回归到合理水平。换言之，市场是计算成本与价格是否合理的最好工具。

至于价格上涨对弱势群体的不利影响，问题就不在于铁路了，而在于弱势群体所在行业的价格扭曲，这仍然可以通过市场化的方式完成对弱势群体的关注，即提高其工资。如果市场解决不了，最终应由国家施以援手，而不是铁路。这也就是说，春运涨价的真正问题不在于铁路部门，而在于体制，在于市场经济体系是否完善，各种相对价格理顺了没有。解决之道很清楚，那就是完全的市场化！

问题讨论

(1) 铁路春运价格上浮有没有道理？你的依据是什么？

(2) 铁路运输的真正问题在哪里？

理论提示

(1) 竞争市场效率与垄断市场的无效率；

(2) 自然垄断与其他垄断；

(3) 公平与效率的关系；

(4) 帕累托最优。

第八章　市场失灵和微观经济政策

一、基本概念与原理小结

1. 内容摘要

第七章的分析表明，竞争的市场经济可以自动实现一般均衡，而且一般均衡是有效率的。但是，一般均衡的实现需要满足一系列条件：市场是竞争的，没有外部性，市场中只存在私人物品，信息是对称的。第一个条件在第七章中直接给出来了，另外三个条件则是暗含的。事实上在现代市场经济中，这四个条件均得不到满足，因此市场机制对资源的配置是无效率的，经济学称之为市场失灵。

第一节讨论垄断导致的市场失灵。如果市场有垄断，相对于竞争而言，产量会低一些，而价格会高一些。结果是垄断企业以消费者损失消费者剩余为代价获得更多的生产者剩余，而且后者要少于前者，因此对整个社会而言会产生福利净损失。换一个角度说，根据第七章的理论，实现效率的必要条件是按照边际成本与价格相等的原则来确定产量，此时能够保证生产者剩余与消费者剩余加在一起的总剩余达到最大。但是，在垄断条件下，产量确定在边际成本低于价格的水平上，这表明还有进一步的空间来增加总剩余。

此外，垄断市场还会产生寻租行为，进一步减少社会福利。既然垄断能够产生超额利润，因此就会有企业积极向政府游说，寻求建立这种垄断地位，或保护已经形成的垄断地位，为此而动用的资源并未给社会带来价值，因此是一种浪费。

正是因为垄断企业带来效率损失，因此需要政府介入加以监管。各国政府都颁布了反垄断的法律，如美国以《谢尔曼反托拉斯法》为主的法律体系，中国颁布了《反垄断法》等。一般而言，政府会对垄断企业严加监管，打击其阻止竞争的做法，限制其对垄断权力的滥用，乃至通过分拆来消除其垄断地位。具体到自然垄断企业，政府往往对其定价进行管制，或者令其将根据平均成本定价，或者令其根据边际成本定价。如果因此招致损失，则由政府给予补贴。对依据专利而取得垄断地位的企业，政府也会考虑对知识产权的保护，允许其在一定时间里拥有垄断地位并凭借垄断地位赚取超额利润。

关于垄断企业的效率，有两点需要指出：第一，如果垄断企业能够做到完全的价格歧视，此时边际成本仍然等于价格，资源配置仍然是有效率的；第二，任何程度的垄断都会破坏资源配置的帕累托最优。

第二节分析了引起市场失灵的另外一个原因——公共物品和公共资源的存在。根据是否有竞争性和排他性的标准，供人们消费的物品可以分为四种：私人物品——同时具有竞争性和排他性，公共物品——同时具有非竞争性和非排他性，公共资源——具有竞争性和非排他性，俱乐部物品——具有非竞争性但是有排他性。私人物品和俱乐部物品可以通过市场机制得到有效率的资源配置，但是公共物品和公共资源就不行了。

就公共物品而言，有效率的数量同样是由其带给社会的边际收益与边际成本相等决定的。公共物品的成本变化规律与私人物品相同，但是收益变化规律有很大的差别。由于公共物品不能切块消费，只能整体消费，而且具有消费上的非竞争性，因此其收益应该是所有消费者从中获得的总收益或总价值，这决定着社会对公共物品的需求。但是，由于公共物品又具有非排他性，它一旦生产和供给出来，就无法禁止人们免费消费，因此其面临的“需求曲线”不起作用。这样就会导致两种结果。一种结果是，尽管所有人从公共物品消费中获得的总收益要大于其总成本，但是每一个人从公共物品消费中获得的收益低于其供给成本，在前述非排他性的作用下，生产者无法收回成本，因此公共物品尽管为社会所需要，但是无法由市场提供。另外一种结果是，或许有部分消费者从公共物品消费中获得的单个收益要大于成本，公共物品得以生产出来，但是其数量不会充足，只能满足单独收益大于成本的这部分消费者的需求，不能完全满足其他消费者的需求。从社会的角度说，公共物品供给仍然是不足的。(严格地说，第二种结果可以在下面的正外部性原理中讨论)。上面是一个理论分析，教材中有清晰的说明。

通俗一点说，公共物品的提供存在着搭便车行为——每个消费者都希望公共物品由别人提供而自己免费消费，因此其供给是不充足的，无法满足社会的需求。与公共物品相比，俱乐部物品如游泳馆、有线电视就可以避免搭便车行为，因为这些产品虽然具有非竞争性，但是又具有排他性——可以禁止不付费的人消费。

公共资源与公共物品相似的地方是都具有非排他性，不同的是公共资源在使用量低时具有非竞争性，但是当使用量多时具有竞争性，而公共物品一直具有非竞争性。因此公共资源的问题性质与公共物品相同，而结果则更糟：一旦提供出来之后，会导致破坏性的使用。

第三节讨论导致市场失灵的第三个原因——外部性。外部性是一个企业或居民户的经济活动对其他企业或居民户的影响。经济活动可以是生产，也可以是消费，无论是哪种活动，都是通过市场来安排的，因此涉及交易的双方；但是它又未经过市场交换而影响到第三方，因此又称第三方效应。企业或居民户的经济活动对第三方的影响可能是有利的，但是没有因此得到回报；也可能是不利的，但是也不会为此做出赔偿，这种未经过市场的影响才是外部性。

外部性的结果是导致私人成本与社会成本不一致，或者导致私人收益与社会收益不一致。具体而言，如果外部性是负的，就意味着私人承担的成本要低于社会承担的成本（由私人承担的成本加上由第三方承担的成本），或者意味着私人收益高于社会收益（由私人获得的收益扣减掉第三方受到的损失后的净值）。如果外部性是正的，上述情况正好相反。

当私人收益与社会收益不一致，或者是私人成本与社会成本不一致时，资源配置就是缺乏效率的，是不符合帕累托最优的。这是因为，要实现帕累托最优，必须满足产品的边际社会成本与边际社会收益相等。如果出现负的外部性，就会有边际私人收益大于边际社会收益，或者是边际私人成本低于边际社会成本，这就意味着由私人决定的产量相对于社会的需求而言过多。如果出现正的外部性，就意味着边际私人收益低于边际社会收益，或者边际私人成本高于边际社会成本，这就意味着由私人决定的产量相对于社会的需求而言过少。

由于外部性导致了资源配置缺乏效率，为了纠正这种市场失灵，政府需要干预市场。干预市场的做法通常有：对负外部性征税和对正外部性给予补贴；利用市场机制纠正负外部性带来的效率损失，例如建立污染权市场，派发或拍卖污染权并允许其在市场上交易；直接立法限制负外部性，例如环境保护法。

除了政府直接干预之外，如果将产权界定清楚，市场机制也能起到作用。在法律的保护下，清晰的产权有助于牵涉到外部性中的当事各方进行交易，以寻求共同的总收益最大。科斯定理对此做了详尽的说明。此外，如果外部性发生在企业之间，也可以通过企业之间的合并来将外部性内部化，但一般而言，在市场经济中外部性内部化是经由市场机制完成的。

第四节讨论由于信息不对称带来的市场失灵。信息不对称可以视为信息不完全的一种，是指市场交易的双方对交易的对象拥有不一样的信息。其结果是，拥有信息的一方可能会凭借信息优势做出对缺乏信息一方不利而又无法为对方所发现的选择，但是信息劣势一方能够推测到这种结果，因此有可能取消交易。这种因信息不对称而致使交易取消的情形分为两种类型：逆向选择和道德风险。逆向选择是指在进行交易时，拥有信息优势的一方会向信息劣势一方隐瞒有关交易的不利信息，从而导致信息劣势一方获得自己未预料到的于己不利的交易结果。由于了解到这种可能性，信息劣势一方不愿意进行交易。二手车市场是一个典型的例子。道德风险是指，如果达成交易，在执行交易的过程中，有优势信息的一方会欺骗缺乏信息的交易伙伴，不执行约定的条款；而由于信息不对称，另外一方对此不知情，成为缺乏信息的一方。但是，缺乏信息的一方会推测到这种可能性，因此一开始就会拒绝这种交易。保险市场常常会遇到这种困惑。

无论是哪种结果，都意味着本应存在的市场是缺失的，社会的需要得不到充分满足。因此，为了实现资源配置效率，市场机制需要政府加以干预。政府主要需要做的是通过各种方式提供信息，消除不对称性。例如由政府建立质量标准体系，强制性地要求执行，并进行检查执法。比方说，当食品卫生机构对肉类产品进行检疫盖章后放行，就相当于告知消费者这些产品是达到了质量标准的。此外，通过监管机构或法院对起因于信息不对称的纠纷进行执法，为信息劣势一方提供了保护，也能促进交易顺利进行。

除政府行动之外，市场机制也能够在一定程度上解决道德风险或逆向选择。例如连锁经营、品牌、保证书等。

狭义地讲，市场失灵是指资源配置未达到帕累托最优，而这是由垄断、公共物品或公共资源、外部性和信息不对称导致的。广义地讲，市场失灵还包括市场经济中的收入分配不平等和经济不稳定。本章的最后一节第五节讨论了收入分配的问题。

第五节指出，在市场经济中，由于收入分配来自要素定价，而社会成员拥有的要素各不相同，因此，市场经济必然导致收入分配不平等。测度收入分配的方法有多种，常用的有收入的规模分配和功能分配，第五节主要讨论规模分配。规模分配是将社会成员根据收入高低划分成不同的级别，然后考察不同级别拥有的收入占总收入的比重有多大。根据规模分配，可以绘制出洛伦兹曲线，然后计算出基尼系数。基尼系数越大，表明收入分配越不平等。

当收入差距过大时，政府会采取各种形式的再分配政策，例如社会保障体系和收入援助计划。

第五节还讨论了公平和效率之间的关系问题。经济学广为接受的观点是，公平和效率是此消彼长的替代关系，因为市场机制带来效率，但是也必然带来收入差距。

2. 基本概念

市场失灵，社会净损失，寻租，反托拉斯，公共物品，私人物品，公共资源，俱乐部物品，搭便车，外部性，边际社会收益，边际社会成本，外部性内在化，交易成本，科斯定理（书中未介绍），污染权，逆向选择，道德风险，收入的规模分配（书中有内容但未提概念），洛伦兹曲线，基尼系数，收入再分配。

3. 基本原理

（1）市场失灵是指市场经济中资源配置缺乏效率，没有达到帕累托最优。

（2）引起市场失灵的原因有四个方面：垄断，公共物品和公共资源，外部性，信息不对称。

（3）垄断导致边际成本低于价格，产生社会福利净损失，因此是无效率的。

（4）公共物品会因为搭便车行为导致自己的供给不足以满足社会需求。

（5）公共资源会因为非排他性而导致过度使用。

（6）负的外部性会导致（边际）社会收益低于（边际）私人收益，或者是（边际）社会成本高于（边际）私人成本，因此负外部性条件下市场确定的产量多于社会需求。

（7）正的外部性会导致（边际）社会收益高于（边际）私人收益，或者是（边际）社会成本低于（边际）私人成本，因此正外部性条件下市场确定的产量少于社会需求。

（8）信息不对称会导致逆向选择或道德风险，从而导致市场缺失，不能满足人们的需要。

（9）公平和效率之间存在着此消彼长的替代关系。

4. 重点难点

（1）为什么垄断、公共物品、外部性和信息不对称会导致市场失灵。

（2）利用经济学术语从理论上理解“搭便车”行为。

（3）为什么对一个产品而言，边际社会成本等于边际社会收益是帕累托最优的条件，这与前一章对效率实现条件的分析有何联系。

（4）为什么正外部性导致产量过少，而负外部性会导致产量过多。

（5）公共物品和外部性之间的联系。生产公共物品具有巨大的正外部性。

（6）如何理解逆向选择和道德风险，它们为什么导致市场失灵。

（7）政府是如何纠正市场失灵的。

5. 即问即答

问：强行让垄断企业按照平均成本定价现实吗？

答：现实，因为垄断企业可以得到正常利润，这包含在成本之中。

问：公共物品不会由私人提供吗？

答：如果单个人消费公共物品获得的好处低于其生产成本，则私人不会提供；如果单个人消费公共物品获得的好处大于其成本，他是愿意提供公共物品的，此时公共物品就会给其他人带来正的外部性。但是，如果有两个以上的人从使用公共物品中获得的个人好处大于其成本，就存在着搭便车动机，他们在提供公共物品上就有观望心理，都指望其他人提供而自己免费享用。

问：公共物品必须由政府生产并提供吗？

答：不一定。可以由私人企业生产，由政府购买并提供给居民，如城市绿化可以承包给私人企业去做。

问：外部性导致的问题只能由政府出面解决吗？

答：不一定。有些外部性在交易成本足够低时，可以通过影响者和受影响者之间的交易来解决，即将其市场化。

问：直观上看，正外部性是有利的，为什么认为它导致资源配置缺乏效率呢？

答：如果存在正外部性，说明还有社会需求未得到市场满足，还存在着通过扩大生产进一步增加社会福利的空间。

问：逆向选择中的“逆向”到底是什么意思？

答：严格地说，这里的“逆向”是“不利”的意思，是指信息优势一方会做出对信息劣势一方不利的选择。

问：为什么信息不对称导致市场失灵？

答：有些市场是交易双方都需要的，但是因为信息不对称而缺失，因此信息不对称导致社会福利低于其可能的最大水平。

问：信息不对称只能由政府解决吗？

答：不是。市场机制也能解决一部分信息不对称。如连锁经营和品牌。

二、案例分析

8.1 美国反垄断的经典案例

案例内容

标准石油公司是美国最早的托拉斯之一。1870年1月10日，洛克菲勒兄弟、佛拉格勒夫妻和安德鲁斯5人在俄亥俄州创建了标准石油公司。到1879年底，标准石油公司已控制了全美90%的炼油业。1882年1月2日，洛克菲勒和他的合伙人正式签署了一份“标准石油公司托拉斯协定”，从而成立了世界上第一个大“托拉斯”。在这个托拉斯中，洛克菲勒合并了40多家厂商，垄断了全美80%的炼油工业和90%的油管生意，到1890年垄断程度已达到全美炼油能力的95%、输油能力的90%、原油产量的25%。1892年，标准石油公司被俄亥俄州法院下令解散，洛克菲勒将公司重心转移到新泽西州。1906年，美国联邦政府起诉标准石油公司。1911年5月15日，美国最高法院判决，依据1890年的《谢尔曼法》，标准石油公司存在垄断，应予拆散。根据这一判决，标准石油公司被拆分为约37家地区性石油公司。

美国反垄断的另一个经典案例是AT&T案。1876年贝尔取得电话专利权，次年创建贝尔电话公司，即AT&T的前身。1895年，贝尔公司将其正在开发的美国全国范围的长途业务项目分割，建立了一家独立的公司称为美国电话电报公司（AT&T)，它曾长期垄断美国长途和本地电话市场。1984年，美国司法部依据《反托拉斯法》拆分AT&T，AT&T被分拆成一个专营长途电话业务的新AT&T公司和七个本地电话公司（“贝尔七兄弟”），美国电信进入全面自由竞争时代。1995年，又从公司中分离出了从事设备开发制造的朗讯科技和NCR，只保留了通信服务业务。2000年后，AT&T又先后出售了无线通信、有线电视和宽带通信部门。2005年，原“小贝尔”之一的西南贝尔对AT&T兼并，合并后的企业继承了AT&T的名称。

微软反垄断案（又称微软泛托拉斯案）也是反垄断进程中的著名案例。1975年成立的微软公司，占有全球PC机操作系统等软件市场的巨大份额，在世界各地都长期陷入反垄断诉讼的漩涡，经常被推上反垄断法庭。在1997年至2001年的诉讼中险险躲过被拆分的命运。1997年10月，美国司法部指控微软垄断操作系统，将浏览器软件与视窗操作系统软件非法捆绑销售。1998年10

月，正式立案。1999 年 12 月，美国 19 州和司法部再一次起诉微软公司违背《谢尔曼法》，主审法官杰克逊出具了《微软垄断明证》，媒体和政府不断提出拆分微软公司的可能性。2000 年 6 月，杰克逊法官作出将微软一分为二的判决。由于经济低迷，美国政府有意重振美国信息产业，拒绝拆分微软。2001 年 6 月，美国哥伦比亚特区联邦上诉法院作出裁决，驳回地方法院的判决，但维持有关微软从事了违反反垄断法的反竞争商业行为的判决。

案例分析

当今世界上主要的发达国家都拥有自己的保护竞争法律体系，如美国的反托拉斯法、日本的反垄断法以及欧洲共同体的竞争政策等。美国的反垄断法由三部法律组成，分别是 1890 年颁布的《谢尔曼反托拉斯法》、1914 年颁布的《克莱顿法》和《联邦贸易委员会法》。《谢尔曼反托拉斯法》的主要内容是禁止垄断协议和独占行为；《克莱顿法》和《联邦贸易委员会法》是对前一部法律的补充和完善，主要内容分别是限制市场集中度、企业兼并等行为以及消费者权益保护和禁止不正当竞争行为等。

在反托拉斯法制定之初，美国对垄断的界定，主要根据企业规模和产品的市场份额来判断。企业规模过大，产品在全国市场上占有份额过大（如 80%），就可能被判定是妨碍竞争和贸易的垄断企业。本案例中的标准石油公司案和美国电话电报公司案，被告均是因为企业规模过大，妨碍或限制了竞争和贸易，而被判违反美国反托拉斯法并被分解公司的。而微软公司反垄断案表明，美国反托拉斯焦点转向了滥用垄断力量、非法进行不正当竞争上。

之所以各国都反垄断，是受了微观经济理论的影响。微观经济学认为，自由竞争是最有效率的，能够实现福利的最大化。而垄断作为竞争的对立面存在，具有种种不合意的特征，比如：在垄断市场上，产量低于完全竞争市场，而价格却高于完全竞争，而且生产不是在长期平均成本的最低点进行，因而，垄断市场上存在着资源浪费，经济效率低于完全竞争市场；垄断企业索取的高价减少了消费者剩余，造成社会福利的损失；垄断企业凭借其垄断地位获取超额利润，缺乏技术创新的激励等。

但在承认垄断各种弊端的同时，我们还需要认识到垄断本身也是有可取之处的。

第一，自然垄断行业（比如供水、供电、天然气等行业）生产技术具有规模经济的特征，所需固定成本非常大，而可变成本相对很小，在这样的行业中，企业的平均总成本随着产量的增加而持续下降。如果生产由多个厂商分摊，反而会带来每个企业产量的减少和平均总成本的上升。在这种情况下，只有在一家企业时能实现平均成本最低，因此垄断可以带来生产成本的节约，避免重复建设，其经济效果要比几家厂商同时经营时高。

第二，垄断在一定程度上有利于技术创新与进步。创新是有高风险的活动，垄断企业的人力、物力、财力都比较雄厚，有承担风险的能力。而且，垄断企业凭借市场势力可以阻止其他的企业进入，以保证得到来自技术创新的超额利润，这样其进行研发的资金才能得到支撑。

第三，垄断还有利于一国的世界竞争力的提高。在经济全球化背景下，跨国公司的涌现和成长，在一定程度上影响着国家的竞争力。从美国政府对待微软公司垄断和捆绑销售行为案的态度可以看出，美国并不希望肢解微软，因为那不符合其国家利益。

问题讨论

（1）垄断如何带来效率的损失？

（2）垄断有何利弊？

（3）试举例说明我国的反垄断实践。

理论提示

（1）垄断；

（2）竞争；

（3）效率；

（4）自然垄断。

8.2 对中国电信和中国联通涉嫌垄断案的调查

案例内容

国家信息化专家委员会发布的2011年蓝皮书中国信息化形式分析与预测的报告显示，截止到2010年，我国宽带上网平均速率位列全球71位，不及美国、英国、日本等三十多个经济合作组织国家平均水平的十分之一。但是，平均一兆每秒的接入费用却是发达国家平均水平的3~4倍。2011年上半年，发改委价格监督检查与反垄断局对中国电信、中国联通涉嫌价格垄断案进行了调查。调查的主要内容是：中国电信、中国联通在宽带接入及网间结算领域是否利用自身具有的市场支配地位阻碍影响其他经营者进入市场等行为。

调查结果表明，在互联网接入市场上，中国电信和中国联通一共占有三分之二的市场份额，具有明显的市场支配地位，它们利用这种支配地位，对自己的竞争对手出价较高，对没有竞争关系的企业出价优惠一些，是典型的价格歧视。另外，据工业和信息化部统计，中国联通和中国电信之间的直连宽带为261.5G，仅占两公司拥有1 078G国际出口宽带的24.3%；从互联质量看，两公司2011年1—9月骨干网互联时延为87.7~131.3毫秒，丢包率为0.2%~1.9%，均不符合原信息产业部互联网骨干网间互联服务暂行规定时延不得高于85毫秒、丢包率不得超过1%的要求，这也表明中国电信和中国联通未实现充分互联互通。也就是说，用户要通过互联网服务提供商接入网络，不仅要付双倍的价钱，上网速度也受影响。

针对此次事件，中国电信、中国联通也都发表声明，承认与其他骨干网运营商之间没有实现充分互联互通，同时，在向互联网服务提供商提供专线接入业务方面，价格管理不到位，价格差异较大。两家运营商希望申请通过整改换取发改委对其中止反垄断调查，并承诺与其他骨干网运营商进行扩容，降低与中国铁通、广电等其他骨干网运营商的接入费用。这将整体降低宽带接入网市场的竞争成本，促进市场竞争。据有关部门初步推算，如果市场有效竞争能够形成，未来五年可以促使上网价格下降27%~38%，至少为消费者节约上网费用100亿~150亿元。

资料来源：根据新浪财经《中国电信和中国联通涉嫌垄断》的专题报道资料整理得到。

案例分析

本案例中，中国电信和中国联通利用自身具有的市场支配地位，实行价格歧视，符合价格垄断的特征。而发改委对其进行调查体现了政府反垄断和鼓励竞争的态度。经济学的原理告诉我们，在完全竞争市场上，供求均衡的结果是合意，“看不见的手”将引导资源实现最优配置，使得社会总剩余最大。垄断引起的资源配置不同于竞争市场，其结果是社会福利无法实现最大化。

1994年，中国联通正式成立，结束了中国的电信业由邮电部独家垄断的局面。在联通进入中国电信市场之前，高额的电话初装费一直为人们所诟病，如20世纪80年代初北京市电话初装费为200元，90年代初飙升至5 000元；移动电话不仅价格高昂，而且还实行双向收费。并且，由于市场上中国电信一家独大，服务质量也差强人意。由于费率高昂，1990—1995年间，我国电话甚至出现了“热装冷用”现象，用户增长速度竟然超过通话次数的增长速度。联通公司成立后，电信市场出现了竞争，电信资费开始不断下降。2002年中国电信集团公司成立之后，市场上出现了三足鼎立的局面，竞争加剧（中国移动已于2000年成立）。各公司为了扩大市场份额，不断推出新的业务，引入新的网络通信技术，并大打广告战和价格战。

竞争的引入带来了社会福利的增进和效率的提高，带来了“双赢”的结果。一方面，更多的消费者能以更低的价格享受到通信服务，另一方面，电信市场用户数量增加迅速，全行业的业务量和利润都增加了。根据工信部提供的数据，到2011年11月末，全国电话用户总数累计达到12.62亿户，其中移动电话用户总数达到9.75亿户，比年初新增11 633万户；基础电信企业互联网宽带接入用户达到1.55亿户，比年初新增2 880万户。全国电话普及率达到94.2部/百人，比去年底提高7.7部/百人，其中移动电话普及率达到72.8部/百人。

移动数据和互联网业务发展迅猛。2011年1—11月份，全行业实现电信业务总量10 734亿元（2010年不变单价），同比增长15.6%。实现电信业务收入9 012亿元，增长9.6%；非话音业务收入4 185亿元，增长16.5%，其中移动数据及互联网业务收入达到768亿元，增长54.1%。2010年累计完成电信业务总量30 955亿元，同比增长20.5%；实现电信主营业务收入8 988亿元，同比增长6.4%；完成电信固定资产投资3 197亿元，同比下降14.2%。

问题讨论

（1）请说明为什么垄断会造成无谓损失。

（2）电信业引入竞争后发生了什么样的变化？请用图形表示。

理论提示

（1）垄断；

(2) 消费者剩余；

(3) 无谓损失。

8.3 针对平台经济的反垄断政策

案例内容

2021年2月7日，国务院反垄断委员会制定发布《国务院反垄断委员会关于平台经济领域的反垄断指南》(以下简称《指南》)，强调《反垄断法》及配套法规规章适用于所有行业，对各类市场主体一视同仁、公平公正对待，旨在预防和制止平台经济领域垄断行为，促进平台经济规范有序创新健康发展。

《指南》以《反垄断法》为依据，共六章24条，包括总则、垄断协议、滥用市场支配地位、经营者集中、滥用行政权力排除限制竞争和附则等内容。《指南》界定平台、平台经营者、平台内经营者及平台经济领域经营者等基础概念，提出对平台经济开展反垄断监管应当坚持保护市场公平竞争、依法科学高效监管、激发创新创造活力、维护各方合法利益的原则。考虑到平台经济的复杂性，《指南》强调，界定平台经济领域相关市场需要遵循《反垄断法》所确定的一般原则，同时考虑平台经济特点进行个案分析。

结合平台经济特点，《指南》明确了垄断协议的形式，对其他协同行为作出具体规定，对平台经济领域经营者达成横向和纵向垄断协议、轴幅协议以及认定平台经济领域协同行为的具体方式、执法考量因素等作出说明，并细化了宽大制度规定。

在认定平台经济领域滥用市场支配地位行为方面，明确了需要先界定相关市场，分析经营者在相关市场是否具有支配地位，再根据个案情况分析是否构成滥用市场支配地位行为。《指南》详细列举了认定或者推定经营者具有市场支配地位的考量因素，包括经营者的市场份额、相关市场竞争状况、经营者控制市场的能力、经营者的财力和技术条件、其他经营者的依赖程度、市场进入难易程度等。同时，《指南》逐一细化滥用市场支配地位行为表现形式，如不公平价格行为、低于成本销售、拒绝交易、限定交易、搭售或者附加不合理交易条件差别待遇等，促进平台经济领域各类市场主体依法合规经营。

围绕平台经济领域经营者集中，《指南》在申报标准方面区分不同类型的平台经营者营业额的计算方式，明确协议控制架构的经营者集中属于反垄断审查范围。《指南》强调，经营者集中未达到申报标准但具有或者可能具有排除、限制竞争效果的，国务院反垄断执法机构将依法调查处理。同时，《指南》明确了评估平台经济领域经营者集中的竞争影响可以考量的因素，以及国务院反垄断执法机构可以决定附加限制性条件的类型。

《指南》专章对依法制止滥用行政权力排除、限制竞争行为作出规定，细化平台经济领域滥用行政权力排除、限制竞争的表现形式，要求对制定涉及平台经济领域市场主体经济活动的规章、规范性文件等进行公平竞争审查。

《指南》为加强平台经济领域反垄断监管提供了科学有效、针对性强的制度规则，有利于反垄断执法机构统一执法标准、提高执法透明度，促进各类市场主体深化对《反垄断法》的理解和认识。下一步，反垄断执法机构将深入把握平台经济发展规律和特点，强化平台经济反垄断监管，不断健全平台经济监管规则，严格规范公正文明执法，保护市场公平竞争，维护消费者利益，促进我国平台经济规范有序创新健康发展。

资料来源：国务院反垄断委员会关于平台经济领域的反垄断指南，国家市场监管总局，2021年2月7日。

案例分析

根据微观经济政策，之所以要反垄断是因为：第一，垄断缺乏效率，不能让资源配置达到有效率的配置状态，第二，垄断也造成了生产者和消费者之间的不公平，将消费者的一部分利润转化为了垄断利润。反垄断的关键是对垄断行为的认定。在互联网兴起之前，人们对垄断的认定已基本形成共识，在反垄断法规中有充分的体现。基本从不公平价格行为、低于成本销售、拒绝交易、限定交易、搭售或者附加不合理交易条件差别待遇等方面去认定。在操作层面上做到了针对具体企业的具体情况进行具体分析。

随着互联网的兴起，平台经济发展迅速。特别是新冠肺炎疫情以来，平台经济的功能更显重要。

但平台经济也产生了一些新的问题。在平台上，产品和服务的提供者缺乏公平竞争意识，平台提供者有意无意地忽视反垄断合规能力建设。在反垄断规制方面也出现了过去未曾处理过的新的商业策略或创新产品，对规制的专业性判断和方式方法提出了新的要求。传统行业对滥用市场支配地位的判定是界定市场范围，判定在该范围内企业是否具有支配地位，得出是否存在滥用行为。在以互联网和信息数据为基础支撑的平台经济模式下，该方法已经不适合作为平台经济判定的依据。

平台是买卖的节点，按照传统定义是“市场”。但平台又不同于传统意义上的市场，因为平台可以抽取买卖活动的佣金而获取收益，具有“企业”性质，可以将平台定义为市场类型的企业，这样反垄断法也适用于对平台的反垄断。这正是《指南》的本意。但作为市场类企业的平台又有特殊性，需要在某些方面具体对待，在《指南》中都有很详细的说明。如在对平台企业计算市场份额，除以营业额为指标外，还可以考虑采用交易金额、交易数量、活跃用户数、点击量、使用时长或者其他指标在相关市场所占比重。对市场的控制力的判定，可以考虑经营者是否对关键性、稀缺性资源拥有独占权利以及该独占权利持续时间，平台用户黏性、多栖性，经营者掌握和处理数据的能力，对数据接口的控制能力，向其他市场渗透或者扩展的能力，经营者的盈利能力及利润率水平，技术创新的频率和速度、商品的生命周期、是否存在或者可能出现颠覆性创新等。所有这些《指南》中的详细说明为对平台经济的反垄断提供了依据。

总之，正如《指南》强调的，《反垄断法》及配套法规规章适用于所有行业，对各类市场主体一视同仁、公平公正对待，旨在预防和制止平台经济领域垄断行为，促进平台经济规范有序创新健康发展。

问题讨论

(1) 平台经济垄断行为的本质是什么？

(2) 平台经济垄断行为有哪些表现？

(3) 平台经济反垄断《指南》中的新措施是什么？

理论提示

(1) 垄断；

(2) 效率；

(3) 创新。

8.4 公地悲剧：2012 年年底笼罩在中国上空的雾霾

案例内容

《每日经济新闻》2013 年 1 月 24 日报道，入冬以来，北京的雾霾天气明显增多。本月 13 日，北京市气象局发布历史首个霾橙色预警，而到了 23 日，该局再次发布黄色预警，预计今天白天全市大部分地区将出现能见度小于 3 000 米的霾。针对当前北京的空气质量现状，业界普遍认为国内油品提炼工艺是导致机动车排放超标和造成环境污染的重要原因之一。中国环境科学研究院副研究员王先良表示，造成阴霾天气的因素多种多样，其中之一正是机动车的尾气排放。

虽然北京提高了排放标准，采用了比“国四”更严格的“京五”标准，但由于机动车数量仍在不断增加，这可能会导致绝对的排放总量难以出现显著下降。

而且，由于我国各地区的机动车排放标准并不一致，虽然北京率先采取了更严格的标准，但如果其他地区尤其是周边地区依旧采取“国四”或更低标准的话，北京此次执行的新规可能很难达到预期效果。因标准不统一，北京空气受进京车辆尾气排放的影响不容忽视。由于北京处于运输枢纽，且是行政和金融中心，每天进入北京的车辆数量庞大。同时，大量运输大货车进入北京城区，其尾气排放也是造成大气污染的因素之一。原美国夏威夷大学环境专家董良杰告诉《每日经济新闻》记者，晚上进京的货车很多，某些大货车的单车排放甚至相当于 100 辆小汽车的排放。

另外，由于空气污染受大气流动影响，北京与周边地区的联防联控更受期待。董良杰解释说，如果没有联防联控，治理效果会大打折扣。比如目前北京很多高排放企业都搬迁到周边地区，但其大气污染物同样可能刮到北京来，极端情况下，一个热电厂的影响半径甚至能达到 1 000 公里。对于大气污染问题，单个地区的治理比联防联控措施的效果要小很多。近年来，在我国频繁出现空气污染的城市较多，但其他地区在机动车排放标准的要求上明显落后于北京。

案例分析

2012 年，末日未到，但是雾霾来了，尚不清楚雾霾是否是末日的先遣。2012 年的雾霾正是一处典型的公地悲剧。

“公地悲剧”理论源自美国学者哈丁（Garrett Hardin）于1968年在《科学》杂志上发表的《公地的悲剧》（The Tragedy of The Commons）一文。文中哈丁描述了英国曾经存在的“公地”这样的一种土地制度：封建主将其领地中尚未耕种的领地划出一块给牧民无偿使用，然而这样一项看似美好的制度却并没有产生好的结果，每个牧民都从个人利益最大化的角度出发，放牧尽可能多的牛羊，最终超过牧场的承载能力，公共牧场变成荒地，牧民们也再无法获得更多的收益，这便产生了“公地悲剧”。

在这个案例里，北京的环境正是一个公地，每个人都可以使用它，向它排出废气，却没有人能够拥有这个公地，并且根据这个权力禁止其他人排放废气。因此，每一个车主都会抱怨空气越来越糟，但是没有车主愿意主动减少车辆驾驶，减少尾气排放。而如果是在自己家里，因为产权非常明晰，人们是非常注意空气清洁的。

从经济学角度来分析，“公地悲剧”是公共资源使用过程中出现的特有现象，体现了集体理性与个人理性的冲突，即公共资源在缺乏明确产权界定下，理性个人的行为容易给公共资源的使用带来负外部性。所谓的公地就是经济学所说的公共资源。

“公地悲剧”之所以会产生，源于“公地”特有的性质，即人们对其的消费具有竞争性和非排他性。也就是说，每一个人对它的消费都会减少其他人消费，但没有人能阻止其他人对它的消费，一旦产权不明确，人们往往会过度使用公共资源。使用“公地”的个人都是理性的，从利益最大化的角度出发进行决策，但其所考虑的只是个人的边际收益与个人的边际成本，而不考虑社会成本。把每个理性个人的行为加总，人们对公共资源的使用总量会远远高于公共资源的最优使用量，“公地悲剧”便不可避免了。

因而，要避免“公地悲剧”，简单而有效的办法是尽可能地明确公共资源的产权。如果不能完全界定公共资源的产权，可以通过适当地减少“公地”的范围，来减少和避免“公地悲剧”的发生。如中国实行的家庭联产承包责任制，就是一种成功的尝试。鉴于“公地悲剧”发生的原因在于私人使用公共资源的个人成本小于社会成本，政府可以通过征税来增加企业或个人使用该资源的成本，使个人成本等于社会成本；也可以通过发放许可证、直接规定污染的排放量、渔船的捕捞量等措施来控制公有资源的使用。

问题讨论

（1）哪些原因造成了“公地悲剧”？

（2）解决“公地悲剧”的方法有哪些？

理论提示

（1）公共物品与公共资源；

（2）消费的（非）竞争性与（非）排他性；

（3）外部性。

8.5 俱乐部物品或准公共物品：上海免费公园为何让人欢喜让人忧

案例内容

2005年4月1日起，包括位于上海市中心的人民公园、复兴公园在内的122座公园，集体向当地市民及中外游客免费开放。据上海市绿化管理局统计，4月1日，上海122家“免费公园”的游客量为31万人次，其中新增的23家“免费公园”的游客量达到23万人次，比平时猛增了25%。

接下来的双休日，申城122座“免费公园”共接待102万人次游客，其中新增的23座“免费公园”游客量增长明显，总量达到56万人次。

公园免费开放，经营收入下降了，管理成本和绿化养护成本却上升了。免费开放后，游客量大大增多，公园内绿地、设施破坏严重，治安、保洁、绿化及设施修复要求的提高都导致公园管理成本急剧增加。同时，由于游客数量猛增而引起的各种安全隐患增加，也使得公园的管理难度大大提高。

上海23座新增的“免费公园”开放后，部分小商小贩趁机进入园区设摊叫卖，流浪乞丐则把这些公园当作乞讨的好场所，一些“算命先生”也混入公园，拉着游客硬要给人看相。一些游客抱怨说，公园怎么变成了闹哄哄的集市？

“人多了，环境变差了，还不如原先收费呢！”每天都去公园锻炼的柴小妹老人气愤地对记者说，“公园免费开放了，不少人把拣菜的地点也挪到了公园，弄得地上都是垃圾。我去阻止，他们还不听劝。”

资料来源：根据俞丽虹，谈毅敏：上海免费公园为何让人欢喜让人忧，市场报，2005年04月15日，第三版整理得到。

案例分析

公共物品和私人物品是相对而言的，两者之间的区别可以用是否具备排他性和竞争性来确定。如果某种物品同时具有消费的非竞争性和非排他性，这种物品无疑就是纯公共物品，很容易与私用物品区别开来。可是，在很多情况下，这两个特征不一定同时存在。如果某种物品只存在一个特征，可称其为准公共物品或准私人物品，即混合品。

案例中的公园就是一个准公共物品。准确点说，是一个俱乐部物品。它在一定范围内具有消费上的非竞争性，同时又具有排他性，可以将游览者阻止在门外。这样的物品是可以按照市场化的方式来操作的，就如同经营俱乐部一样。很早以前，几乎所有城市的主要公园都是要收取多少不等的门票的，此时的公园与游泳池、体育馆、有线电视等没什么两样，具有俱乐部的性质。

现在几乎所有的公园都免费开放了，此时的公园就变成了公共资源。当很多人入园时，就产生拥挤，形成负外部性；而且每一个游客都会过度使用公园，如野餐、乞讨等。在负外部性的条件下，由于入园赏景人数过多给他人带来不便，因此游园的私人收益要高于社会收益。但是，是否入园只根据私人收益和私人成本的比较来决策，免费开放的公园对市民而言入园享受的成本非常低，近乎零。这样就吸引了大量的人进来休闲，这些人也会过多地使用公园。免费公园的结果必然是人满为患加过度使用。

要指出的是，公园免费开放不是因为它是公共物品，而是政府出于公益的考虑，购买了公园提供的服务，并免费向民众供给。这样本来可以交由市场做的公园被政府接管，其效率必然是低下的。案例中柴小妹老人“还不如以前收费好”的说法是非常正确的。

问题讨论

(1) 公园是公共物品，还是公共资源或俱乐部物品？

(2) 为什么公园免费开放会形成很多问题？

(3) 公园免费开放的目的是促进效率还是促进公平或照顾低收入群体？

理论提示

(1) 消费的（非）排他性和（非）竞争性；

（2）俱乐部物品；

（3）搭便车；

（4）效率与公平的关系。

8.6 俱乐部物品：高速公路法定节假日免费问题

案例内容

各省、自治区、直辖市人民政府，国务院各部委、各直属机构：

经国务院批准，现将2021年元旦、春节、清明节、劳动节、端午节、中秋节和国庆节放假调休日期的具体安排通知如下。一、元旦：2021年1月1日至3日放假，共3天。二、春节：2月11日至17日放假调休，共7天。2月7日（星期日）、2月20日（星期六）上班。三、清明节：4月3日至5日放假调休，共3天。四、劳动节：5月1日至5日放假调休，共5天。4月25日（星期日）、5月8日（星期六）上班。五、端午节：6月12日至14日放假，共3天。六、中秋节：9月19日至21日放假调休，共3天。9月18日（星期六）上班。七、国庆节：10月1日至7日放假调休，共7天。9月26日（星期日）、10月9日（星期六）上班。

节假日期间，各地区、各部门要妥善安排好值班和安全、保卫等工作，遇有重大突发事件，要按规定及时报告并妥善处置，确保人民群众祥和平安度过节日假期。（来源：国务院办公厅网站，2020年11月25日）

免费通行6日后，今日凌晨（2014年10月26日）起，武汉天河机场高速公路（俗称机场二通道）开始试运营收费，新的收费标准为15元一次，比原先机场路高出5元。平均每公里0.937 5元，这成为湖北省收费最贵的高速公路。武汉天河机场高速公路全长约16公里。该项目总投资40余亿元，由武汉天河机场路投资发展有限责任公司以BOT方式投资建设。昨日，经省政府批复的收费标准正式公布，该高速于2014年10月26日零时开始试运营收费。主线收费站收费标准为：7座及以下客车、2吨及以下货车：15元/车次；8-19座客车（25座及以下卧铺车）、2-5吨（含5吨）货车：20元/车次；20-39座客车（26座及以上卧铺车）、5-10吨（含10吨）货车：35元/车次；40座及以上客车、10-15吨（含15吨）（20英尺集装箱）货车：40元/车次；15吨以上（40英尺集装箱）货车：50元/车次。

近年来，湖北省高速公路收费标准屡次下调。其中，包括原先的武汉天河机场机场路，这段路全长 17.8 公里，2001 年起，5 座车辆每次通行 15 元，相当于平均每公里运价 0.88 元，一度被称为“全国天价机场路”。2012 年 5 月 1 日起，这条道路收费标准下调，其中五座车辆每次 10 元。与原机场路相比，新机场高速收费 15 元。

根据湖北省物价、交通等部门信息显示，原先湖北收费较高的几条高速公路都已进行降价调整，比如沪渝高速鄂西段，当初由于投资大、工程难度高等原因，5 座以下车辆收费标准为 1.05 元/车公里，调整后降为 0.836 元/车公里。还有车辆通行费曾被称为“湖北最贵高速”的十漫高速，沿线有 28 个隧道，经过两次调价后，5 座及以下的客车按 0.836 元/车公里收取。湖北省交通厅相关人士介绍，目前湖北省由政府投资的高速公路，收费基本都是 0.44 元/车公里，也是省内最低收费标准，但其他资本投资的高速公路，价格会在一定范围内浮动，有的每公里超过 0.8 元甚至 0.9 元。但新的机场高速全长 16 公里，小车单次收费 15 元，平均每公里 0.937 5 元。从每公里收费来说，这已是湖北省收费最贵高速公路。

资料来源：国务院办公厅官网。

案例分析

免费政策引来种种争论，然而其罪与非罪却多没有从市场经济的角度来论证，因此仍然流于一场口水四溅的论战。

从经济学的角度分析，这一措施并不妥当，是明显违背市场经济规律的。高速公路就是一个特殊的商品，其经营者是一个企业，通行其上的车主是顾客。一般情形下，政府是没有权利以行政命令的方式强制性地让企业让利于消费者的，除非企业涉嫌垄断，或者关系到重大国计民生问题。就高速公路而言，它是一个俱乐部物品，即在消费上具有排他性，但是不具有竞争性（在不拥挤的情况下），这样的物品完全应该交由市场去运营。目前的免费放行做法是对市场机制的破坏，是政府干预过度。

那么，是否就可以说，高速公路不需要政府管制了呢？当然不是。在下述四种情况下，政府有必要干预市场：出现外部性如发生环境污染，存在信息不对称导致假冒伪劣商品出现，公共物品由私人提供时不够充足，企业凭借市场势力压榨了消费者利益。

在高速公路的例子里，经营方显然是具有市场势力的，可以凭借垄断权力收取高额通行费，而这也正是我国高速公路经营的现状。以武汉市为例，机场高速全程 17 公里（其中有 5 公里是市政府投资修建），2012 年 5 月 1 日之前 7 座及以下小型客车收费高达 15 元，2012 年 5 月 1 日—2014 年 10 月 25 日降为 10 元，2014 年 10 月 26 日至今再次调整到 15 元。即使中间降为 10 元，还是远远高于湖北省物价局高速公路每公里 0.4 元左右的标准，更不用说这个标准是否合理。其他高速公路也都存在类似的现象。

因此，政府当然有必要对高速公路收费进行管制，但是应该采取正确的管制措施。目前的做法无论从哪个角度看都是错误的，是干预不当。第一，免费的目的站不住脚。看起来免费是要让利于车主，但是并没有说明为什么要让利于车主。我们实在看不出节假日免费的依据是什么。

第二，在节假日免费通行，这违背了市场经济规律。商品价格应该顺应供给与需求变化情况，随着供给增加而下降，随需求增加而上涨。在节假日高峰时段，高速公路车流量大，增加了路网的管理和维护成本，因此价格应该上涨。在低峰时段，车辆通行量少，高速公路应该减免收费。这样才能让高速公路有效运转。法国的很多高速公路也收费，即使是在节假日也从来不免费。

第三，高速公路节假日免费破坏了价格的信号作用，导致资源错误配置，降低了社会福利。虽然免费政策节省了小客车车主的费用，但是也带来拥堵，降低通行速度，增加了耗油量。因此免费政策在对一些车主有利的同时，对另外一些车主而言可能就是得不偿失的，这部分车主是愿意付费换取快速通行的，却被强制性地以降低速度换取免费。换言之，免费政策破坏了价格反映资源稀缺的信号作用。

第四，通行速度降低和耗用量增加还增加了对大气环境的污染，带来巨大的负外部性。

降低收费是应该的，但节假日免费是错的。那么应该如何对具有垄断性质的高速公路收费进行管制呢？正确的做法是，在反垄断的框架下，对高速公路进行常规性的价格监管。高速公路具有垄断性质，因此其收费必须加以监管，让其透明。

监管高速公路收费应该遵循如下原则：

第一，高速公路经营机构有暴利的嫌疑，它必须证明自己收支相抵而没有暴利，否则就应该降低收费标准，由政府相关部门如物价局或发改委等机构予以强制。这些应该采取公开透明的程序完成，应该在核定成本的基础上确定费率。

第二，高速公路收费还贷应该有一个期限，应该在收回贷款后实行免费。

第三，从实际情况看，必须降低高速公路收费标准，这样对高速公路管理方而言只是降低了暴利，而不是促其亏损，而对社会而言则降低了物流成本，有利于经济繁荣，有利于降低弱势群体的生活成本（日用品物价会因物流成本下降而降低），也有利于解决货车超载的问题。

第四，遵循服务与收费对等原则，应该要求高速公路提供充足优质的服务。例如，因为道路路障导致的事故，因为雨雾天气未封路导致的事故，因为雨雪湿滑引起的事故，因为行人穿行导致的事故，等等，这些应该由高速公路经营方负起必要的责任。

问题讨论

(1) 高速公路是不是公共产品？

(2) 为什么经济学要按照竞争性和排他性来区分产品？按此标准划分，哪些产品是需要政府干预的？

(3) 请举出现实生活中与高速公路性质相同的产品，说说政府是否对它们有干预？

理论提示

(1) 排他性与非排他性；

(2) 竞争性与非竞争性；

(3) 政府与市场的界限。

8.7　公共资源保护的政府角色：碳达峰和碳中和是什么、为什么和如何做

案例内容

2021 年 3 月 18 日，全球能源互联网发展合作组织发布《中国 2030 年前碳达峰研究》《中国 2060 年前碳中和研究》等报告。报告提出，通过建设中国能源互联网，构建清洁主导、电为中心、互联互通的现代能源体系，为实现碳达峰、碳中和提供系统性解决方案。

研究报告提出，中国能源互联网实质是“智能电网+特高压电网+清洁能源”，是清洁能源在全国范围大规模开发、输送和使用的基础平台，是清洁主导、电为中心、互联互通的现代能源体系。构建中国能源互联网，全社会碳减排边际成本约260元每吨，远低于700元每吨左右的全球其他减排方案。

全球能源互联网发展合作组织主席刘振亚指出：建设中国能源互联网将统筹发展与减排，加快清洁能源大规模开发消纳和电能广泛使用，在能源生产消费各环节、碳排放各领域对煤、油、气等化石能源进行全方位深度替代，以能源体系零碳革命加快全社会碳减排，实现我国碳达峰、碳中和目标。

研究报告提出，通过中国能源互联网建设促进碳达峰、碳中和，总体分3个阶段：第一阶段是2030年前尽早达峰，2025年电力率先实现碳达峰；第二阶段是2030—2050年加速脱碳，2050年电力实现近零排放；第三阶段是2050—2060年全面中和，力争2055年左右全社会碳排放净零，实现2060年前碳中和目标。

联合国气候变化框架公约秘书处执行秘书埃斯皮诺萨指出：本次发布的研究成果不仅为中国应对气候变化提供了一套全方位、可量化、切实可行的解决方案，也为世界上其他国家探索碳减排新路径提供了一个参考。

案例分析

碳达峰是指二氧化碳年总量的排放在某一个时期达到历史最高值，之后逐步降低。碳中和是指二氧化碳的净排放量为零。人类社会一方面在排放二氧化碳，另一方面通过植树、碳捕集和碳封存等方式消除二氧化碳，由此产生了净排放量的概念，即排放的二氧化碳减去抵消的二氧化碳的差值。因此，要降低二氧化碳净排放量，一方面要节能减排，另一方面要抵消排放量；双管齐下直至二氧化碳净排放为零，也就实现了“碳中和”。

碳中和对应的经济学理论是公共资源，具体而言是大气环境。大气环境为全球所有的国家所有的人民所共有，人们的经济生活是在“消费”使用大气环境——排放大量的二氧化碳到大气环境中。一方面，这种消费在人类活动增加到一定程度时具有竞争性：任何一个国家或者机构排放二氧化碳都会加剧温室效应，影响所有其他国家或者机构。这种竞争性在100年以前是不存在的，那时二氧化碳的排放量还没有高到影响大气环境的程度，就如同深夜的高速公路并不拥堵一样，一辆汽车驶入丝毫不影响其他汽车的通行速度。而全球经济发展到今天的大气环境就如同高峰时段的高速公路，每多一辆汽车驶入，都会影响其他汽车的通行。另一方面，这种消费没有排他性，或者说具有非排他性：任何一个国家或机构都无法做到不让其他国家或者机构排放。因为具有非排他性，碳排放就无法控制；因为非竞争性，碳排放影响到每一个国家和每一个机构，影响到每一个人的生活。这表明市场机制在碳排放问题上不能实现最有效率的配置，因此需要政府出面处理。

需要注意的是，在调控碳排放问题上，大气环境的竞争性和非排他性是两个层面的：一个是国内层面的，体现在各个企业和个人之间；另外一个是全球层面的，体现在各个国家之间。相应地，在控制二氧化碳排放量的问题上，政府干预有两个层面：在一个国家之内，政府对各个私人部门的碳排放进行调控；国际组织协调各国政府对各国的碳排放进行调控。

碳达峰和碳中和是一个目标，实现目标有多种路径，例如前面说到的节能减排、植树造林、碳捕集和碳封存等，不过，这些路径是实现目标的中间手段，而要让这些手段生效，还需要具体的措施，例如清洁发展机制。

最后要指出的是，碳达峰要达到什么样的峰值，是要利用微观经济学的效率理论来测算的；而按照效率标准，碳中和是否是有效率的，也仍然值得研究。简单点说，所谓效率是指，在减排和经济利益之间应该取得一个平衡，这个平衡并不必然处在碳中和的水平上。

问题讨论

(1) 为什么各国之间要就碳排放政策进行协调？各国之间有没有必要就粮食生产、钢铁生产或者天然气的市场进行协调呢？

(2) 在政府推动实现碳排放目标所采取的手段中，哪些是行政性命令，哪些是利用市场机制的？

(3) 查阅相关报道，理解碳中和的目标是否是依据经济学中的效率标准设定的。

理论提示

(1) 公共资源；

(2) 政府干预；

（3）市场失灵。

8.8 公共资源要求政府介入：长江十年禁渔

案例内容

“长江源远流长，水面辽阔，它是淡水鱼生儿育女、长大成才的好水乡。”1983年央视拍摄的纪录片《话说长江》这样赞美母亲河。但近几十年，受多种人类活动的综合影响，长江流域生态环境急剧恶化，生物完整性指数竟到了最差的“无鱼”等级。

为了挽救长江水生生物多样性，2021年1月1日起，长江干流、大型通江湖泊和重要支流正式开始为期十年的全面禁捕。11.1万艘渔船、23.1万渔民退捕上岸，开始了“人退鱼进”的历史转折。日前发布的2021年中央一号文件明确提出，加强水生生物资源养护，推进以长江为重点的渔政执法能力建设，确保十年禁渔令有效落实，做好退捕渔民安置保障工作。而根据党中央有关长江经济带高质量发展的战略部署，3月1日起，我国首部有关流域保护的专门法律——《长江保护法》也将正式施行。

禁捕后，我们的餐桌会受影响吗？曹文宣介绍，鱼塘里人工养殖的鱼往往就是那么几对亲鱼的后代，长期近亲繁殖后基因就会退化，容易生病，因此必须要有野生鱼来改善其种质资源，这样养殖鱼才能长得快、长得好。“让老百姓更长久地吃鱼、吃更好的鱼，就必须保护好长江这个天然的种质资源库。”曹文宣强调。

“我不吃鱼，保护长江鱼类跟我有关系吗？”也有网友抱有这种态度。实际上，保护长江鱼类不仅关乎餐桌，也关乎数亿人的饮水安全。

“生物多样性完整，生态系统的服务功能才能发挥。长江生态系统的服务功能里很重要的一条，就是净化水质。”以千岛湖的“以鱼治水”发展模式为例，曹文宣解释说，“湖中的藻类等浮游生物能够吸收水体中的氮、磷等物质，再人工适当投放一定数量的鲢鱼、鳙鱼来摄食这些浮游生物，如此一来，进去的时候是三类水，流出来成了一类水。”

资料来源：周梦爽：长江十年禁渔：会影响国人餐桌吗？渔民怎么办？光明日报，2021年2月28日。

案例分析

本案例探讨了“公地悲剧”的解决对策，即在出现市场失灵时，政府可以通过行政手段来改进资源的配置效率。

长江生态环境和渔业资源都是公共资源，即“公地”，所有的人都能利用：渔民可以捕鱼，企业可以排污、采矿等；所有的渔民都能捕捞，而没人需要支付养鱼的成本，企业排污、采矿也不需要支付任何成本，因而都按照自身利润最大化的原则来确定捕捞量、排污量和采矿量，造成对资源的过度利用，带来的后果是环境的破坏和渔民收入的锐减。据统计，“长江流域每年的天然捕捞量已从1954年的42.7万吨降至近年来的不足10万吨，哪怕是较为常见的青鱼、草鱼、鲢鱼、鳙鱼这‘四大家鱼’，其种苗发生量也已从1965年的1 291亿尾降至如今的十几亿尾。”中国水产科学研究院长江水产研究所研究员危起伟介绍：“在2017年到2019年的长江渔业资源与环境调查中，他们发现有130种历史上分布的鱼类未能采集到样本——更严峻的是，中华鲟、长江鲟、胭脂鱼、川陕哲罗鲑等珍稀鱼类都没有自然繁殖活动发生。”“长江鲥鱼消失得太快，我们都没能来得及攻克人工繁殖方法；此外，白鱀豚和白鲟也相继宣告功能性灭绝。”“与长江渔业资源衰退相对，20世纪50年代以来，‘四大家鱼’人工繁殖陆续成功，淡水养殖业随之快速发展，老百姓的餐桌并没有受到影响。”长江十年禁渔首倡科学家、中国科学院院士曹文宣介绍，2016年到2019年间，我国淡水养殖产量都在3 000万吨上下，每年产出约500万吨草鱼、400万吨鲢鱼、近300万吨鳙鱼，为广大消费者提供了“水煮鱼”“剁椒鱼头”等美味佳肴——“我国14亿人口年人均消费‘四大家鱼’9.4公斤”。

这些事实都表明，正是由于长江渔业具有非排他性和竞争性，私人支付的成本低于社会成本，渔民的捕捞总量会远远高于长江的最优捕捞量，因此由私人市场确定捕鱼作业是没有效率的，必然会出现“公地悲剧”。

政府介入后实行禁渔，渔业资源受到保护，鱼的数量和种类都增加了，渔民的捕捞量和收入明显增加。事实证明，在出现市场失灵的情况下，政府的干预能纠正市场的结果，使资源配置更加有效率。

问题讨论

（1）生活中还有哪些“公地悲剧”的例子？

（2）有哪些对策可以解决“公地悲剧”？

理论提示

(1) 公地悲剧；

(2) 外部性；

(3) 市场失灵。

8.9 解决公共资源问题的市场机制办法：非洲大象的保护

案例内容

象牙具有极大的商业价值，在一些非洲国家，偷猎者为了获取象牙而大量捕杀大象，使大象面临灭绝的危险。具有食用价值的鸡鸭却不会面临这样的危险。虽然每天人类消耗的鸡鸭无数，但似乎没有人会担心鸡鸭会灭绝。这是因为，鸡鸭生活在私人的养殖场里，养殖场所有者为了赚取最大利益，会尽可能地维持较大的养殖规模。这么一来，对鸡鸭的大量需求反而保证了物种的延续繁衍。与此相比，大象是公共资源。非洲草原上的大象，自由自在，不属于任何人，每个偷猎者都有尽可能多地猎杀大象的动机，却没有保护大象的激励。实际上，许多能给人类带来巨大的经济利益但又不归私人所有的动物也都面临着灭绝的危险。

政府试图用两种方法解决大象的问题。一是通过立法禁止猎杀行为。例如，在肯尼亚、坦桑尼亚和乌干达，已经把猎杀大象并出售象牙作为违法行为。但从实施效果上看，这些法律的作用有限，偷猎的行为仍在继续，而大象种群仍在减少。另一种方法是采用私有制，增加人们保护自己土地上大象的激励，这种方法的效果较好，大象的数量开始增加。

案例分析

非洲大象属于公共资源，是在消费中具有竞争性但不具有排他性的物品。公共资源不能阻止其他人使用，任何人都可以免费得到公共资源，但一个人对于公共资源的使用将会减少其他人的使用，即有负外部性。经济学原理告诉我们，只要存在外部性，就表明市场对于资源的配置是无效率的，政府应该进行干预。

非洲大象保护案例中，政府的直接干预并未取得良好的效果，因为此时大象仍是公共资源，偷猎大象的私人成本远远低于社会成本，暴利仍会驱使人们去偷猎。而明确私有产权后，由于私有产权具有竞争性和排他性，私人成本与社会成本相等，因而能取得理想的效果。

与大象保护类似，牲畜的养殖就体现了私有产权的巨大威力。牲畜对人类的价值远远大于大象，可是缺乏产权保护的大象濒于灭绝，而得到产权保护的猪、牛、羊、鸡则不断繁衍下来。

问题讨论

(1) 为什么政府要限制对公共资源的过度使用？

(2) 为什么产权是重要的？

理论提示

(1) 外部性；

(2) 公共资源；

(3) 公地悲剧；

(4) 产权的意义。

8.10　公共资源保护的市场化机制：特斯拉卖碳挣钱

案例内容

特斯拉最近发布的财报显示2020年首次实现盈利，然而，细看财报数据不难发现，特斯拉首次实现全年盈利很重要的一个原因并不是卖车，而是通过向其他汽车制造商出售碳排放额度。

2020年，特斯拉出售碳排放额度获得14亿美元，对应其同期7.21亿美元的净利润来看，显然在2020年如果没有这项收入，特斯拉主营业务可能出现亏损。另据彭博社援引瑞士信贷数据称，预计特斯拉2021年的碳排放收入或将达到20亿美元。

《每日经济新闻》记者注意到，其实，特斯拉通过出售碳排放额度获利并不是什么新鲜事，在2018年和2019年，特斯拉就通过出售碳排放额度分别获得4.19亿美元和5.94亿美元的收入，那两年特斯拉的净利润分别亏损9.76亿美元、亏损8.62亿美元。2020年四季度，特斯拉的总营收达到60.4亿美元，其中约7%即4.28亿美元来自出售碳排放额度。需要指出的是，出售碳排放额度所得收入甚至超过了特斯拉当季的自由现金流，相当于特斯拉当季1.04亿美元净利润的四倍。

为什么特斯拉可以出售碳排放额度获利？CNBC 报道中称，目前，在包括加州在内的美国至少 14 个州，任何想要在该州销售汽车的汽车制造商，都必须销售一定数量的电动、混合动力或其他零碳排放的汽车（ZEV）。不符合这些规定的汽车制造商，将必须从第三方处购买符合规定的额度。由于特斯拉只销售电动车，所以也不需要保留任何碳排放的额度，可以在到期前随意出售。瑞士信贷分析师丹·利维（Dan Levy）在一份研报中称，特斯拉 2021 年的碳排放额度收入可能会从 2020 年的 14 亿美元上升到 20 亿美元，而欧洲地区对汽车二氧化碳排放更严格的限制，将在今年给特斯拉带来更多的碳排放额度收入。

《每日经济新闻》记者注意到，特斯拉在其财报中并未透露向哪些汽车制造商出售了碳排放额度，不过通用汽车和菲亚特克莱斯勒在 2019 年曾披露称，他们已经（与特斯拉）达成协议，将向特斯拉购买美国的碳排放额度。其中，菲亚特克莱斯勒在 2019 年称，预计将在接下来的几年内总共花费 18 亿欧元（约 22 亿美元）的费用购买碳排放额度。

中国央视 2020 年 2 月 2 日报道，在过去五年里，特斯拉出售的碳排放额度为公司带来了 33 亿美元的收入，仅 2020 年这项业务的收入就接近营收总额的一半。

2020 年，特斯拉通过出售碳排放额度赚取 16 亿美元，远远超过 7.21 亿美元的净利润。这意味着如果去除这项收入，特斯拉在 2020 年可能会出现净亏损。

目前全美有 11 个州要求汽车制造商在 2025 年前需要销售一定比例的零排放汽车。如果这些公司做不到，就必须从其他符合这些要求的汽车制造商那里购买碳排放额度，比如专门销售电动汽车的特斯拉。

资料来源：成立以来首次全年盈利，特斯拉不靠卖车，靠卖“碳”？每日经济新闻，2021 年 2 月 2 日。

案例分析

在市场经济里，负的外部性会带来市场失灵，其中一种表现就是公共资源被滥用。在这个例子里，公共资源是大气环境。各个国家、各个企业都为了自己的利益排放二氧化碳，导致大气环境不堪重负，臭氧层受到破坏，温室效应越来越明显，极端天气频发。2021 年，全球各地，尤其是中国，再次遭到了极端天气的侵害。要保持大气环境处于一个有效率的状态，就必须由政府出面进行干预。政府干预有两种方式，一种是直接通过行政或法律手段让企业减排，让碳排放不超过目标水平，另一种是利用市场机制让企业减排，实现碳排放达标。特斯拉是政府利用市场化方式减排的受益者，其实购买特斯拉碳排放额度的企业也同样是受益者。

政府如果要将碳排放量降低到目标水平，第一种方式是为每个企业分配排放额度。这种方式的缺陷有两个。一是不能做到奖优罚劣，那些并不污染环境的企业所排放的二氧化碳远远低于国家标准，却未得到奖励；而污染环境的企业会把碳排放量肆意增加到国家标准水平，只是不超标就行，相比之下并没有收到罚款。二是缺乏效率，不管企业减排成本多高，都得将自己的碳排放量减低到额定水平之下，从社会的角度看，是没有效率的。比如，A 和 B 公司都需要减排 1 000 吨，但是 A 公司减排一吨只需要花费 200 元，而 B 公司需要花费 800 元，这就意味着两个公司一共需要花费 100 万元，其中 A 公司 20 万元，B 公司 80 万元。如果都让 A 公司减排，一共花费只需要 40 万元。显然，从社会整体的角度看，只让 A 公司减排最为有利，既达到了总的减排目标，也降低了减排成本到最低。可是，从企业的角度看，显然这种做法不利于 A 公司，是典型的鞭打快牛。但是，可以引入市场机制，让两个公司进行交易：A 公司可以多减排 1 000 吨，一共减排 2 000 吨，多减排的额度可以出售给 B 公司，让 B 公司花钱请 A 公司减排。这个价格介于每吨 200 元到 400 元之间，从而交易对双方都有利。既然对双方都有利，那就是对社会有利的。

特斯拉就是上述虚拟例子中的 A 公司。在这个例子中，政府与市场进行了亲密合作，对市场进行了救治。

问题讨论

(1) 特斯拉卖碳的例子要解决的是哪一种市场失灵？

(2) 特斯拉卖碳的例子是否说明，不需要政府介入就可以解决市场失灵问题？

理论提示

(1) 市场失灵；

(2) 公共资源；

(3) 市场机制。

8.11 解决废弃物排放的市场化方法：清洁发展机制

案例内容

1997年12月，在联合国框架中，各国代表签订了《京都议定书》。根据这份协议，在2008年到2012年期间，主要工业发达国家的温室气体排放量要在1990年的基础上平均减少5.2%（2001年这个比例降低到1.8%）。《京都议定书》还特别规定了清洁发展机制（CDM），鼓励发达国家的企业向发展中国家购买温室气体排放指标。在中国，较早参与这一机制的有浙江巨化等企业。浙江巨化有一套年产1.5万吨氟化工产品生产线，该产品在生产中会产生副产品氢氟碳化物，其温室效应为二氧化碳的1.17万倍。2006年浙江巨化与日本JMD公司合作对氢氟碳化物进行分解以达到减排目的，后者是一家在国际上专门从事温室气体减排交易的专业企业。项目启动后，浙江巨化每年将减少排放的氢氟碳化物折合成二氧化碳约562.1万吨，从而也就拥有了等量的排放权。按照协议，项目为期7年，JMD公司每年以每吨6.5万美元以上的价格向巨化购买排污权，然后将合作期间获得的约4 000万吨排放权出售给日本。在这个交易中，浙江巨化和日本JMD都获取了巨大利润，同时浙江也实现了减排任务。

案例分析

即使要减排，也应该以更经济的方法进行，即将减排的成本降至最低。也就是说，在实现既定的减排目标过程中，应该将减排任务分配给减排成本低的企业，这样才是有效率的，在经济上是合算的。当然，也不能鞭打快牛。应该让所有参与减排的企业都有利可图。清洁发展机制实现了这一目标。

相对而言，在发达国家完成二氧化碳排放项目的成本，比在发展中国家高出5倍至20倍，因此由发展中国家承担比发达国家更多的减排任务，更为合适。另一方面，发达国家应该为此支付费用，当然这个费用低于其减排成本，而高于发展中国家的减排成本，从而对双方都有利，实现了共赢。因此，发达国家的企业愿意出资金和技术帮助发展中国家的企业进行节能减排，并将省下来的排污指标买走。发展中国家既实现了减排的目的，又获取了额外的收益，同时还可以先期得到资金与技术的扶持。

问题讨论

(1) 为什么要减少废弃物排放?

(2) 除了清洁发展机制外，还有没有其他办法以低成本的方式实现减排?

理论提示

(1) 市场机制的专用;

(2) 外部性理论。

8.12 减排的市场化方法：中国的排污权交易

案例内容

2010年12月14日，维达纸业以40万元的价格向莱芜市政府买下40吨COD 5年的排污权，每吨COD每年的价格是2 000元。这是山东省首笔排污权交易。莱芜市排污权交易中心于12月2日在全省率先挂牌成立。目前实施的排污权交易指标有两项：COD和SO_2（二氧化硫)。COD排污权有偿使用费申购基准价为每年2 000元/吨，SO_2排污权有偿使用费申购基准价为每年500元/吨。

为切实保证排污权有偿使用和交易工作顺利进行，莱芜市在排污权的分配、价格、交易和储备与调控四个方面建立了规范有序的制度机制。规定：自12月1日起，企业排污权只能通过向环保部门申购或向其他排污单位购买的办法取得。排污单位通过实施工程治理减排项目、结构调整减排项目和监督管理减排措施等腾出的排污权指标余量，经市环保部门审核同意，以排污权交易中心为平台办理交易手续，允许转让给其他合法排污单位。

资料来源：于向阳、万京华：莱芜卖出我省排污权第一单——维达纸业40万元买下40吨COD 5年排污权，大众日报，2010年12月15日。

案例分析

为了减少污染物的排放，我国曾于2003年出台了《排污费征收使用管理条例》，条例规定，直接向环境排放污染物的单位或个体户应当按规定缴纳排污费。然而，在实施的过程中，一方面，由于企业进行污染治理的成本高于排污费，一些排污企业为了片面追求利润，宁愿缴纳排污费也不愿意控制污染排放；另一方面，由于90%的排污费可作为地方财政收入，一些地方甚至还存在政府默许排污的现象。结果，政府通过行政手段进行污染治理的结果差强人意，并未收到有效率的结果。

经济学把环境污染定义为一种负的外部性，可以通过市场机制，采取使外部性内部化的对策来解决这一问题，而排污权交易目前正成为世界各国解决环境污染问题的重要手段。科斯第一定理指出：在交易成本为零的情况下，只要产权界定清晰，不管初始产权如何配置，通过经济当事人之间的自愿协商总能够实现外部效应的内部化，市场均衡的最终结果都是有效率的。在这一理论的基础上，美国经济学戴尔斯（J. H. Dales）于 1968 年提出了排污权交易（pollution rights trading）理论，即政府作为社会的代表及环境资源的拥有者，把排放一定污染物的权利像股票一样出卖给出价最高的竞买者。根据这一理论，一旦政府确定了排污总量，排污权就成了稀缺资源，成了具有市场价格的交易商品，将会促使各企业竞相寻求有效的减排办法。

排污权交易作为一种经济制度安排实际上是以市场为基础的，排污者作为市场上的买方，既可以从政府手中购买排污权，也可以向拥有污染权的排污者购买。只要污染治理成本存在较大差异，交易的双方就都可以在交易中获益。同时，由于排污权交易价格由市场确定，市场确定价格的过程就是优化资源配置的过程。这一制度安排对企业的激励体现在排污权的卖出方由于超量减排而使排污权剩余，之后通过出售剩余排污权获得经济回报，这实质是市场对企业环保行为的补偿，企业减少了对环境的污染。买方由于新增排污权不得不付出代价；其支出的费用实质上是环境污染的代价。

排污权交易制度的建立，可以使企业在利益的驱动下珍惜排污权，并且当企业治理污染变得有利可图时，其治污的积极性就会被极大地激发，政府就能真正实现控制污染总量的目标。这样一来，治污就从政府的强制行为变为企业自觉的市场行为，其交易也从政府与企业低效率的行政交易变成高效率的市场的经济交易。根据美国环保局（EPA）的统计，到 2006 年，美国二氧化硫的排放量比 1990 年下降了 630 万吨，首次下降到 1 000 万吨以下，相当于下降了四成，削减量大大超过预定目标。从 1994 年到 2005 年间，二氧化硫排污权交易累计完成了 4.3 万件；而 2004 年的减排成本只有 20 多亿美元，仅相当于当初预测值的三分之一。美国的排污权交易，特别是二氧化硫排放交易实践表明，这一政策具有显著的环境和经济效益，充分体现了排污权交易能够保证环境质量和降低达标费用的两大优势。

问题讨论

(1) 为什么说存在外部性时，市场是无效率的？

(2) 为什么说排污权交易比政府管制更有助于增进市场效率？

理论提示

(1) 科斯定理；

(2) 外部性；

(3) 交易成本。

8.13　信息不对称与发信号：英语四六级证书成为应聘必备条件

案例内容

2004年12月，湖南涟源钢铁集团有限公司在武汉科技大学招聘时规定：本科生过六级可发安家费3 500元、过四级发3 000元；专科生过六级发3 000元、过四级发2 500元。该公司负责人说，英语水平高低，可以看出一个人的学习能力及其他能力，这项规定就是对优秀学生的奖励。其他在场招聘的用人单位中，90%以上都要求学生过四级。该校学工处一位教师认为不宜过分强调过级考试。许多高校已不再将过级考试与学位挂钩，希望用人单位更加注重毕业生实际工作能力

资料来源：英语成绩与安家费挂钩 六级3 500元四级3 000元，楚天都市报，2012年12月24日。

案例分析

很多人可能没有意识到，涟源钢铁是对的，那位教师是错的。在那个时间前后，各科考试有不严格的地方，有些二线、三线学校更是如此。因此，毕业生的优秀与否难以完全与考试成绩挂上钩。相比之下，大学英语考试是一个国家考试，组织得更为严格规范，因此能准确反映考生的英语水平。对涟源钢铁而言，它不熟悉应聘者的内在潜力，这就是劳动市场上的信息不对称。在这个时候，英语四六级的考试就成为评价学生优秀与否的一个可供参考的通用标准。如我们已经知道的，教育起到两个作用，其一是建立或增强受教育者的人力资本，使他具有更高的生产力，通俗地说就是更能干，能帮用人单位开拓局面；其二是证明他已经形成的人力资本。涟源钢铁用英语四六级考试作为招聘时的参考依据，考虑的是英语四六级证书体现出来的“证明人力资本”作用，

而不是“增强人力资本”作用。为什么这么说呢？因为对涟源钢铁的业务而言，英语并不是必需技能。或许对于外贸公司而言，或者对于涟源钢铁的国际业务部——如果有的话——而言，英语通过四级或六级是人力资本的体现，但是对在武汉高校招聘的涟源钢铁而言，它不是人力资本。在这里，应聘的大学毕业生用四六级证书发出了自己具有适应涟源钢铁工作的人力资本的信号。

这个信号是怎样发出来的呢？有这样一个说法，一通百通，它在这里的意思就是说，优秀是体现在每一个方面的。虽然人们在学习上各有擅长，但总体而言，一个人在英语方面学习成绩好，在其他各科学习成绩——或者更准确一点说是学习能力——也不会差得哪儿去。因此英语四六级证书就在一定程度上代表了其持有者的综合学习状况，此其一。与此同时，在招聘者眼中，既然持有了英语四六级证书，尤其是在校期间通过了并不是必须持有的六级证书，就说明持有者有毅力、有规划，在认真筹划自己的未来，是值得信任的，此其二。基于这两点，可以看出，怀抱英语四六级证书前去应聘与递交上一大堆奖状、业绩证明前去并无二致，都是向对方表明自己是不是有能力。

如果放在古代，科举选士是对一通百通的最好诠释。科举用四书五经约束人的思想，以八股桎梏人的创新，这显然是与治国无关的知识。可是，正是科举考试造就了历朝历代精英文官集团，其中不乏杰出的政治家，如文天祥、王安石、张居正、张之洞等。你可能看得出来，朝廷以科举选士与企业以证书取人是异曲同工的，都是要求对方发出信号让自己筛选。

发信号的例子在现实中极为常见。如果一家投资银行的业务经理身着休闲装，出差入住经济型酒店，其位列世界500强的潜在客户敢信任他，敢和他所代表的券商洽谈并购事宜或上市事宜吗？在后者眼中，前者似乎很潦倒、很破败。在这里，五星级酒店与一身价值不菲的行头并不会提高办事效率，但是它代表了公司形象，是实力的象征，是过去业绩的体现，是未来成功的自信。这些金融机构的业务经理们去外地当然有自由入住经济型酒店，但是只限于因私的目的；如果是洽谈商业业务，很多金融机构都会规定一个最低标准的——非四星级以上不许入住。即使因私入住经济型酒店，对其公司前途也会造成负面影响，只是这种影响不会公然显现，而是以毁人细无声的方式进行。

很多用人单位对求职者的学历进行了限制。公务员考试更是要求必须是本科，知名的机构则从本科里面再做筛选：本科吗，是不是985或211学校？博士吗，你本科哪里念的？

由此我们看到一个怪异的结果，求职者为了发出信号，或者是出国留学，或者是考英语四六级乃至各类证书，大公司业务人员出差时住星级酒店，这些都是要耗费资源的，但是又不像职业培训那样能改善工作能力，这显然是资源的浪费。但是要指出的是，效率损失问题的根源不在于证书或教育，而在于信息不对称。

问题讨论

(1) 从市场的角度考虑，发信号是否是资源的浪费？是否意味着市场失败？

(2) 在保险公司的业务中，经常会寻找各种信号对真实信息进行筛选，你能给出这些例子吗？

理论提示

(1) 信息不对称；

(2) 发信号；

(3) 市场失败。

8.14　甄别（筛选）与发信号：上了热搜的中国银行招聘考试

案例内容

2020年9月26日下午，“中国银行考试”这一话题冲上微博热搜。

近期，中国银行因其高难度的笔试题登上微博热搜，阅读量已超过2亿。

据一位参考考生反映：四十分钟内要完成英语30道单选和5篇长阅读，每个阅读5个选择。“然后还有三层矩阵、粒子的静态能源公式、不定积分、高等数学、太阳系天体运动原理、原子什么量子数、什么洛朗级数展示、计算机题、线代，就差医学没考了。”

这位考生甚至表示：“实在不想招人不必这么来难为人了。”

对于该考生的吐槽，有网友在留言区表示：“我以为是在招总行行长呢”“做完感觉招的是中科院储备院士”“没给你再整点电竞题就不错了。”

据中国证券报，有中行人士透露：“每年的笔试题难度都差不多，考试是有题库的，不可能突然一下子难起来。事实上，上述网友们提到的一些题目的确在考卷内，但也没有那么难。”

某商科院校应届生说："从8月中旬开始，每天都在登录各种网站，投简历，参加线上线下宣讲会，最多时候一天参加五场，有时还需要做各种测评，每天累得一闭眼就能睡着"。"竞争非常激烈，985本硕遍地都是，一场面试十个人，五个海归。唯一能进终面的机会，居然来源于宣讲会上抽到的PASS卡"。某求职者这样评价秋招一个多月以来的经历。

一直被视为"香饽饽"的金融机构，近年来用人标准也是水涨船高，某金融机构HR坦言："几年前还会招收本科生，现在我们只要研究生。遇到本科生投简历，我都会建议他们读个研再来。"

资料来源：中国银行笔试上热搜！网友："这是招行长吗"考太阳系天体运动原理，新浪财经，2020年9月28日。

案例分析

显而易见，这里有两个要点。首先是职位供不应求，其次是存在信息不对称。职位供不应求本来应该引起薪酬水平降低，借助价格调整来重新平衡供求，这在普通用工市场本来是常事，但是在金融行业的职场就不一样了，因为既存在职场需求方的垄断，也存在信息不对称。信息不对称让金融行业执行比市场竞争水平要高的效率工资，同时在招聘时采取手段进行甄别。

案例中众多本科生之所以趋之若鹜地去金融机构，就是奔着工作性质和薪酬福利去的。面对众多的求职者，金融机构保持了比市场竞争水平高的薪酬，同时控制接纳数量，就是为了解决道德风险问题，促成职员努力工作，不懈怠偷懒。这是入职后的做法。与此同时，高于市场均衡水平的工资还能吸引最优秀的人才前来应聘，而市场均衡工资对这些优秀人才没有吸引力，因此前者至少能够为用人单位提供一个筛选的基础。

但是，如何保证招聘到的员工是最优秀的呢？案例中中国银行的考试风格就是一个甄别筛选的途径。物理学知识也好，数学知识也好，这些都不是银行所需要的，并不会因此增加他们在银行的工作效率。但是，银行可以把这些看成是加分项，能够显示他们比其他人优秀。同样地，在求职者众多时，银行把门槛提到研究生也是一样的道理。不是研究生学历能够增加求职者工作中的生产率，而是研究生学历显示出来求职者具有这种能力。背后的逻辑是好，一般而言，一个优秀的人在各方面都会很优秀。有些优秀显示出来了，如物理学知识和数学知识，还有研究生文凭；有些优秀是潜在的，尚待在未来的工作中显示，而这些未显示的优秀正是银行所需要的。

从用人单位的角度看，需要求职者展示自己本来用不着的知识、技能或者学历、证书，这是甄别（筛选），而求职者根据自己的求职意愿决定考证书或者拿更高的学位，这属于发市场信号。

案例中，很多求职者不满意银行的考试方式，甚至新闻记者也不满意。这种不满意是一种直觉，有其正确的一面，即普通金融岗职位对研究生学历的要求和考试物理知识、数学知识是对社会资源的浪费。但是这种直觉上的不满意也有错误的一面，因为求职者和记者未能理解其必然性。

问题讨论

(1) 在这个案例中，包含着哪些信息不对称理论方面的概念或者原理？
(2) 这个案例是否意味着市场是有效的？
(3) 这个案例是起因于道德风险还是逆向选择，或者与两者都有关系？

理论提示

(1) 信息不对称；
(2) 市场失灵；
(3) 道德风险；
(4) 逆向选择；
(5) 甄别（筛选）；
(6) 发市场信号。

8.15　逆向选择：汽车保险业的怪事

案例内容

随着个人购买家庭轿车的数量逐渐增多，汽车保险业务近年增长得很快。可是由于车多路窄，新手又多，汽车交通事故比原来增加很多。这些购买了汽车保险的人由于有了保险，开起车来跟开坦克似的，横冲直撞，反正汽车坏了有保险公司负责修理。更有人经常酒后开车，把握不住；还有的是开车精力不集中，甚至打瞌睡。结果就是汽车交通事故频繁发生，致使保险公司收取的保险费不够赔付汽车修理公司的汽车修理费。两年下来，中原保险公司已经在汽车保险项目上赔了几百万元。

2008年1月，公司召开董事会，讨论汽车保险业务的问题。通过分析，大家一致认为，汽车保险业务亏损的主要原因是保险费收取得比较低，结果就造成了收入不抵支出。要解决这一问题，唯一的办法是提高保费的额度，否则会一直亏损下去。最后的决议是提高保险费。中原保险公司的这一决策不仅没有收到预期的效果，反而使汽车保险的保费收入开始出现下降。这是他们的决策者们始料不及的。

资料来源：逆向选择，MBA智库百科。

案例分析

本案例中，中原保险公司的问题在于，他们不知道在经济行为中存在着逆向选择。逆向选择往往产生于卖者对所出售物品的特征了解得比买者多的市场上，比如二手市场、劳动市场、保险市场等，本案例就是保险市场上的逆向选择问题。

购买保险的人通常比保险公司更清楚自己对于风险的态度，因而常常是风险比较高的人更愿意购买保险，也正因为如此，保险的价格反映出的通常是高风险的人的成本而不是普通人的成本。而收取较高保险价格会阻止具有较低风险的人购买保险。如果保险公司为了解决收不抵支的问题而进一步提高价格时，出险率低的人就干脆不买保险了。逆向选择由此形成。

出现逆向选择的根源在于保险公司所掌握的信息是不完全的。这种信息的不完全表现为：尽管公司知道个人之间肯定存在着风险差别，应该把他们进行风险分类，并征收不同的保险费，但是它做不到，因为它不能知道哪些人是高风险的，哪些人是低风险的。凡是那些积极买保险的人都是风险高的人，因为他们容易出事故，所以常常渴望购买保险，以便出险之后有保险公司为他们付费。而出险概率较低的人则往往犹豫不决，如果保险价格提高了，反而会把他们首先拒之门外。

问题讨论

（1）信息不完全在二手市场和劳动市场上有哪些表现？

（2）有哪些办法可以解决信息不完全的问题？

理论提示

(1) 信息不完全;

(2) 市场失灵;

(3) 逆向选择。

8.16 道德风险:《交通事故认定书》的买卖

案例内容

“骗保”是保险市场上道德风险的极端例子。

2010年,深圳罗湖区检察院反渎职侵权局根据举报线索端掉了一个专门骗车险的犯罪团伙,从而牵出交警参与骗车险的交易内幕和相关案件。

原在深圳从事汽车销售的刘某利用自己掌握大量高档车辆车主的资料,用电脑合成大量事故照片,然后将合成的事故照片和客户资料提供给宋某。宋某在罗湖莲塘某汽车维修厂工作,可以在该辖区内的执勤交警廖某手中购得虚假内容的《交通事故认定书》,刘某再持这些材料到中国人民财产保险股份有限公司深圳分公司找欧某和冯某,骗得保险赔偿金。每一个环节,刘某都会给相关人员不同的提成。侦查员们证实,在当事人进行车险理赔所需要提供的资料中,交警出具的《交通事故认定书》是保险公司在决定是否赔付的关键性证据。2006年,深圳市推出“交通事故快速处理和保险快速理赔机制”,对道路上或者道路以外发生的没有造成人员伤亡的交通事故,在事故现场填写《交通事故快处快赔确认书》,然后将车辆快速撤离现场,保障道路尽快恢复畅通,而该《交通事故确认书》则作为交警将来认定交通事故责任的依据,并出具《交通事故认定书》。该机制推行后,提高了深圳道路交通事故处理效率,但也给一些不法分子串通交警向保险公司骗取车辆保险金提供了土壤。

2010年3月1日,罗湖区检察院决定对廖某实施立案侦查。廖某承认《交通事故认定书》是他根据宋某提供的资料出具的,其内容是虚假的。廖某称开具一份《交通事故认定书》,可以收400元。经认定,2008年初到2009年廖某共开出16份虚假的《交通事故认定书》,此举让保险公司损失39万余元。随后,侦查员又查出另外两名涉案交警周某和丁某,证实周某和丁某分别出具了14份、43份虚假内容的《交通事故认定书》,分别致使相关保险公司损失达30多万元和80万元人民币。

因骗车险的团伙被破,几名涉案交警被抓,2010年深圳地区保险公司车险的赔付金额明显下降，以中国人民财产保险股份有限公司深圳分公司为例，该年赔付额比去年同期少了 1 400 万元。

资料来源：根据赵杨：深圳两交警卖《交通事故认定书》骗车险被抓，南方日报，2011 年 6 月 13 日整理得到。

案例分析

道德风险或可定义为：从事经济活动的人在最大限度地增进自身效用时做出不利于他人的行动。道德风险存在于下列情况：由于不确定性和不完全的、或者限制的合同使负有责任的经济行为者不能承担全部损失（或利益），因而他们不承受他们的行动的全部后果，同样地，也不享有行动的所有好处。显而易见，这个定义包括许多不同的外部因素，可能导致不存在均衡状态的结果，或者，均衡状态即使存在，也是没有效率的。这是合同的不完全性的一种特殊形式，它引起从事经济活动的人们与他人之间的效用冲突。

保险中的道德风险指的是被保险人或受益人因知道有保险合同上规定的赔偿或给付利益可图，而故意违反道德规范，甚至故意犯罪，而引发扩大或漠视保险事故的行为所引起的风险。本案例中，经济人的自利性决定了当事人各方在求利过程中，为了自身利益最大化而损害他人和社会利益，引发了经济学意义上“道德风险”。

问题讨论

试举出几个生活中道德风险的例子。

理论提示

（1）信息不对称与市场失灵；

（2）道德风险。

8.17 道德风险：哈尔滨的天价医疗费事件

案例内容

2005 年 11 月，哈尔滨发生了一起震惊全国、引起广泛争议的天价医疗费案。一位老年患者在哈尔滨医科大学附属第二医院住院 67 天，住院费花费将近 140 万元，此外还在医生的建议下，自己花钱买了 400 多万元的药品交给医院。尽管花费超过550万元之巨，还是未能挽救老人的生命。这成为最昂贵的死亡。这些花费是否合理呢？收费账单显示，在住进医院心外科重症监护室的两个多月里，仅血糖一项就化验了563次，平均每天将近9次。而外购的昂贵药品在交给医院后，没有证据显示其全部用在患者身上。

案例分析

不排除550万元天价医疗费有一些复杂的内情，但是从披露出来的信息看，这是一个典型的过度医疗。过度医疗是因为信息不对称而产生的，是一种典型的道德风险。医院作为专业机构，拥有医疗方面的信息优势，趋利动机让他们利用医疗专业知识说服患者接受超过其实际需要的检查和治疗，损害了处于信息劣势地位的患者的利益。可能很多人都经历过，看病时开了很多用不完的药，做了很多不必要的检查。很多医院也热衷于添置大型昂贵的医疗仪器。

道德风险不仅会影响信息劣势一方的利益，还会因此导致市场萎缩乃至消失，从而导致效率损失。例如很多内地妇女热衷于到中国香港的医院生孩子，体现出来的就是对内地医院表现为过度医疗的道德危险的用脚投票。只是因为医疗行业刚性需求太大，因此这种以脚投票看起来对内地医疗机构没有什么影响。

表现为过度医疗的道德风险的另外一个结果是逼着患者“久病成良医”，逼着他们自学成专家，或者逼着他们采取不同的形式向过度医疗宣战。其结果是导致资源的浪费，同样有损市场效率。

问题讨论

(1) 为什么医疗卫生领域存在着很多的医患关系问题？

(2) 信息不对称在医疗卫生领域是怎样体现出来的？会形成哪些问题？应该如何解决？

理论提示

(1) 信息不对称；

(2) 道德风险；

(3) 市场失败。

第九章 宏观经济的基本指标及其衡量

一、基本概念与原理小结

1. 内容摘要

宏观经济学研究一个经济体的总体表现，而总体经济表现需要用一系列重要指标来解释说明。这些指标主要涉及三个方面，即总产出、总体价格水平和总体就业水平。先介绍总产出或总收入指标。

如何统计一国或一个经济体的总产量或总收入，目前已经形成了一个所有国家共用的完善的方法——国民收入核算体系。在这个体系中，最核心的是国内生产总值，也包括与之相关的各种总量指标。

第一节介绍国内生产总值及其衡量。国内生产总值（简称 GDP）是指一定时期内在一国（或地区）境内生产的所有最终产品与服务的市场价值总和。这是一个流量概念。各个国家一般会运用多种方法进行核算，然后相互校正。这些方法有生产法（又称为增值法）、收入法和支出法。增值法将各个生产环节所新增的产值加总起来计算 GDP，收入法将经济社会各个阶层获得的各种收入加总在一起来计算 GDP，支出法将社会各个阶层（含国外）对本国最终产品和服务的购买加总起来计算 GDP。理论上说，它们的计算结果是一样的。这是因为，总产出就是总收入，二者是等价的；计算总产出时一定要力避重复计算，因此增加值计算是合适的；同时，当年生产出来的产品和服务一定会被人买走（未卖出去的看成是自己对自己产品的购买），因此总产出、总收入恒等于总支出。

国民收入核算非常重视支出法，因为这是理解总需求的一个重要渠道。按照支出法对 GDP 进行核算，GDP 恒等于个人消费支出、私人总投资、政府购买和外贸部门的进出口净额。其中私人总投资从投资主体来看，既包括企业的支出，也包括家庭对住宅的购买；从投资对资本的增加作用看，既包括用于弥补折旧的投资——重置投资，也包括在弥补完折旧后促进资本存量净增加的投资——净投资；从形式来看，既包括总固定投资，也包括存货投资；从作用来看，它在短期内增加需求，在长期会形成资本存量，增加生产能力。

在政府购买支出方面，应该注意区分政府购买支出与转移支付，二者合起来构成政府财政支出。转移支付虽然最终也要用于购买产品，但是会在消费者的消费支出中统计进去。

由于在核算时消费支出、私人总投资支出和政府购买支出也包括对外国产品的购买，同时本国也有产品销售到国外，从而在消费、投资和政府购买中体现不出来，因此需要加上净出口——对外出口减去进口后的差额。

核算 GDP 的目的是对一国或一个经济体的总体经济表现进行衡量，这就涉及纵向比较。由于 GDP 是按照市场价值来加总的，因此各年市场价格的变化就会影响到估算，但这一部分显然不反映实际生产的变化。为了对各年进行比较，需要剔除价格因素的影响。由此就出现名义 GDP 和实际 GDP 的区别。名义 GDP 用当年价格加总当年 GDP，实际 GDP 用不变价格加总所有年份 GDP——或者是选择一年作为基年，或者先计算名义 GDP 然后用价格指数进行调整。

与 GDP 相关的宏观经济总量指标还有国民生产总值（简称 GNP）、国民生产净值（简称 NNP）、国民收入（简称 NI）、个人收入（简称 PI）和个人可支配收入（简称 DPI）。

第二节介绍描述宏观经济表现的另外一个重要方面——价格水平和通货膨胀。宏观经济学用价格指数来描述价格水平或通货膨胀，其中常用的价格指数有两个——GDP 平减指数和消费价格指数（CPI）。GDP 平减指数是在核算 GDP 的过程中汇总获得的，是名义 GDP 和实际 GDP 的比值。在计算 GDP 时，是用价格作为权重来对产量进行加权加总的；如果我们换一个思路，GDP 实际上也可以看成是用产量作为权重对价格进行加权加总的，即名义 GDP 是各个商品或服务的当年价格和产量乘积的和，实际 GDP 是各个商品或服务的基年价格和当年产量乘积的和。因此，名义 GDP 和实际 GDP 的比值实际上就是一个价格指数。消费价格指数（CPI）是对选定的消费品价格按照固定权重编制指数，反映了消费成本的变化。

归纳起来看，GDP 平减指数与 CPI 的主要区别在于：其一，涵盖的商品和服务种类不同，GDP 平减指数包括所有的国内生产的商品和服务，CPI 只包括选定的消费者购买的商品或服务；其二，GDP 平减指数是用产量作为权重，CPI 是事先确定好的固定权重；其三，GDP 平减指数只包括本国境内生产的最终商品或服务，CPI 篮子中的商品或服务也包括进口的部分，因为其目的是要衡量消费成本。

第三节简要介绍刻画宏观经济表现的第三个指标——失业。统计意义上的失业是指劳动者由于各种原因失去工作同时又正在积极寻找工作的状态，失业率是劳动人口中失业者所占的比率。从失业的形成原因来看，失业可以分为结构性失业、摩擦性失业和周期性失业。周期性失业是因为需求不足、经济萧条而导致的失业，会周期性出现。周期性失业是宏观经济政策调控的对象，而另外两种失业常态化存在，是宏观经济政策难以改变的。这就是说，失业率是不可能降低为零的，即使实现充分就业，也仍然有失业存在，这种失业叫做自然失业率，是由前面提到的摩擦性失业和结构性失业构成的。

2. 基本概念

国内生产总值，国民生产总值，国民生产净值，国民收入，个人收入，个人可支配收入；最终产品和服务，中间产品和服务；总投资，净投资，总固定投资，净固定投资，存货投资；通货膨胀，GDP 平减指数，消费价格指数；失业，自然失业率，结构性失业，摩擦性失业，周期性失业。

3. 基本原理

（1）GDP 核算可以用增值法、收入法和支出法核算的基本原理。

（2）GDP 核算力求避免重复计算的原理（折旧在 GDP 核算中仍然存在重复）。

（3）价格水平或通货膨胀主要用 GDP 平减指数和消费价格指数度量的原理。

（4）失业分周期性失业和自然失业的原理。

4. 重点难点

（1）用支出法对 GDP 进行核算。

（2）为什么 GDP 核算在折旧中包括重复计算？

（3）各种投资之间的关系。

（4）消费价格指数的编制方法。

（5）自然失业率。

5. 即问即答

问：既然 GDP 或 GNP 包含重复计算，而 NNP 不存在重复计算，为什么不直接利用 NNP 的指标呢？

答：GDP 或 GNP 中的重复计算部分为折旧，它既包含在机器设备等固定资本上面，也包含在用这些固定资本生产的新产品中。但是折旧没有客观标准，所以 NNP 只是一个理论概念，是一个供参考的指标。

问：投资是由企业完成的，对吗？

答：错。家庭也有投资，他们对住宅的购买就是固定投资的一部分。正是因为这个原因，投资更准确的名称是私人总投资。

问：国内生产总值中的“总值”是加总的意思，对吗？

答：错。尽管 GDP 是把所有的产出加总在一起，但是这里的“总值”和“净值”是相对应的。

问：GDP 核算有很多缺陷，为什么不直接用绿色 GDP 或其他概念来取代它呢？

答：理论上说，有很多更好的指标可以取代 GDP。但是，这些更好的指标如绿色 GDP 难以找到客观准确的可操作的统计方法，不具有可操作性；而 GDP 的核算可以按照客观标准进行，具有可操作性。

问：在进行 GDP 核算时，用各个商品和服务的市场价值进行加总，其目的是要找一个统一的计量单位来计算形形色色的产品吗？

答：不完全如此。用市场价值加总还可以达到另外一个目的，即将商品或服务的重要性或受欢迎程度考虑进去。

问：GDP 核算不存在任何重复计算的部分，对吗？

答：错。折旧是 GDP 核算中的重复计算部分。

问：家庭购买股票的开支是私人总投资支出的一部分吗？

答：不是。国民收入核算中的投资是指实物投资，而不是金融投资。购买股票是金融投资。一方面，家庭在股票上的开支最终会汇总到企业那里，用于添置机器、设备等，从而形成投资。另一方面，一个人购买股票获得资产的前提是另外一个人出售股票撤销资产，合并起来看，整个经济的总投资并没有变化。

二、案例分析

9.1　GDP 核算：美国每年 GDP 是多少？

案例内容

据统计，美国 2013—2018 年 GDP 总量分别为 16.8 万亿美元、17.5 万亿美元、18.2 万亿美元、18.7 万亿美元、19.5 万亿美元、20.5 万亿美元。在世界上排名第一位，2018 年 GDP 占全球 GDP 总量的 24.17%。2013 年美国 GDP 组成中，消费11.5万亿美元，占比68.5%；投资2.7万亿美元，占比15.9%；政府支出3.1万亿美元，占比18.6%；出口2.3万亿美元，占比13.5%；进口-2.8万亿美元，占比-16.4%。见表9.1。

表9.1 2013年美国GDP和GDP份额（基于支出的核算）①

项目	数额/万亿美元	占比/%
国内生产总值（GDP）	16.8	100
消费	11.5	68.5
投资	2.7	15.9
政府支出	3.1	18.6
出口	2.3	13.5
进口	-2.8	-16.4

数据来源：Bureau of Economic Analysis，National Income and Product Accounts.

案例分析

GDP是指一定时期内在一国（或地区）境内生产的所有最终产品与服务的市场价值总和。理解GDP需要把握如下几点：第一，GDP是对生产活动的测度：只要生产了，就计算进去；卖出去了就按照价格确定其大小。第二，GDP是一个流量概念，不是存量概念。GDP是对这些流量的测度。存量和流量是两个相对独立的活动。以凯恩斯的例子来说明，凯恩斯主张先挖坑将钱埋进去，再派人将坑挖开把钱取出来，因为有流量，所以该过程有GDP，但该过程没有存量增加。反过来存量不使用，即生产能力不使用，则不产生GDP，也不能增加社会福利。

GDP能够反映一国（或地区）的总体经济实力，目前还没有其他经济指标能够取代GDP的核心地位。根据GDP反映的经济实力，2006年中国超过英国成为第四大经济体，2007年超过德国成为第三大经济体，2010年超过日本成为第二大经济体。

问题讨论

(1) 一个经济体的生产能力为什么要用GDP来测度？其基本原则是什么？

① 因为计算过程四舍五入，所以占比一列各项目之和不百分之百等于总项。

(2) 怎样理解市场价值在测度 GDP 中的作用?

理论提示

(1) 国内生产总值;

(2) 存量与流量;

(3) 市场价值。

9.2　GDP 核算:GDP 是经济福利吗?

案例内容

GDP 衡量了一国(或地区)的产出,GDP 能否衡量一国(或地区)的福利?表 9.2 是按人均 GDP 水平排序的世界 11 个人口较多的国家。该表还显示了这些国家人口的预期寿命(出生时预期的寿命)、成人识字率(成年人口中识字人数的百分比)以及互联网的使用(经常使用互联网的人口的百分比)。

表 9.2　不同国家人均 GDP、预期寿命、成人识字率和互联网使用的关系

国家	人均真实 GDP (2005 年,美元)	预期寿命(岁)	成人识字率 (人口的百分比)	互联网的使用 (人口的百分比)
美国	41 890	78	99	63
日本	31 267	82	99	67
德国	29 461	79	99	45
俄罗斯	10 845	65	99	15
墨西哥	10 751	76	92	18
巴西	8 402	72	89	19
印度尼西亚	3 843	70	90	7
印度	3 452	64	61	3
巴基斯坦	2 370	65	50	7
孟加拉国	2 053	63	47	0.3
尼日利亚	1 128	47	69	4

资料来源:Human Development Report 2007/2008, United Nation.

案例分析

表 9.2 中的数据表明,在美国、日本和德国这些发达国家,人们预期可以

活到80岁左右，几乎所有人都识字，而且一半到三分之二的人使用互联网。在尼日利亚、孟加拉国和巴基斯坦这些发展中国家，预期寿命比发达国家的人少活10~20年，只有一半人识字，而且互联网使用很少。这说明人均GDP与福利存在着某种正相关关系。GDP既衡量经济的总收入，又衡量经济用于物品与劳务的总支出。因此人均GDP能够告诉我们经济中每个人的平均收入与支出。由于大多数人喜欢得到更高的收入并有更高的支出，所以人均GDP自然就成为了平均经济福利的衡量指标。

问题讨论

（1）从GDP到个人可支配收入，要经过哪些扣除？

（2）人均GDP可以衡量人均福利，GDP能衡量总福利吗？

（3）GDP和GNP的区别是什么？为什么现在更多地讲GDP而不是GNP？

理论提示

（1）区别如下总量指标：国内生产总值（国民总收入或国民生产总值），国内生产净值（国民生产净值），国民收入，个人收入，个人可支配收入；

（2）在宏观经济中总收入、总产出和总支出之间的关系。人均GDP中平均值的含义。

9.3　GDP核算：GDP有哪些不足？

案例内容

关于GDP的诟病有很多，先看以下几则故事。

第一则故事：有一片土地，农民们有的在上面种地，有的在上面放牧牛羊。有一天来了几个骗子，对放牧牛羊的农民说，我们把你们的牛羊全买了，你们到城里去卖牛羊肉吧。于是被骗的农民没有了牛羊，就把土地交给了那些骗子。骗子们在那些土地上面盖了很多房子卖掉，赚了很多钱。很多人看到可以赚很多钱，就蜂拥而来，从银行借了很多钱，买农民的土地。对农民说种地多苦呀，你们也去城里吧。于是农民拿着卖地的钱去了城里，发现那些钱连一套普通的住房都买不起，他们只能住在贫民窟里做苦工。而那些买农民土地的人利用土地盖了很多房子，发现已经没有人买了，只好闲置在那里任其倒塌，欠的债也还不起，于是跑掉的跑掉，跳楼的跳楼，把银行也拖垮了。城里的农民活不下去，纷纷跑回来，把荒废的房子拆掉，该种地种地，该放羊放羊，生活方式又回到从前。但这一过程中建房子创造了GDP，拆房子也创造了GDP。

第二则故事：一个家庭每月吃10斤肉，肉价是5元，这个家庭每月吃肉创造的GDP为50元。一年后，肉价涨到10元，还是每月吃10斤肉，这个家庭吃肉创造的GDP为100元，GDP增加了，但福利没有改变。再过一年后，肉价涨到15元，这个家庭的收入无力支撑、只能节衣缩食，减量到7斤肉，吃肉创造的GDP为105元，即便GDP增加了，这个家庭的福利却下降了。

第三则故事：有一个地区在某段时期内，发现很多工人失业，政府就决定开展“把运河填成马路”的工程。这样一来，不仅解决了就业问题，而且可以增加GDP。当工人们辛苦劳动把运河填成马路后，却发现生活水平下降了，因为环境改变了，生活的成本更高了。

案例分析

国内生产总值（GDP）指在一定时期内，一个国家或地区的经济体所生产出的全部最终产品和劳务的价值，是衡量国家经济状况的一种指标，能反映国家的经济发展状态。但是GDP仍然存在许多缺陷。

第一，GDP不能反映资源的使用情况和对环境的破坏程度。生产是需要消耗资源的，把农民的土地买过来建造房子，一方面占用了土地，另一方面消耗了建筑材料，尽管创造了GDP，但没有需要，GDP既没有带来资本存量增加，又没有带来福利，只造成了环境的破坏。

第二，GDP不能全面反映实际的生产生活。从支出的角度，消费能创造GDP，但GDP有可能是物价上涨导致的，物价上涨增加的GDP并不能反映人们的实际生活状况，从而导致GDP增加，人们的实际生活水平却下降。在实际的核算中，应该尽量核算实际GDP，消除物价因素的影响。相反，有些家务劳动增加了人们的生活水平，却没有计入GDP。

第三，GDP不能反映收入增长和社会福利。“把运河填成马路”确实增加了就业，增加了GDP，增加了收入，但最后人们的福利没有增加，反而增加了人们生活的成本。因此GDP不能完全反映一个地区或者一个国家的社会福利水平，因为在GDP中看不到收入分配或者收入差距问题，看不到人们生活休闲问题，也看不到人们生活成本的变化等。

此外，GDP还有如下几方面的不足：不能反映财富的分配状况，不能反映人们的幸福感，不能反映就业状况，不能反映经济结构的调整和变化等。

尽管 GDP 指标有各种不尽如人意之处，目前还没有其他指标可以取代 GDP 的地位和作用，但是可以使用其他综合指标来对 GDP 的局限性进行一定弥补。

问题讨论

（1） GDP 与福利的关系是什么？

（2） 什么情况下的 GDP 才是有意义的 GDP？

（3） GDP 核算有哪些缺陷？如何弥补？

理论提示

（1） 理解存量与流量概念，理解这两个概念与 GDP 核算的关系；

（2） 理解 GDP 与经济福利的关系；

（3） 理解 GDP 核算的宗旨。

9.4 物价水平：CPI 的篮子里有些什么？

案例内容

CPI（消费者价格指数）是普通消费者所购买的物品与劳务的总费用的衡量标准，美国劳工统计局每月都计算并公布消费者价格指数。消费物价指数如何计算呢？首先要确定一篮子商品和劳务。美国劳工统计局确定的一篮子商品和劳务通常有：①住房，包括住所费用、燃料和其他公共服务，以及家具和维修；②交通，包括用于汽车、汽油、公共汽车和地铁等的支出；③食品和饮料，包括在家消费的食物、在外面消费的食物以及含酒精的饮料；④医疗；⑤休闲活动；⑥教育和通讯，包括大学学费和个人电脑等费用；⑦服装，包括衣服、鞋和首饰等；⑧其他，包括香烟、理发和丧葬等支出。

案例分析

消费者价格指数（Consumer Price Index，CPI），是对一个固定的消费品篮子价格的衡量，主要反映消费者支付商品和劳务的价格变化情况，也是一种度量通货膨胀水平的工具，以百分比变化为表达形式。

CPI 指标有两个特点：第一，选定一些与居民生活密切相关的商品作为价格指数的商品构成，目前 CPI 统计一篮子商品中包括有 8 大类；第二，每一类商品的权重是固定的，但是会定期调整，美国 8 大类商品的权重如表 9.3 所示。

表 9.3　美国 CPI 一篮子商品和服务的权重

美国 CPI/%	食品和饮料	医疗	服装	其他商品和服务	休闲娱乐	交通运输	教育和通讯	住房
	15	6	4	3	6	17	6	43

数据来源：Bureau of Labor Statistics.

CPI 中的各类商品权重在一段时间内相对固定，8 大类商品中每一类还包括很多细分商品，每一类细分商品都规定了一定的权重。确定了权重就可以计算 CPI 指数了。接下来就是找出每一种商品和劳务的价格，计算一篮子商品和劳务的费用，最后选择基年计算指数。需要指出的是，房屋的购置被视为一种投资行为，而租房却被视为消费行为。所以，在 CPI 当中，不直接包括商品房销售价格，但包含了居住类的价格。在居住类价格中，包括了建房和装修材料，租房的租金，公房的房租和私房的房租，以及其他费用，如建房及装修材料价格、房贷利率、物业管理费用、维修费用、水电燃料价格等。

CPI 是观察通货膨胀水平最重要的指标，与人民生活最为密切。但是 CPI 并不完全反映全面的通胀水平，衡量通货膨胀还有很多指标，除 CPI 外还有生产价格指数、GDP 平减指数等。

问题讨论

(1) 作为衡量通货膨胀的两大指数，CPI 和 GDP 平减指数之间有何联系与区别？

(2) 为什么说用 CPI 来衡量价格水平并不完美？

(3) 房价变化是否反映在 CPI 里？CPI 的处理方式是否合理？

理论提示

(1) 理解两大价格指数之间的差别：CPI 和 GDP 平减指数；

(2) 熟练掌握 CPI 的编制方法。

9.5 失业指标：美国男性比女性就业率高吗？

案例内容

第二次世界大战不久，美国男性与女性在社会中的作用差别很大。只有33%的女性从事工作或在找工作，相比之下，男性的这一比例为87%。在过去的几十年间，随着越来越多的女性进入劳动力队伍和一些男性离开劳动力队伍，男性与女性的劳动力参工率之间的差别逐渐缩小。2007年的数据显示，女性的劳动参工率为59%，相比之下，男性的这一比率为73%。按照参工率来衡量，男性和女性在经济中的作用逐渐平等。

资料来源： U. S. Department of Laborr.

案例分析

就业率的对立面是失业率。失业率是衡量一国宏观经济状况的一个重要指标。失业率是劳动人口中失业者所占的比率。从失业的形成原因来看，失业可以分为结构性失业、摩擦性事业、季节性失业和周期性失业。周期性失业是因为需求不足、经济萧条而导致的失业，会周期性出现。周期性失业是宏观经济政策调控的对象，而另外三种失业常态化存在，是宏观经济政策难以改变的。这就是说，失业率是不可能降低为零的，即使实现充分就业，也仍然有失业存在，这种失业叫做自然失业率，是由前面提到的摩擦性失业、结构性失业和季节性失业构成的。

案例中，美国女性就业率上升，男性就业率下降，反过来就是美国女性失业率下降，男性的失业率上升。这个失业率是不是周期性失业呢？不是，这是结构性的。美国女性就业率上升的原因有如下几个方面：一是新技术，如洗衣机、烘干机、电冰箱、冷藏柜和洗碗机的使用，减少了妇女完成家庭劳动所需要的时间；二是有效的生育控制，减少了家庭妇女生儿育女的数量；三是政治和社会态度的变化，促进了妇女的就业。美国男性就业率下降的原因是如下几方面：一是年轻男性在学校上学的时间比他们的父辈和祖父们长；二是老年男性退休更早而活得更长；三是随着更多女性就业，更多的父亲留在家里照料子女。

问题讨论

(1) 结构性失业、摩擦性事业与自然失业有什么关系？

(2) 影响自然失业率的因素有哪些？

理论提示

(1) 理解如下概念：结构失业、摩擦性失业、自然失业；

(2) 理解如下概念：充分就业和自然失业。

9.6 中国国内生产总值（GDP）核算的一个新变化

案例内容

2016年7月，国家统计局发布《关于改革研发支出核算方法修订国内生产总值核算数据的公告》，改革研发支出核算方法，将能够为所有者带来经济利益的研发支出不再作为中间消耗，而是作为固定资本形成处理。

近年来，我国大力推动科技进步和创新发展，研发支出快速增长，研发活动对经济增长发挥了越来越重要的推动作用。但是，传统的核算方法对研发在促进经济增长中的作用反映得不够充分。新的核算方法将能够为所有者带来经济利益的研发支出由原来作为中间消耗，修订成作为固定资本形成，体现了研发成果所具有的固定资产的本质属性，即在未来一段时间的生产活动中不断得到使用，持续发挥作用。

据介绍，实施研发支出核算方法改革，对我国GDP总量、速度、结构等指标均有一定影响。

实施研发支出核算方法改革后，我国各年GDP总量相应增加。从近十年的数据来看，改革后各年GDP总量的增加幅度呈上升趋势，年平均增加幅度为1.06%。如2015年GDP总量增加8 798亿元，增加幅度为1.30%。

从增长速度看，由于近年来研发支出增长速度比GDP增长速度相对快一些，实施研发支出核算方法改革后，理论上GDP增长速度将有所上调。但是，由于研发支出占GDP比重很小，研发支出与GDP的增速差异并不大，因此其对GDP增速的影响十分有限。从2016年一季度GDP增速变化情况看，核算方法改革增速变化幅度只有0.04%左右。

GDP核算改革后，我国产业结构有所变化。如2015年，我国三次产业比例由原来的9.0：40.5：50.5，修订为8.9：40.9：50.2，第二产业增加值占GDP的比重略有提高，第一、第三产业占比略有下降。其中，工业增加值占GDP的比重提高0.5个百分点，由原来的33.8%修订为34.3%。

案例分析

GDP 可以用生产法、支出法和收入法核算。用生产法核算 GDP，是指按提供物质产品与劳务的各个部门的产值来核算国内生产总值。运用这种方法进行核算时，各生产部门要把使用的中间产品产值扣除，只计算增加的价值。根据传统的 GDP 核算方法，研发支出作为中间产品价值是要加以扣除的。GDP 核算方法改革后，企业研发支出不再作为中间消耗，而是作为固定资本形成处理。将能带来经济利益的研发支出从“生产消耗”调整为“固定资本形成”，固定资本形成与生产消耗带来的一增一减会让 GDP 总量明显增加。

实施研发支出核算方法改革有非常重要的意义。首先，它顺应国际大趋势。其次，它与我国经济进入新常态，经济发展方式转变的这个特殊阶段相适应，这样一个改革对经济发展方式转变有重要促进意义。GDP 不计算由于产出造成的自然资源的消耗、环境的破坏及其他相关方面的总耗。这样的模式与可持续发展相违背，所以需要转变这个模式，而转变的重要一点就是提高全要素生产率，即提高创新对经济增长的贡献，尤其是技术创新。这次改革，将能够带来经济利益的研发支出直接作为 GDP，而不是作为消耗，也表明国家鼓励更多的研发。这样的改革对于我国强调的“双创”、新经济的增长动力都是一件具有指标性、标志性，同时又具有导向性意义的事情。

从技术上来看，改革对 GDP 数据的改变是温和的。2015 年改革研发支出核算办法带来的 GDP 的增量接近 9 000 亿元，这对于每年总量的提高还是比较显著的。但因为 GDP 总量每年都有提高，所以从增长的速度上来讲，GDP 的变化没有那么大，比如 2015 年改革研发支出核算办法后对 GDP 增速的影响是 0.04 个百分点，它并没有影响 2015 年 6.9%的年度增长速度。因此，改革研发支出核算办法后还是能够保持 GDP 增速大体上的连续性。

总之，实施新的 GDP 核算国际标准，会对整个经济走势产生一定的影响，相关研发比例较大的产业对经济增长的贡献就会加大。

案例讨论

（1）实施 GDP 核算方法改革的经济意义是什么？

（2）实施 GDP 核算方法改革后 GDP 构成将发生怎样的变化？

理论提示

(1) GDP 的含义；

(2) GDP 的核算方法；

(3) GDP 核算的生产法。

第十章　国民收入决定：收入—支出模型

一、基本概念与原理小结

1. 内容摘要

在短期，国民收入决定理论是从总需求变动角度说明均衡国民收入如何决定，以及如何向均衡状态调整。这套理论主要涉及四个市场：产品市场、货币市场、劳动市场和国际市场。凯恩斯认为，总供给在短期内（特别是经济萧条时期）一般是稳定的，总需求往往相对不足，就会造成均衡国民收入的下降。解决了总需求不足的问题，均衡国民收入下降的问题就会得到解决。

本章第一节主要是均衡国民收入的决定。在宏观经济学框架里，总产量（总产出）或总收入是同一个概念，但是也都是泛指。对它们的具体测度指标是 GDP 或国民收入等。广义地说，国民收入有时泛指总产出或总收入，其中包括有明确统计定义的 GDP 或 GNP；有时候则特指 GDP。狭义地说，国民收入有自己具体的统计定义，即分配给各种生产要素所获得收入的总和。国民收入的具体含义要根据上下文来理解，而在本章，它泛指总产出。

一般说来，一国所生产的全部产品和服务，就是该国的国民财富，同时也是该国的国民收入。不过，在市场经济条件下，直接生产出来的绝大部分产品和服务，都必须借助市场交易，才能真正成为国民收入和财富。

国民收入和国民财富的分配首先取决于一国的基本经济制度（所有制及生产关系体系）和生产方式。一般说来，除国家通过强制手段获得税收收入外（有时国家的收入也被理解为政府向社会提供的特定公共服务的代价），占有主要的生产资料和生产手段（包括技术专利）者通过利润获取国民收入中的一大部分，而在生产和销售中提供劳动的人通过工资获得国民收入中的另外一部分，其余部分则由提供社会服务的人通过薪金和劳务费的方式获得。市场经济条件下的均衡国民收入（即实际 GDP，有时也指均衡的产出）是指总收入和总支出相一致时的产出。从事前角度（即一定时期的经济活动尚未开始时）看，它是指计划达到的，或者说想要达到的，能使经济社会的收入正好等于全体居民和企业想要的支出情况下的国民收入。不过，市场均衡的国民收入水平未必是唯一确定的，也不一定是理想的，它取决于低于充分就业供给水平下的总支出水平（只有短期内充分就业的国民收入水平才是唯一理想的）。因此，事前计划达到的均衡国民收入不一定在事后真正能够实现。只有从事后角度（即一定时期经济活动的结果）来看，国民收入核算账户所计算的才真正是实际的（或者说通过交易实现了的）均衡国民收入。

均衡国民收入决定原理是：均衡国民收入取决于总需求和总供给的相等，短期内或经济萧条中，总供给处于充裕状态或基本无法变动状态。因此，凯恩斯认为，在总供求共同决定均衡国民收入的短期格局中，总需求就成为均衡国民收入水平唯一的决定因素。简言之，凯恩斯短期均衡国民收入决定的基本原理是：短期内主要由总需求水平决定均衡国民收入水平。

第二节是两部门经济中的家庭部门，主要内容有凯恩斯的消费函数理论。凯恩斯认为，影响消费的最有决定意义的因素是家庭收入，凯恩斯把消费倾向递减看做一条心理规律。即在一般情况下，平均说来，当人们收入增加时，他们的消费也会增加，但增加的消费不会像增加的收入那样多。由于消费随可支配收入增加而增加的比率是递减的，因而可以推论出储蓄随可支配收入增加而增加的比率递增。宏观经济学关心的是整个社会的消费函数，即总消费和总收入之间的关系。社会消费函数是家庭消费函数的总和。不过，西方经济学家认为，社会消费函数并不等于家庭消费函数直接加总。从家庭消费函数去求社会消费函数时，还要考虑以下一系列限制条件：一是国民收入的分配状况；二是政府税收政策；三是公司未分配利润在利润中所占比例。

鉴于凯恩斯的消费函数理论的局限性，经济学家们又陆续提出了其他消费理论，对凯恩斯的消费函数理论进行了补充和修改，主要有杜森贝里的相对收入假说、弗里德曼的恒久收入假说以及莫迪利安尼的生命周期假说等。

第三节是两部门经济中的企业部门，主要内容有凯恩斯的资本边际效率理论。凯恩斯认为资本边际效率（记作 MEC）是一种贴现率，这种贴现率正好使一项资本品在使用期内各预期收益的现值之和等于这项资本的供给价格或者重置成本。资本边际效率也是一条心理规律，因为人们对未来收益前景的预期在很大程度上会受到他们心理因素和信心状态的影响。资本边际效率的数值取决于资本品供给价格和预期收益。预期收益既定时，资本边际效率递减。

凯恩斯认为，企业是否要对新的实物资本（如机器、设备、厂房、仓库等）进行投资，既取决于这些新投资的预期利润率（资本边际效率），也取决于为购买这些资产所需要借入的款项（借款筹资的方式可以多种多样）所要求的利率（实际上就是投资成本）之间的比较。前者大于后者时，投资是有利的；前者小于后者时，投资就是不利的。美国经济学家托宾提出了股票价格会影响企业投资的理论。他认为，企业的市场价值与其重置成本之比，可作为衡量是否进行新投资的标准。他把该比率称为 q。$q<1$，买企业比新建便宜，于是社会上就不会有这方面的新投资；相反，$q>1$ 时，新建造企业比买企业便宜，会有新投资。这就是说，当 q 较高时，投资需求会较大。因此 q 理论说明股票价格上升时，投资会相应增加。

第四节是三部分经济中的政府部门。凯恩斯主义经济学家认为，政府部门的经济活动会影响社会的总需求，从而对国民收入产生影响，特别是当经济处于衰退状态时，其积极作用更为明显。当国内的消费需求和投资需求之和小于社会总供给水平时，除了要刺激消费需求和投资需求增加之外，还必须通过政府需求弥补总需求的缺口。

政府需求可以分两类：一类是政府消费需求，另一类是政府投资需求。政府消费需求是指政府维持其正常活动的需求，也是对社会生产的产品和服务的需求。政府投资需求是指政府为自身需要或公共设施建设等所产生的需求，在特殊情况下可以具有相当大的规模。

第五节是四部门经济中的国外部门。当一国经济的国内需求不能对自己生产的产品和服务全部购买时，来自国外的需求就是一个很好的补充。也就是说，如果一国经济由于国内需求不足而导致供求失衡的话，就可以考虑通过国外需求来补充其不足部分，使经济达到均衡状态。个别国家的经济甚至完全依赖国外需求。所以，当今世界，来自国外的需求已经成为各个国家总需求中一个必要的组成部分，甚至是相当重要的组成部分。国外需求的大小在统计上可以由该国的净出口来说明。净出口受国内进口倾向和边际进口倾向的影响，进口倾向和边际进口倾向取决于本国的国民收入水平、人均收入水平、消费倾向和边际消费倾向几个因素。

第六节是乘数原理。乘数是指国民收入的变动量与带来这种变化的初始因素变化的比率，如果初始因素是投资就是投资乘数。乘数除投资乘数外还包括各项财政乘数（包括政府购买支出乘数、税收乘数、转移支付乘数和平衡预算乘数)。其中投资乘数、政府购买支出乘数在程度上是相等的，而税收乘数和转移支付乘数在程度上是相等的。各项支出乘数（投资乘数、政府购买支出乘数和出口乘数）在程度上大于税收乘数和转移支付乘数。这是因为，前者直接增加（或减少）总需求，后者先增加（或减少）可支配收入，然后才影响到总需求，而且由于边际消费倾向小于1，影响程度已经减弱。税收乘数和转移支付乘数在程度上相同，但是在方向上是相反的（符号不同）：税收乘数是负值，表明税收增加会减少均衡国民收入；转移支付乘数是正值，表明其增加会引起可支配收入增加，从而增加均衡国民收入。平衡预算政策的乘数等于1，平衡预算政策会对均衡国民收入起到刺激作用。

2. **基本概念**

均衡国民收入，消费倾向，边际消费倾向，储蓄倾向，边际储蓄倾向，绝对收入假说，恒久收入假说，生命周期假说，相对收入假说，资本边际效率，投资边际效率，q 比率，投资乘数，政府购买支出乘数，税收乘数，转移支付乘数，平衡预算乘数。

3. **基本原理**

（1）均衡国民收入原理。国民收入由总供给与总需求共同决定，二者相等时的国民收入为均衡国民收入。在短期，总供给相对固定，均衡的国民收入主要取决于总需求。短期内存货原理起到了调节作用。

（2）绝对收入假说。当期消费取决于当期收入，而且消费是收入的增函数，但是边际消费倾向小于1。

（3）相对收入假说。人们的消费不仅取决于自己的当期收入，也取决于其他人的消费，取决于自己历史上的消费。因此会形成攀比效应和棘轮效应。

（4）恒久收入假说和生命周期假说。人们的消费是从长期考虑的，每个时期的消费都取决于各个时期的收入之和。

（5）凯恩斯投资理论。投资是由资本边际效率和利率的比较决定，且资本边际效率递减，由此投资是利率的减函数。

（6）托宾 q 理论。投资是由项目的 q 比率决定，即由该项目的股票市场市值与该项目的重置成本的比值决定。$q<1$ 时，买企业比新建便宜，社会上不会有建企业的新投资；$q>1$ 时，新建造企业比买企业便宜，会有建企业的新投资。由此得出，当 q 较高时，投资需求会较大。即股票价格上升时，投资会相应增加。

（7）乘数原理。乘数是指国民收入的变动量与带来这种变化的初始因素变化的比率。乘数作用是双向的：自发支出增加导致收入加倍增加，自发支出的减少也会导致收入加倍减少。乘数还有各类财政乘数。在财政乘数中，政府购

数——分析税率变化对均衡国民收入的影响，如此等等，只是不在本书范围之内。

问：平衡预算乘数是单位乘数吗？

答：不一定，只有当税率为0，同时不考虑进口倾向时，平衡预算乘数才等于1（其实也还依赖其他一些本章暗含着的假定）。但是可以肯定的是，平衡预算乘数是大于0的。

问：乘数作用任何时候都存在吗？

答：不是。它取决于经济是否接近或达到充分就业，取决于货币市场的反应是否配合（第十一章的*IS-LM*模型会详细分析）。

问：根据《西方经济学》（第二版）的定义，一个企业追加投资产生的乘数作用是否忽略了通过生产联系对其他企业的带动作用？

答：没有忽略。在第一轮，企业新增投资已经包含了对其他企业的带动作用，其中有一部分是上游企业的产出贡献，一部分是所讨论企业的新增产出贡献。

问：乘数原理只在本章所考虑的环境中存在，对吗？

答：错。乘数原理是表明各项支出增加导致收入增加的程度，在任何情况下这个机制都存在，只是在不同的环境下会受到不同的影响。例如，考虑到货币市场，就会有挤出效应（在第十一章的*IS-LM*模型中讨论），从而缩小了乘数的大小。

二、案例分析

10.1 蜜蜂的寓言：节俭与产出

案例内容

1720年，荷兰的曼德维尔出版了《蜜蜂的寓言》，描述了一个蜂群的兴衰史。最初蜜蜂们各个都疯狂追求个人利益，穷奢极欲，挥霍浪费，奇怪的是这些恶行反而使整个蜂群兴旺发达，繁荣昌盛，经济充满活力，社会欣欣向荣。一天，蜜蜂们忽然醒悟，自己也不满意自己往日的恶行，于是向天神祈祷，希望一心向善。天神遂了它们的愿望，蜂群开始崇尚节俭，节制消费，结果酒店杳无人迹，工厂不再有人订货，蜂群陷于凋敝。此所谓节俭悖论，200年后，凯恩斯得到启发建立了有效需求理论。

案例分析

曼德维尔用蜂群隐喻社会，认为对个人而言，恶行可以促进公共利益的增进，个人的恶之花可以结出社会的善之果。因此曼德维尔不容于当时的社会。凯恩斯关心的是其中的节俭和浪费的选择问题，他注意到，社会越节俭，就会越穷；越储蓄，结果储蓄反而越少。这就是节俭的悖论。解读起来应该是：今天越储蓄，明天的订单就越少，收入也越少，因而从收入中产生的储蓄也就越少。

节俭悖论的成立有一个前提：供给是充足的。如果反其道行之，由节俭转浪费，则越消费，订单越多，从而闲置的生产能力越是能得到充分利用；订单越多，也越能够鼓励厂家投资兴建更多的厂房设备和生产线，从而形成更多的供给能力。显然，蜜蜂寓言反映的是，影响社会繁荣与衰败的因素仍然要在总供给与总需求框架下讨论。如果没有充足的供给能力，或者供给能力不能迅速增长，则需求增长就是空话。需求增加，供给不变结果必然是通货膨胀。

相对而言，需求不足，就想方设法刺激消费和投资。凯恩斯在其《就业、货币与利息通论》中开玩笑地指出，实在无法刺激消费，我们可以雇用一拨人挖坑埋钱，然后再雇用另外一拨人挖坑把钱取出来。严格地说，凯恩斯的建议不全是玩笑，因为事实上大部分社会都是按照凯恩斯这个“荒唐”的建议来做的。

如果仔细观察经济繁荣背后的事实，可以发现，欣欣向荣和有活力的经济是由浪费支撑的。我们真的需要那么多一次性的产品如圆珠笔、纸杯、塑料袋吗？真的需要耗费那么多纸张吗？真的需要吃出病来再去就医，营养过剩后再去健身吗？但是我们知道的是，正是因为这些浪费性消费，或者说正是人们永远难以填补的欲壑，推动了经济发展和社会进步。这样我们就又回到了曼德维尔的蜜蜂王国了：个人品行得以保全，谦逊、节约回来了，但是蜂群王国衰败了。只是，这个忧虑已经不是经济学能够解决的了。

问题讨论

(1) 怎样看待总供给或总需求对宏观经济的影响？

(2) 浪费性消费是促进经济繁荣的重要途径吗？

理论提示

(1) 理解总供给、总需求、消费与储蓄等概念；

(2) 理解需求不足对现代经济的影响；

(3) 理解总供给与总需求在现代宏观经济中的相对地位。

10.2 让新消费转化为新动力：中国疫情中就地过年案例

案例内容

数据显示，2021 年春节期间，全国邮政快递业累计揽收和投递快递包裹 6.6 亿件，同比增长 2.6 倍；全国重点零售和餐饮企业的销售额 8 210 亿元，同比增长 28.7%……在“就地过年”的倡议下，百姓的消费模式继续向线上转移，网购年货、外卖年夜饭等新消费为拉动内需作出重要贡献。

消费升级也在倒逼企业转型，不断推出更符合消费者口味的产品和服务，开辟消费市场新的增长点。从今年一些爆款“年货”可以看出，传统商品融入了更多环保、科技、文化元素，受到消费者青睐。譬如，小家电品牌九阳联名可口可乐打造的年夜饭潮酷新装备在各大电商平台上热卖，九阳还利用社交网络平台完成销售转化和用户留存，让传统的锅具、烤箱打破年轻圈层，使得“在家做饭”成为年轻人追捧的新潮流。

资料来源：让新消费转化为新动力，经济日报，2021 年 2 月 24 日。

案例分析

西方经济学关于消费函数的理论有凯恩斯的绝对收入假说，杜森贝里的相对收入假说，弗里德曼的恒久收入假说以及莫迪利安尼的生命周期假说等。

凯恩斯的绝对收入假说认为消费随收入的增加而增加，且边际消费倾向递减。即在一般情况下，平均说来，当人们收入增加时，他们的消费也会增加，但增加的消费不会像增加的收入那样多。杜森贝里的相对收入假说认为消费者会根据自己过去的消费习惯以及周围人们消费水准的影响来决定自己的现期消费水平。消费在长时期内会维持一个相对固定的比率，但短期消费函数却有所不同。弗里德曼的恒久收入假说认为，消费者的消费支出主要不是由他的现期可支配收入水平决定，而是由其恒久可支配收入水平决定。恒久可支配收入可以根据人们所观察到的若干年可支配收入的数值通过加权平均数算出，距现在的时间越近，其权数就越大；反之，则越小。莫迪利安尼的生命周期消费理论认为，人们在特定时期的消费不仅与他们在该时期的可支配收入相联系，而且会在更长时间范围内计划他们生活中的消费开支，以达到他们在整个生命周期内消费的最佳配置。

案例中就地过年，网购消费，增加了网购的年货消费量。这个消费的增加不是由于收入增加而导致，而是由于周围人们的消费改变而导致的，符合杜森贝里的相对收入假说的基本原理。生活方式、消费理念的转变反作用于消费市场，二者互为促进，共同推动新消费的崛起。新消费又促进生产方式的改变。电商平台敏锐捕捉消费新趋势，纷纷打造“年货节”。数据显示，盒马“年货节”异地特色年货占比超 40%，天猫“年货节”累计卖出 3.8 亿斤优质农产品，助推了很多农产品跨地域市场流通。

问题讨论

（1）比较绝对收入假说和相对收入假说。

（2）影响消费的其他因素还有哪些？

理论提示

（1）绝对收入假说形式简单，适用于短期，相对收入假说分析消费增加和消费减少的非对称，存在棘轮效应；

（2）消费的改变对生产的影响。

10.3 储蓄与产出：提高储蓄率总是一个好主意吗？

案例内容

中国居民储蓄存款余额连创新高：1996 年城乡居民储蓄存款余额为 3.9 万亿元，到 2000 年 1 月份首次突破 6 万亿元；2003 年 1 月末，中国居民储蓄余额达到 9.81 万亿元，同比增长 20%，同比增幅创 1998 年以来 5 年最高值；2 月底，中国居民储蓄余额突破 10 万亿元，达到 10.03 万亿元。这一阶段居民储蓄存款的鲜明特征就是在利率不断降低的同时，居民的储蓄热情依然高涨。从国家统计局公布的数据来看，不仅是这一阶段，其他时段中国的居民储蓄存款也一直处于迅速增长的状态，比如，2005 年年末我国城乡居民人民币储蓄存款达到 14 万亿元，到 2010 年年末增长到 30.33 万亿元，年均增长 16.5%，增长速度呈现出越来越快的态势。

案例分析

储蓄是可支配收入中未被用于消费的部分，因而在影响储蓄的诸多因素中，收入是最主要的决定因素。此外，储蓄与收入之间的关系，经济学中通常还会用平均储蓄倾向和边际储蓄倾向来说明，而对于储蓄倾向的考察归根结底是对消费倾向的考察。

居民收入稳步增加无疑是储蓄快速增长的一个重要原因。1990 年到 2010 年 20 年间，我国城镇居民的收入一直呈稳步增加的态势，人均可支配收入年均增长 13.5%，农村居民收入增长速度虽然慢于城镇居民，但是也一直在增长，人均纯收入年均增长 11.4%。收入不断增加，而商品和服务的消费却未同步增长，因而造成了储蓄存款增长较快。改革开放以来中国居民储蓄的增长速度一直高于经济增长和居民收入增长的速度。

中国的体制改革不断向纵深发展，住房、医疗、养老、教育等制度的改革虽说从长远来看有利于经济发展，但从短期看，过去由单位和国家承担的改革成本，转为由个人承担，居民对未来收入和支出的不确定性预期增强，未来风险的增大迫使居民在考虑收入的支配时，防范风险的意识明显增强，不得不加大储蓄。1999—2000 年，教育体制改革前中国的最终消费支出对经济增长的贡献率分别达 75%和 65%；体制改革后，消费对经济增长的刺激作用开始逐步下降，到 2010 年，其贡献率只有 36.8%，拉动经济增长 3.8%，居民消费受到了明显的抑制，因而对经济增长的贡献也越来越小。

消费占收入比率的下降导致储蓄比率的提高。在储蓄比率较小时，储蓄比率的提高会增加资本存量，提高 GDP。但储蓄比率较大时，再提高储蓄比率会导致消费不足，人力和人力资本下降，GDP 反而会减少。因此存在一个最优的储蓄率水平，不是储蓄率越高越好。

问题讨论

(1) 简述储蓄对宏观经济的影响。

(2) 归纳中国储蓄存款余额不断增加的原因。

理论提示

(1) 储蓄在宏观经济中的短期作用和长期作用；

(2) 生命周期假说和持久收入假说。

10.4 政府投资的产出效应：中国政府投资案例

案例内容

2008年12月18日讯：据国家发展和改革委员会18日介绍，为进一步扩大内需，促进经济增长，按照“出手要快，出拳要重，措施要准，工作要实”的总体要求，国家发展和改革委员会等部门已将今年第四季度新增1 000亿元中央投资计划全部下达，财政部门已迅速拨付有关资金。上述1 000亿中央投资计划共分6类，包括廉租住房建设、棚户区改造等保障性住房建设项目，投资100亿元；农村沼气、饮水、通路、通电、通邮工程、重大水利工程等农村民生工程和农村基础设施建设项目，投资340亿元；铁路、公路和机场等重大基础设施建设项目，投资250亿元；基层卫生、计划生育服务体系、中西部农村初中校舍改造等医疗卫生、教育、文化社会事业发展项目，投资130亿元；城镇污水、垃圾处理设施建设、重点流域水污染防治等节能减排和生态建设工程，投资120亿元；自主创新和产业结构调整项目，投资60亿元。

上述投资预计可带动社会总投资规模4 000亿元。有关部门在审批计划时严格把关，防止控制低水平重复建设，禁止高耗能、高污染项目。

为保证新增中央投资项目尽快启动、落实和顺利实施，管好用好资金、保证工程质量安全和严防各种违纪违法行为，由中央纪委、国监委牵头，国家发展和改革委员会、财政部、审计署为成员单位的中央扩大内需促进经济增长政策落实检查工作组已分赴各地开展检查工作。

资料来源：新增1 000亿元中央投资计划全部下达——预计可带动社会总投资4 000亿元，经济日报，2008年12月19日。

案例分析

凯恩斯主义经济学家认为，政府部门的经济活动会影响社会的总需求，从而对国民收入产生影响，特别是当经济处于衰退状态时，其积极作用更为明显。当国内的消费需求和投资需求之和小于社会总供给水平时，除了要刺激消费需求和投资需求增加之外，还必须通过政府需求弥补总需求的缺口。

政府需求有两类：一类是政府消费需求，另一类是政府投资需求。政府消费需求是指政府维持其正常活动的需求，也是对社会生产的产品和服务的需求。政府投资需求是指政府为自身需要或公共设施建设等所产生的需求。

案例中中央计划投资的1 000亿分为6类，其中3类是基础设施建设，包括廉租住房建设、棚户区改造等保障性住房建设项目，农村沼气、饮水、通路、通电、通邮工程、重大水利工程等农村民生工程和农村基础设施建设项目，铁路、公路和机场等重大基础设施建设项目；3类是公共产品，包括基层卫生、计划生育服务体系、中西部农村初中校舍改造等医疗卫生、教育、文化社会事业发展项目，城镇污水、垃圾处理设施建设、重点流域水污染防治等节能减排和生态建设工程，自主创新和产业结构调整项目。

根据均衡的国民收入决定理论，在经济处于衰退时，由政府增加需求弥补总需求的缺口可以提高均衡的国民收入，增加就业。2007年美国次贷危机引起外需减少，国内经济有下行的趋势，中央根据宏观经济形势及时增加投资需求，抑制经济下滑趋势。在安排新增中央投资时，遵循既有利于促进经济增长、又有利于推动结构调整和发展方式转变，既有利于拉动当前经济增长、又有利于增强经济发展后劲，既有效扩大投资、又积极拉动消费的原则。2008年之后的宏观经济运行事例证实了均衡的国民收入决定理论，当然后续的发展中也出现了一些其他问题。

问题讨论

(1) 两类政府需求中哪一类更有利于国民收入增加？

(2) 政府对社会需求的影响有哪些？

理论提示

(1) 政府的投资需求存在挤出效应；

(2) 税收、制度、政策都是政府对社会需求的影响。

10.5 扩大净出口的利与弊：中国外贸依存度案例

案例内容

净出口是出口与进口的差额，净出口对均衡的国民收入有影响。用一年内进出口总额占GDP的比值可以表示一国（或地区）的外贸依存度。很显然，在GDP一定的条件下，净出口额越大，外贸依存度越大。在2008年之前，我国的外贸依存度逐年增加。表10.1是国家统计局公布的1991—2010年中国外贸依存度数据。

表 10.1　1991—2010 年中国外贸依存度

年份	国内生产总值/亿元	进出口总额/亿美元	当年汇率	外贸依存度/%
1991	21 781.5	1 356.3	5.33	33
1992	26 923.5	1 655.3	5.51	34
1993	35 333.9	1 957.0	5.76	32
1994	48 197.9	2 366.2	8.61	42
1995	60 793.7	2 808.5	8.37	39
1996	71 176.6	2 898.8	8.33	34
1997	78 973.0	3 251.6	8.29	34
1998	84 402.3	3 239.5	8.29	32
1999	89 677.1	3 606.3	8.29	33
2000	99 214.6	4 742.9	8.28	40
2001	109 655.2	5 096.5	8.28	38
2002	120 332.7	6 207.7	8.28	43
2003	135 822.8	8 509.9	8.28	52
2004	159 878.3	11 545.5	8.28	60
2005	184 937.4	14 219.1	8.22	63
2006	216 314.4	17 604.4	8.01	65
2007	265 810.3	21 765.7	7.67	63
2008	314 045.4	25 632.6	7.02	57
2009	340 902.8	22 075.4	6.82	44
2010	401 202.0	29 740.0	6.78	50

数据来源：根据国家统计局公布的数据整理得到。

案例分析

20 世纪 90 年代，中国的外贸依存度一般保持在不到 35%的水平，1994 年、1995 年出现了较快速的上升，但总体比较稳定，没有出现大起大落；尽管有 1997 年亚洲金融危机的影响，1998 年中国的外贸依存度也仅比上一年下降了 2 个百分点，1999 年又略有回升。这一外贸依存度在 1995 年以前是与国际水平持平的，因为根据国际货币基金组织（IMF）公布的《2006 年世界经济展望》，1995 年以前全球的外贸依存度为 40%左右。1995 年以后，经济全球化快速发展，甚至连外贸依存度相当稳定的发达国家都表现出了一定的增长，而此时中国的外贸依存度低于国际水平。

在 21 世纪的第一个十年中，中国的外贸依存度表现出了较大的波动，表现为：加入 WTO 之后，中国的进出口贸易蓬勃发展，货物进出口总额的增长速度明显快于 GDP 的增速，导致外贸依存度快速、大幅提高。2002 年以前，外贸依存度还只有 40%左右，从 2004 年到 2007 年，这一数值保持在 60%以上，最高出现在 2006 年，达到了 65%。2008 年受到 2007 年次贷危机引起的全球金融危机的影响，外贸依存度比上年减少了 8 个百分点，2009 年更是下降到了 44%。这一期间，60%以上的外贸依存度与其他国家相比，明显是偏高了，但考虑到全球贸易的迅猛增长，中国的这一外贸依存度也并非异常。

为什么进入 21 世纪后与其他国家相比，中国的外贸依存度会如此之高呢？对于这一问题的分析，可以从以下方面入手。第一，外贸依存度是货物进出口总额与 GDP 的比值。我国外贸是由外商投资企业主导的，在相当长的时间里，外商投资企业进出口和主要由外商投资企业经营的加工贸易在中国货物贸易中的比重都保持在 50%左右。中国的外贸以出口加工为主，进口原材料在国内加工成成品后再出口构成了外贸的主要内容，这必然会造成进出口贸易额的迅速增加，带来外贸依存度的迅速提高。比如，根据上海市外经贸委统计的数据，2007 年外商投资企业占上海进出口总额比例就高达 68. 3%。第二，在全球贸易中，商品贸易占比较大，服务业因其自身的特性不容易成为贸易商品而占比较低；发达国家第三产业都比较发达，创造的 GDP 比中国高得多，因而其商品贸易占 GDP 的比重相应较低，而中国的 GDP 构成中工业占的比重较大，服务业创造的产值较少，因而外贸依存度高。第三，从国际分工模式上来看，发达国家的企业构成了对外投资的主力，中国的外商投资企业近年来增长迅速，导致外贸依存度的提高。第四，人民币常年被低估，再加上中国鼓励为出口而实行的各种出口退税政策，极大促进了出口贸易。

综合来看，中国的外贸依存度增大的过程中其 GDP 增长也比较快速，净出口对 GDP 增长的贡献也比较大。这是净出口促进产出增加有利的一面。但净出口过大也有不利的一面，很容易受到世界经济波动的冲击，一旦隐藏的风险显现，就会带来灾难性的后果。中国是一个发展中大国，为了自身的经济安全，不应过度依赖外贸，经济增长的重心应转移到不断调整和优化产业结构以扩大内需上来。2008 年后中国在这方面的表现有一定的效果。

问题讨论

（1）一国净出口的影响因素是什么？

（2）归纳净出口过大的不利一面。

理论提示

（1）理解净出口、边际进口、边际出口等概念；

（2）理解经济全球化与各国经济的相互影响。

10.6 现值原理、资产定价与交易：球员转会

案例内容

2009年6月，纷纷扰扰的“皇马收购C罗”终于尘埃落定。据曼联官方网站的数字，皇马（皇家马德里足球俱乐部的简称）此番为C罗（葡萄牙语Cristiano Ronaldo的简称）开出的价码是8 000万英镑（接近9 300万欧元），其中实际进入曼联账户的转会费是8 440万欧元左右，而C罗的经纪人门德斯从中得到960万欧元的巨额转会佣金。除此之外，C罗在个人待遇方面将全面向卡卡看齐，1 200万欧元的税前年薪则是让皇马继续“破财”的另一大项。加上各种税金，皇马砸在C罗身上的金钱将达到1.86亿欧元！

资料来源：皇马收购C罗花费惊人，三大开销总额竟超1.8亿，网易体育，2009年6月11日。

案例分析

欧洲的足球俱乐部和美国的NBA篮球联赛都将球员转会变成一个典型的市场活动。对这些俱乐部而言，球员是最重要的资产，在经济学里叫做人力资本。当球员效力一个俱乐部时，俱乐部的训练、俱乐部其他球员给予的影响以及球员自己的努力和天赋都使他能够成长起来，能够在技艺上精益求精，也能形成明星效应。于是他能够给俱乐部带来广告和赞助，带来门票，带来奖项，这些都是球员的人力资本发挥作用而创造出来的，当然需要用价值来衡量。

C罗2003年开始为曼联效力，到2007年4月重新续约5年，2009年6月转会到皇马时，其与曼联的合约还有近3年到期。无论C罗有多大的人力资本——能够为曼联带来多少的市场价值，C罗的人力资本一直到2012年4月期间都为曼联所有。C罗是资产，资产在未来都能获得收益，未来收益的现值为当前的交易值。C罗这一资产的未来收益是比赛的门票收益、广告赞助和比赛

获奖等方面的收益。在曼联看来，C 罗未来 3 年为曼联带来收益的现值不会超过 8 000 万英镑，因此曼联愿意接受 8 000 万英镑（约 9 300 万欧元）的转让费。而在皇马这一方，他们认为 C 罗未来三年的收益现值超过 1.86 亿欧元，因此他们愿意支付 8 000 万英镑（约 9 300 万欧元）的转会费给曼联，同时为 C 罗支付共约 9 300 万欧元的费用。

无论是曼联还是皇马，都是按资产定价原理来计算 C 罗这项资产的现值。他们要预测，C 罗在合同期内每一年或每一赛季能够形成多少收入，并计算这些收入的现值是多少。C 罗带来的各期收入现值的加总就是其转会的费用，只是曼联与皇马的计算结果不一样，也正是这种计算差别，才导致交易的可能，使得转会得以实现。这个例子还表明，球员转会是对资源的再配置；通过市场交易，球员这种人力资本被调配到最能发挥其价值的地方。在 C 罗转会的例子里，C 罗在皇马的价值要大于在曼联的价值。正是因为这种转会制度的存在，欧洲的足球运动才会精彩纷呈、充满活力，才会不断提高竞技水平。我们也看到，足球运动是一项典型的市场经济活动，应该遵循市场规律来运作。

问题讨论

(1) 什么是资产？

(2) 资产的价值到底是由什么因素决定的？

理论提示

(1) 理解贴现率、贴现和现值这些概念；

(2) 如何理解资产的交易价格？

10.7 奥运投资的乘数效应：北京奥运案例

案例内容

2008 年 8 月 21 日“北京奥运与北京经济”新闻发布会在奥运会主新闻中心举行，北京奥运经济研究会执行会长在会上表示，奥运直接推动了北京经济的发展，在 2002 年到 2007 年，奥运因素每年促进北京经济增长一个百分点，年均增长速度为 12.1%，比奥运会筹办前增长速度高出 1.8 个百分点，按照我们的分析，其中有一个百分点的因素是由奥运因素推动的。

资料来源：李雁争、吴婷：6 年来奥运促北京经济年增速提 1%，中国证券网，2008 年 8 月 21 日。

案例分析

北京举办奥运增加了对北京的投资，包括首都机场三号航站楼的建设，信息化的投入，和居民有关的水电气热等生活设施的改造以及环保设施的投入。不仅如此，这些行业形成的收入又会转化成进一步的需求，促进消费品生产的扩大，再次增加该行业从业人员的收入，然后后者再形成消费需求……奥运带来的连锁反应，促进了北京经济的繁荣。这意味着，第一，投资带来收入的增加，收入的增加带来需求的增加。第二，需求的增加刺激供给，带来产出增加，如此循环。第三，循环过程中随着循环次数的增加，每一次循环对产出的增加贡献是递减的，直至最后的增加值为零为止。增加的所有产出之和与最初的投资增加值之比就是投资乘数。北京奥运会最初的投资增加导致的高出以前一个多百分点的增长就是投资乘数的表现。

问题讨论

（1）乘数发挥作用，需要具备哪些条件？

（2）试举出几个乘数效应的例子。

（3）一个城市地铁开通时带动地铁沿线商业，从而带来经济繁荣。这是不是乘数效应？

理论提示

（1）乘数原理与乘数效应；

（2）影响乘数效应的因素。

10.8 中国经济增长：投资拉动转为投资和消费共同拉动

案例内容

（新华网北京1月18日电）国务院新闻办今日举行新闻发布会，时任国家统计局局长介绍2017年国民经济运行情况。其指出，从需求结构看，中国经济已经从主要依靠投资拉动转为投资和消费共同拉动，消费和投资共同支撑中国经济发展也是2017年的一个大变革。

统计局数据显示，2017年，消费是经济增长主动力，最终消费支出对国内生产总值增长的贡献率为58.8%，高于资本形成总额26.7个百分点。此外，就是经济增长和发展从过去主要由出口拉动，转为出口、进口共同拉动。2017

年，全年进出口总额277 921亿元，比上年增长14.2%，扭转了连续两年下降的局面。其中，出口153 318亿元，增长10.8%；进口124 603亿元，增长18.7%。

2017年全年国内生产总值827 122亿元，按可比价格计算，比上年增长6.9%。

案例分析

该案例表明，2017年我国经济增长和发展状况在国内外各种因素影响下基本还是令人满意的。短期波动模型告诉我们，一国经济增长主要取决于总需求水平，消费、投资、国外需求和政府支出是构成总需求的重要因素。因此，我们看待经济增长就要从这些因素的变化去看，再进一步分析这些因素变化的原因。本案例明确说明我国2017年的经济增长，已经从投资拉动转为投资和消费共同拉动。这是支撑我国2017年经济发展的一大转变。对外贸易（进出口）对经济的拉动也是经济发展的重要因素。

我国有近14亿人口，每天都要消费，因此，从总量来说，肯定是一个较大的经济变量。但近些年收入差距的扩大在消费倾向角度看，现有消费状况显然是不能令人满意的。我国经济长期以来主要由投资拉动。这既包括社会投资，也包括政府投资，特别后者是最重要的总需求驱动力量，至于净出口因素则由于国际经济形势的恶化和停滞，作用在缩小。如果没有“一带一路”方面的支持，恐怕作用会更小。当然，政府投资伴随着宽松的银根和货币投放，在一定程度上看，宽松的货币政策和信贷杠杆也是推动经济增长的重要力量。

问题讨论

(1) 长期以来，我国经济增长中哪个因素是最为重要的？

(2) 我国的消费总量是否仍然具有较大的上升空间？

(3) 我国的消费增长主要受哪些因素制约？

(4) 消费函数理论在我国的适用程度如何？

(5) 地方政府的投资究竟起到什么作用？

(6) 我国投资决策的制约因素与宏观经济学所讲的投资函数一致吗？

(7) 我国的投资主要受哪些因素影响？

(8) 多年来，对外贸易总量对我国国民经济增长的作用应该如何认识？

理论提示

(1) 总需求的构成；

(2) 消费函数的概念；

(3) 如何看待消费函数；

(4) 消费的影响因素；

(5) 如何看待投资函数；

(6) 资本边际效率的概念；

(7) 投资决定的原理；

(8) 政府开支和政府投资的区别；

(9) 乘数概念；

(10) 现实中的投资乘数。

第十一章 国民收入的决定：*IS-LM*模型

一、基本概念与原理小结

1. 内容摘要

*IS-LM*模型是分析总需求方面的模型。在一般物价水平不变假定下，该模型探讨产品市场和货币市场分别达到均衡和变动所需的条件，以及两个市场同时达到均衡和变动所需的条件，并在此基础上探讨产品市场和货币市场运行中的相关含义和问题。

*IS*曲线是指产品市场的均衡，即产品在市场上的供给和需求相等。微观经济学中产品市场的均衡对应于一定的价格水平。但在宏观经济学分析*IS*曲线时价格不是最重要的问题，重点分析产品供给与需求相等时的利率与产出的关系问题，因此分析*IS*曲线时假定价格不变。

*LM*曲线是指货币市场均衡，货币市场通过利率影响总需求，而货币需求又受到总体经济活动的影响，即受国民收入的影响，表明产品市场和货币市场相互影响，这种影响通过*IS-LM*模型可以表达出来。

本章第一节分析产品市场均衡，推导*IS*曲线。当国民收入等于总需求时，被称为均衡国民收入。而总需求又受到利率的影响。利率既影响投资，也影响消费和外贸。为了简单起见，只考虑利率对投资的影响，分析利率如何影响投资而影响均衡国民收入。利率对均衡国民收入的影响反映到坐标系里就是*IS*曲线。归纳起来，*IS*曲线的含义是：其一，它代表了产品市场的均衡，表明了在国民收入等于总需求的条件下，利率是如何通过投资而影响到国民收入的；其二，*IS*曲线斜率为负，表明随着利率的下降，国民收入会增加，也就是说，利率和国民收入之间存在着负向因果联系。*IS*曲线的斜率由边际消费倾向决定。边际消费倾向越大，投资乘数就越大，从而利率变化带来的影响也就越大；从曲线上看，其斜率绝对值就越小（利率在纵轴上，收入在横轴上），*IS*曲线就越平缓。*IS*曲线的位置则由消费（储蓄）、投资、财政政策（购买性支出、转移支付与税收）和外贸决定，凡是能够促进需求增加的各种力量，都促使*IS*曲线向外移动。

本章第二节分析货币市场均衡，推导*LM*曲线。在货币市场上，利率取决于实际货币的供给与需求，货币供给基本上由中央银行决定，是外生给定的；其除以价格水平就是实际货币供给，代表着名义货币供给的购买力。货币需求方面，人们出于交易动机、预防动机和投机动机而对货币产生需求，并持有货币。持有货币的多少与价格有关，也就是说，人们关心的是对实际货币的持有。出于交易动机和预防动机而应该持有多少实际货币，主要与收入水平有关。收入水平的高低也就是经济活动水平总量的大小，它需要借助货币来方便交易或应对未来不时之需。而出于投机动机应该持有多少货币主要由利率决定，因为利率影响着资产的价格，资产的价格决定着人们在投机活动中是卖出资产（持有货币）还是买入资产（减少货币持有）。但是要指出的是，无论是哪种动机的货币需求，事实上都同时受到收入水平和利率水平的影响，只是为了方便起见，假设交易与预防动机的货币需求受收入影响，投机动机的货币需求受利率影响。当货币供给和货币需求相等时，货币市场处于均衡状态，利率为均衡利率，不再变动。由于货币需求由收入和利率决定，因此存在着合适的收入与利率组合，该组合让货币市场保持均衡。将该种收入与利率组合反映到坐标系里，就可以形成一条曲线，这就是 *LM* 曲线。*LM* 曲线表明：其一，货币市场是均衡的；其二，收入的变动会引起利率的同方向变动。*LM* 曲线背后的机制是：收入增加引起货币需求增加，从而打破货币市场上原本存在的供求均衡，货币需求大于货币供给，导致利率上升。*LM* 曲线的斜率受到货币需求对利率敏感性和货币需求对收入敏感性的影响。而 *LM* 曲线的位置则受货币交易需求、货币预防需求和货币投机需求的影响，也受实际货币供给的影响。

本章第三节分析产品市场和货币市场同时均衡时收入与利率的决定。当产品市场和货币市场同时均衡时，均衡的收入与利率得以确定。如果各种原因如财政政策发生变化，导致 *IS* 曲线向右移动，则均衡收入会增加，而均衡利率也会因为收入增加引起的货币需求增加而上升；反之亦相反。如果因为货币供给政策变得宽松，*LM* 曲线会向右移动，均衡利率会下降，均衡收入也会因为利率下降引起的需求增加而增加。

2. 基本概念

IS 曲线，*LM* 曲线，货币的交易需求，货币的预防需求，货币的投机需求，实际货币需求，*LM* 曲线的古典区域，*LM* 曲线的凯恩斯区域。

3. 基本原理

（1）产品市场均衡原理。*IS* 曲线代表产品市场的均衡，描述均衡时利率如何影响收入，两者之间的关系是反方向变化的。*IS* 曲线的斜率由影响乘数大小的种种因素决定，如边际消费倾向、边际进口倾向和税率。只要能刺激总需求增加，都能导致 *IS* 曲线向右移动。刺激总需求的因素也包括财政政策在内，如增加财政支出或减税等，反之则相反。

（2）货币市场的均衡原理。*LM* 曲线代表货币市场的均衡，描述货币市场均衡时收入如何影响利率，两者之间的关系是同方向变化的。人们出于交易、预防和投机三种动机持有货币，并根据物价水平决定持有名义货币的数量。对货币的需求受到收入与利率的影响，其中收入主要影响交易动机和预防动机的货币需求，而利率主要影响投机动机的货币需求。*LM* 曲线的斜率由货币需求对收入和利率的敏感性决定。如果货币需求对收入变化敏感，则 *LM* 曲线比较陡峭，表明收入变化对利率的影响程度大；如果货币需求对利率变化敏感，则 *LM* 曲线比较平缓，表明收入变化对利率的影响程度小。*LM* 曲线的位置由货币需求和货币供给决定。一般而言，货币需求是稳定的，货币供给由中央银行决定。中央银行采取扩张性的货币政策时，*LM* 曲线向右方移动。

（3）产品市场和货币市场同时均衡的原理。两个市场同时均衡时能确定均衡的国民收入，同时也确定了均衡的利率。根据 *IS–LM* 模型，消费、投资、政府购买、转移支付和出口的增加，或者是税收、进口的减少，都会导致 *IS* 曲线向右移动，从而引起均衡收入增加和均衡利率上升。货币供给增加会导致 *LM* 曲线向右移动，从而引起均衡利率下降，而均衡收入增加。

4. 重点难点

（1）利用 *IS–LM* 模型分析国民收入的决定。

（2）*LM* 曲线中的古典区域和凯恩斯区域意味着什么？

（3）流动性陷阱的含义和后果是什么？

（4）投资乘数或财政乘数相对于上一章而言会变小，其原因是什么？

（5）*IS–LM* 曲线交点以外的区域意味着货币市场或产品市场或两个市场失衡，失衡后如何调整？

5. 即问即答

问：*IS–LM* 模型是一个单纯的需求理论吗？

答：对。它假定供给能力充足，只要有需求，供给都能够立即满足。因此均衡国民收入决定于总需求，但是总需求由产品市场和货币市场的相互作用决定。两个市场同时均衡时决定的是总需求，该总需求决定了总收入。

问：*IS* 曲线与 *LM* 曲线都表明了收入和利率的关系，它们的区别是什么？

答：①它们代表的市场均衡不同，分别代表产品市场均衡和货币市场均衡；②它们代表的因果关系不一样，*IS* 曲线表示利率如何影响收入，*LM* 曲线表示收入如何影响利率；③收入和利率的关系方向正好相反，*IS* 曲线是负向的，*LM* 曲线是正向的。

问：*IS* 曲线说明利率对收入的影响，这种影响只是通过投资完成的吗？

答：从教科书中看，是的。但是要指出的是，教科书中的理论对现实做了一个高度抽象的假设，省略了利率对消费的影响。事实上，利率影响投资，也影响消费，还通过影响汇率而影响到进出口。但是，为了更清晰地看出利率对收入的影响，可以假设利率只影响投资。当然，在实际研究中，应该考虑利率影响收入的其他途径。

问：是不是交易动机和预防动机的货币需求只受收入的影响，投机动机的货币需求只受利率的影响？

答：不是。三种动机的货币需求都同时受收入和利率的影响，但是在教科书中，为简单起见，可以做上述假设。而在实际研究中，则应放松假设。

问：如果投资增加导致 *IS* 曲线右移，能否确定右移的距离？

答：可以确定。右移的距离为投资增量乘以投资乘数。也就是说，右移的距离是利率不变条件下由投资增加引起的收入增量。

问：在 *IS*-*LM* 模型中，投资增加会增加收入，是否也存在着乘数效应呢？

答：是。只是乘数效应要比第十章变小，这是因为存在着挤出效用。就是说，投资增加引起的收入增加会导致利率上升，这会减少一部分投资，从而减少一部分收入。

二、案例内容

11.1 *IS*-*LM* 模型：美国经济中利率变化对总产出的影响

案例内容

美国在 20 世纪 80 年代和 90 年代经历了两种不同的经济状况。整个 80 年代，美国经济一片欣欣向荣，处于复苏和扩张之中，但是副作用是通货膨胀率很高，1989 年年底通货膨胀率接近 5%。在这个时段，美联储一直采取紧缩性货币政策，于 1988—1989 年大幅度提高短期国库券利率，总算将通货膨胀率压制住了（尽管如此，但没有降低多少）。

随后美国经济出现反转，1989年之后经济增长开始缺乏动力，1990年7月进入衰退（后来确认，时间是在伊拉克入侵科威特之前）。1990年的第三和第四季度美国GDP都减少了，分别下降了1.6%和3.9%。而此时的美联储更关心的是如何处理伊拉克入侵科威特后导致的石油价格上涨的问题。因此一直到年底都拒绝降低利率。随后，经济继续衰退，1991年第一季度GDP再下降3.0%，为避免再次引起通货膨胀，美联储于1991年全年开始持续削减利率，但是程度非常温和。1991年第二和第四季度，美国GDP增长1.7%和1.2%，似乎显示出复苏的迹象。但是这只是假象。就在衰退看起来已经到头时，经济数据却不乐观，1991年第四季度GDP增速下降至0.6%，显示出经济再次探底的迹象。这一次美联储态度变得坚决起来，果断地将贴现率从4.5%削减至3.5%，国库券利率则降至20年以来最低，随后当经济增长继续萎靡不振时，又再降至30年以来的最低水平。

案例分析

案例表明美国经济在整个20世纪80年代欣欣向荣，经济处于扩张之中，GDP增长较快，此段时期，通货膨胀率也逐渐增高，美联储采取紧缩性的货币政策，调高利率，抑制通货膨胀，也抑制GDP过快增长。但是扩张具有惯性，美联储的紧缩性货币政策直到1989年才将通货膨胀压住。到了90年代，由于石油价格上涨，美国经济进入衰退阶段。GDP增速开始下降，美联储开始执行扩张性的货币政策，降低利率。同样，衰退也有惯性，持续降低利率，直到将利率降低到30年以来的最低水平，才扭转衰退的趋势。

这个案例也说明通过利率影响国民收入的增长是有一定难度的，第一个难度体现在对宏观经济运行状况的判断；第二个难度体现在执行的利率政策对宏观经济的影响程度什么时候该停止。先看案例中第一个难度方面的问题。尽管从1989年开始，美国经济增长开始减速，到1990年7月美国经济就已经陷入衰退，可是这个衰退在当时并不清楚，是后来才确认的。这就是说，实施宏观经济政策时存在一个认知时滞。GDP增速的数据都是滞后的，不会即时反映到决策者那里。在美国，经济周期的高峰和谷底是事后确认，是发生后由位于麻省剑桥的国民经济研究局（NBER）的一个经济学家委员会确认的。他们会推迟认定，以便收集充足的证据，避免将短暂的跳跃与真正的波动混为一谈。这样美联储不能依靠国民经济研究局发布的数据，必须根据自己得到的信息认知宏观经济运行状况来决定利率政策，不容易准确把握。案例中1988—1989年的宏观经济状况，美联储的认知与实际状况不是十分吻合。

再看第二个难度方面的问题。一般而言，实际利率下降既有可能是扩张性货币政策的结果，也有可能是经济衰退的结果，但是美联储选择相信了前一种可能。为什么会这样呢？这是因为，由于认知的滞后，美联储没有及时看到经济在衰退。在这种情况下，美联储的判断是货币扩张导致实际利率下降和经济衰退导致实际利率下降的可能性各为50%。那么你会接着追问，为什么美联储就选择相信了前一个判断呢？这又是因为，整个20世纪80年代后期，美国都处于通货膨胀的危险之中，这意味着货币是扩张性的。美国1990—1991年的经济衰退应该是*IS*曲线左移导致，结果是实际利率下降和GDP增长减速，甚至GDP绝对减少。但是，根据对过去信息的判断，美联储认为这次衰退是*LM*曲线右移导致的，其结果是实际利率下降和GDP增加。实际利率的下降是观察到的，而由于认知时滞，实际在减少的GDP被错误地判断为在增加。于是，美联储认为美国经济的主要危险还是通货膨胀，就继续采取紧缩性的货币政策，希望把*LM*曲线推向左边（它认为其是向右移动的）以复位。但是，实际效果是，本来*IS*左移了，经济陷入衰退，而美联储又将*LM*曲线向左移。这无异于雪上加霜，加剧了经济的衰退。

问题讨论

（1）依据*IS-LM*模型分析导致实际利率下降的原因。

（2）依据*IS-LM*模型分析导致GDP变化的原因。

（3）如果只看到实际利率下降，你是否能确定原因在*IS*曲线方面，还是在*LM*曲线方面？

理论提示

（1）*IS-LM*模型；

（2）利率对宏观经济影响的机制；

（3）政策的局限性如各种时滞。

11.2　*IS-LM* 模型：美国财政扩张对宏观经济的影响

案例内容

在 1941 年 12 月 7 日，六架日本轰炸机投下的炸弹袭击了美国的太平洋舰队。这些炸弹摧毁了 8 艘战舰、数量众多的其他舰艇和 188 架飞机。珍珠港事件使得美国加入了第二次世界大战。这次袭击也使得战争支出开始巨额增加，包括修复和扩大太平洋舰队。尽管战争不是好事，但战争和因此而导致的支出可以被用来检验政府支出的影响。这样的事件还有很多，如 1957 年苏联人造卫星“伴侣号（Sputnik）”的发射导致了美国和苏联之间的太空竞赛，“伴侣号”的发射使得美国政府的太空项目增加了 103 亿美元（1957 年）。出乎意料的外国事件改变了政府支出，也提供了一个自然实验。经济学家瓦莱丽·里米（Valerie Ramey）利用 63 年的新闻文章来识别外国事件引起的美国政府支出的变化。研究了随机支出冲击之后的 GDP 增速和其他没有类似冲击时的 GDP 增速。

研究结论显示，政府支出乘数介于 0.6~1.2 之间，当政府增加 1 美元支出时，国内生产总值的增加介于 0.6~1.2 美元之间。这一可能值的范围很大，没有足够的历史数据来得到一个更加精确的答案。

资料来源：［美］达龙·阿西莫格鲁、戴维·莱布森、约翰·A. 李斯特：经济学（宏观部分），卢远瞩、尹训东、于丽译，中国人民大学出版社，2016：239。

案例分析

财政政策的各种变动都会影响总需求，因此也会影响 *IS* 曲线变动。增加政府支出会使 *IS* 曲线向右移动。*IS* 曲线移动的幅度取决于两个因素：政府支出增量和支出乘数的大小，即均衡收入增加量 $\Delta Y = k_G \Delta G$。相反，减少政府支出，则会使 *IS* 曲线向左移动。

案例中，经济学家瓦莱丽·里米（Valerie Ramey）研究了出乎意料的外国事件引起的政府支出增加对 GDP 增加的影响。研究结论显示，支出乘数 k_G 介于 0.6~1.2 之间，即政府增加 1 美元支出时，国内生产总值的增加介于 0.6~1.2 美元之间。该研究案例实证了 *IS-LM* 模型中政府支出增加对 GDP 产出的影响。该乘数比简单的国民收入决定理论中的乘数要小，表明存在挤出效应。

问题讨论

(1) 有哪些因素导致 *IS* 曲线移动？

(2) *IS* 曲线的斜率由哪些因素决定？

(3) 财政投资乘数受哪些因素影响？

理论提示

(1) *IS* 曲线方程；

(2) *IS* 曲线的含义；

(3) *IS* 曲线移动的影响因素。

11.3 *IS-LM* 模型：美联储应对次贷危机引发的国际金融危机

案例内容

2008 年，美国的次级贷款危机引发了国际金融危机，QE 成为了财经媒体上广为议论的流行词。QE 是量化宽松（quantitative easing）货币政策的简称，似乎是这轮国际金融危机中产生出来的“新办法”。美联储于 2009 年 3 月推出 QE_1 并持续一年，总共购买 1.25 万亿美元的抵押贷款支持证券、3 000 亿美元的美国国债和 1 750 亿美元的机构证券。从 2009 年 3 月 1 日至 2010 年 3 月 31 日，美股标准普尔 500 指数涨幅为 37.14%。美国经济在 2009 年中期触底反弹，当年后三个季度的 GDP 环比增速从负值逐步增至 5%。

虽然美国的经济出现好转的迹象，但是高达 9.6%的失业率一直是让美国政府头疼的问题。于是美联储于 2010 年 10 月底推出第二轮总金额 6 000 亿美元的量化宽松政策，也就是 QE_2，通过再次发行货币来购买财政部发行的长期债券，每个月购买额为 750 亿，直到 2011 年第二季度。

2012 年 9 月 13 日，美联储又推出新一轮 QE_3，将无时间上限地每月持续购买 400 亿美元的房贷担保债券（MBS）直到经济得到稳健的复苏。这种“开放式”的 QE_3 一方面继续通过改变银行在联储账户中的资产负债表以注入流动性，同时向市场发出信号，即联储将坚持行动直到经济完全复苏并且愿意保持低利率政策以达到目标。

案例分析

传统的货币政策主要是通过调整短期利率起作用的，但是当短期利率已经达到0的极限值时，传统货币政策就没有用武之地了。日本就曾遭遇了这种困境：日本经济从1992年开始就进入了一个极低速的增长路径，1992年至2002年日本经济的年平均增长率仅有1.4%。为了刺激总需求，日本央行在20世纪90年代开始采取积极的货币政策使得利率被降到很低的水平，但是这些货币政策却没有起到作用。到1999年，日本银行间的同业拆借利率被降低到0，而其他短期利率也非常低，比如3个月期限的银行存单利率仅为0.2%。此时，名义利率已经到了0的极限值，传统的货币政策无法再使其降低了，日本央行似乎已经到了无计可施的地步了。

但是这并不意味着日本央行就没有其他的策略选择。针对日本经济的衰退困局，以本·伯南克为代表的经济学家们认为，短期名义利率已经降低到0的极限，并不意味着实际利率不能再改变。所以日本央行应该扩大货币供给，产生一个显著的通货膨胀水平以降低实际利率来刺激投资，同时可以减低贷款债务的实际价值来恢复人们的购买信心。而这种做法就是所谓的QE（量化宽松）政策。

针对日本的情形展开讨论所提出的方案用到了美国的货币政策中，这就是我们在案例里看到的美国连续推出的QE_1、QE_2和QE_3三轮量化宽松政策。媒体对于量化宽松政策的推出褒贬不一，唱衰的一方指责美联储这种量化宽松政策就是一种不负责地加印钞票的行为。但是实际上，量化宽松政策的操作并不是简单地“加印钞票”，而是通过公开市场操作购入长期债券、公司证券等中长期票据，使得银行在央行开设的结算户口内的资金增加，为银行体系注入新的流动性。

量化宽松政策是公开市场操作的特有形式。美国的公开市场操作是短期性质的，随时会根据货币市场和宏观经济数据来做出买进债券投放货币或卖出债券回笼货币的选择，动作非常频繁，属于相机抉择。而次贷危机之后的量化宽松政策则是长期性质的，有计划地在一定时期内长期投放确定数量的货币到经济中去。因此这种“公开市场操作”比以前的惯例力度更猛，同时它也是为了向市场注入信心，让市场形成确定的预期。

问题讨论

（1）根据传统理论，为什么在利率极低时货币政策是无效的？

（2）媒体常常批评美国量化宽松政策就是不负责地加印钞票导致他国通货

膨胀的行为，你觉得这种评论的逻辑是否正确？

(3) 量化宽松政策与公开市场操作有何关系？

理论提示

(1) 各种货币政策工具：公开市场操作、贴现率、法定准备金率；

(2) 货币市场特点：流动性，流动性陷阱；

(3) 货币政策局限性。

11.4 *IS-LM* 模型：美联储监测股市的宏观调控

案例内容

美联储的工作是监测整个经济的发展并对此作出反应，目标之一是稳定总需求，因为总需求越稳定意味着产量和物价水平越稳定。监测整个经济发展的有效手段是监测股市。当股市高涨时，家庭变得富有，增加的财富又刺激了消费支出。而且，股票价格上涨使得企业发行新股更有吸引力，这又刺激了投资支出。这两个原因使高涨的股市扩大了物品和劳务的总需求。为了促进稳定，美联储对股市高涨的反应是货币供给低于而利率高于股市不高涨时的水平。高利率的紧缩效应抵消了高股票价格的扩张效应。实际上，这种分析确实描述了美联储的行为：在20世纪90年代末“非理性狂热”的股市高涨时期，按历史标准看，真实利率是较高的。

当股市下跌时会出现相反的情况。用于消费和投资的支出会减少，这抑制了总需求，使经济趋向衰退。为了稳定总需求，美联储将会增加货币供给和降低利率。实际上这也是美联储的通常做法。例如1987年10月9日，股市下降了22.6%——历史上跌幅最大的一天。美联储对股市崩溃的反应是增加货币供给和降低利率。联邦基金利率从10月初的7.7%下降到10月底的6.6%。部分由于美联储的迅速行动，经济才避免了一次衰退。但在2001年和2002年股市下跌期间，美联储也降低了利率，此次的货币政策没有快到足以扭转衰退的情形。

当美联储注意股市时，股市参与者也注意到美联储。由于美联储可以影响利率和经济活动，所以它也可以改变股票的价值。例如，当美联储通过减少货币供给来提高利率时，它由于两个原因而使拥有股票的吸引力减弱：第一，较高的利率意味着股票的替代品——债券——赚到的收益高了，第二，美联储的紧缩货币政策降低了对物品和劳务的需求，这减少了利润。因此，当美联储提高利率时，股票价格通常下降。

资料来源：［美］曼昆：经济学原理（宏观经济学分册），5版，梁小民、梁砾译，北京大学出版社，2009：277。

案例分析

在美国，美联储作为中央银行是如何影响经济运行呢？它的政策工具有哪些呢？一般认为它有利率工具（存款准备金率、再贴现率）和公开市场操作工具。

当美联储在公开市场中购买政府债券时，它增加了货币供给并扩大了总需求。当美联储在公开市场出售政府债券时，它减少了货币供给并减少了总需求。美联储也可以通过联邦基金利率这一政策工具来影响利率。在联邦公开市场委员会的会议上，这个目标每6周被重新评价一次。联邦公开市场委员会选择为联邦基金利率设定目标。

美联储将利率作为目标的决策并没有从根本上改变我们对货币政策的分析。流动性偏好理论说明了一个重要的原理：既可以根据货币供给，也可以根据利率来描述货币政策。当联邦公开市场委员会为联邦基金利率设定一个目标，比如说6%时，就是在告诉美联储的债权交易者："进行必要的公开市场操作，以确保均衡利率等于6%。"换句话说，当美联储把利率作为目标时，就会调整货币供给，以便在货币市场均衡时达到这个目标。

股市是经济活动的晴雨表，它能反映经济繁荣和萧条的运行状况。20世纪90年代末，股市进入"非理性的狂热"。美联储根据股市情况判定需求过旺，调高利率，减少市场上的货币供给。相反，当股市下跌时，需要增加货币供给和降低利率。例如1987年10月9日，股市下降了22.6%——历史上跌幅最大的一天。美联储对股市崩溃的反应是增加货币供给和降低利率。联邦基金利率从10月初的7.7%下降到10月底的6.6%。部分由于美联储的迅速行动，经济才避免了一次衰退。

问题讨论

（1）联邦基金利率对经济的影响机制是什么？

（2）紧缩的货币政策有哪些特征？

（3）存款准备金率、贴现率和公开市场操作（正回购、逆回购）三种政策中，哪一个政策效果最好？为什么？

理论提示

（1）三大传统的货币政策工具及其在运用中的利弊；

（2）货币政策的类型。

11.5 *IS-LM* 模型：中国经济应对外来冲击

案例内容

2009 年 2 月 21 日，人民网《京华时报》报道《国家统计局：全球金融风暴对中国经济冲击严重》中描述：

2007 年美国发生“次贷危机”，并随之引发了全球金融危机和经济的衰退。这场危机来势之猛、扩散之快、影响之深，百年罕见，到 11 月开始对我国的对外贸易产生了实质性影响。受其影响，我国经济增速快速回落，尤其是外贸出口出现负增长，大批农民工返乡，经济面临硬着陆的风险。2008 年 11 月全国进出口总值同比下降 9%，其中：出口下降 2.2%；进口下降 17.9%。12 月全国进出口总值同比下降 11.1%，其中：出口下降 2.8%；进口下降 21.3%。为了应对这种危机，针对当时情况，中国政府于 2008 年 11 月推出了进一步扩大内需、促进经济平稳较快增长的十项措施。这十项措施包括：（1）加快建设保障性安居工程；（2）加快农村基础设施建设；（3）加快铁路、公路和机场等重大基础设施建设；（4）加快医疗卫生、文化教育事业发展；（5）加强生态环境建设；（6）加快自主创新和结构调整；（7）加快地震灾区灾后重建各项工作；（8）提高城乡居民收入；（9）在全国所有地区、所有行业全面实施增值税转型改革，鼓励企业技术改造，减轻企业负担 1 200 亿元；（10）加大金融对经济增长的支持力度。初步匡算，实施这十大措施，到 2010 年年底约需投资 4 万亿元。随着时间的推移，中国政府不断完善和充实应对国际金融危机的政策措施，逐步形成应对国际金融危机的一揽子计划。

2009 年 10 月 27 日，国家发展改革委有关负责人表示，四万亿元投资计划项目建设进展顺利，中央投资的引导和带动作用持续显现，取得了明显成效。主要表现在：（1）对拉动全社会投资和稳定经济发挥了重要作用；（2）为进一步加强" 三农" 和改善民生夯实了基础；（3）积极推进了经济结构战略性调整和发展方式转变；(4) 重大基础设施建设稳步推进，汶川地震灾后恢复重建有力有序开展。我们遏制住了经济增速下滑趋势，2009 年上半年国内生产总值增速达到 7.1%，投资增速持续加快，消费稳定较快增长，国内需求对经济增长的拉动作用不断增强；前 7 个月，城镇新增就业 666 万人，城乡居民收入增加，社会大局保持稳定。

我们通过一揽子计划实施的积极财政政策和适度宽松的货币政策，不仅保持了本国经济稳定和较快增长，也为世界经济复苏做出了重要贡献。2009 年，中国继续保持着世界第一的经济增长速度（8%的 GDP 年度增长率）。美国《新闻周刊》的文章称，事实证明，中国的经济刺激计划是世界上规模最大(按照占 GDP 的比重来衡量）和速度最快的经济刺激计划。许多人还认为，这是世界上最有效的经济刺激计划。

案例分析

按照短期经济波动理论，总需求水平的高低决定了均衡国民收入的水平和经济增长的速度。2008 年后我国经济增速的下滑，首要的影响因素是对外贸易中对外出口的下跌。由于改革开放以来我国外向型经济的发展和经济全球化分工协作的发展，美国“次贷危机”影响全球经济下滑这种外来因素，就通过生产产业链和各国相互间的金融联系对我国经济产生了较大的、需求方面引起的紧缩性冲击。这时我国政府采取的以扩张总需求为目的的一揽子积极财政政策和适度宽松的货币政策，是与短期经济波动理论相一致的，但也是完全从我国实际出发、结合我国经济实际的。事实证明，这些举措最终维持了总需求的稳定，防止了经济的严重下跌和波动，达到了预期目的。

问题讨论

(1) 2008 年下半年我国面临的经济形势是总需求不足，还是总供给不足？

(2) 2008 年下半年我国面临的经济形势是否可以看做类似经济萧条的局面？

(3) 我国实施的一揽子计划是否是扩张总需求的政策？

(4) 一揽子计划中哪些不属于刺激总需求的政策？

(5) 一揽子计划纯粹是财政政策吗？

(6) 一揽子计划可否用 *IS-LM* 模型加以解释呢？

理论提示

（1）*IS* 曲线形状和移动的含义；

（2）*LM* 曲线形状和移动的含义；

（3）*IS*-*LM* 曲线交点的含义；

（4）财政政策和 *IS* 曲线的关系；

（5）货币政策和 *LM* 曲线的关系；

（6）货币需求的决定因素；

（7）以 *IS*-*LM* 模型分析经济活动的隐含条件。

第十二章　国民收入决定：*AD-AS* 模型

一、基本概念与原理小结

1. 内容摘要

宏观经济学中的总需求-总供给模型（简称 *AD-AS* 模型）弥补了 *IS-LM* 模型仅分析总需求的局限性。*IS-LM* 模型是在价格水平不变的条件下分析的均衡国民收入。事实上，现实的宏观经济运行中价格水平经常变动，为了更好地解释宏观经济运行，学术上出现了 *AD-AS* 模型。20 世纪 70 年代之后，大部分宏观经济学家都采纳了引入价格水平的 *AD-AS* 模型来克服 *IS-LM* 模型的缺陷。*AD-AS* 模型的具体内容涉及总需求曲线（函数）和总供给曲线（函数）的基本含义及表示、它们涉及的基本经济效应（收入效应）、这两条曲线的推导、政策变动对其影响和不同情况下对总供求产生作用的理论分析。

本章第一节的内容是 *AD* 曲线及其变动。有三方面的主要内容：第一，*AD* 曲线的含义和相关效应。*AD* 曲线是指总产量的需求和一般价格水平之间的对应关系的曲线，它表示在产品市场和货币市场同时达到均衡时的某个特定价格水平与产出水平的组合。*AD* 曲线要讨论价格变化，在宏观经济学中价格变化主要通过三种途径影响总需求。首先，价格水平越高，产品和服务就越昂贵，交易所需的货币就越多。如果货币供给没有变化，价格上升使货币需求增加时，利率就会上升；利率上升，又会使投资水平下降，因而总支出水平下降。在短期，由总需求水平所决定的收入水平也会在价格水平上升时发生下降。在宏观经济学中，一般将价格水平变动引起利率同方向变动，进而使投资和产出水平反方向变动的情况，叫做利率效应。其次，它会影响人们拥有各类资产的购买力，从而改变人们持有的实际资产与消费之间的比例关系，使得这个比例偏离合意的水平。为了恢复合意的实际资产持有量，人们会调整对名义资产的持有量，从而影响到利率水平。例如，当价格上升时，人们持有资产的购买力下降，会感觉到自己变穷，因而会减少消费。这种情况叫做财富效应。最后，价格变化还会影响到人们的纳税等级，从而影响到税收收入，进而影响到消费支出水平。第二，*AD* 曲线的推导。总需求函数由产品市场与货币市场的同时均衡中得到。以两部门经济为例加以说明。*IS* 曲线的方程为 $S(Y)=I(r)$，

LM 曲线的方程为 $M_0/P=L(Y)+L(r)$。在两个方程中，把 Y 和 r 当做未知数，而把其他变量，特别是 P 当做参数来对这两个方程联立求解，则所求得的 Y 对 P 的一般解析式为 AD 方程。根据 AD 方程得到的曲线即为 AD 曲线。第三，AD 曲线变动和影响因素。总需求曲线的位置是由价格以外的因素决定的。即使价格水平不变，如果企业商业信心增强而增加投资，消费者因为信心增强而增加消费，或者海外经济繁荣带来对本国产品的更多的订单，总需求都会增加，这表现为总需求曲线向右移动。财政货币政策同样会决定总需求曲线的位置，或引起总需求曲线的变动。扩张性的财政政策和扩张性的货币政策都会促使总需求曲线向右移动，而紧缩性的财政货币政策则促使总需求曲线向左移动。

第二节是 AS 曲线及其变动。有四方面的主要内容：第一，AS 曲线的含义。总供给曲线（函数）是指总产量与一般价格水平之间的关系。总供给曲线（AS 曲线）有长期总供给曲线和短期总供给曲线。一般说来，短期总供给曲线的斜率为正值，而长期总供给曲线则是趋近于垂直的。第二，AS 曲线推导。AS 曲线推导分为短期总供给曲线推导和长期总供给曲线推导。短期总供给曲线是依据货币工资下降具有“刚性”的假设条件推导的。这一假设条件的基本含义是：人们会抵制货币工资的下降，但欢迎货币工资的上升。因此，货币工资只能上升，不能下降。不仅如此，由于人们具有“货币幻觉”，即只看到货币的票面数值而不注意货币的实际购买力，他们会抵抗价格水平不变情况下的货币工资下降，但却不抵抗货币工资不变情况下价格水平的提高。由于“货币幻觉”的存在，他们会对这两种情况下实际工资下降的后果采取迥然不同的态度。在工资下降具有“刚性”的假设条件下，按照劳动市场的理论推导短期总供给曲线。即均衡的要素（如劳动）市场根据实际的要素价格决定要素使用量，要素使用量和生产技术按照生产函数决定产出，这样实际要素价格中的价格水平就与产出建立了函数关系，由这一函数关系对应的曲线为短期供给曲线。长期供给曲线与短期供给曲线不同，长期供给曲线也是古典主义供给曲线。古典经济学认为，实际工资是由劳动供给与需求决定的，是价格水平的变化所不能更改的。市场机制是完善的，名义工资水平可以充分调整，以保证实际工资发生的变化能够使得劳动供给与需求相等，此时的就业是充分就业，与其一致的产量就是潜在产量。这就意味着，物价水平的变化只会影响名义工资水平，不会影响实际工资水平，因此也就不会影响就业状况，从而也不会影响总供给。所以在古典经济学的理论中，长期总供给曲线是一条垂直线。第三，*AS* 曲线的变动和影响因素。除价格以外，技术水平、劳动生产率、劳动需求和劳动供给也会对总供给产生影响，它们的影响体现为整条总供给曲线的移动。当技术进步发生，或劳动生产率提高，或劳动需求增加，或劳动供给增加时，在任何一个价格水平下，总供给量都会增加。这意味着长期总供给曲线向右方移动。第四，特殊的 *AS* 曲线。正常情况下，（短期）总供给曲线是向右上方倾斜的。除此之外，总供给曲线还有两个极端的形状。一个是呈水平状的总供给曲线，这是凯恩斯主义总供给曲线的一种，一般发生在极度萧条时期。此时只要有需求，即使价格水平不提高，企业也愿意增加供给。另外一个是垂直的总供给曲线，这是古典学派所坚持的。

第三节是 *AD-AS* 模型。将总供给与总需求结合起来讨论一般物价和总产量水平的确定。这一节区分了三种情形。在一般情况下，总供给曲线与总需求曲线的交点决定了均衡的总产量和总价格水平。在凯恩斯主义极端情形下，总供给曲线是一条水平线，这说明均衡总产量和总价格水平是由总需求决定的，一旦总需求发生变化，经济会以产量和就业的调整做出反应，而价格保持不变。在古典主义的垂直总供给曲线下，无论总需求如何变化，只会影响价格水平，对产量和就业没有影响。

第四节是 *AD-AS* 模型对外来冲击的反应。在第三节的基础上讨论了各种外来冲击对宏观经济的影响，并且指出这种影响会因为不同的总供给曲线而有所不同。第四节首先讨论了总需求冲击对经济的影响。在凯恩斯主义看来，总供给曲线是水平的，只要有需求，就能增加产量。同时，凯恩斯主义还认为，极端情况下货币政策无法影响需求，从而无法改变总需求曲线；而在古典学派中的极端观点看来，总供给曲线是垂直的，因此无论总需求如何变化，对产量和就业都没有影响，经济总是充分就业的。第四节也讨论了总供给冲击对经济的影响，这取决于经济处于什么样的状态，即总供给曲线和总需求曲线是什么样的形状，它们在什么样的位置相交。

2. 基本概念

总需求曲线，总供给曲线，凯恩斯总供给曲线，古典总供给曲线，价格可变时的总供给曲线，价格不变时的总供给曲线。

3. 基本原理

（1）总需求曲线及其变动原理。总需求曲线可以通过 *IS-LM* 模型推导出来，总需求曲线是由 IS-LM 曲线的交点构成的：当价格水平变化时，这些交点会发生变化。总需求曲线向右下方倾斜，表明价格水平的变化对总需求起到反向的作用，其原因主要是利率效应和财富效应（也和税收效应有关）。财政政策、货币政策以及其他的各种因素都会导致总需求曲线移动。

（2）总供给曲线及其变动原理。按照要素市场理论和生产函数推导短期总供给曲线。即均衡的要素（如劳动）市场根据实际的要素价格决定要素使用量，要素使用量和生产技术按照生产函数决定产出，这样实际要素价格中的价格水平就与产出建立了函数关系，由这一函数关系对应的曲线即为供给曲线。总供给曲线（AS 曲线）分为短期总供给曲线和长期总供给曲线。一般说来，短期的总供给曲线的斜率为正值，而长期的总供给曲线则是趋近于垂直的。供给曲线还存在两个极端情况，凯恩斯极端和古典主义极端。在极端的凯恩斯模型中，总供给曲线是水平的，表明任何总需求的变化都能在不影响价格的情形下获得总供给的响应。一般在极度萧条情况下出现水平的总供给曲线。在古典的理论中，总供给曲线是垂直的，处于充分就业的产量水平上，表明无论总需求如何改变，都只会引起价格水平的变化，对总产量或就业没有影响。

（3）总需求-总供给决定均衡的国民收入原理。总供给与总需求决定物价和总产量水平，有三种不同的情形。在凯恩斯主义极端情形下，总供给曲线水平，总产量和总价格水平由总需求决定，需求变化，总产出和就业变化，价格保持不变，此时货币政策无效。在一般情况下，总供给曲线与总需求曲线的交点决定总产量和总价格水平。在古典主义条件下，总需求只会影响价格水平，对产量和就业没有影响。

4. 重点难点

（1）为什么在极端凯恩斯主义情况下，货币政策对总需求没有影响？它在总需求曲线上如何表现出来？

（2）如何用 IS-LM 曲线推导总需求曲线？从中理解总需求曲线对宏观经济的意义到底是什么？

（3）为什么总供给曲线有各种各样的形状？不同的形状意味着什么？

（4）总供给曲线是否要区分长期和短期两种情形？长期和短期总供给曲线与凯恩斯理论和新古典理论之间的关联是什么？

（5）长期总供给曲线与短期总供给曲线的关联是什么？

（6）总供给与总需求的相互作用是决定宏观经济表现的最根本的力量。

5. 即问即答

问：总需求曲线的背后是 *IS* 和 *LM* 曲线吗？

答：是。一方面，价格水平的变化会导致 *IS* 和 *LM* 曲线发生变化，从而导致交点发生变化。另一方面，*IS* 和 *LM* 的交点代表着商品市场和货币市场同时均衡时的总需求。

问：凯恩斯主义的基本观点在总供给曲线和总需求曲线上是怎么体现出来的？

答：在总供给曲线上，凯恩斯主义认为，当经济处于萧条时，其是水平的；当经济接近充分就业时，其变得向右上方倾斜。在总需求曲线上，凯恩斯主义认为，由于流动性陷阱，总需求曲线由两部分构成：当价格最开始下降时，总需求曲线是倾斜的；当价格继续下降时，总需求曲线是垂直的，即价格变化不影响总需求（书中没有详细讨论）。凯恩斯主义还认为，由于流动性陷阱，货币政策的扩张可能不会移动总需求曲线。

问：总供给曲线会因为什么原因而出现垂直或水平的状态？

答：总供给曲线呈现水平状态的原因是市场不完善和工资与物价的刚性。反之，如果市场是完善的，工资与物价是灵活调整的，总供给曲线就是垂直的了。

问：为什么总供给曲线短期内是倾斜的或水平的，而长期是垂直的？

答：同上一个问题相联系，是因为工资与物价的刚性是在短期内发生，而在长期它们是可以灵活调整的。

问：短期总供给曲线和长期总供给曲线的关联是什么？

答：长期总供给曲线是由多条不同时期的短期总供给曲线构成的。

问：凯恩斯主义和新古典主义观点不同，它们谁对谁错？

答：不能一概而言，应该说各有所取。凯恩斯主义关注短期，而新古典主义关注长期。

问：如何理解宏观经济波动的原因？

答：宏观经济波动的根源在于总供给，而推动它的外因是总需求的变化。

问：总供给与总需求因素只是影响宏观经济运行的多种力量中的一种吗？

答：不是。影响宏观经济运行的所有力量都可以在总供给与总需求的框架下讨论。

二、案例内容

12.1 总需求变动：美国大萧条和“二战”对宏观经济的影响

案例内容

图 12.1 显示了 1900 年以来美国经济史上每三个年份的真实 GDP 变动百分比的数据。在平均三年的一个时期中，真实 GDP 增长 10%左右——每年略高于 3%。但是，经济周期引起了围绕这个平均数的波动。有两个事件由于特别重要而凸显出来——20 世纪 30 年代初真实 GDP 的大幅度下降与 40 年代初真实 GDP 的大幅度上升。这两个事件都可以归因于总需求的移动。

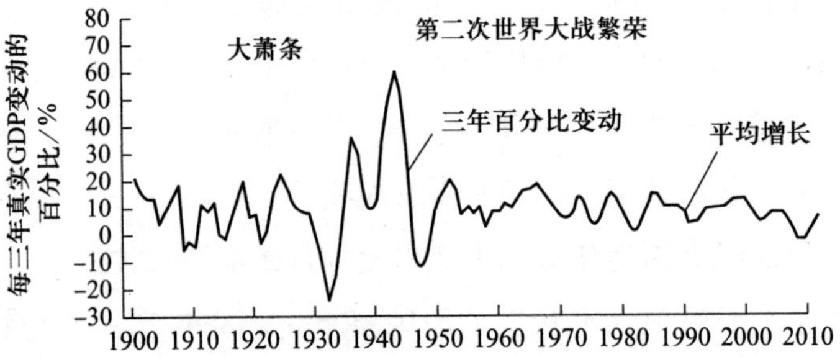

图 12.1 1990 年以来美国真实的 GDP 变动情况

资料来源：［美］曼昆：经济学原理（宏观经济学分册），5 版，梁小民、梁砾译，北京大学出版社，2009：258。

案例分析

1929 年到 1933 年是美国历史上最大的经济下降，真实 GDP 减少了 27%，失业从 3%增加到 25%。同时，在这四年中物价水平下降了 22%。在这一时期，许多其他国家也经历了类似的产量与物价下降。

经济史学家一直在争论大萧条的起因，但大多数解释集中在总需求的大幅度减少上，是什么引起了总需求的紧缩呢？一些经济学家认为是货币供给的减少，从 1929 年到 1933 年，货币供给减少了 28%。这种货币供给减少是由于银行体系中的问题。随着家庭从财务不稳定的银行提取它们的货币，以及银行家变得更为谨慎并开始持有更多的准备金，部分准备金银行制度之下的货币创造过程反方向发生作用。同时，美联储并没有用扩张性公开市场操作来抵消货币乘数的这种下降。结果，货币供给减少了。另一些经济学家提出了总需求崩溃的其他理由，是因为这一时期股票价格下降了 90%左右，这减少了家庭财富，从而也减少了消费者支出。此外，银行的问题也使一些有投资项目的企业无法进行筹资，这就抑制了投资支出。在大萧条时期，所有这些因素共同发生作用紧缩了总需求。总需求的减少直接导致真实总产出下降 27%。

图 12.1 中的第二个重大时期——20 世纪 40 年代初的经济繁荣。这次事件显而易见的原因是第二次世界大战。随着美国在海外进行战争，联邦政府不得不把更多资源用于军事。从 1939 年到 1944 年，政府对物品与劳务的购买几乎增加了 5 倍。总需求的巨大扩张几乎使经济中物品与劳务的产量翻了一番，并使物价水平上升了 20%（尽管普遍的政府物价管制限制了价格上升）。

问题讨论

(1) 试用 *AD–AD* 模型分析 20 世纪 40 年代初美国经济的繁荣。

(2) 分析总需求变动中的价格效应。

(3) 归纳引起 *AD* 曲线变动的因素。

理论提示

(1) 总需求的原理；

(2) 价格效应原理；

(3) 总需求曲线变动的影响因素。

12.2　总供给变动：石油价格变动的冲击对宏观经济的影响

案例内容

1970 年以来，美国经济中一些最大的经济波动起源于中东的产油地区。原油是生产许多物品与劳务的关键要素，而且世界大部分石油来自沙特阿拉伯、科威特和其他中东国家。当某个事件（通常起源于政治）减少了来自这个地区的原油供给时，世界石油价格就会上升。美国生产汽油、轮胎和许多其他产品的企业的成本就会增加，而且这些企业发现在任何一种既定的价格水平时供给它们的物品与劳务是无利可图的。结果总供给曲线向左移动，这又会引起滞胀。

第一起这种事件发生在 20 世纪 70 年代中期。石油储藏丰富的国家作为石油输出国组织成员（the Organization of Petroleum Exporting Countries，OPEC）走到了一起，OPEC 是一个卡特尔——一个企图阻止竞争并减少生产以提高价格的卖者集团。而且，石油价格的确大幅度上升了。从1973年到1975年，石油价格几乎翻了一番。世界石油进口国都同时经历了通货膨胀和衰退。在美国，按CPI衡量的通货膨胀率几十年来第一次超过了10%，失业率也从1973年的4.9%上升到1975年的8.5%。

几乎完全相同的事件在几年后又发生了。在20世纪70年代末期，OPEC国家再一次限制石油的供给以提高价格。从1978年到1981年，石油价格翻了一番还多，结果又是滞胀。第一次OPEC事件引起的通货膨胀本已渐渐平息，但现在每年的通货膨胀率又上升到10%以上。由于美联储不愿意抵消这种通货膨胀的大幅度上升，所以经济很快又进入了衰退。失业从1978年和1979年的6%左右上升到几年后的10%左右。

世界石油市场也是总供给有利移动的来源。1986年OPEC成员之间爆发了争执，成员国违背了限制石油生产的协议。在世界原油市场上，价格几乎下降了一半。石油价格的下降减少了美国企业的成本，企业现在发现在任何一种既定的物价水平时供给物品和劳务都是更加有利可图的。结果，总供给曲线向右移动。美国经济经历了滞胀的反面：产量迅速增长，失业减少，而且通货膨胀率达到了多年来的最低水平。

近年来，世界石油市场并没有成为经济波动的重要来源。部分原因是节油的努力和技术变革降低了经济对石油的依赖程度。生产一单位真实GDP所需的石油量从20世纪70年代的OPEC冲击以来已下降了40%左右。今天石油价格的任何变动对经济的影响都比过去小。

资料来源：［美］曼昆：经济学原理（宏观经济学分册），5版，梁小民、梁砾译，北京大学出版社，2009：263。

案例分析

美国发生于20世纪70年代的滞胀和80年代的繁荣都是由供给方面的原因引起的，源自石油价格波动的冲击。

1973年，OPEC为制裁西方国家，联手削减石油出口量，引发了第一次石油价格大幅度上涨。国际油价从每桶3.56美元涨到10.11美元，西方发达国家的经济开始陷入衰退。1979年伊朗爆发伊斯兰革命，伊朗王国政府被推翻，1980年两伊战争全面爆发，石油日产量锐减导致油价骤升，从每桶14.85美元飞涨到38美元。石油价格的上涨使得美国企业能源成本大幅度提高，造成生产率的下降和经济停滞。同时，石油作为中间产品和最终消费品直接推高了通货膨胀率。

随着美国国内经济状况的不断恶化，美元的地位开始动摇。第二次世界大战结束后，美国拥有了全世界80%以上的黄金储备，一跃成为最富有的国家，布雷顿森林会议确立了35美元兑换一盎司黄金的固定汇率制度，在世界金融领域巩固了美元的霸主地位。但20世纪60年代之后，德、日等国重新崛起，美国的贸易顺差不断减少，贸易赤字不断增加，美国的黄金储备也大量减少，美国再也无力支撑美元与黄金的固定汇率。1971年，尼克松总统宣布美元与黄金脱钩，标志着第二次世界大战后国际货币制度的瓦解，此后美元急剧贬值，1980年1月每盎司黄金兑换高达785美元，美元贬值加剧了全球的通货膨胀。国际金融市场的动荡阻碍国际贸易发展，导致竞争加剧，贸易战层出不穷，国际经济关系陷入一片混乱，进一步推动了“滞胀”的形成和发展。

图12.2的总供给-总需求曲线图能简洁明了地显示滞胀的形成。AS_L代表长期的总供给曲线，AS_1代表短期总供给曲线，与总需求曲线AD相交。短期、长期总供给曲线与总需求曲线交于一点，表明经济无论是短期还是长期都处于均衡状态。石油危机、粮食涨价使得企业生产成本上升，企业将会缩小生产规模、裁减雇工人数，产出下降，此时短期总供给曲线由AS_1向左平移到AS_2，AS_2与AD产生新的交点，此时价格更高、产出更少、失业增加，经济处于滞胀状态。

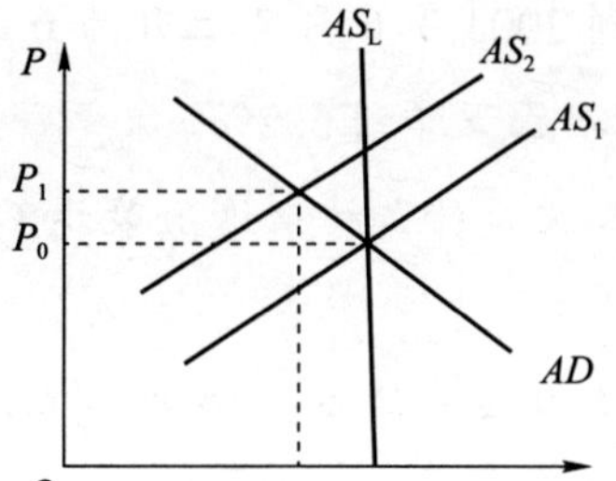

图12.2　滞胀的形成

经济的滞胀给政府的调控带来了难题：如果政府采取刺激经济增长的扩张性政策，增加总需求，会带来物价的进一步上涨；如果采取紧缩政策，以降低通货膨胀，又会使经济雪上加霜，进一步加剧失业问题。

福特和卡特两任政府虽然实行了渐进的经济恢复政策，但都收效不大。

1981 年里根入主白宫后，通过紧缩性的货币政策，并减少政府干预，终于使得通货膨胀率逐步下降，但代价也是高昂的，1982 年美国的失业率高达 9.7%。

美国经济在 20 世纪 80 年代经历的繁荣是石油价格下降产生的。1986 年 OPEC 成员之间爆发了争执，成员国违背限产协议。在世界原油市场上，价格几乎下降了一半。石油价格的下降减少了美国企业的成本，总供给曲线向右移动。结果，美国经济产量增加，失业减少，通货膨胀率达到了多年来的最低水平。

问题讨论

(1) 在 *AD*-*AS* 模型中有哪些因素引起 *AS* 曲线移动？

(2) 怎样理解古典的长期总供给曲线是垂直的？

(3) 宏观经济出现滞胀应该如何调整？

理论提示

(1) 总供给原理；

(2) 滞胀形成的原因。

12.3 总需求下降：货币供给扩张的应对

案例内容

美国经济在 2001 年经历了一次衰退。失业率从 2000 年 12 月的 3.9%上升到 2001 年 8 月的 4.9%，到 2003 年 6 月又上升为 6.3%。之后，失业率开始下降，到 2005 年 1 月，失业率已下降到 5.2%。

是什么引起这次衰退？又是什么结束这次衰退？这两个问题的答案都是总需求的移动。

衰退开始于股市上网络泡沫的结束。20 世纪 90 年代，许多股市投资者对信息技术持有乐观态度，他们抬高了股票价格，特别是高科技公司的股票价格。从事后看，说这种，乐观过度了是公平的。最终，这种乐观消失了，从 2000 年 8 月到 2001 年 8 月，股票价格下跌了 25%左右。股市下跌减少了家庭财富，从而减少了消费者支出。此外，当新技术开始表现出不像原来那么有利可图时，投资支出也减少了。因此，总需求曲线向左移动。

对经济的第二个冲击是 2001 年 9 月 11 日对纽约和华盛顿的恐怖主义袭击。

在那次袭击后的一周内，股市又下跌了12%，这是自从20世纪30年代大萧条以来一周内最大的跌幅。而且，这次袭击增加了人们对未来的不确定性。不确定性会减少支出，因为家庭和企业推迟了计划，等待不确定性的解决。因此，恐怖主义袭击使总需求曲线进一步向左移动。

使总需求减少的第三个事件是一系列公司财务丑闻。在2001年到2002年间，几个大公司，包括安然和世通，被发现误导公众对其赢利能力的看法。当人们知道了真相时，他们的股票价格大跌。由于股市投资者不信任所有财务数据，导致诚信的公司也经历了股价下跌。这种股市下跌进一步抑制了总需求。

决策者迅速对这些事件做出反应。一旦经济增长放慢变得显而易见，联邦储备就推行扩张性货币政策。货币增长加速了，利率也就下降了。联邦基金利率（银行之间的贷款利率，美联储把它用作短期政策目标）从2000年的6.5%下降到2003年6月的1.0%。低利率通过降低借贷成本刺激了支出。2001年的衰退是许多种可以影响总需求从而影响经济发展方向的事件的一个信号。

资料来源：［美］曼昆：经济学原理（宏观经济学分册），5版，梁小民、梁砾译，北京大学出版社，2009：259。

案例分析

2001年美国经济经历的衰退是网络经济泡沫破灭、恐怖袭击和财务丑闻三个方面的因素导致的。网络经济泡沫破灭导致股市下跌，减少了家庭财富，从而减少了消费者支出。相应网络技术的投资支出也减少了。恐怖袭击增加了人们对未来的不确定性，导致家庭和企业推迟了计划，等待不确定性的解决，减少了当期支出。公司财务丑闻导致这些公司的股票价格大跌，带动了其他股票价格大跌。所有这些因素都导致总需求减少了，总需求曲线向左移动。

总需求下降，可以用扩张性的货币政策来调控，增加货币供给。货币供给的增加会使 *LM* 曲线在物价水平不变的情况下向右移动，从而在 *IS-LM* 模型中使产出和收入增加。于是，在总需求曲线图形上表现为在价格水平不变的情况下总收入和总产出也会增加，总需求曲线向右移动。如图12.3所示。

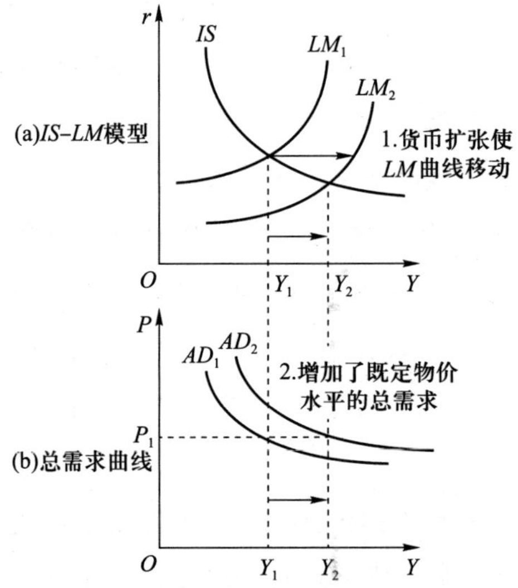

图 12.3　扩张性货币政策使总需求曲线移动

问题讨论

（1）在 *AD–AS* 模型中有哪些因素引起 *AD* 曲线移动？

（2）货币供给是怎样影响 *AD* 曲线的？

理论提示

（1）总需求原理；

（2）*IS–LM* 模型与 *AD* 曲线。

12.4　总需求下降：财政支出扩张的应对

案例内容

2007 年下半年，美国爆发的次贷危机迅速引发了全球性金融危机，并进而引起全球的经济衰退，受此次经济危机的影响每个国家的经济都出现了不同程度的下滑，我国经济也受到了不小的冲击。

改革开放以来，中国的经济增长越来越倚重出口，2008 年之前我国的外贸依存度连续三年超过了 60%，净出口对 GDP 增长的贡献率也达到 20% 左右。对出口的严重依赖使得中国经济很容易受到国际经济形势的影响，全球经济危机，特别是作为中国第二大贸易伙伴国的美国的经济低迷，给中国的经济增长造成了严重的影响。2008 年，中国的 GDP 增长率大幅下降，第一季度增长率为 10.6%，第四季度仅为 6.8%，为 1999 年第四季度以来的最低增速。中国的净出口也出现深度“跳水”，2008 年中国的净出口对经济增长的贡献率比 2007 年下降了 10 个百分点，2009 年则更是比 2008 年减少了近 50 个百分点，达到 -38.9%，为 1986 年以来的最低点。

在这种严峻的国际、国内形势下，中国政府出台了四万亿元的一揽子经济刺激计划，以扩大内需，保持经济平稳较快增长。对于这一规模巨大的一揽子经济刺激政策，其资金来源除了中央承担的 1.18 万亿元之外，剩余部分将通过发行政策性贷款及鼓励地方政府筹资等方式获得。

这次的刺激方案与以前相比有了一些变化，也就是改变了原来只依靠中央政府投入的格局，形成了中央、地方共同分担投资的方式。

案例分析

2007 年下半年爆发的次贷危机影响了中国的出口需求，至少是总需求增长速度的降低。为了避免这种情形，需要对冲总需求的下降。中国提出了四万亿元投资计划，其对中国经济的影响如下：

对消费的影响。2008 年，我国的最终消费率和居民消费率分别为 48.4%和 35.12%；2009 年，也就是四万亿元投资计划实施的第一年，最终消费率和居民消费率分别为 48.2%和 34.98%，消费没有因为政府投资计划的刺激而增加，反而有了小幅的下降；到 2010 年，消费率进一步下降，其中居民消费率下降的幅度更大一些，比 2009 年减少了近 1.2 个百分点。最终消费支出对经济增长的贡献率也由 2008 年的 45.7%下降到 2010 年的 36.8%。一连串的数字表明，四万亿元的投资计划并没有刺激中国消费需求的增长，相反地，由于这一刺激计划导致了投资拉动型的经济增长，消费需求进一步被抑制，调整经济结构以扩大内需的目标未能实现。

对投资的影响。2008—2010 年，中国的投资率逐年走高，2010 年的投资率将近 50%，比 2008 年增长了近 5 个百分点，达到历史最高水平。2008 年全年平均固定资产增长率为 25.85%，该年的季度最高数值达到 27%；2009 年年均固定资产增长率达到 30%，该年的季度最高数值曾高达 33.5%，是近几年来最高的季度固定资产增长率。投资对经济增长的贡献率和拉动作用非常显著，2008 年分别为 45.1%和 4.1%；2009 年，中央政府已经完成了 4 000 亿元左右的投资计划，中央政府的投资带动民间投资，这一年投资对经济增长的贡献率高达91.3%，拉动经济增长8.4个百分点，2009年全年的经济增长率为9.2%，也就是说2009年的经济增长基本是靠投资实现的；2010年投资对经济增长的贡献率仍很高，为54%。过热的固定资产投资热情带来了房地产价格的飙升，2009年中国的房地产市场开始从2007年、2008年的低迷中走向复苏，从2009年3月到2010年3月，全国70个大中城市的房价同比增长率从0.2%上涨到1.2%，环比增长上升了10个百分点。与此同时，房价的上涨也反过来刺激了人们的投资热情，消费倾向进一步受到抑制。

四万亿元经济刺激计划是典型的财政政策，扩张性财政政策会使总需求曲线在价格水平不变的情况下向右移动。如图12.4，右移的总需求曲线使得产出增加，带来经济增长。

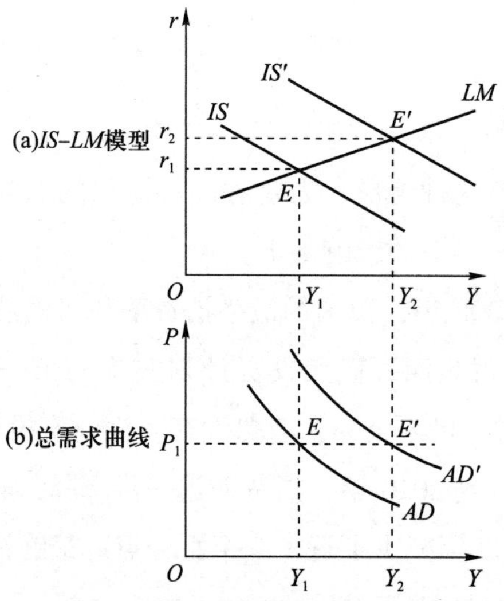

图12.4 扩张性财政政策使总需求曲线移动

问题讨论

（1）利用 *AD–AS* 模型分析财政政策对宏观经济的调控。

（2）分析当前宏观经济形势，利用 *AD–AS* 模型解读当前宏观经济政策。

理论提示

（1）总供给与总需求原理；

（2）财政政策的作用及挤出效应。

12.5 结构失衡：中国经济供给侧结构性改革的应对

案例故事

2015年以来，我国经济进入了一个新阶段，主要经济指标之间的联动性出现背离，经济增长持续下行与CPI持续低位运行，居民收入有所增加而企业利润率下降，消费上升而投资下降，等等。对照已有的宏观经济学理论，当前我国出现的这种情况既不是传统意义上的滞胀（经济停滞和通货膨胀同时发生的现象），也非标准形态的通缩（经济紧缩，货币短缺引起购买力下降）。与此同时，宏观调控层面货币政策持续加大力度而效果不彰，投资拉动上急而下徐，原有经济领域疲态显露而以“互联网+”为依托的新经济领域生机勃勃，东北地区经济危机加重而一些原来缺乏优势的西部省区异军突起……可谓是“几家欢乐几家愁”。简言之，中国经济的结构性分化正趋于明显。为适应这种变化，在正视传统的需求管理还有一定优化提升空间的同时，迫切需要改善供给侧环境、优化供给侧机制，通过改革制度供给，大力激发微观经济主体活力，增强我国经济长期稳定发展的新动力。

从供求关系来看，2003年后，我国国企生产力变革缓慢，钢铁、煤炭、水泥、玻璃、石油、石化、铁矿石、有色金属等几大行业，亏损面已经达到80%，产业的利润下降幅度最大，产能过剩很严重。截至2015年12月初，几大行业的生产价格指数（PPI）已连续40多个月呈负增长状态，这几大行业对整个工业PPI下降的贡献占了70%~80%。我国供需关系不仅面临着总体需求不足，而且面临着不可忽视的供给方面的结构性失衡。产业结构、投入结构、区域结构、排放结构、动力结构、分配结构都出现失衡。“供需错位”已成为阻挡中国经济持续增长的最大路障：一方面，过剩产能已成为制约中国经济转型的一大包袱；另一方面，中国的供给体系与需求侧严重不配套，总体上是中低端产品过剩，高端产品供给不足。此外，中国的供给侧低效率，无法供给出合意的需求。因此，强调供给侧改革，就是要从生产、供给端入手，调整供给结构，为真正启动内需、打造经济发展新动力寻求路径。2016年初，中央提出通过供给侧结构性改革（首先是“去库存、去产能、去杠杆、降成本、补短板”）来化解矛盾和危机，建立新的现代化经济体系，推动经济健康发展。两年来，供给侧结构性改革已经初见成效。

案例分析

该案例说明，改革开放多年来，我国在传统产业方面取得了很大进步，经济快速增长、国家实力增强、人民生活水平提高。但是，多年的发展使得过去基本短缺的大众化商品已经逐步得到满足，新的满足人民需要的产品却相对短缺。而相关产业的高速发展却造成了产能过剩和库存过剩。经济中总供求和结构性供求都发生了失衡。根据均衡国民收入决定原理，总需求由消费需求、投资需求、外贸需求和政府需求构成，消费需求和外贸需求的不足肯定会拖累总需求，而某些投资过剩又会造成供给过剩。需求不足和供给过剩共同造成经济失衡，单纯地增加总需求可以解决生产过剩和经济衰退问题的条件是，不考虑结构问题。单纯地压缩产能和库存也只是解决短期问题。而西方宏观经济学恰恰缺乏解决经济结构问题的理论。所以，针对我国的现实问题，既要根据宏观经济学单纯通过调整总供给和总需求来调整总供求达到经济均衡的理论采取对策，也要突破西方经济学的局限，通过供给侧结构性改革来解决我们的具体问题。

问题讨论

(1) 近年来，我国的宏观经济情况是传统的总需求不足引起经济衰退与下滑吗？

(2) 近年来，我国的宏观经济情况是单纯的供给过剩吗？

(3) 近年来，我国的宏观经济情况是滞胀吗？

(4) 近年来，我国的宏观经济情况是供给冲击造成的，还是需求冲击造成的？

(5) 传统的短期波动理论可以作为解决我国现实问题的依据吗？

(6) 在我国现实情况下，调整总需求能否真正解决问题？

(7) 在我国现实情况下，调整总供给能否真正解决问题？

(8) 在我国现实情况下，调整总需求产生的“收入效应”作用如何？

(9) 在我国现实情况下，调整总需求产生的“利率效应”作用如何？

理论提示

(1) 总需求变动的收入效应；

(2) 总需求变动的利率效应；

(3) 总供求的调整；

(4) 总需求曲线的不同状况对应的经济情况；

(5) 总供给曲线的不同状况对应的经济情况；

(6) 总需求冲击产生的经济结果；

(7) 总供给冲击产生的经济结果；

(8) 经济衰退时调整总需求；

(9) 供给过剩时调整总供给；

(10) 总供求理论的缺陷和不足。

第十三章　失业、 通货膨胀和经济周期

一、基本概念与原理小结

1. 内容摘要

在宏观经济的短期运行过程中，失业和通货膨胀问题是一国政府非常关注的宏观经济问题。本章在理论模型基础上，深入讨论失业和通货膨胀的原因与后果，以及两者之间的关系，并介绍了经济周期理论。

第一节是失业问题相关内容。介绍了不同理论对失业原因的解释。古典经济学认为经济总会实现充分就业，如果存在失业，那一定是摩擦性失业或自愿性失业，是局部和临时的现象。凯恩斯认为是有效需求不足在工资刚性的条件下导致企业开工不足产生了失业，但是没有解释为什么会出现工资刚性。新凯恩斯主义发展了凯恩斯的理论，对工资刚性做出了解释，提出了劳动工资合同论、隐含合同论、局内人-局外人理论和效率工资理论。货币主义提出了自然失业率的理论，这种失业理论与古典学派的理论一脉相承。最后介绍了失业带给经济社会的影响，奥肯定律是对这种影响进行经验分析后的结论。

第二节是通货膨胀的相关内容。从原因来看，总需求的扩张、成本的上升和结构性的变化都会引发通货膨胀。这些原因也都可以利用总供给曲线和总需求曲线来分析。而货币主义则强调，无论是什么因素，要想引起物价持续而普遍的上涨，必须获得货币扩张的支持才能实现。也就是说，货币主义强调通货膨胀的根本原因在于货币量增长超过了经济增长。通货膨胀带给经济社会的各种影响，主要有收入和财富的再分配效应。当然，通货膨胀的影响是怎样的，还取决于它是平衡的还是不平衡的，是预期到的还是未预期到的。

第三节是菲利普斯曲线。菲利普斯曲线最初是讨论工资增长率和失业率之间的交替关系，后来主要用来讨论失业和物价之间的交替关系，由于失业是与产量相联系的，因此它也可以表示产出和物价之间的关系。失业和物价之间之所以存在交替关系，是因为预期的作用。如果预期是适应性的，菲利普斯曲线在短期内是倾斜的，表明失业率与通货膨胀率之间存在交替关系，而长期内则是垂直的，表明通货膨胀率对失业率没有影响。本节还讨论了与物价有关的两个问题：通货紧缩与停滞膨胀，前者是指伴随着产量下降和失业增加的物价持

续下降，往往是由总需求减少尤其是货币量紧缩引起的经济衰退的表现，后者是物价上涨和失业增加同时并发的经济状态，往往是由总供给受到负面冲击引发的。

第四节讨论经济周期。介绍了有关经济周期的各种概念，西方经济学家提出的关于经济周期的各种理论，包括：消费不足论，投资过度论，货币信用过度论，创新经济周期理论，太阳黑子理论，政治经济周期理论，乘数-加速数理论等。较有影响的是乘数-加速数理论，即投资增加带来收入加倍增加的机制——乘数原理；加速数的原理是反过来的，是指收入增加带来资本增加，或者说收入变化带来所需资本的变化，从而形成对净投资的需求。乘数表示的是收入变化与（净）投资变化之间的关系，而加速数表示的是收入变化与（净）投资水平之间的关系，正是这种差异构成了宏观经济结构的特征之一，形成了促使经济出现周期性波动的机制。最后介绍了现在流行的实际周期理论。实际周期理论的基本观点是：①经济活动的决策者是理性的，始终能够做出最优决策，他们会对外界的变化（各种冲击）做出最佳反应；②各种外生冲击通过引起经济决策者做出反应而带来宏观经济总体活动的变化；③各种非货币的实际因素才构成能够带来经济变化的外生冲击；④在整个经济波动过程中，人们的决策是最优的，各项经济活动均处于均衡状态；⑤虽然各项活动都处于均衡状态，但是由于外在因素的冲击，整个经济偏离了原来的运行趋势轨道，从而带来经济波动。

2. 基本概念

失业，效率工资，奥肯定律，通货膨胀，货币数量论，菲利普斯曲线，附加预期的菲利普斯曲线，通货紧缩，滞胀，经济周期，经济衰退，乘数-加速数模型，实际经济周期。

3. 基本原理

（1）失业的基本原理。凯恩斯认为，失业的原因是有效需求不足和工资刚性共同导致的。古典学派认为，经济一般不会出现非自愿的失业，失业往往是摩擦性的和自愿的，是临时性的和局部性的。新凯恩斯主义者继承了凯恩斯的观点，并用工资合同理论、隐含工资合同理论、局内人-局外人理论、效率工资理论等对工资刚性进行了解释。现代货币主义认为，如果没有货币因素的干扰，让劳动市场和商品市场机制发挥作用时，经济中会形成一个均衡失业率。失业对产量和就业造成负面影响，奥肯定律是这种影响的基本结论。

（2）通货膨胀的基本原理。通货膨胀的原因可能是需求增加、成本增加或者结构性变动。通货膨胀的根本原因还是在货币方面，是货币的超发引起的。通货膨胀一旦发生，有可能呈现出惯性来。通货膨胀对经济社会带来实际的成本，如鞋底成本、菜单成本、税收扭曲等。通货膨胀如果是未预期到的，就有可能产生收入和财富的再分配效应，有利于收入灵活的群体，不利于固定收入群体，有利于债务人，不利于债权人。通货膨胀如果是未预期到的或不平衡的，也会带来产量的相应变动。

（3）失业与通货膨胀关系的原理。通货膨胀与失业之间存在一定的交替关系，这种关系反映在菲利普斯曲线上。由于适应性预期，菲利普斯曲线在短期内是倾斜的，在长期是垂直的。这表明，短期内通货膨胀与失业之间存在着此消彼长的交替关系，而在长期则不存在这层关系。如果总需求持续减少，会导致价格持续下降和经济衰退，这被称为通货紧缩。如果总供给受到负面冲击，会导致经济衰退和物价上升同时出现，这被称为滞胀。

（4）经济周期原理。新凯恩斯主义认为，经济周期的原因是市场的不完善和工资物价的刚性，从而在经济受到外在冲击时会发生波动。实际周期理论认为，整个经济体系总是均衡的。如果没有外在因素的干扰，经济会处于平衡增长路径上；如果遇到外在因素的干扰，经济会在一段时期偏离平衡增长路径。

4. 重点难点

（1）奥肯定律。

（2）通货膨胀的原因。

（3）通货膨胀的根本原因。

（4）通货膨胀对产量的影响。

（5）菲利普斯曲线。

（6）预期在菲利普斯曲线中的作用。

（7）新凯恩斯主义、实际周期理论。

5. 即问即答

问：失业有哪些类型？

答：根据现有学术观点，失业大致可以归纳为两类，一类是经济失衡引起的失业，另一类是常规性的失业。前者在性质上是非自愿失业，后者是自愿失业和摩擦性失业。摩擦性失业属于自然失业。

问：怎么理解自然失业率？

答：自然失业率可以理解为：①充分就业时存在着的失业率；②劳动力的供给与需求相等时的失业率；③充分就业产量或潜在产量时的失业率；④一个经济体长期存在着的趋势失业率；⑤如果工资与物价充分调整，人们的预期是正确的，失业率就会等于自然失业率；⑥自然失业率是宏观经济政策不能消除的，但是可以通过微观政策影响它；⑦在这个水平上，通货膨胀率不再加速，因此称为不让通货膨胀加速的失业率。

问：如何理解摩擦性失业、结构性失业、自愿失业、非自愿失业之间的关系？

答：失业分为两大类。在统计上，自愿失业不需要考虑，因此只需要梳理摩擦性失业、结构性失业和非自愿失业的关系。首先要指出的是，摩擦性失业和结构性失业是一类，都归结在自然失业中，与非自愿失业相对应。但是关于摩擦性失业和结构性失业，还需要指出不同的教科书中它们的定义有所不同。①通常在教科书中，或者用摩擦性失业统指摩擦性失业和结构性失业，或者用结构性失业统指摩擦性失业和结构性失业，或者将摩擦性失业与结构性失业加以区分，以与非自愿失业相对应；②在曼昆的教科书中，包含在自然失业中的失业分为两类：摩擦性的和结构性的。其摩擦性失业是指其他教科书中的摩擦性和结构性失业的合称，而其结构性失业则有新的含义，是指最低工资法、工会垄断和效率工资等结构性因素所导致的失业。

问：通货膨胀到底是货币过多引起的，还是供给或需求引起的？

答：讨论通货膨胀的原因，需要分层次。无论是哪种原因，都需要通过总供给或总需求完成。例如成本上涨或预期通货膨胀或石油危机都是通过减少总供给、推动总供给曲线左移导致通货膨胀；投资和消费增加都是通过增加总需求、让总需求曲线向右移动导致通货膨胀。另外，无论是哪种原因，如果缺乏货币供给的支持，就不称其为引发通货膨胀的原因。

问：菲利普斯曲线到底是倾斜的还是垂直的？

答：这取决于现实经济特征是什么。如果工资与物价能够短期内迅速地灵活调整，人们的预期总是正确的，那么菲利普斯曲线就是垂直的；否则就是倾斜的。一般认为，它在短期内是倾斜的，长期内是垂直的。如果考虑到理性预期，会出现更复杂的情形。

问：本章的分析是短期分析还是长期分析？

答：是短期分析，也是关于经济波动的分析。经济周期理论从动态的角度考虑经济的波动，失业与物价的分析着眼于静态的角度，是对短期经济波动中具体问题的分析。

问：在乘数-加速数模型中，经济波动的原因到底是什么？

答：经济波动的原因有两个方面：首先宏观经济内部存在着促使经济周期性波动的机制，即乘数和加速数的相互作用；其次是存在着外在的冲击让这个机制起作用。

问：在实际经济周期理论中，经济波动的原因到底是什么？

答：经济波动的原因有两个方面：首先宏观经济内部存在着促使经济周期性波动的机制，这里主要是指技术创新的机制和资本形成的机制，以及人们针对外界变化时的理性反应；其次是存在着外在的冲击让这个机制起作用，这里强调的是实际冲击。

问：实际经济周期理论认为宏观经济波动是一种失衡吗？

答：错。经济出现波动是指宏观经济偏离了趋势运行轨道，但是尽管如此，人们做出的反应是理性的，是最佳的。因此，宏观经济扩张也好，收缩也好，都是处在均衡之中，是当时条件下的最佳结果。

二、案例内容

13.1 疫情冲击：美国周期性失业率拾级而上

案例内容

随着新冠肺炎疫情暴发，美国就业市场长达十年的稳健复苏态势就此止步。当前美国失业情况，可以通过两个指标观测。

一是非农就业岗位数。数据显示，2020 年 3 月美国非农部门就业岗位锐减 70.1 万个，失业率从 2 月的 3.5%升至 4.4%，创 1975 年 1 月以来美国失业率最大单月增幅。分析指出，这是美国自 2009 年以来“最糟糕”的就业数据，连续 113 个月保持就业增长的纪录就此终结。

二是首次申请失业金人数，它被视为就业市场变化的早期指标，并为失业和潜在衰退提供预警信号。目前美国经济活动基本停滞，企业停工停产，员工居家隔离，经济活动“停摆”，数十万乃至数百万美国人开始申请失业救济。据美国劳工部统计，2020 年 2 月 1 日当周首次申请失业金人数仅为 20.2 万，且此前八周里有七周都出现下降，显示美国劳动力市场依然强劲。但 3 月最后两周就有 995.5 万美国人首次申请失业救济，人数创历史新高，2020 年 3 月 28

日当周这一数字高达664.8万。

由于失业人数急速上升，美国处于40年来最好状况的失业率数据也开始失去光彩，失业率由此拾级而上。罗申美国会计师事务所首席经济学家乔·布鲁苏埃拉斯认为，首次申请失业救济人数每增加150万人，失业率将上升一个百分点。以此推算，当下美国失业率估计在10%以上，远高于官方公布的4.4%。

虽然首次申请失业金人数剧增，部分缘于美国签署了史上最大规模的2.2万亿美元紧急财政援助计划，美国联邦政府对失业申请条件放宽，不过，就业恶化更多反映了经济停滞带来的影响，也直接影响到消费者信心。数据显示，2020年3月美国制造业活动指数为49.1，制造业活动已经陷入萎缩；3月咨商会消费者信心指数从2月的132.6降至120.0，创下2017年7月以来新低；当月，新订单指数仅为42.2，创2009年3月以来新低；就业指数进一步滑落至43.8。这些情况引发经济学家关于美国正在快速陷入衰退的担忧。

分析人士甚至认为，“糟糕而令人震惊的报告”还没有完全反映美国失业的严重情况。美国目前每日新增感染人数还没有触顶。彭博经济学家认为3月数据只是开始，美国应为失业申请继续攀升做好准备。圣路易斯联邦储备银行认为，疫情可能使美国就业人数共减少4 700万，失业率可能飙升至32.1%。穆迪认为，4月美国就业岗位的流失可能达到1 000万至1 500万个。

目前，美国出台了史上最大规模的财政刺激法案，针对企业和个人都有相关条款。此外，针对数量较多、受影响更大的中小型企业，美国在落实此前计划的同时，还酝酿出台下一轮刺激措施。出台这些措施都是为了保护企业和个人，避免在疫情结束之前就出现破产，从而在疫情受控后能迅速展开经济活动。对于就业而言，企业借助救助可免于在疫情期间破产，能够发放薪酬，进而就有可能减少裁员，避免更多人申请失业救济。

不过，面对疫情给供需两端同时造成的冲击，就业情况要发生根本性改善，还是要看疫情受控时间和经济活动恢复时间。如果这两个条件无法满足的话，企业不可能雇用更多员工，解决失业率和经济衰退问题也就无从谈起。

资料来源：周武英、高攀：美国失业率拾级而上，经济参考报，2020年4月9日。

案例分析

失业是指想工作而未找到工作的劳动者。失业分为两大类，自然失业类和非自愿失业类。一般认为自然失业有摩擦性失业和结构性失业，非自愿失业又称周期性失业。凯恩斯主义认为，非自愿失业主要是有效需求不足导致的。所谓有效需求就是商品总供给和总需求达到均衡状态的社会总需求；有效需求不足就是指社会总需求小于既定的总供给的状态。有效需求是由消费需求与投资需求构成的，它是决定社会总就业量的关键性因素。当有效需求不足时充分就业就无法实现。凯恩斯用三大基本心理规律解释了有效需求不足的问题，即边际消费倾向递减、资本边际效率递减和流动性偏好这三个基本心理规律，使经济消费需求和投资需求不足，从而导致非自愿失业。三大基本心理规律适用于经济运行的正常过程。2020 年年初，新冠肺炎疫情暴发是突发事件。突发事件也会导致有效需求不足，主要是有些服务型消费因疫情防控而中断，投资需求因疫情防控而减少。2020 年以来，美国疫情非常严重，导致美国非自然失业数增加。美国官方公布的失业率为 4.4%，学者估计失业率至少在 10 以上。登记失业人数不断增加，3 月最后两周就有 995.5 万美国人首次申请失业救济，人数创历史新高，3 月 28 日当周这一数字高达 664.8 万。随着时间的推移，美国每日新增感染人数还没有触顶。圣路易斯联邦储备银行认为，疫情可能使美国就业人数共减少 4 700 万，失业率可能飙升至 32.1%。就业岗位的流失可能达到 1 000 万至 1 500 万个。

失业导致劳动力资源与机器设备的闲置，是社会经济资源的浪费。经验数据表明，失业与产出之间存在着反向变动的关系。这种变动关系最早是美国经济学家奥肯提出的，故称奥肯法则或奥肯定律。其公式为：

$$\frac{Y-Y_f}{Y_f}=-a\ (u-u^*)$$

式中，Y 代表实际产出，Y_f 代表潜在产出，u 代表失业率，u^* 代表自然失业率，a 代表大于零的参数。

美国在此次新冠肺炎疫情中的经济损失很大，政府通过一系列政策应对，尽量减少损失。案例中，美国政府酝酿出台了刺激措施。目的都是保护企业和个人，避免在疫情结束之前就出现破产，从而在疫情受控后能迅速展开经济活动。对于就业而言，企业借助救助可免于在疫情期间破产、发出薪酬，就有可能少裁员，避免更多人申请失业救济。不过，就业情况要发生根本性改善，还是要看疫情受控时间和经济活动恢复时间。

问题讨论

(1) 什么是失业？失业有哪几类？

(2) 引起周期性失业的原因有哪些？

(3) 失业与产出的关系遵从什么定律？应用这一定律要注意什么？

理论提示

(1) 自然失业和周期性失业；

(2) 奥肯定律。

13.2　效率工资：结构性失业的例子

案例内容

1914年福特公司进行了一项革新，每个工作日5美元工资，这一工资远远高于供求均衡的工资。当福特公司宣布这一工资新政后，工厂外面求职的人就排起了长队。愿意在这一工资水平下工作的工人数量远远超出了福特公司需要的工人数量。

福特公司的高工资政策产生了效率工资理论所预期的许多有利影响。工人流动率下降了，缺勤率下降了，而生产率提高了。工人的效率如此之高，以至于尽管工资较高，但福特公司的生产成本减少了。因此支付高于均衡水平的工资对企业是有利的。

为什么福特公司引进效率工资政策？因为福特公司用装配线组织起来的工人相互之间是高度依赖的。如果一个工人旷工或工作缓慢，其他工人就不能完成他们自己的任务。因此，当装配线使生产更有效率时，它们也提高了工人低流动率、高度努力和高素质的重要性。但效率工资也导致了一定的失业率。

资料来源：［美］曼昆：经济学原理（宏观经济学分册），5版，梁小民、梁砾译，北京大学出版社，2009：131。

案例分析

效率工资理论是指企业会主动将工资提高到均衡工资之上来雇佣劳动力。企业工资在均衡工资之上与企业利润最大化目标是否一致呢？效率工资理论认为是一致的。原因有如下几种：第一，工资高的工人因其饮食的营养更丰富、身体更健康、更有生产率。第二，企业向工人支付的工资越高，离职的成本越高，离职的工人越少，企业效率越高。第三，高工资会吸引更多高素质的工人，企业效率越高。第四，高工资给予工人更大的激励，企业效率越高。

效率工资会增加失业，效率增加的失业不属于周期性失业，而是结构性失业。福特公司率先实行了效率工资，不仅没有使公司的利润下降，反而使公司的利润增加了。福特公司实证了效率工资理论，福特实行高工资后，工人流动率下降了，缺勤率下降了，而生产率提高了。

但是，并不是任意情况下使用高工资都是有效的。如果工人之间的替代性很强，则高工资对企业是不利的。福特公司是装配线生产，工人在装配线的每一个位置有一定的技术特点，需要熟练工人与装配线有机融合，一个新的工人在短期很难替代一个熟练工人。且装配线上工人相互之间是高度依赖的，一环出问题会导致整个转配线停工。因此福特公司实行效率工资是成功的。

劳动力市场存在价格机制，通过供求均衡实现充分就业。充分就业时存在的失业是自然失业（包括摩擦性失业和结构性失业）。但自然失业率不是一直不变的，许多事件和政策都会改变自然失业率。随着信息革命改变寻找工作的过程，随着国会调整最低工资，随着工人组成工会，以及随着企业改变对效率工资的依赖，自然失业率都会变动。案例中效率工资提高了自然失业率。

问题讨论

(1) 什么是自然失业？

(2) 自然失业包括哪两类？比较两类自然失业的区别。

(3) 自然失业率是否可变？哪些因素会影响自然失业率？

理论提示

(1) 摩擦性失业和结构性失业；

(2) 效率工资理论。

13.3 城镇登记失业率：中国案例

案例内容

20世纪70年代以来，数据显示中国的失业率均在6%以内，而且从1983年到1996年的14年内，城镇登记失业率还不到3%，2000年后，城镇登记失业率在4%上下波动。从发展的趋势来看，起伏不大，从绝对数值来看，失业率也不高。中国的失业率在大多数时间内看起来似乎比世界上大多数国家，甚至大多数发达国家的失业率都要低很多，但国内外学者及有关研究人员都认为这一统计数据无法反映中国失业的真实状况。中国社会科学院公布的2009年《社会蓝皮书》称：2009年中国城镇失业率为9.4%，比官方公布的4.3%的城镇登记失业率高了一倍多；中西部居民的失业率超过10%；大学生的实际失业率为12%，比登记失业率高出三倍。

与此同时，国家统计局的信息表明，2000年后中国的经济增长率保持在8%以上，2003—2007年连续5年增速超过10%，2007年的增长率高达13%，2008年虽然受到金融危机的影响，也保持了9%的增长速度。中国连续多年的高速经济增长是世界少有的，也就是说中国的经济发展状况是良好的。经济学的原理告诉我们，如果经济处于增长的过程中，企业会扩大生产规模，提供更多的就业机会；如果经济处于衰退的过程中，企业生产规模萎缩，失业将会增加。同时，著名的奥肯定律表明经济增长与失业率之间存在负相关关系：GDP在潜在GDP增长率基础上每上升两个百分点，会伴随着失业率一个百分点的下降。这是针对美国经济而言的经验规律，而且早些时候的估计是一个百分点的失业率下降与三个百分点的GDP增长率相对应。而在中国经济高速增长的过程中，中国的失业率非但没有表现出下降的趋势，失业的人数还在不断增加，中国经济的运行情况与失业的表现似乎与经济学原理并不相符，这是为什么呢？

案例分析

中国失业率的统计与世界上大多数国家，尤其是主要资本主义国家有着比较大的差别，中国统计的是城镇登记失业率。根据国家统计局的定义，所谓城镇登记失业人员，指持有非农业户口，在一定劳动年龄（16周岁至退休年龄）内，有劳动能力，无业而要求就业，并在当地就业服务机构进行求职登记的人员。中国对于劳动年龄的规定是男性为16~60岁，女性为16~55岁。城镇登记失业率指的是报告期期末城镇登记失业人数占期末城镇从业人员总数与期末实有城镇登记失业人数之和的比重。

中国的失业统计方法在许多方面与学术研究不一样，导致统计数据与真实经济运行存在差别。

首先，官方统计中，农村人口并没有包括在失业统计中，根据国家统计局公布的数据，到2007年年底，中国有近7.3亿农村人口，中国统计的耕地面积为13 004公顷，即19亿5 000万亩①。2007年中国的农村劳动力有4.76亿，以一个农村劳力种植10亩地的标准计算，农村只需要1.95亿劳动力，那么对传统的农业生产来说，大约有2.8亿的农民是“富余”的，这部分劳动力在城镇化过程中进入城镇，成为“农民工”，无论这部分人有没有取得城镇户口，他们都没有进入统计的范围。而且，需要注意的是，“城镇登记失业率”中的“登记”二字限定了所统计的失业的范围，即城镇人口中到相关政府部门进行登记的人员。城镇劳动人口中大批短期失业的人员、下岗工人因各种各样的原因不会去相关部门进行登记，在统计过程中这部分人就被排除在失业统计之外。正是由于这样的一些原因，造成了中国失业率的失真。

其次，中国的经济发展是投资和外贸拉动的，随着经济转型的加深，资本密集型产业逐渐取代了劳动密集型产业，资本替代劳动，失业的增加不可避免，这可能部分地说明了中国城镇登记失业率为什么没有随着经济增长而降低的原因。

最后，无论是在哪个国家，失业率这一指标都不能完全反映真实的失业情况，因为没有任何一个国家能够知道确切的失业者人数，国际劳工组织允许各国根据实际情况采取不同的失业率统计标准，比如美国抽取6万户家庭作为样本实施“当前人口调查”，而中国则是使用“登记”的方法来统计失业率。

问题讨论

（1）城镇登记失业率能不能反映中国的失业情况？

（2）中国的失业率数据与欧美国家的数据进行比较时要注意什么？

理论提示

（1）失业率；

（2）城镇登记失业率；

（3）奥肯定律。

① 1亩≈666.667平方米。

13.4　收紧货币：新兴市场国家抑制通货膨胀

案例内容

受欧美持续增加流动性影响，多个新兴市场国家为抑制通胀压力释放出紧缩货币政策信号，实施加息或者提出提前退出宽松政策。以土耳其和巴西为代表的新兴市场国家央行将率先实施加息，市场普遍预计尼日利亚和南非等国家将相继跟进，而印尼和俄罗斯也可能表态提前将政策转向紧缩。

分析指出，多数新兴国家面临通胀压力上升已经有一段时间，他们现在还要面对美国国债收益率上升的问题，因为这提高了全球的举债成本。这些因素近期已经令多国汇率承压。MSCI 衡量新兴市场货币的指标延续了 2019 年 8 月以来连续下跌周数最长的跌势，与此同时，新兴市场美元计价债券连续第五周下滑，是五年多来最糟糕的表现。

土耳其央行在 2020 年 9 月至 12 月间累计将政策利率提高了 675 个基点至 17%。通胀上行风险以及土耳其里拉面临的市场压力，都强化了进一步收紧货币政策的理由。

俄罗斯央行 2021 年 3 月 19 日可能会发出收紧政策迫在眉睫的信号。知情人士说，该国央行甚至可能在年底前将关键利率从目前的 4.25% 上调 125 个基点甚至更多。而尼日利亚和阿根廷可能最快在第二季度上调利率。市场指标显示，印度、韩国、马来西亚和泰国的政策收紧预期也在增强。

高盛集团分析师本周在一份报告中写道："考虑到更高的全球利率和明年可能出现的核心通胀，将大多数央行货币政策正常化的预测提前到 2022 年。对印度央行来说，考虑到更快的复苏路径和居高不下的核心通胀率，该国今年的流动性紧缩可能会在明年演变为一个加息周期。"

2021 年 3 月初，乌克兰已决定大幅加息至 30%，创下过去 15 年以来最高值。乌克兰央行担心美债收益率回升将触发资本外流，导致本国经济面临重创与货币汇率大幅贬值。

资料来源： 闫磊：抑通胀防动荡，新兴市场国家释放货币收紧信号，经济参考报，2021 年 3 月 18 日。

案例分析

通货膨胀是指一个经济体在一定时期内价格水平普遍、持续地上升。通货膨胀产生的原因有需求拉上型通货膨胀、成本推动型通货膨胀和结构性通货膨胀，但归根结底是货币数量过多导致的。在成本推动型的通货膨胀中有一类是输入型通货膨胀：是指在开放型的经济条件下，因进口商品的价格上升、费用增加从而使价格上涨所引起的通货膨胀。它通常表现的主要特征是，在国内总需求或货币供给无明显扩张的情况下，由于进口原材料价格大幅上涨，生产和流通领域产生连锁反应，从而推动了物价上涨。比如，由石油等需要进口的原材料价格上涨导致国内的价格上涨，就属于进口型通货膨胀。它对国内经济影响的严重程度一般取决于以下因素：①国际市场价格与国内市场价格之间的差距；②开放经济部门在总体经济中所占的比重；③国内政策调整和选择的灵敏程度。输入性通胀一般采用紧缩性的货币政策来调控。

案例中提到的新兴市场经济国家都是开放的市场经济国家，与欧美经济体有很强的联动性。美国受疫情影响，持续增加流动性，对开放的新兴市场国家输入的流动性增加，总需求增加，产生了一定的通胀压力。新兴市场国家提高利率，收紧货币有力地抑制住了输入性通胀。

此外，案例中多家新兴市场国家央行采取行动紧缩货币政策，还能够防范未来美联储紧缩带来的利差收窄甚至逆转的风险，减少资金外流压力，避免美联储缩表时产生的金融市场动荡。

问题讨论

（1）什么是通货膨胀？通货膨胀产生的原因有哪些？

（2）通货膨胀会给宏观经济带来什么影响？

（3）在国与国之间，输入性通货膨胀和通货紧缩的交替为什么会造成金融动荡？

理论提示

（1）通货膨胀的再分配效应；

（2）通货膨胀对利率的影响和资本外逃；

（3）通货膨胀产生的菜单成本、鞋底成本。

13.5 失业和通货膨胀的交替：美国的事实

案例内容

20世纪70年代以来，美联储官员们反复承诺他们会降低通货膨胀。但是只要失业率上升一点，他们就忘了这些承诺。人们很快就意识到避免可能发生的衰退胜过对通货膨胀的担忧。很多人的结论是随着时间的推移通货膨胀会提高。在衰退期间价格和工资下降得很少，结果就是通货膨胀和增长的停滞，即滞胀。

2008 年，滞胀又要开始了。与 20 世纪 90 年代低通货膨胀时期工资和价格的反应不同，通货膨胀提高的预期现在延缓或者阻止了价格和工资的调整，抑制了经济增长。20 世纪 70 年代通货膨胀的教训是：如果一个国家不愿意接受轻微衰退的可能，最终当政府应对公众对于通货膨胀的抱怨时会等来一个衰退。公众付出的是持续的通货膨胀和更为严重的衰退的更大代价，而不是相对小一些的衰退的代价。而忍受更严重的衰退是说服公众相信美联储最后下决心降低通货膨胀的唯一办法。

伯南克先生和他的同事们当然记得 20 世纪 70 年代发生了什么。他们安慰自己说一旦通货膨胀出现，他们就能够及时提高利率，这也恰恰是重复 20 世纪 70 年代美联储的承诺，后来美联储也没能践行。赤裸裸的事实是总是难以找到提高利率的良机。而随着国内民主党日渐其盛，找到提高利率的良机就更难了。

美联储最近的行动和欧洲中央银行恰恰相反。欧洲中央银行紧盯两个目标——增长和低通货膨胀，它不在两个目标之间摇摆，而是两者并重。美联储应该也这样。在 20 世纪 70 年代，由于美联储不断地从一个目标转移到另一个目标，结果一个目标也没有实现，通货膨胀率和失业率平均而言都上升了，然后这两个指标在 80 年代又齐落。

1985 年以后，美联储的政策使通货膨胀率和失业率走低，结果是 20 年的经济增长，以及不时被短期衰退打断的三个较长的和平扩张期。

资料来源：[美] 曼昆：经济学原理（宏观经济学分册），5 版，梁小民、梁砾译，北京大学出版社，2009：305。

案例分析

根据理论，通货膨胀与失业之间存在一定的交替关系，这种关系反映在菲利普斯曲线上。由于适应性预期，菲利普斯曲线在短期内是向右下方倾斜的，通货膨胀与失业之间存在交替关系。在长期是垂直的。如果总需求持续减少，会导致价格持续下降和经济衰退，这被称为通货紧缩。如果总供给受到负面冲击，会导致经济衰退和物价上升同时出现，这被称为滞胀。

自从菲利普斯曲线上升为原理后，人们会根据这一理论对政策进行预期，政策执行者（如美联储）也会根据这一理论制定政策并执行。但人们对通胀和失业的感情不一样，人们能容忍一定的通货膨胀，但对失业和经济停滞的容忍度较低，人们的情绪会通过一定的途径传递给政策制定和实施者。案例中美联储在应对通货膨胀时，总是承诺提高利率抑制通货膨胀，但迟迟不实施，担心提高利率会引起经济停滞，人们的负面情绪会更大，从而更不能忍受。

菲利普斯曲线的实证是利用早期的宏观经济实践数据，这些数据中宏观政策对经济运行的调控力度不大，失业和通货膨胀之间的交替关系比较明显。二战后，宏观政策对经济的调控力度加大，宏观经济中呈现的通货膨胀和失业之间的关系更为复杂，交替关系不一定明显，如案例中美国 20 世纪 70 年代通货膨胀率和失业率都上升，80 年代通货膨胀率和失业率都下落。

案例中也批评了美联储在调控中对目标的摇摆不定，没有欧洲中央银行在调控中的目标清晰。

问题讨论

（1）什么是短期菲利普斯曲线？什么是长期菲利普斯曲线？

（2）预期在菲利普斯曲线中有什么作用？

（3）美国 20 世纪 70 年代、80 年代的失业率和通货膨胀率数据，能否认菲利普斯曲线的正确性吗？

理论提示

（1）奥肯定律；

（2）菲利普斯曲线；

（3）滞胀。

13.6 菲利普斯曲线：中国案例

案例内容

在 1996 年至 2012 年期间，中国宏观经济经历了多种事件，接近西方国家的经济周期性波动。其表现事件是：1997—1998 年的亚洲金融危机导致通货紧缩，经济增长速度降低，物价出现绝对的下降。2007—2008 年美国次贷危机引爆的国际金融危机，使经济增长速度从高位降低，并缓解了前期呈现的通货膨胀趋势。表 13.1 是 1996—2012 年我国通货膨胀率与经济增长率数据，表 13.2 是 2007—2012 年我国各季度最后一个月通货膨胀率与经济增长率数据。

表 13.1　1996—2012 年我国年通货膨胀率与经济增长率数据　　单位：%

年份	年通货膨胀率（CPI 同比涨幅）	经济增长率
1996	8.3	9.7
1997	2.8	8.8
1998	−0.8	7.8
1999	−1.4	7.1
2000	0.4	8.0
2001	0.7	7.3
2002	−0.8	8
2003	1.2	9.1
2004	3.9	9.5
2005	1.8	9.9
2006	1.5	10.7
2007	4.8	11.4
2008	5.9	9.0
2009	−0.7	8.7
2010	3.3	10.3
2011	5.4	9.2
2012	2.6	7.8

数据来源：1996—2011 年的数据来源于中华人民共和国国民经济和社会发展统计公报；2012 年的数据来源于中国国家统计局。

表 13.2　2007—2012 我国每季度最后一个月的 CPI 同比涨幅及季度 GDP 增幅

单位：%

年份	季度	季度最后一月 CPI 涨幅（同比）	季度 GDP 增幅
2007	1	3.3	11.1
	2	4.4	11.9
	3	6.2	11.5
	4	6.5	11.2

续表

年份	季度	季度最后一月 CPI 涨幅（同比）	季度 GDP 增幅
2008	1	8.3	10.6
	2	7.1	10.1
	3	4.6	9.0
	4	1.2	6.8
2009	1	-1.2	6.2
	2	-1.7	7.9
	3	-0.8	9.1
	4	1.9	10.7
2010	1	2.4	9.7
	2	2.9	9.5
	3	3.6	9.1
	4	4.6	8.9
2011	1	5.4	11.9
	2	6.4	10.3
	3	6.1	9.6
	4	4.1	9.8
2012	1	3.6	8.1
	2	2.2	7.6
	3	1.9	7.4
	4	2.5	7.9

数据来源：中国国家统计局网站（进度信息）。

案例分析

在 1996—2012 年，中国经济的变化可以说是宏观经济学活生生的案例。经济周期、菲利普斯曲线、乘数原理等都得到验证，财政货币政策的运用及其效果也得到充分展示。从数据来看，基本上我们可以看到经济增长率与通货膨胀率之间有较为明显的交替关系，这实际上就是菲利普斯曲线。

在中国，由于统计指标的问题，我们很难找到有可比性的失业率数据。但是，经济增长率与失业率往往有很稳定的负相关关系，奥肯定律就是对这一关系的总结。因此，如果通货膨胀率与失业率之间有交替关系，那么通货膨胀率与经济增长率之间就必然是正向的关系。事实上，上述两个表中的数据印证了这一点。

1997 年之前，亚洲新兴经济体一直是经济增长的明星，中国也参与到这个增长过程中，接受源源不绝的外资，对外出口持续增加。1997 年，亚洲金融危机爆发，亚洲新兴经济体受到重创，连带着也影响到中国的出口。中国坚持负责任的对外经济政策，保持了人民币币值的稳定，未加入东南亚国家货币竞相贬值的过程，导致中国的对外出口更为困难。1997 年我国经济增长率从 1996 年的 9.7%降低到 8.8%，1998 年和 1999 年再降低到 7.8%和 7.1%。这段时间中国很多规模以上企业出现大量的产品积压、利润减少乃至亏损。显然，其对物价的影响是正面的，阻止了物价的上涨。1996 年的通货膨胀率为 8.3%，到 1997 年就降低为 2.8%，1998 年和 1999 年物价水平更是出现绝对下降，通货膨胀率分别为-0.8%和-1.4%。要知道，此前的中国经济自改革开放以来，物价一直处于上涨状态，很多年份都出现严重的通货膨胀，1994 年通货膨胀率一度高达 24%。那个时候，人们一直处于通货膨胀的困扰之中，从来都没有预料到会有通货紧缩。

从 2003 年开始，经济增长开始恢复，多年经济增长速度都在 10%左右；同时物价也开始回升，一些年份又出现了通货膨胀的苗头，只是相对于 20 世纪 90 年代初期要温和很多了。例如 2007 年和 2008 年的通货膨胀率分别为 4.8%和 5.9%，而经济增长速度为 11.4%和 9.0%。

从 2008 年到 2012 年，由于美国次贷危机的影响，中国经历了又一次经济增长速度调整。因为惯性，2009 年中国的经济增长速度从上一年的 9.0%降低为 8.7%，通货膨胀率从上一年的 5.9%降低为-0.7%。为了应对危机，这一年中国启动了 4 万亿元开支的财政刺激计划，带动经济增长速度在 2010 年再上两位数，达到 10.3%。在财政刺激计划的作用下，各地大兴土木，基础设施投资猛增，行政开支也大幅攀升，这又引发了通货膨胀。2010 年和 2011 年的通货膨胀率分别达到 3.3%和 5.4%。2012 年中国再次进行经济调整，将经济增长速度降低到 7.8%，而物价涨速也降低至 2.6%。

上述经济增长速度与通货膨胀率之间的关系在季度数据中表现得更为明显，可以参见表 13.2 中的数据。另外，在经济增长快的时候，就业市场比较繁荣，大学毕业生找工作很容易；而在经济增长速度降低时，就业市场也较为萧条，大学毕业生找工作也困难许多。

问题讨论

（1）请将表 13.2 中的数据用坐标系显示出来，看看经济增长率与通货膨胀率之间是否有稳定的正相关关系？

（2）为什么说经济增长率与通货膨胀率之间的关系也可以用来说明菲利普斯曲线？

（3）比较一下美国 19 世纪 30 年代、40 年代的失业率和通货膨胀率数据，以查证菲利普斯曲线的正确性。

理论提示

（1）奥肯定律；

（2）菲利普斯曲线；

（3）总需求管理政策。

13.7 宏观经济波动：美国战后的经济周期

案例内容

第二次世界大战后，美国经济共经历了 11 次周期性波动，每一个经济周期时间较短，平均为 5 年。这 11 次经济周期中，经济的收缩期平均为 11 个月，扩张期为 59 个月，扩张期远远多于收缩期，美国的总体经济处于不断增长的过程中。具体如表 13.3 所示。

表 13.3 美国的经济周期

经济周期的参照日期（年月）		持续时间（月）			
		收缩	扩张	周期	
波峰	波谷	（波峰到波谷）	（前期波谷到本期波峰）	前期波谷到本期波谷	前期波峰到本期波峰
1929. 8	1933. 3	43	21	64	34
1937. 5	1938. 6	13	50	63	93
1945. 2	1945. 10	8	80	88	93
1948. 11	1949. 10	11	37	48	45
1953. 7	1954. 5	10	45	55	56
1957. 8	1958. 4	8	39	47	49
1960. 4	1961. 2	10	24	34	32

续表

经济周期的参照日期（年月）		持续时间（月）			
波峰	波谷	收缩（波峰到波谷）	扩张（前期波谷到本期波峰）	周期 前期波谷到本期波谷	周期 前期波峰到本期波峰
1969. 12	1970. 11	11	106	117	116
1973. 11	1975. 3	16	36	52	47
1980. 1	1980. 7	6	58	64	74
1981. 7	1982. 11	16	12	28	18
1990. 7	1991. 3	8	92	100	108
2001. 3	2001. 11	8	120	128	128
2007. 12	2009. 6	18	73	91	81
所有经济周期平均时长：1945—2009（11 个周期）		11	59	73	66

数据来源：美国 国家经济研究局官网。

近代经济史中最著名的大萧条就是 1929—1933 年的经济大危机，经济的收缩持续了 43 个月，银行倒闭，工厂破产，大量工人失业加入失业救济金领取的队伍。第二次世界大战的爆发彻底结束了经济大萧条，美国宣布参战之后，军火需求推动了 GDP 的强劲增长，经济出现了长达 80 个月的扩张，失业率也迅速下降。战争结束后，美国的财富急剧增长，一跃成为世界上最大的黄金储备国。此后一直到 20 世纪 70 年代之前，美国的经济保持在上升通道之中，期间虽然也有过几次收缩，但持续的时间很短，最长的也不到一年，就有战争因素拉动美国经济的增长。令人瞩目的是越南战争带来的 1961—1969 年间长达 106 个月的扩张，在此期间美国甚至出现了高于 10% 的 GDP 增长速度，失业率也低至 3. 5%，见图 13. 1。

进入 20 世纪 70 年代后，美国再次遭遇了各种类型的经济衰退。1973 年，石油输出国组织（OPEC）成功地提高了油价，许多国家特别是包括美国在内的发达国家，原料进口成本大幅上升，带来工业制成品的价格高涨，通货膨胀严重，而与此同时国内失业率却不降反升，1975 年的失业率甚至高达 8. 5%，经济陷入了严重的衰退，这一时期的经济后来被经济学家称为滞胀。

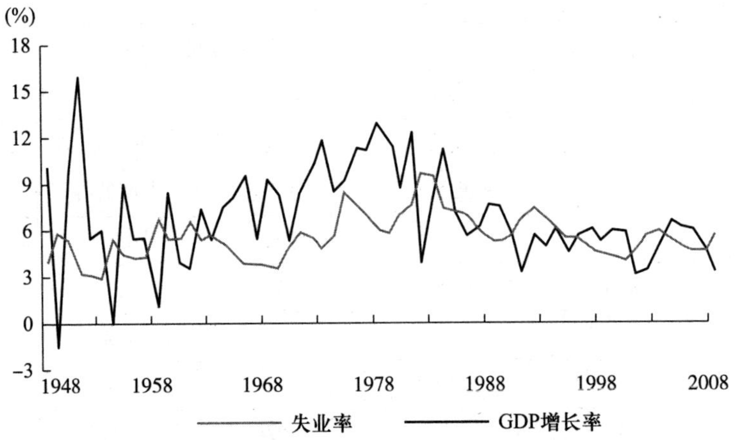

图 13.1 美国 1948—2008 年的 GDP 增长率与失业率

数据来源：美国劳工统计局。

在 20 世纪 90 年代克林顿政府执政期间，美国出现了空前的繁荣，经济的扩张持续了 120 个月之久，这在美国历史上是绝无仅有的。这段时间美国物价相对稳定，失业率极低，甚至不时低于自然失业率。

2000 年后又是一番景象。2001 年“9·11”事件之后，美国出现了一次温和的经济衰退，此后又缓慢扩张了 73 个月，直到 2007 年次贷危机的爆发。2007 年美国的次贷危机引发了国际金融危机，进而演变成全球经济危机，几乎所有国家的经济增长都受到了影响，美国接连两年出现了经济的下滑，GDP 增长率由 2007 年的 2.14%下降为 2009 年的-2.44%，失业人数迅速增加，2009 年 10 月甚至出现了高达 10.1%的失业率，通过主要经济指标的对比，美国经济形势的恶化是确定无疑的。

案例分析

任何一个国家的经济运行都不可能是直线上升的，经济发展总是表现出螺旋式上升的轨迹。经济高涨时，人们收入不断增加，就业压力减轻，生活富庶；经济经历低谷时，失业增加，收入减少，经济生活中充斥着悲观的情绪。

按照经济周期的定义，经济从萧条到复苏、高涨再到衰退算是一个经济周期，萧条或经济危机虽然只是经济周期中的一个阶段，却表示上一个经济周期的结束和下一个经济周期的开始，正因为如此，人们通常以萧条或经济危机来代表一个经济周期。萧条之后经济开始复苏，主要经济指标带来的利好消息不断增强人们的信心，经济不断地恢复直到高涨。当经济从繁荣的顶点开始进入下降通道，用来衡量经济形势的各种经济指标开始恶化时，经济便进入了衰退，通常来说，衰退持续的时间不长，造成的影响不会太大。一旦经济长期摆脱不了衰退，给经济生活的方方面面造成了比较深刻的影响，这时我们会认为经济进入萧条阶段。

对经济周期的解释有各种各样的理论，或者有外部原因，或者有内部原因。前者认为，各种外部冲击会带来经济运行形势的逆转，这种逆转在经济体系内部特有机制的作用下使得宏观经济形成一种从收缩到扩展的循环运动。后者认为，即使没有外部冲击，建立在现代市场经济基础上的宏观经济也有可能自发地周期性运动。无论是哪一方面的原因，都可以用总供给与总需求的框架来讨论。也就是说，这一章的主题也可以放到第十二章中讨论。

20 世纪五六十年代的繁荣主要是由充足的需求支持的，其中很大一部分与战争刺激有关。70 年代的滞胀则是由总供给方面受到外部的不利冲击引起，也就是石油危机所致。而 1980—1983 年间，美国还经历了一次衰退，其原因是美联储反通货膨胀政策下的银根紧缩，这是总需求方面的原因。90 年代克林顿时期出现的新经济繁荣则来自供给方面，是因为经济全球化和信息技术推动了生产能力持续增加，即长期总供给曲线持续右移。21 世纪的两次危机又是来自总需求方面，同时也暴露了经济体系内部的弱点。

在这里，我们还可以尝试用实际周期理论来解释经济波动，例如 20 世纪 90 年代的新经济。该轮高歌猛进式的经济扩张正是由技术进步和经济全球化这两个主要的“真实”因素引起的，而不是像 1980—1983 年经济萧条那样是由货币紧缩引起。技术进步推动经济开始扩张，而在经济体系内部因素的作用下，这一轮扩张前赴后继地持续到了 2000 年。

问题讨论

(1) 什么是经济周期？描述经济周期的指标有哪些？

(2) 经济周期可否在总供给与总需求的框架下讨论？

理论提示

(1) 理解相关概念：经济周期；经济危机；失业；复苏；高涨；衰退；萧条；滞胀；

（2）理解各种经济周期理论；

（3）注意在经济周期中外部冲击与内部机制各自所起的作用。

13.8 CPI持续上涨：中国经济成长过程中的经历

案例内容

20世纪最后二十年，我国经历了多次通货膨胀，其中90年代上半期的通货膨胀最为严重，持续时间也最长。从1991年年底开始，CPI同比增速达到5%，一直持续到1997年年初，而1997年通货膨胀率降低仅仅是因为亚洲金融危机所致。这次通货膨胀在1994年达到峰值，居民消费价格指数涨幅高达24.1%。1994年1月到1995年5月CPI同比增速连续17个月位于20%以上。

这场通货膨胀始于1991年年底。当年9月，国务院出台20条措施，以提高大中型国有企业活力，其中包括下调利率和放松银根，从而导致信贷急剧扩张。1991—1995年的M_1年增速大部分都在25%以上。结果，这个时期的投资也开始呈现明显的膨胀。1985年，全社会的固定资产投资为2 543亿元，1990年增至4 451亿元，1993年猛增至11 829亿元，1994年再增至16 000亿元。

当时通货膨胀的另外一个背景是，我国的市场化改革稳步推进，原本受管制的商品价格不断放开，主要农产品收购价格和石油、煤炭等初级产品价格迅速提高。尤其是粮食价格放开后价格涨势极其凶猛，1994年12月同比涨幅竟达164.3%。

与上面经济形势有关的部分数据可见表13.4。

表13.4 20世纪90年代我国部分经济数据

年份	1991	1992	1993	1994	1995	1996	1997	1998
CPI	103.4	106.4	114.7	124.1	117.1	108.3	102.8	99.2
GDP增长率/%	9.18	14.24	13.96	13.08	10.90	10.00	9.30	7.80
M_1 增长率/%	24.2	35.9	38.8	26.2	16.8	18.9	22.1	11.9

数据来源：国家统计局网站。

案例分析

中国1993—1994年通货膨胀是改革开放以来具有深远影响的一次价格上涨，其成因几乎囊括了通货膨胀理论的所有方面，说它是一场教科书式的通货膨胀也不为过。中国的学者围绕此次通货膨胀展开了广泛的分析，提出了各种各样的解释。回头分析这次通货膨胀可以发现，其直接成因同时出现在总需求曲线和总供给曲线上移两个方面，同时还涉及背后的制度性和结构性因素。

从总供给曲线的角度看，成本推进显然对当时的通货膨胀起到了极大的作用。20 世纪 90 年代初期的各种改革加重了企业的成本负担，造成商品价格的上涨。当时出现了农产品和部分资源型产品价格上涨以及工资成本提高，同时国家进行了汇率调整和税制改革，这些都大大提高了企业生产成本。

从总需求曲线的角度看，当时同时存在着投资饥渴症和消费饥渴症。在投资方面，无论是国有企业还是非国有企业，都存在着投资冲动；在需求方面，居民正在从短缺经济中走出来，对各种消费品尤其是耐用消费品极其渴望，1990 年代初期正是全国居民对冰箱、彩电和洗衣机等家电需求旺盛的时期。消费饥渴使得制造业利润空间极高，从而又鼓励了投资冲动。当时在中东部很多省份都有洗衣机厂、冰箱厂和彩电厂。

在总供给曲线与总需求曲线的背后，还有两个特殊因素需要强调。一方面，制度调整在其中起到了很大作用。中国从 20 世纪 90 年代初不断放开市场，进行市场化改革，当然也包括放开价格。这就意味着农产品价格和初级产品价格的上涨是价格约束松绑后的上涨，属于恢复正常价格体系的补涨。但是不管怎么说，它通过成本推进的方式导致了总供给曲线的上移。另外一个因素是人们的通货膨胀预期起到了推波助澜的作用。在当时严重的通货膨胀背景下，企业都预期未来还会发生通货膨胀，就会预先提高价格，从而导致“预期的自我实现”，这表现为总供给曲线向上移动。另一方面，居民因恐慌而形成通货膨胀预期，从而出现恐慌性抢购，这推动了总需求曲线的上移。例如，当时居民有抢购窗帘的，有抢购食盐的，但是事后他们发现，抢购来的商品一辈子也用不完。

但是，正如理论所强调的，无论是总需求增加，还是总供给减少，如果没有货币供给量增加配合，也就是说，如果货币供给增加不超过 GDP 增长速度，那么价格是不会上涨的。因此，1993—1994 年的通货膨胀的背后一定有货币超发的影子。事实也是如此。1994 年，经济增长率为 13.08%，M_1 增长率为 26.2%，因此肯定会出现通货膨胀。但是，理论上说，通货膨胀率应该不会超过 13.12%，那么为什么以 CPI 表示的实际通货膨胀率为 24.1%呢？这是因为，此前几年 M_1 增长过快，同时其对价格的影响被抑制住了，到了 1994 年才释放出来。例如，1993 年 M_1 和 GDP 增长率分别为 38.8%和 13.96%，按说价格应该上涨 24.84%，但是实际的 CPI 价格指数只上涨了 14.7%；1992 年，M_1 和 GDP 分别增长 35.9%和 14.24%，理论上说，价格应该上涨 21.66%，但是实际 CPI 只上涨了 14.7%。而且，CPI 的上涨一般比 GDP 平减指数的上涨更快，那么 1992 年和 1993 年 CPI 指数上涨不足就更说明了货币量增长对价格的影响被暂时抑制住了，但到了 1994 年就爆发了。

在 1993—1994 年的通货膨胀中，确实出现了货币增长过快的现象。那么新的问题来了，为什么中国人民银行会大幅度增加货币供应呢？这也是通货膨胀理论关注的重要问题。由于中国人民银行不独立，从而会受到企业和各级政府的影响，因此，当时它就受到各个环节的倒逼而不得不不断放松银根，通过印制钞票解决问题。例如，在通胀过程中，一方面成本上升和价格上涨使企业下一轮生产出现支付困难，另一方面由于预期的作用，价格上升不仅不会降低需求，反而会刺激投资需求和消费需求。两方面的因素结合在一起，就会使本期货币供给不足，从而制约了生产活动。企业会把这个压力向上传递给央行，迫使央行不得不开闸放水，扩大信贷。此外，1994 年我国进行了汇率并轨改革，人民币汇率有较大幅度贬值，从而吸引了外资的大量流入并导致外汇储备大量增加，结果央行需要投放人民币来收购外汇，货币因外汇占款而再次增加。

问题讨论

（1）为什么说在分析 20 世纪 90 年代上半期的通货膨胀成因时，通货膨胀理论的所有方面几乎都涉及了？

（2）在分析中国 20 世纪 90 年代上半期通货膨胀的成因时，分析应该从几个层面进行？仅仅从总供给和总需求分析是否足够？是否应该针对中国特定情况分析总供给变化和总需求变化背后的深层原因？

（3）中国 20 世纪 90 年代上半期的通货膨胀是否有结构性通货膨胀和惯性通货膨胀的影子？

（4）中国 20 世纪 90 年代上半期的通货膨胀是否不同于发达国家，其中包含着制度方面和经济发展过程的特点？如果有，它们的影响是否也会通过总供给和总需求曲线的变化反映出来？

（5）“货币在任何时候任何地点都是一个货币现象”这个说法在我国 20 世纪 90 年代上半期的通货膨胀中是否适用？

(6) 如果中国人民银行能够独立地执行货币政策，20 世纪 90 年代上半期的严重通货膨胀能否避免？或者说就算出现通货膨胀，也不至于那么严重？

理论提示

(1) 需求拉上型通货膨胀；

(2) 成本推动型通货膨胀；

(3) 惯性通货膨胀和预期在通货膨胀形成中的作用；

(4) 货币数量论对通货膨胀成因的解释；

(5) 经济发展过程和制度改革过程中的通货膨胀；

(6) 动态不一致性；

(7) 货币政策规则。

第十四章　开放条件下的宏观经济

一、基本概念与原理小结

1. 内容摘要

世界是一个经济整体，国家（或地区）之间都存在一定程度的商品贸易、资本往来关系。因此，有必要分析开放条件下的宏观经济问题。

第一节是国际收支与汇率，为分析开放条件下的宏观经济建立概念基础。首先是国际收支概念，国际收支是指一个经济体的居民与非居民之间因各种经济往来而发生的收入和支付的系统记录。为了记录各国经济交往，相关机构编制了国际收支平衡表。国际收支平衡表设置了两大类账户：经常账户——记录商品与服务的贸易；资本与金融账户——记录资本的流入和流出。无论是经常账户还是资本与金融账户，都体现了外汇在国家之间的流动，出口和资本流入意味着外汇的流入，进口与资本流出意味着外汇的流出。

其次是汇率和汇率制度。汇率是指两种货币相互兑换的比率，汇率又称汇价。汇率可分为名义汇率和实际汇率。名义汇率是两个国家（或地区）货币的相对价格，即一种货币能兑换另一种货币的数量，用 e 表示。名义汇率有两种不同的标价方法。一种是直接标价法，是用本国货币形式表示的国外货币的价格；另一种为间接标价法，即用国外货币表示本国货币的价格。实际汇率就是用两国（或地区）价格水平对名义汇率加以调整后的汇率，用 ε 表示。与名义汇率相比，它更能说明一国（或地区）货币的真实购买力。汇率制度指一国（或地区）货币当局对本国汇率变动的基本方式所作的一系列制度安排或规定。汇率制度可以分为固定汇率制和浮动汇率制。固定汇率制是在金本位制度和布雷顿森林体系下通行的汇率制度，这种制度规定本国货币与其他国家货币之间维持一个固定比率，汇率波动被限制在一定范围内，由官方干预来保证汇率的稳定。浮动汇率制是指一国不规定本币与外币的黄金平价和汇率上下波动的界限，货币当局也不承担维持汇率波动幅度的义务，汇率随外汇市场供求关系变化而上下自由浮动的一种汇率制度。

最后是国际收支平衡。一国在一定时期（如一年里）流入与流出的外汇的差值，就是国际收支差。如果国际收支差大于零，就是国际收支顺差或盈余，代表着该国外汇储备会增加；如果国际收支差小于零，就是国际收支逆差或赤字，代表着该国外汇储备减少。当国际收支差为零时，称为国际收支平衡。在国际收支差额的构成中，净出口函数由两国收入、两国价格和汇率决定。就汇率而言，净出口随着本国货币汇率下降而增加的。本币汇率变化对净出口的影响存在 *J* 曲线效应：本币贬值最初会减少本国净出口额，一段时期之后会增加净出口额。净资本流出函数取决于本国利率与国际利率的比较，随着本国利率的下降而增加。国际收支差额由净出口函数和净资本流出函数决定，存在着能够让国际收支保持平衡的收入和利率组合。当国际收支平衡时，收入和利率之间存在函数关系，这一函数关系对应的曲线就是国际收支平衡曲线，简称 *BP* 曲线。正常情况下，如果以横轴代表收入，纵轴代表利率，则 *BP* 曲线是向右上方倾斜的：收入增加引起更多的进口，将国际收支向逆差方向推动；而利率的上升可以吸引更多的资本流入，从而将国际收支向顺差方向推动；两相抵消，可以保持国际收支平衡。但是，如果资本流动对利率差无限敏感，则 *BP* 曲线是水平的；如果资本流动对利率差毫不敏感，则 *BP* 曲线是垂直的。

第二节是蒙代尔–弗莱明模型。该模型分析开放经济条件下的 *IS* 曲线和 *LM* 曲线。前者加入了进出口净额部分，因而汇率影响到 *IS* 曲线的位置；后者的利率受到世界利率的影响，但是汇率对其没有影响。因此，在汇率与收入的坐标系中，*LM* 曲线与汇率无关，是垂直的，而 *IS* 曲线向右下方倾斜。这样，*IS* 曲线与 *LM* 曲线的交点就决定了开放经济条件下均衡的国民收入与汇率。如果再把价格水平考虑进来，可以看到 LM^* 曲线是随着价格变化而变化的：价格水平的下降会驱动 LM^* 曲线向右边移动，从而导致均衡汇率下降和均衡收入增加。此时的均衡收入就是开放经济条件下商品与货币市场同时均衡时的总需求。因此，当价格变动时，LM^* 曲线不断移动，其与 IS^* 曲线的交点也不断移动，可以得到新的开放经济条件下的总需求曲线。

第三节是固定汇率制下的政策效果。在固定汇率制下，中央银行必须对外汇市场进行干预以维持汇率的固定水平。因此，中央银行的货币供给必须完全服从于稳定汇率的目标。分析的政策效果是：财政政策的作用得到加强。这是因为，扩张性财政政策会促使 IS^* 曲线右移，增加本国收入也提高本国利率。本国收入增加会增加进口需求，有产生进出口逆差的倾向；而本国利率提高会吸引资本流入，有产生净资本流入的倾向。在完全资本流动下，资本流入的程度大到足以超出进出口逆差的程度，从而产生本币升值的压力。为了防止本币升值，本国货币当局就需要收购外汇，投放本国货币，这就带来货币扩张，表现为 LM^* 曲线右移，从而进一步促进本国收入增加。货币政策无法独立，也是无效的。以扩张性货币政策为例，它引起 LM^* 曲线右移，从而引起本国利率下降，促使资本外流，引起本币贬值压力；为了防止本币贬值，货币当局必须卖出外汇，回笼本币，如此一来，原来扩张的货币又收缩了。

第四节是浮动汇率制下的政策效果。浮动汇率制度下，在封闭经济中，扩张性财政政策将使产出增加。因为在此条件下扩张性财政政策会使汇率上升，汇率上升使国内商品相对于国外商品变得更加昂贵，净出口减少，扩张性财政政策的需求效果被本币的升值完全抵消了。因此，小国开放条件下财政政策无效。但扩张性货币政策通过降低实际利率，刺激私人投资来增加就业和产出。但在小国开放经济中，利率是由世界资本市场的均衡利率决定的。当货币供给增加后，形成了本国利率下降的压力。在一个资本完全流动的经济中，本国利率的下降直接导致本国资本的流出，形成了对国内利率下降的阻力。同时，资本的流出增加了外汇市场上的本国货币，使名义汇率下降，本国货币贬值，出口相对便宜，而进口商品相对昂贵，从而增加了净出口，进而提高了总需求。所以，在开放条件下，小国的货币政策通过汇率的变化来影响产出。

2. 基本概念

国际收支；国际收支平衡表；经常账户；资本与金融账户；净出口；净资本外流；国际收支差额；国际收支顺差（盈余）；国际收支逆差（赤字）；净出口；资本净流出；汇率；名义汇率；实际汇率；固定汇率；浮动汇率；LM^* 曲线，IS^* 曲线，BP 曲线；蒙代尔-弗莱明模型。

3. 基本原理

（1）汇率原理。就汇率而言，净出口随着本国货币汇率下降而增加的。本币汇率变化对净出口的影响存在 J 曲线效应：本币贬值最初会减少本国净出口额，一段时期之后会增加净出口额。

（2）开放条件下均衡国民收入决定原理。在开放经济条件下，一国的均衡收入出现在商品市场、货币市场均衡和国际收支平衡的条件下，也就是说，IS^* 曲线、LM^* 曲线和 BP 曲线的共同交点决定了均衡的收入水平。

（3）固定汇率制度下的政策效果原理。在固定汇率制度下，财政政策会引发货币存量向着加强其作用的方向变化，从而效果被放大；货币政策不具有独立性，因此无效。

（4）浮动汇率制度下的政策效果原理。在浮动汇率制度下，财政政策会引发货币存量的反向变化，其作用被抵消；货币政策会引起汇率向着加强其效果的方向变化，其作用得到加强。

4. 重点难点

（1）开放条件下的 IS^* 曲线和 LM^* 曲线以及 *BP* 曲线，与封闭条件下的 *IS* 曲线和 *LM* 曲线的区别与联系。

（2）收入、利率、汇率的相互关系。

（3）蒙代尔-弗莱明模型是什么？模型中为什么是 IS^* 曲线和 LM^* 曲线？

（4）为什么固定汇率制度与浮动汇率制度下财政政策与货币政策作用不同？

5. 即问即答

问：怎样概括国际收支差额的本质含义？

答：国际收支差额体现了通过商品和服务贸易以及通过资本流动而净流入到一个国家的外汇。

问：什么是实际汇率？

答：实际汇率就是两国之间的相对价格比值。

问：IS^* 曲线与 *IS* 曲线的联系与区别是什么？

答：它们都代表着商品市场的均衡，但是在形式上，IS^* 曲线出现在汇率与收入的空间中，而 *IS* 曲线出现在利率与收入的空间中。

问：LM^* 曲线与 *LM* 曲线的联系与区别是什么？

答：它们都代表着货币市场的均衡，但是在形式上，LM^* 曲线出现在汇率与收入的空间中，而 *LM* 曲线出现在利率与收入的空间中。

问：在分析财政或货币政策对经济的影响时，假设资本完全流动是否重要？

答：很重要。如果资本不完全流动，则《西方经济学》（第二版）中的结论不一定成立。如果资本完全流动，则无论是 *IS* 曲线或 IS^* 曲线的移动，还是 *LM* 曲线或 LM^* 曲线的移动，其通过影响利率对资本净流出的影响就足够大，足以超越其通过影响收入而对净出口产生的影响。

问：《西方经济学》（第二版）在分析财政货币政策效果时特别指出是针对小型经济体而言的，为什么这样假设？

答：这样假设能够保证资本是完全流动的，从而易于分析。换言之，对大国经济而言,《西方经济学》（第二版）中的结论只能部分成立。

问：在固定汇率制度、完全资本流动和货币政策独立性三种目标上，一个国家或地区能否同时实现?

答：不能。一个国家或地区只能而且必然同时实现其中的两项目标。中国实现了固定汇率制度和独立的货币政策，但是资本和金融账户是冻结的，从而资本流动不是完全的；中国香港实现了固定汇率制度和资本可以自由在国家或地区间流动，但是没有自己的货币政策；包括美国在内的很多国家或地区实现了资本在国际间的自由流动和独立的货币政策，但是其汇率制度是浮动的。

二、案例内容

14.1 美国的国际收支状况：赤字贸易

案例内容

20 世纪 80 年代到 21 世纪头十年，美国经历了巨额的贸易赤字。图 14.1（a）记录了这段贸易赤字的情况。到 2013 年，贸易赤字达 4 970 亿美元，占 GDP 的 3.0%。正如核算恒等式所要求的，贸易赤字不得不通过从外国借贷（或者等价地通过向国外出售美国的资产）来融资。在这段时期，美国从世界最大的债权国变成世界最大的债务国。

什么引起了美国的贸易赤字？没有单一的解释。为了理解一些起作用的因素，可以观察图 14.1（b）所示的国民储蓄和国内投资，贸易赤字是储蓄和投资之间的差额。

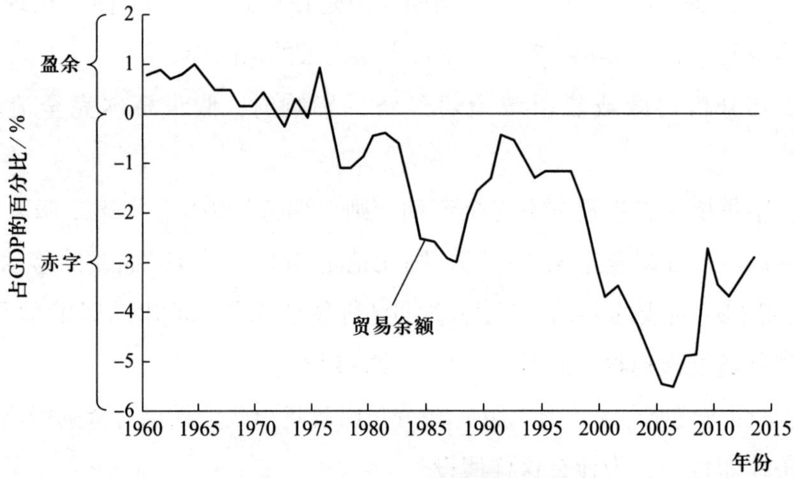

(a)美国的贸易余额

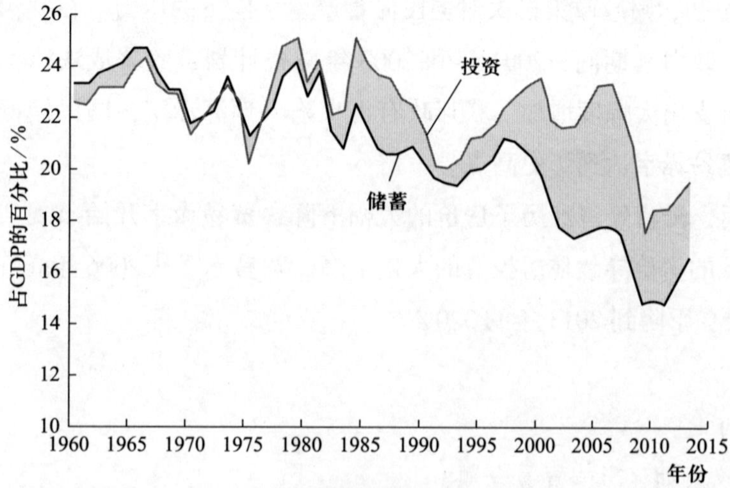

(b)美国的储蓄和投资

图 14.1　美国贸易余额储蓄和投资情况

资料来源：［美］曼昆：经济学原理（宏观经济学分册），8 版，梁小民、梁烁译，北京大学出版社，2020：152-153。

案例分析

案例中，从图 14.1（a）和（b）可知，美国贸易赤字的开始与国民储蓄的下降恰好同时发生。在里根总统时期，国会 1981 年通过了三年大幅度削减个人所得税的立法。且在减税的同时，政府支出并没有等量地削减，联邦预算出现了赤字。这些预算赤字是和平与繁荣时期所经历的最大赤字之一，在里根总统卸任后还持续了很长时间。根据模型，这种政策应该减少国民储蓄，从而引起贸易赤字。情况正是如此。由于政府预算和贸易余额大约同时出现赤字，即出现双赤字。

20 世纪 90 年代，情况开始发生变化。乔治·赫伯特·沃克·布什总统和比尔·克林顿总统都签署了增税计划，同时国会也控制了支出。除了这些政策变化，20 世纪 90 年代末快速增长的生产力也提高了收入，从而进一步增加了税收。这些发展使得美国联邦预算从赤字变为盈余，而这又引起国民储蓄上升。国民储蓄的增加并不与贸易赤字的缩减并行发生，因为国内投资也上升了。20 世纪 90 年代信息技术的繁荣引起了美国投资函数的扩张性移动。即使财政政策推动贸易赤字向盈余移动，但是投资的繁荣是一种推动贸易平衡向赤字方向移动的更强劲的力量。

21 世纪初，财政政策再次对国民储蓄产生了向下的压力。在乔治·沃克·布什总统主政白宫期间，2001 年和 2003 年减税计划被签署成法律，而反恐战争导致政府支出大幅度增加。联邦政府再次陷入预算赤字，国民储蓄下降到历史低点，贸易赤字达到历史高点。

几年后，随着经济经历了房价的大幅下降，贸易赤字开始出现某种程度的缩减。更低的房价导致住房投资的大幅下降。贸易赤字从 2006 年高峰值时的占 GDP 的 5.5%下降到 2013 年的 3.0%。

问题讨论

（1）政策如何影响贸易余额？

（2）政策如何影响资本与产品的国际流动？

（3）储蓄、投资、资本净流出之间有何关系？

理论提示

（1）国际收支平衡表、国际收支顺差、国际收支逆差、经常账户、资本账户；

（2）政策对储蓄的影响，政策对投资的影响，政策导致的资本流动。

14.2 名义汇率：国家之间货币的相对价格

案例内容

货币是衡量商品价格的，但货币本身也存在购买力的高低，在国与国之间货币购买力的高低可以用汇率来衡量。名义汇率就是国家之间货币的相对价格，用各国价格水平的比值得到，而价格水平用通货膨胀表示。图 14.2 表示 15 个国家通货膨胀率与汇率之间关系的散点图。横轴是每个国家的平均通货膨胀率与美国的平均通货膨胀率之差。纵轴是每个国家的通货与美元之间汇率的平均百分比变动。

在图 14.2 中，这两个变量之间的正相关关系是显而易见的，其相关系数（衡量变量相关程度的统计量，取值范围为-1 到+1）为 0.82。通货膨胀率较高的国家往往通货贬值（随着时间的推移，用美元可以买到的这些国家的通货增加了），而通货膨胀率较低的国家往往通货升值（随着时间的推移，用美元可以买到的这些国家的通货减少了）。图 14.2 解释了通货膨胀对汇率变动的影响。例如，1983—1988 年，墨西哥的价格水平上升了 2 300%。由于这种通货膨胀，一个人用 1 美元可以买到的比索数量从 1983 年的 144 增加到了 1988 年的 2 281。

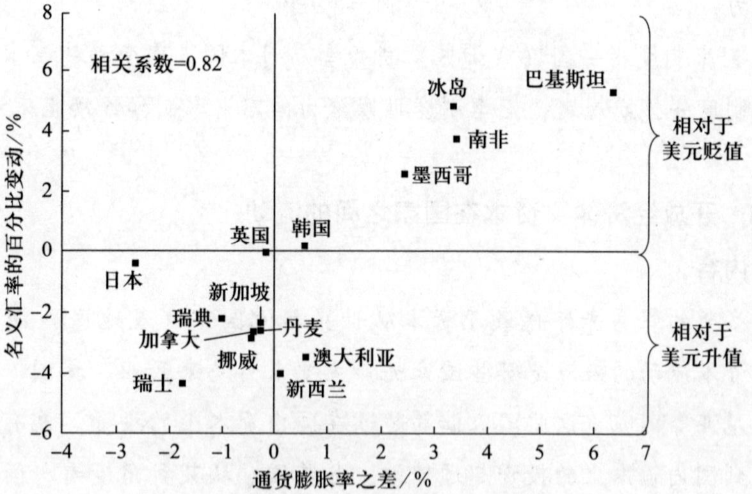

图 14.2　通货膨胀与名义利率

资料来源：［美］曼昆：经济学原理（宏观经济分册），8 版，梁小民、梁烁译，北京大学出版社，2020：164。

案例分析

汇率是指两种货币相互兑换的比率。名义汇率是两个国家（或地区）货币的相对价格，即一种货币能兑换另一种货币的数量，用 e 表示。实际汇率就是用两国（或地区）价格水平对名义汇率加以调整后的汇率，用 ε 表示。案例中给出了名义汇率与通货膨胀之间的关系。显然，通货膨胀与本国汇率（间接标价）成正比。即墨西哥的价格水平 1983 年到 1988 年上升了 2 300%（通货膨胀）。1 美元可兑换比索的名义汇率从 1983 年的 144 增加到了 1988 年的 2 281。通货膨胀本质上是一种货币现象，通货膨胀的持续走高代表了该国货币发行过量，该货币在国外的购买力也相应下降。其间接标价的汇率就会上升。案例中 15 个国家的通货膨胀率与汇率之间关系的散点图证实了这一关系。

问题讨论

（1）什么是汇率？汇率如何标价？

（2）什么是汇率制度？有几类汇率制度？

（3）汇率与货币数量有什么关系？

理论提示

（1）名义汇率有直接标价法和间接标价法，汇率能说明一国（或地区）货币的购买力；

（2）汇率制度指一国（或地区）货币当局对本国汇率变动的基本方式所作的一系列制度安排或规定。汇率制度可以分为固定汇率制和浮动汇率制。

14.3 开放经济体：资本在国家之间的流动

案例内容

美国多年的贸易赤字代表了资本从世界其他国家（或地区）向美国的流动。这些资本流动的来源是哪些国家呢？主要来自马来西亚、泰国、爱沙尼亚和斯洛文尼亚等国家。这些国家储蓄超过在国内资本上的投资。也有一些国家资金流入到国内资本上的投资超过储蓄，如美国。从某种角度看，国际资本流动的这个方向是一个悖论。在生产函数的分析中，有如下结论，资本的边际效率递减。也就是说，资本越少，资本的边际效率越高。资本在资本稀缺的地方应当更有价值。然而，这一结论与国际资本在国与国之间的现实流动方向相矛盾，资本没有流向那些资本应当最有价值的国家，而是流向资本充裕的国家，为什么会这样？

案例分析

在研究中，用柯布-道格拉斯生产函数形式描绘一个经济体的宏观生产得到了经验上的证实。其形式为：

$$F(K, L) = AK^{\alpha}L^{1-\alpha}$$

式中，K 为资本；L 为劳动；A 为代表技术状态的变量；α 为决定资本在总收入中份额的参数。对于这个生产函数，资本的边际产量为：

$$MP_K = \alpha A\ (K/L)^{\alpha-1}$$

资本的边际产量告诉我们，额外 1 单位资本将生产多少额外的产出。由于 α 是资本的份额，它必须小于 1，因此 $\alpha-1<0$。这意味着 K/L 的增加使 MP_K 减少。换言之，在其他变量保持不变的情况下，一国的资本越多，额外 1 单位资本的价值越小。这种边际产量递减的现象说明，资本在资本稀缺的地方应当更有价值。

然而，这一结论与案例给出的事实相反。如何解释呢？第一个原因是，除了资本积累外，国家之间还有重要的差别。穷国不仅工人人均资本积累水平（由 K/L 代表）更低，而且生产能力（由 A 代表）也落后。例如，与富国相比，穷国可能更难得到先进技术，教育水平（或人力资本）更低，或经济政策的效率更低。这些差别可能意味着，给定的资本和劳动投入只能生产出更少的产出。在柯布-道格拉斯生产函数中，这表现为参数 A 的值更小。如果是这样，尽管资本在穷国是稀缺的，但穷国的资本不一定更有价值。

第二个原因是，在穷国，产权常常没有保障。腐败的存在要普遍得多，革命、政变和剥夺财产更常见，政府常常拖欠债务。因此，即使资本在穷国更有价值，外国人也可能仅仅因为害怕财富损失而避免将其财富投资在穷国。而且，本地投资者也面临类似的激励。

无论哪一个是正确的，资本稀缺的国家都要找到逆转这种局面的办法，促使国际资本流向资本稀缺的地方。

问题讨论

(1) 什么是资本的边际效率？

(2) 影响资本流动的因素是什么？

(3) 资本流动与外汇流转是什么关系？

理论提示

(1) 资本在国家或地区之间的流动包括资本流入和资本流出两个部分。资本流入可以通过购买境内资产流入，也可以通过投资办厂流入，资本流出也可以购买境外资产流出也可以直接境外投资办厂流出；

(2) 资本净流入大于零，就会增加境内的外汇储备。反之，如果资本净流入小于零，会减少外汇储备。

14.4 固定汇率制度：布雷顿森林体系

案例内容

20 世纪 30 年代随着世界经济危机的爆发和受到第二次世界大战的影响，各国的经济政治实力发生了重大变化，德、意、日是战败国，国民经济破坏殆尽。英国经济在战争中遭到重创，实力大为削弱。相反，美国经济实力却急剧增长，一跃成为世界最大的黄金储备国和债权国，这就使建立一个以美元为支柱的、有利于美国对外经济扩张的国际货币体系成为可能。

1944 年 7 月，在美国新罕布什尔州的布雷顿森林召开由 44 个国家参加的联合国与联盟国家国际货币金融会议，通过了以“怀特计划”为基础的《联合国家货币金融会议的最后决议书》，以及《国际货币基金协定》和《国际复兴开发银行协定》两个附件，总称为“布雷顿森林协定”，这是一个以美元为中心的世界货币体系，它的建立确立了美元的霸主地位。

布雷顿森林体系的基本内容是美元与黄金挂钩，其他国家的货币与美元挂钩，实行固定汇率制度：

（1）美元与黄金挂钩。各国确认 1934 年 1 月美国规定的 35 美元一盎司的黄金官价，每一美元的含金量为 0.888 671 克黄金。各国政府或中央银行可按官价用美元向美国兑换黄金。为使黄金官价不受自由市场金价冲击，各国政府需协同美国政府在国际金融市场上维持这一黄金官价。

（2）其他国家货币与美元挂钩。其他国家政府规定各自货币的含金量，通过含金量的比例确定同美元的汇率。

（3）实行可调整的固定汇率。《国际货币基金协定》（以下简称《协定》）规定，各国货币对美元的汇率，一般只能在法定汇率上下各 1%的幅度内波动。若市场汇率超过法定汇率 1%，各国政府有义务在外汇市场上进行干预，以维持汇率的稳定。若会员国法定汇率的变动超过 10%，就必须得到国际货币基金组织的批准。1971 年 12 月，这种即期汇率变动的幅度扩大为上下 2.25%的范围，而决定“平价”的标准，也由黄金改为特别提款权。布雷顿森林体系的这种汇率制度被称为“可调整的钉住汇率制度”。

（4）各国货币的兑换性与国际支付结算的原则。《协定》规定了各国货币自由兑换的原则：任何会员国对其他会员国在经常项目往来中积存的本国货币，若对方为支付经常项货币换回本国货币。考虑到各国的实际情况，《协定》又作了“过渡期”的规定。《协定》还规定了国际支付结算的原则：会员国未经国际货币基金组织同意，不得对国际收支经常项目的支付或清算加以限制。

（5）确定国际储备资产。《协定》中关于货币平价的规定，使美元处于“等同”黄金的地位，成为各国外汇储备中最主要的国际储备货币。

（6）国际收支的调节。国际货币基金组织会员国份额的 25%以黄金或可兑换成黄金的货币缴纳，其余则以本国货币缴纳。会员国发生国际收支逆差时，可用本国货币向国际货币基金组织按规定程序购买（即借贷）一定数额的外汇，并在规定时间内以购回本国货币的方式偿还借款。会员国所认缴的份额越大，得到的贷款也越多。贷款只限于会员国用于弥补国际收支赤字，即用于经常项目的支付。

(7) 成立国际货币基金组织。建立永久性国际金融机构——国际货币基金组织是布雷顿森林体系的一大特色。《协定》确定了 IMF 的宗旨：①建立 IMF 机构，促进国际货币合作；②促进国际贸易和投资的均衡发展，提高会员国的就业和实际收入水平，扩大生产能力；③促进汇率稳定，维护正常汇兑关系，避免竞争性货币贬值；④建立多边支付体系，设法消除外汇管制；⑤为会员国提供资金融通，纠正国际收支失衡；⑥缩小国际收支赤字或盈余的扩大。

从 20 世纪 50 年代后期开始，随着美国经济竞争力逐渐削弱，其国际收支开始趋向恶化，出现了全球性“美元过剩”的情况，各国纷纷抛出美元兑换黄金，美国黄金开始大量外流。到了 1971 年，美国的黄金储备再也支撑不住日益泛滥的美元了，尼克松政府被迫于这年 8 月宣布放弃按 35 美元一盎司的官价兑换黄金的美元“金本位制”，实行黄金与美元比价的自由浮动。欧洲经济共同体和日本、加拿大等宣布实行浮动汇率制，不再承担维持美元固定汇率的义务，美元也不再成为各国货币围绕的中心。这标志着布雷顿森林体系的基础已全部丧失，该体系终于完全崩溃。

1971 年 7 月第七次美元危机爆发，尼克松政府于 8 月 15 日宣布实行“新经济政策”，停止履行外国政府或中央银行可用美元向美国兑换黄金的义务，这意味着美元与黄金脱钩。1973 年 3 月，西欧又出现抛售美元、抢购黄金和马克的风潮，在此次美元危机中，美国宣布美元贬值，导致各国相继实行浮动汇率制代替固定汇率制。至此，美元与黄金的脱钩和浮动汇率制取代固定汇率制宣告了布雷顿森林制度的最终解体。

案例分析

国际货币体系是各国政府为适应国际贸易与国际支付的需要，对货币在国际范围内发挥世界货币职能所确定的原则、采取的措施和建立的组织形式的总称。有效且稳定的国际货币体系是国际经济极其重要的环节。布雷顿森林货币体系是指战后以美元为中心的国际货币体系。

在布雷顿森林体系下，美元与黄金挂钩、其他国家的货币与美元挂钩，并实行固定汇率制度。与浮动汇率制相比，在固定汇率制下，汇率稳定，风险低，国际清偿力以及进出口商品价格也相当稳定，能在一定程度上抑制外汇市场的投机活动；但固定汇率制易引发通货膨胀，为了稳定汇率，大量的黄金与外汇储备将流失，国内货币政策的自主性会削弱。

20 世纪 30 年代的经济大危机使得国际金本位制度基本崩溃，国际货币体系分裂成美元、英镑和法郎三个相互竞争的货币集团，各国货币竞相贬值，国际金融市场一片混乱。布雷顿森林体系的形成，暂时结束了战前货币金融领域里的混乱局面，维持了战后世界货币体系的正常运转，在相对稳定的环境下扩大了世界贸易。布雷顿森林体系形成后，国际货币基金组织和世界银行的活动对世界经济的恢复和发展起了一定的积极作用：国际货币基金组织提供的短期贷款暂时缓和了战后许多国家的收支危机，世界银行提供和组织的长期贷款和投资不同程度地解决了会员国战后恢复和发展经济的资金需要。

布雷顿森林体系是以美元和黄金为基础的金汇兑本位制，其实质是一种以美元为中心的国际货币体系。在这一体系下，美元既是美国国内的货币，又作为国际支付手段与国际储备手段存在，充当世界货币。这就首先要求美元币值稳定，只有美元币值稳定其才会在国际支付中被其他国家接受。美国若要稳定美元，不仅要有足够的黄金储备，还要保持国际收支顺差，以使黄金不断流入美国，而这必然会断绝国际储备的来源，引起国际清偿能力的不足。若美国保证全世界获得充足的外汇储备，国际收支必然持续出现逆差，这不仅会使美元的黄金保证不断减少，而且美元会不断贬值，引起美元危机。这一难以解决的内在矛盾，国际经济学界谓之“特里芬难题”。布雷顿森林货币体系的运转与美元的信誉和地位密切相关，但这一制度本身却存在着与生俱来的严重缺陷，决定了布雷顿森林体系的不稳定性。

布雷顿森林体系虽然解体了，但是由布雷顿森林会议诞生的两个机构——世界银行和国际货币基金组织，自 1947 年 11 月 15 日起成为联合国的常设专门机构，仍然在世界贸易和金融格局中发挥着至关重要的作用。

问题讨论

(1) 布雷顿森林体系对战后国际经济的促进作用体现在哪些方面？

(2) 布雷顿森林体系解体的原因是什么？

(3) 什么是“特里芬难题”？

理论提示

(1) 国际货币体系；

(2) 金汇兑本位制。

14.5　中国香港联系汇率制度：在金融危机中检验

案例内容

中国香港历史上先后采取了多种汇率制度：1863—1935 年间是银本位制，银元为法定货币；1935 年 12 月至 1972 年 6 月是英镑汇兑本位制；1972 年 7 月至 1974 年 11 月按固定汇率与美元挂钩；1974 年 11 月至 1983 年 10 月采用自由浮动汇率。从 1983 年开始，中国香港又开始实施联系汇率制度（简称联汇制），这是一种货币发行局制度，是最严格的固定汇率制度。根据货币发行局制度的规定，货币基础的流量和存量都必须按既定的汇率得到外汇储备的十足支持，货币基础的任何变动必须与外汇储备的相应变动一致。在中国香港，港元发行要与美元储备联系在一起，香港金融管理局规定了美元兑港元的比例为 1∶7.8。香港的纸币由 3 家发钞银行——上海汇丰银行、渣打银行和中国银行——负责发行。发钞银行在发行纸币时必须按 7.80 港元兑 1 美元的兑换汇率向金管局交出美元（有关美元记入外汇基金账目内），以换取负债证明书（法例规定用作支持所发行的银行纸币）。也就是说，要发行 780 港元，必须有 100 美元作为基础。

这种方式可以成功地将港币与美元的汇率稳定在 1∶7.8 的水平，其机制是三家商业银行的套利动机。例如，如果市场上港币有升值趋势，例如可能出现 1∶6.8 的比例，对三家商业银行而言，用 6.8 港币买入 1 美元，然后将 1 美元放到金管局作为储备，就可以发行 7.8 港币。显然，这种操作可以获得 1 港元的利润。但是，当商业银行这样做时，美元会升值；只要美元汇率低于 1∶7.8，商业银行就会一直操作，美元就会一直升值，一直到港币与美元汇率恢复至 1∶7.8 为止。反之，如果美元汇率高于 1∶7.8，如 1∶8.8，三家商业银行可以卖出美元，也就是按 1∶8.8 的比例回收港币；然后按照 1∶7.8 的比例将港币回笼，从金管局获得美元——每回笼 7.8 港币，可以取回解冻的 1 美元，从而可以赚取 1 港币的利润。只是当它们这样做时，美元会贬值，直至港币与美元的汇率回到 1∶7.8 为止。

案例分析

这个例子说明了几点原理：第一，香港汇率制度是一个固定汇率制度，可以做到每 1 美元兑换 7. 8 港币；第二，它也是个发钞制度，而且是金本位制的变种，是外汇本位制；第三，它还表明，货币是可以由私人银行发行的，而且同样可以保持币值的稳定，只要设计一个好的机制。

以中国香港这样的小型开放经济而言，联汇制的优势体现在三个方面。一是可以做到汇率稳定，从而加强其作为国际资本自由港的地位，促进对外贸易，二是可以做到货币政策稳定，避免财政方面的透支产生倒逼货币扩张的结果，三是货币政策与其绑定的货币所在国美国相关联，利用美国货币政策的稳健性，减少人为操作的空间。

正如《西方经济学》（第二版）中所说，固定汇率制度与资本自由流动的相互影响会导致货币政策缺乏独立性。这有好有坏。对中国香港而言，联系汇率意味着香港货币政策与美国同步。1997—1998 年亚洲金融危机发生，此时美国经济正在新经济的引导下高速增长，使美联储采取了高利率政策。结果，尽管香港本来需要的是低息以刺激经济，但在联汇制的约束下，香港利率也自动跟进美国而不断攀升，影响了中国香港经济的复苏。

货币政策不独立也容易招致通货膨胀输入，中国香港就在采用联汇制后的 20 世纪 80 年代发生过输入性通货膨胀。自引进联汇制以来，中国香港的通货膨胀率比新加坡更高，波动也更大。新加坡并没有采用货币局制度，而是利用货币升值来消化通货膨胀的压力。由此可见，致力于稳定货币的货币局制度并不必然能够稳定货币。它可以消除财政制度不健全导致的通货膨胀，如在阿根廷就很奏效；但不能避免通货膨胀的进口。1989—1993 年，中国香港的通货膨胀率达到 8. 5%~12%，其原因就在于中国香港经济与美国经济在周期上的不同步而汇率与美元联系。大陆的经济增长刺激了香港经济繁荣，但香港汇率与美元联系，将美国的扩张性货币政策传递到了中国香港。在美联储于 1994 年紧缩银根之前，港元贷款实际利率为负值，这就大大刺激了信贷需求并强化了通货膨胀压力。

联汇制的另外一个问题是，其固定的是名义汇率，如果真实汇率存在着求变的动因，则会带来国际投机巨鳄的狙击。以索罗斯为代表的国际炒家看准了港币币值高估，以港元利率借入港币然后以市价（7. 8 港元兑 1 美元）卖出，买进美元，再以美元利率借出美元；同时在股票市场上沽出港股，在期货市场沽出恒生指数期货和港元期货，目的是逼迫港元贬值。如果港元贬值，则可以按贬值后的汇价买入港元平仓获利，同时在港元期货淡仓上获利；如果当局死守联汇制，则不得不提高利率以抬高港元拆借成本，但这又会导致港股下跌，投机者可以在港股期货和恒生指数期货淡仓上获利。结果，虽然香港金融管理局依靠中央政府的支持成功地维持了港币汇率的稳定，却也牺牲了巨大的利益。而1998年亚洲金融危机就是由于国际金融炒家对亚洲固定汇率货币的狙击引起的。

问题讨论

(1) 既然固定汇率制度有种种弊端，那中国香港为什么还要采取联系汇率制度呢？

(2) 固定汇率制度与浮动汇率制度相比，哪一种更好？

理论提示

(1) 固定汇率制度与浮动汇率制度；

(2) 汇率制度对宏观经济的影响。

14.6　中国经济开放中的作为：一带一路

案例内容

2013年秋天，习近平出访东南亚时提出了筹建亚洲基础设施投资银行（简称亚投行，AIIB）的倡议，2015年12月25日，亚投行正式成立，2016年1月16日至18日，亚投行举行开业仪式。

2016年11月7日，英国《金融时报》中文网发表了拉菲洛·潘图奇的《如何理解中国的国际抱负？》，文章指出：到目前为止，亚投行已宣布了两组项目。第一组公布于2016年6月24日，其中包括向孟加拉国一个配电项目贷款1.65亿美元，与世界银行共同对印尼贫民窟改造项目贷款2.165亿美元，联合亚开行和英国国际发展部为巴基斯坦M-4高速公路的绍尔果德至哈内瓦尔段贷款1亿美元，以及联合欧洲复兴开发银行为塔吉克斯坦首都杜尚别到乌兹别克斯坦边境的公路改造项目贷款2 750万美元。

第二组公布于9月，包括联合世界银行对巴基斯坦塔贝拉水电站五期扩建项目贷款3亿美元，对缅甸一个225兆瓦的电厂项目贷款2 000万美元——后者很可能分别从国际金融公司和亚洲开发银行再获得5 800万美元和4 220万美元。

在这些项目中，除了印度尼西亚贫民窟改造项目以外，所有项目都可以被归纳到宏观的“一带一路”倡议中。该倡议有三个横跨亚欧大陆的主要支柱：分别是中巴经济走廊、丝绸之路经济带和中印缅孟经济走廊。

“中国经济时报”公众号于2017年05月15日发表了《亚投行：掀起世界的波澜》的文章：亚投行按照多边开发银行模式和原则运营，重点支持亚洲地区基础设施建设，在“一带一路”推进过程中，一方面深化各国政治经贸合作，另一方面为“一带一路”基础设施建设提供重要的资金来源和保障。

亚投行应该和世界银行比较相似。世界银行原名叫国际复兴开发银行（IBRD），世界银行前十年，也就是20世纪50年代都是围绕欧洲基础设施的重建。这一任务基本完成后世界银行就开始转向欧洲国家以外的国家与地区，如20世纪60、70年代转向发展中国家的基础设施建设，做了不少港口、公路、铁路的项目，也做了一些钢铁、水泥的工业项目。

案例分析

党的十八大以来，中国在国际经济中力推了两个项目，一个是“一带一路”建设，一个是发起成立亚洲基础设施投资银行，这两个项目相辅相成，通过资本流动实现商品贸易，而在商品贸易中聚焦到其中的资本品交易，促进基础设施的投资。

一方面，亚投行的运行是推动广泛的亚洲地区基础设施建设，为该地区的经济发展打下坚实基础，其初衷并不完全是为“一带一路”建设服务，“一带一路”建设只是它的任务之一。不然，很多成员国在对“一带一路”抱持疑虑的前提下，是不会踊跃加入亚投行的。另一方面，“一带一路”建设需要大量的资金，这些资金的主要来源正是亚投行。

中国虽然仍然是发展中大国，但是已经和其他发达国家一样，每一年都形成了充足的储蓄，初步积累了大量的资本，这些资本表现为可贷资金的供给。显然，可贷资金的供给如果不能全部在国内使用，不能全部转化为国内投资的话，就需要输出到其他需要的地区，帮助这些资金短缺地区进行经济建设，满足它们对可贷资金的需求。而“一带一路”沿线地区经济尚未充分发展，其国内储蓄不足以满足国内投资的需求，尤其是它们对基础设施建设的需求极为庞大，正好可以利用亚投行提供的资金。换言之，向亚投行注资的国家或地区将自己的多余储蓄用于发展中国家或地区如“一带一路”沿线国家或地区的投资，这表现为前者对可贷资金的供给转化为后者对可贷资金的需求，当然，这些可贷资金或者储蓄是用于基础设施的投资的。

如果换一个角度理解一个国家或地区的储蓄向另外一个国家或地区的投资转换，会发现它们代表的是商品的国际贸易；在亚投行和“一带一路”建设的环境里，它们代表着前者将自己的资本品出口到后者。这正好印证了，前者储蓄大于投资，因此有出口大于进口；后者储蓄小于投资，因此有出口小于进口。我们所理解的引进外资就是这个意思：储蓄不足时需要引进外资，引进外资实质上是获得国外的资本品。

因此，英国人质疑中国发起成立亚投行的目的是服务于中国的“一带一路”倡议也是有道理的。但是，由于亚投行的成员国有很多，中国并没有绝对的决定权。以印度为例，虽然它对“一带一路”建设持有保留意见，但是仍然积极加入了亚投行，成为发起国之一。这就足以说明，亚投行的治理结构是可以保证其投资不偏不倚，是遵循成员国公认的商业准则的。如果它投向“一带一路”沿线地区，那一定是符合所有国家的利益的。

问题讨论

(1) 利用核算恒等式说明，资本流动和商品贸易之间的关系是什么？

(2) 在开放经济环境中，储蓄转为投资是怎样实现的？利率起着怎样的作用？

(3) 对一个经济体而言，内部的总供给与总需求均衡在开放经济条件下是怎样体现的？

(4) 发达国家和发展中国家为什么可以合作共赢？

(5) 中国在20世纪80年代的经济地位是否和现在的“一带一路”沿线地区相似？

理论提示

(1) 国民收入核算恒等式的各种形式在分析开放经济问题中的重要性；

(2) 国际收支差公式中进出口和资本流动之间的关系；

(3) 国际收支差公式与国民收入恒等式之间的关系；

(4) 总供求均衡与储蓄、投资均衡；

(5) 可贷资金供求模型及其在现实中的作用。

第十五章　宏观经济政策

一、基本概念与原理小结

1. 内容摘要

宏观经济政策是指国家或政府依据宏观经济理论，为增进整个社会经济福利、改进国民经济的运行状况、达到一定的政策目标而有意识和有计划地运用的政策工具。宏观经济政策可分为需求管理政策和供给管理政策。其中，需求管理政策包括财政政策和货币政策，供给管理政策包括人力政策、收入政策和指数化政策等。

第一节介绍宏观经济政策目标。宏观调控的政策目标一般包括充分就业、稳定物价、经济增长和国际收支平衡四项。充分就业是首要目标。广义上讲，充分就业指一切生产要素（包含劳动）都有机会以自己愿意的报酬参加生产的状态，就是劳动力和生产设备都达到充分利用的状态；狭义上讲，指总失业率等于自然失业率的状态。物价稳定是第二个目标，指通过宏观经济政策使某一时期内的一般物价水平保持相对的稳定，即物价总水平控制在一定幅度之内。经济增长是第三个目标，是指在一个较长时间跨度内一国人均产出（或人均收入）水平的持续增加。国际收支平衡是第四个目标，是指采取各种措施纠正国际收支差额使其趋于平衡。四个目标具有一致性和互补性，但也有矛盾和冲突。在选择政策工具时有必要在各种不同的主要经济政策目标之间进行抉择。

第二节介绍财政政策。财政政策是指为了促进就业水平的提高、减轻经济波动、防止通货膨胀、实现稳定增长，而对政府收支、税收和借债水平所进行的选择，或对政府收入和支出水平所做出的决策。财政政策通过财政政策工具实现。财政政策的工具包括财政支出和收入两个方面的工具。财政支出工具有政府购买、转移支付和公债利息支付等，财政收入工具有税收、发行公债和行政事业收费等。

财政政策工具调控经济有积极和自动两类。积极的政策又称相机抉择，是指政府根据宏观经济形势和自己的判断积极主动对财政收入和支出的各个方面进行斟酌调整。自动稳定是指利用财政政策的内在属性来稳定经济，不做主动的调整。如，所得税税收体系、失业保障机制等，这些财政机制具有自动调整需求以减缓经济波动的作用。不同学派对财政政策使用存在争议。古典学派主张财政收支平衡，利用财政政策的内在稳定机制。凯恩斯主义者主张功能财政，主张利用积极财政政策来实现充分就业，并提出了充分就业预算盈余或赤字的概念以实现功能性财政。在赤字和公债的应用上也存在争议。

财政政策工具执行后会产生政策效应。财政政策效应就是政府变动收支后对社会经济活动如就业、产出等产生的有效作用以及相应的反应。财政政策效应可以利用 *IS-LM* 模型展开分析（当然也可以利用总供给与总需求曲线来分析）。如同任何外在冲击一样，财政政策会导致 *IS* 曲线发生变化，从而影响到利率与收入。显然，这种影响取决于 *IS* 曲线和 *LM* 曲线的斜率。这也就意味着，决定 *IS* 和 *LM* 曲线斜率的经济结构性因素，如投资对利率的敏感性、货币需求对收入的敏感性和对利率的敏感性等，影响着财政政策的效应大小。

第三节介绍货币政策。货币政策是货币当局（中央银行）通过控制货币供应量来调节金融市场信贷供给与利率，从而影响投资和社会总需求，以实现既定的宏观经济目标的经济政策。货币政策通过货币政策工具实现。货币政策工具包括公开市场业务、法定准备金和再贴现率，此外还有信用控制、道义劝告和窗口指导等手段。公开市场业务是指中央银行通过在金融市场上公开买卖政府债券来调节货币供给量。公开市场业务分为主动型和被动型两类，主动型公开市场业务是改变准备金水平和基础货币，被动型的公开市场业务是抵消影响基础货币的其他因素变动所带来的影响。存款准备金制度是中央银行控制信贷规模、约束商业银行信用投放的政策工具。再贴现率是中央银行对商业银行办理再贴现贷款时所收取的利率，是西方中央银行重要的货币政策工具。

货币政策执行后会产生政策效应，货币政策效应是指货币政策执行后对均衡的国民收入及其物价水平等目标的影响。货币政策效应可以利用 *IS-LM* 模型来分析。货币政策通过影响 *LM* 曲线移动而到利率与收入，其影响程度的大小由 *IS* 曲线和 *LM* 曲线的斜率决定。

在货币政策问题上存在着“相机抉择”和“规则”之争。凯恩斯主义主张“相机抉择”，主动对宏观经济波动进行干预，以促进经济稳定，依据是市场不完善，存在着价格和工资的刚性，从而宏观经济会波动。货币主义和新古典主义坚持按照既定的规则对货币数量进行调整，依据是动态不一致性理论和卢卡斯批评。具体的政策规则目标有货币增长目标、名义 GDP 目标、通货膨胀目标和泰勒规则。

第四节介绍财政政策和货币政策的局限性与协调。财政政策和货币政策都不同程度地存在一定的局限性。财政政策的局限性有：①政策的时滞，包括识别时滞、抉择时滞和执行时滞；②形势的不确定性；③存在公众的阻力；④公众预期对政策效果的挤出。货币政策的局限性有：①政策具有短期性；②政策具有时滞；③货币流通速度变动。这些局限性需要财政政策和货币政策协调：一是政策目标的协调，二是政策方向的协调，三是政策力度的协调。

第五节是供给管理政策。供给管理政策主要包括人力政策、收入政策、指数化政策等。人力政策就是通过对人力资源的优化配置，增加就业，促进经济增长的政策。收入政策是指政府通过某种行政措施强制性或非强制性地限制工资和价格的政策，又称为工资与物价控制政策，其目的是制止工资成本推动的通货膨胀。指数化政策是指保持实际变量值不变，实现宏观经济的稳定发展的政策。指数化政策的手段主要有以下三种，即工资指数化、税收指数化和利率指数化。

2. 基本概念

政府购买；转移支付；净利息支付；个人所得税；社会保险税；自动稳定器；相机抉择；功能财政；充分就业预算盈余；挤出效应；公开市场业务；准备金；法定准备金；再贴现率；信用控制；道义劝说；窗口指导；基础货币；货币乘数；按规则行事；单一货币规则；泰勒规则；财政政策时滞；人力政策；工资物价指导线；工资物价冻结；工资与利率指数化政策。

3. 基本原理

（1）需求调控原理。政府可以通过总需求管理政策来调控经济，实现宏观经济政策目标，但宏观经济政策的各项目标可能存在冲突，需要财政政策和货币政策协调。

（2）政策效应原理。财政政策与货币政策的政策效应大小取决于 *IS* 曲线和 *LM* 曲线的斜率，且扩张性的财政政策存在“挤出”效应。财政政策与货币政策都存在局限性，其局限之一是存在时滞。公众的预期对政策效应有“挤出”作用。

（3）凯恩斯主义学派理论。凯恩斯主义认为市场具有不完善性，存在着价格和工资的刚性，从而宏观经济会波动。在财政政策上主张采取功能财政政策。主张“相机抉择”，主动对宏观经济波动进行干预，以促进经济稳定。

（4）货币主义和古典主义理论。货币主义和新古典主义依据动态不一致性理论和卢卡斯批评，坚持按照既定的规则对货币数量进行调整。

（5）供给管理政策原理。供给管理是从供给方面进行管理，促进宏观经济平稳运行，包括人力政策、收入政策和指数化政策。

4. 重点难点

（1）反经济周期的政策主要是总需求管理政策，包括财政政策和货币政策两个方面。

（2）凯恩斯主义与货币主义和古典主义在政策方面的争议。

（3）财政政策与货币政策的政策效应。

（4）影响财政货币政策作用效果的因素。

（5）公众预期对财政货币政策作用的影响。

5. 即问即答

问：凯恩斯主义与新自由主义在总需求管理政策上的根本分歧是什么？

答：凯恩斯主义主张政府干预经济，新自由主义主张采取自由放任政策。

问：凯恩斯主义与新自由主义在实施财政政策和货币政策的具体方式上有何不同？

答：凯恩斯主义主张相机抉择，新自由主义主张按规则行事。

问：为什么凯恩斯主义与新自由主义的政策主张截然不同？

答：凯恩斯主义认为市场经济具有内在不稳定性，需要政府干预。而新自由主义认为市场经济会自动实现充分就业均衡，应采取自由放任政策。

问：相机抉择、按规则行事、功能财政和单一货币规则，它们之间的关系是怎样的？

答：相机抉择与按规则行事是实施政策的基本原则，前者“有为”，后者“无为”。功能财政与单一货币政策是两种政策原则的具体体现。

问：公众预期重要吗？

答：公众预期既决定着宏观经济是否稳定，也决定着财政政策和货币政策是否有效。

二、案例内容

15.1　财政政策：美国政府对衰退的调控

案例内容

小布什执政初期的2001年，正值美国经济因IT泡沫的破裂而由盛转衰的时期，2001 年和 2002 年，美国经济平均增长率仅为 1.3%。美国经济面临股市下挫、国内投资不振、失业率居高不下等问题。“9 · 11”事件后，美国经济衰退进一步加剧，国内投资、消费需求全面萎缩。为了刺激经济增长，小布什采取了一系列“反危机”的财政政策。主要内容有：

第一，大幅减税。小布什政府执政后，着手进行大规模减税，计划 10 年内减税 1.6 万亿美元，重点减少个人所得税和遗产税，这是自 1981 年以来美国规模最大的一次减税。小布什政府减税计划的主要内容包括：①税收退款：税收退款支票将于 2001 年 7 月后期至秋天寄给纳税人。每位单身的纳税人可得到 300 美元退税，每个家庭的户主可得到 500 美元退税，每对已婚夫妇可得到 600 美元退税。②税率削减：对于单身者的第一个 6 000 美元的应税收入，家庭的户主第一个 10 000 美元的应税收入，已婚夫妇第一个 12 000 美元的应税收入，适用的税率从 15%降至 10%，从 2001 年 1 月 1 日起生效。另外几档税率也均有不同程度的降低，39.6%的最高税率降至 35%，36%降至 33%，31%降至 28%，28%降至 25%。降税分三次完成，2001 年 7 月 1 日降第一个百分点，2004 年降第二个百分点，最后一次降税于 2006 年完成。③父母免税：每个孩子的退税额从以前的 500 美元提高到 2001 年的 600 美元，并逐渐提高到 2010 年的 1 000 美元。这一变化将使更多的父母受益，免除收入税责任。收养孩子的免税额将增加至 10 000 美元，同时于 2002 年提高收养收入限制。提高受扶养者的可以免税的费用额，并从 2003 年开始增加其最大免税额。④遗产税：遗产税于 2010 年最终取消。在之前的过渡时期，遗产税豁免额将逐渐上升到 350 万美元，最高遗产税税率将降至 45%。赠予税将保留，但其最高税率也将降低。⑤婚姻减免：已婚夫妇的免税标准扣除额将于 2005 年开始逐渐增加，以使得更多的已婚夫妇可以适用 15%的税率，而非按更高档的税率缴税。⑥高收入者减税：从 2006 年开始到 2010 年结束，逐渐取消影响高收入个人的自动减少分项开列的扣除额的现有税法限制，并逐渐停止取消高收入个人的税收豁免。除此以外，联邦政府还通过降低抵押贷款利率和慈善豁免，降低了“住房税”的边际税率，削减了联邦“地产税”。

第二，增加政府支出，扩大国防开支。进行社会福利制度改革，主要包括：小布什向国会提交了一份 476 亿美元的教育投资计划，加大对教育投资的支持力度；不断加大对社会福利的直接投入，推进社会保障制度改革，深化医疗保险制度改革，增加老年人的就医选择范围等。在国防开支方面，在“9 ·

11”事件之前，小布什政府就计划“重振国防”，“9·11”事件发生后，小布什于2002年1月10日签署了《国防拨款法案》，进一步加大了增加国防支出的力度。该法案向国防部提供3 172亿美元的资金，用于国家安全计划。另外，该法案还提供200亿美元的紧急补充资金，用于处理“9·11”事件的余波，其中包括给国防部的35亿美元，以继续反恐怖战争。与2001财政年度相比，该法案新增加了将近300亿美元的国防拨款以及35亿美元的紧急补充资金。此后，小布什政府仍然不断扩大国防开支，2002—2005年美国国防预算分别为3 310亿美元、3 790亿美元、4 005亿美元、4 220亿美元，而2006年的国防预算比2005年国防总支出增加4.8%，再创历史新高，2007年度提高到4 390亿美元，比他上任时增加48%。

案例分析

小布什政府应对经济衰退而采取的财政政策，对于缓解衰退、促进经济发展起了积极的作用，美国经济并没有因为恐怖袭击事件出现大幅倒退。相反，经济增长率从2001年的1.0%递增到2004年的3.8%。这也说明减税和扩大政府开支使*IS*曲线右移，增加了产出。

但“减税”和“增支”却在美联储2001—2004年宽松的货币政策配合下也为下一次危机（2007年次贷危机）埋下了隐患，因为小布什政府的减税法案对高收入者更有利。减税形成的收入有1/3落入了前1%的最富裕人手里。而对于年收入不足4万美元的低收入者来说，只享受到了5%的税收减免，人均减税水平仅为每年256美元。由于富人的边际消费倾向小于穷人，因而减税政策对消费的刺激作用比较小。除此之外，由于减税，税收的自动稳定器功能，即使用税收政策干预经济活动的能力也被大大削弱了。高收入者因减税而获得的收入形成了强大的投资能力。小布什政府利用发行国债的方式来筹措资金，会减少经济体系中的货币量，推高资本市场的利率水平，而高利率又会给消费和投资带来负面影响。为了使利率水平不至于上升，美联储就必须增发货币，而这些增加的货币量大多流入了资本市场，进一步推高了房价和股价，为房贷进一步扩大推波助澜。因此，小布什政府此次的扩张性财政政策是美国2007年爆发的次贷危机的诱因。

问题讨论

（1）财政政策能熨平经济周期吗？为什么？

（2）结合案例进一步分析美国2007年次贷危机爆发的原因。

理论提示

（1）宏观经济政策目标；

（2）财政政策工具；

（3）财政政策的效果极其局限性。

15.2 货币政策：美联储对利率的调控

案例内容

新华社华盛顿3月17日电，美国联邦储备委员会17日宣布维持联邦基金利率目标区间在0至0.25%之间。同时，美联储上调2021年美国经济增长预期至6.5%。

美联储当天在结束为期两天的货币政策会议后发表声明说，在复苏步伐放缓之后，美国经济活动和就业指标近期有所回升，但受新冠肺炎疫情影响最严重的经济部门依然疲弱。通货膨胀率继续不及2%的通胀目标。美联储重申，经济发展将在很大程度上取决于疫情防控结果。持续的公共卫生危机将继续对经济活动、就业和通货膨胀造成压力，并对经济前景构成相当大的风险。

美联储将继续以每月至少800亿美元的速度增持美国国债，并以每月不低于400亿美元的速度购买机构抵押贷款支持证券，直至充分就业和物价稳定两大目标取得实质性进展。

当天，美联储还发布最新一期经济前景预期，预计2021年美国经济将增长6.5%，较去年12月预测上调2.3个百分点。同时，美联储预计2022年美国经济有望增长3.3%，上调0.1个百分点。

美联储预计，2021年美国失业率降至4.5%，较此前预测下调0.5个百分点；2022年失业率将降至3.9%。物价方面，预计通胀率或达2.4%，剔除食品和能源价格后的核心通胀率为2.2%，均高于通胀目标。

此外，美联储联邦公开市场委员会18名成员一致认为，2021年联邦基金利率目标区间将维持在0至0.25%的超低水平。这一利率区间将保持至2022年不变。

美联储主席鲍威尔在会后召开的新闻发布会上说，正在进行的疫苗接种为美国经济在今年晚些时候恢复正常带来了希望。但经济复苏远未完成，前进道路仍不确定。劳动力市场近期有所好转，但就业人数仍比疫情前低了950万人，劳动参与率也明显低于疫情前水平。美联储将继续保持高度宽松的货币政策立场，为经济复苏提供支持。

资料来源：美联储17日宣布维持联邦基金利率目标区间在零至0.25%之间，新华网客户端，2021年3月18日。

案例分析

2020年，因新冠肺炎疫情，给美国和世界经济造成了巨大困难。下半年，美国的经济活动和就业指标有所上升，但受疫情冲击的部门依然疲弱。美国通胀率持续低于2%，目前的公共卫生危机将继续压制经济活动、就业和通胀，并对经济前景构成一定的风险。

根据*IS-LM*模型，货币政策的变动可以反映在*LM*曲线的移动上。如图15.1所示，当实际货币供给量发生变化后，首先形成资产组合的非均衡而引致利率的变化。

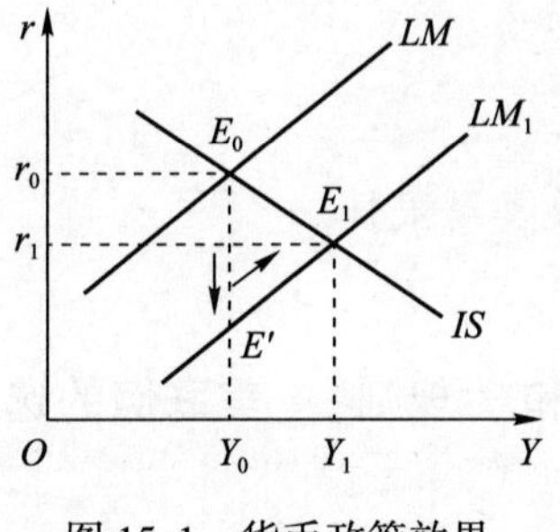

图15.1　货币政策效果

在初始均衡点E_0，货币供给量的增加使*LM*曲线由*LM*移至LM_1，产生了过度货币供给，即在现行利率和收入水平上，人们持有了超过他们意愿的货币量，居民将试图通过购买其他资产来减少他们已经持有的货币。在这一过程中，资产价格上升而收益下降。资产市场的迅速调整使得均衡点迅速向下移动到E'点，此时货币市场出清，居民也由于利率已经充分下降而愿意持有较多的货币。接着，利率的变化会改变总需求从而引起收入的变化。在货币市场均衡点E'，产品市场存在着过度需求。这是由于利率下降提高了总需求，从而导致存货减少。企业就会增加投资，使产出和收入增加。因此，均衡点沿LM_1曲线

向上移动到 E_1。在产出的调整过程中，产出的增加又提高了货币需求，这是因为在货币供给量不再增加的情况下，较高的货币需求必然要通过较高的利率水平来抵消。而货币政策效应的大小取决于 *IS* 曲线和 *LM* 曲线的斜率。

案例中，美联储为了应对新冠肺炎疫情对经济的影响，每月至少以 800 亿美元的速度增持美国国债，以每月不低于400 亿美元的速度购买机构抵押贷款，向市场注入货币。货币的注入使得货币市场的均衡利率下降，导致产品市场出现过度需求，企业存货减少，企业会增加投资，就业增加，产出增加，缓解疫情对经济的负面影响。通过货币政策的调控。美国国内生产总值 2021 年预测 6. 5%，失业率降至 4. 5%。

问题讨论

（1）货币政策效应取决于什么因素？

（2）结合案例进一步解释为什么美联储预计 2021 年美国经济将增长 6. 5%，2022 年美国经济增长 3. 3%？

理论提示

（1）货币乘数与货币供给；

（2）货币政策工具；

（3）货币政策的效果及其局限性。

15. 3 “相机抉择”和“规则”：美联储的选择

案例内容

相机抉择还是按规则办事一直是宏观经济学争论的焦点，至今未有定论。按既定的规则制定政策，可以说是无为而治；相机抉择赋予经济活动的管理者如中央银行以自由裁量权，是一个能动性很强的政策。在 20 世纪 70 年代，美国执行了凯恩斯主义的政策，采取了相机抉择的货币政策；1979 年，在卡特总统提名下，沃尔克就任新一届美联储主席，他采取了按规则行事的政策。

20 世纪 70 年代，美国经济一片混乱。60 年代扩张性政策带来的通货膨胀持续到了 70 年代，时任总统尼克松采取了冻结工资与物价的政策，美联储也采取了紧缩性的货币政策，但是并不奏效。1973 年，美国遭遇石油危机引起的供给方面的不利冲击，通货膨胀率升至 10%。为此美国采取了紧缩性的货币政策，尽管此举在一定程度上阻碍了物价进一步攀升，可是紧缩性货币政策与油价上涨共同带来了1975年的衰退。要命的是，人们形成了通货膨胀预期。1979年沃尔克就任新一届美联储主席，宣布采取严厉措施反通胀。由于人们的通货膨胀预期，其政策在降低通货膨胀率的同时，将失业率推至第二次世界大战以来的最高水平。到1987年，高失业率加上油价下跌，通货膨胀率从10%降至3%；此时，由于人们认识到了沃尔克的紧缩政策的持续性，形成了新的预期，失业率也降至6.2%。

资料来源：美国商务部和劳工部。

案例分析

美国经济在20世纪70年代出现滞胀。当时的宏观经济学受凯恩斯学说——新古典综合学派主导，这个理论也主导着美国的经济决策部门，如美联储。由于不了解滞胀的根源是在供给方面，美联储的操作手段是通过总需求管理以期达到解决通货膨胀和失业问题的目的。看到了病症，却诊断错了病因，药方当然也就有问题，结果就陷入循环之中：失业上升，就增加货币供给，这样又带来更高的通货膨胀率；通货膨胀加速，就减少货币供给，然而货币供给的减少又导致总需求减少，企业订单减少，于是失业又卷土重来。

沃尔克上任美联储主席时的美国经济正受到通货膨胀的煎熬，他采取了按规则行事的政策，持续控制货币供给量来压缩通货膨胀空间。他相信货币是中性的，因而总供给曲线最终会是垂直的，菲利普斯曲线终归也是垂直的。因此，上任伊始，沃尔克就宣称要反通胀，不达目的誓不罢休。随即他开始着手紧缩货币。可是，经历了20世纪70年代美联储反复频繁进行货币供给调整以进行总需求管理的美国民众并不买账。在民众看来，只要通货紧缩导致失业率上升，美联储一定会再扩张货币，通货膨胀卷土重来。因此，民众都没有下调通货膨胀预期，而正是因为没有下调通货膨胀预期，民众也不愿意单方面降低价格，于是货币量就显得不够维持经济运行，导致订单减少，企业减产裁员，货币紧缩的负效应也开始显现——失业率急剧飙升。

沃尔克坚守承诺，不为所动，继续控制货币供给。这样做最终取得公众的信任：沃尔克的行事方式与前任不同，他坚持自己的信念。公众开始调低通胀预期，企业慢慢调低商品价格涨幅，工会愿意接受货币工资的低增长率。于是订单回来了，工作岗位回来了，通货膨胀率下降的同时，失业率也下降了。

需要指出的是，预期和协调影响着沃尔克反通胀政策的成效。如果公众信任沃尔克，就会调低价格，或者调低价格上涨速度，以适应紧缩后的货币供应。即使在短期，紧缩货币的政策在降低通货膨胀率的同时，也不会提高失业率。这取决于企业和工会能够彼此信任和相互协调——大家一致降价和降薪。

是相机抉择还是按规则行事，主要体现在货币政策的争论上，与财政政策没有太大联系。货币政策在短期内就可以改变或不改变，而财政政策的变化无论是减税还是刺激开支，在美国都需要经历很长时间的国会讨论。因此，只有在面对巨大的经济波动时，财政政策是否需要改变、是否需要突破以前做法的争论才会凸显出来。针对较为短期的频繁经济波动，财政政策根本就动不起来，货币政策才存在着要维持规则还是顺应时势的问题。弗里德曼认为货币稳定至关重要，因此主张货币政策必须始终保持货币供给以确定的增长率增加。也有人认为应该将目标定位为让名义 GDP 按既定的速度增长，一旦这个目标偏离，就调节货币供应来修正。还有人认为应将物价稳定作为目标，宣布将保持通货膨胀率在某一个（通常是较低的）水平上，并动用货币政策来实施。这些都是货币政策的规则。

问题讨论

(1) 何为相机抉择？何为按规则行事？你偏向哪一种？

(2) 相机抉择和按规则行事：各自的理论依据是什么？

(3) 按规则行事的具体政策规制有哪些？

(4) 在货币政策中预期的作用是什么？

理论提示

(1) 货币政策中的“相机抉择”与“按规则行事”的理论依据；

(2) 理性预期的原理；

(3) 菲利普斯曲线。

15.4 供给管理政策：收入指数化的中国案例

案例内容

新中国成立后，面临着长期战争留下来的创伤，在经济方面可以说是百废待兴，国民党政府留下来的高通货膨胀率成为新中国发展经济的障碍。为了治理过高的通货膨胀率、稳定民心、发展经济，经党和国家领导人批准，中国人民银行于 1950 年 1 月 7 日发出通知：要求定额储蓄在城市或农村一律推行保本保值储蓄。

其具体做法如下：

(1) 存入时，按当日注明的折实单位牌价将存款折算为实物（白布、大米、煤炭等）。存满 15 天以后支取的，或按原存货币或按折实计算，由储户任选；存入时间不足 15 天的，按原存货币付给储户。

(2) 存入时间不满 7 天者，概不计息：存满 7 天不满一个月的，按活期储蓄计息；存满 10 天以上者，每 10 天为一计息期，不满 10 天的零头天数不计息。

(3) 按折实支取时，按支取日牌价，不论存期长短，一律按月息一分计息。

保本保值储蓄，顾名思义就是保证存入的存款不因存款期间的通货膨胀而贬值。这次保值储蓄的特点是采取了折实储蓄的形式，既简便易行，又能切实让储户感受到保值储蓄的好处，用一句老百姓的话来说就是"看得见，摸得到"。

实行保本保值储蓄后，又加上其他的措施，通货膨胀得到了明显的治理，对稳定经济、稳定金融秩序起到了良好的作用。大约在 1952 年 6 月，中国人民银行停止了办理保本保值储蓄业务。

1987 年，通货膨胀率开始迅速上升，到 1988 年上半年已经出现了全国范围的抢购风潮，一时间全国日用商品市场上全面吃紧。为了维护金融秩序，稳定经济形势，经国务院批准，中国人民银行于 1988 年 9 月 6 日发布公告宣布：自 1988 年 9 月 10 日起，对 3 年、5 年、8 年期的人民币定期储蓄（整存整取、存本取息、华侨人民币）存款实行保值。

其具体做法如下：

(1) 对 3 年、5 年、8 年期的人民币定期储蓄（整存整取、存本取息、华侨人民币）存款实行保值，对 3 年期以下的存款不实行保值。

(2) 保值储蓄到期支取时，除按正常利率计息外，还要按到期当月公布的保值贴补率给予补贴。

(3) 保值贴补率跟随物价浮动，如果保值贴补率为零，仍按原定存款的利率计息。

这次保值储蓄的关键在于保值贴补率的计算上。为了科学、准确地计算保值贴补率，由国家统计局提供“全国社会商品零售及服务项目价格总指数”，中国人民银行则根据每月的指数和存款利率计算保值贴补率。具体的计算方法和计算公式比较复杂，在此就不详细介绍，但一个总的原则就是：把存款期间(严格来说应该是存款的保值期内）的物价上涨程度与同期的存款利率进行比较，如果物价上涨超过了同期的利率水平，保值贴补率就大于零；反之，保值贴补率就小于零。

经过一段时间的治理整顿，过高的通货膨胀率开始下降，到1990年6月份，保值贴补率降到了零以下。从此以后，保值贴补率连续18个月为零，因此中国人民银行于1991年1月27日发布公告宣布：自1991年12月1日起，停止办理新的保值储蓄业务，但对在此以前已经存入的3年、5年、8年期的人民币定期储蓄（整存整取、存本取息、华侨人民币）存款仍然给予保值。

案例分析

收入指数化是指使各种名义收入，如工资、利息等，部分或全部地与物价指数相联系，自动随物价指数的升降而升降。通常，这种联系及调整以法律或合同的形式加以制度化和自动化，比如说，政府规定工人工资的增长率等于通货膨胀率加上经济增长率。收入指数化可以是百分之百指数化，即工资按物价上升的比例增长，也可以是部分指数化，即工资上涨的比例仅为物价上升的一个部分。

20世纪80年代末，我国所实施的对居民储蓄予以保值补贴的措施，是一种特殊的收入指数化政策。而典型的收入指数化政策是实施工资指数化，即将货币工资与价格水平相挂钩，实现物价工资联动，货币工资随价格上升而增加，从而使货币工资的增长全部或部分地弥补因价格上涨引起的购买力损失。20世纪70年代以来，美国等发达国家以及巴西、智利等发展中国家都相继实施过工资指数化政策，使得工资合同中的“生活费用调整”规定得以贯彻，减弱因通货膨胀引起的收入分配扭曲，避免基于通货膨胀预期引起的不确定性，客观上起到了维持长期工资合同的优势与平衡劳资双方之间利益的作用。

收入指数化能趋向于减少与通货膨胀相关的不公平以及带有争议性的收入和财富的再分配，借以抵消或缓解物价波动对个人收入水平的影响。但是，收入指数化政策在消除收入的不公平分配方面的作用是有限的：一方面因为收入的调整往往滞后于物价的实际上升，另一方面因为并不是所有的合同中都有指数化条款。更为重要的是，指数化强化了工资和物价交替上升的机制，容易导致工资和物价螺旋式的上升。因此，指数化也只是一种消极地应对通货膨胀的政策。

问题讨论

（1）供给管理政策措施有哪些？

（2）收入政策的理论基础。

理论提示

（1）供给管理有人力政策、收入政策和指数化政策；

（2）指数化政策有工资指数化、税收指数化和利率指数化。

15.5　供给侧结构性改革：中国调控经济的新举措

案例内容

2015 年 11 月 10 日中央财经领导小组第十一次会议召开，研究经济结构性改革和城市工作。习近平发表重要讲话强调，推进经济结构性改革，是贯彻落实党的十八届五中全会精神的一个重要举措。在适度扩大总需求的同时，着力加强供给侧结构性改革，着力提高供给体系质量和效率，增强经济持续增长动力，推动我国社会生产力水平实现整体跃升。

习近平指出，推进经济结构性改革，要针对突出问题、抓住关键点。要促进过剩产能有效化解，促进产业优化重组。要降低成本，帮助企业保持竞争优势。要化解房地产库存，促进房地产业持续发展。要防范化解金融风险，加快形成融资功能完备、基础制度扎实、市场监管有效、投资者权益得到充分保护的股票市场。

2017 年 10 月，十九大报告提出深化供给侧结构性改革。建设现代化经济体系，必须把发展经济的着力点放在实体经济上，把提高供给体系质量作为主攻方向，显著增强我国经济质量优势。加快建设制造强国，加快发展先进制造业，推动互联网、大数据、人工智能和实体经济深度融合，在中高端消费、创新引领、绿色低碳、共享经济、现代供应链、人力资本服务等领域培育新增长点、形成新动能。支持传统产业优化升级，加快发展现代服务业，瞄准国际标准提高水平。促进我国产业迈向全球价值链中高端，培育若干世界级先进制造业集群。加强水利、铁路、公路、水运、航空、管道、电网、信息、物流等基础设施网络建设。坚持去产能、去库存、去杠杆、降成本、补短板，优化存量资源配置，扩大优质增量供给，实现供需动态平衡。激发和保护企业家精神，鼓励更多社会主体投身创新创业。建设知识型、技能型、创新型劳动者大军，弘扬劳模精神和工匠精神，营造劳动光荣的社会风尚和精益求精的敬业风气。

案例分析

宏观经济学研究两个重要问题，短期的经济周期和长期的经济增长。针对短期的经济周期，西方国家政府主要通过总需求管理来进行干预，在经济衰退时采取扩张性的财政或货币政策，在经济过热从而出现通货膨胀时采取紧缩性的财政政策或货币政策，这是一种“逆经济风向行事”的稳定性经济政策。相对而言，它们在总供给方面政策较少，着力点主要集中在总需求方面。在十八大之前，我国对经济的政府干预主要也集中在总需求方面，力图通过刺激消费、投资和出口这三驾马车来推动经济增长，当然这个做法实际上是一个短期的反周期政策，是保证总需求增长充足，从而吸收总供给潜能的增长。2008 年国际金融危机对全球经济造成重创后，中国推出了四万亿元投资计划，这仍然是着眼于需求侧的，重心在其中的投资，尤其是基础设施投资。

但是，我国经济本质上还是一个发展中经济体，在供给侧存在着大量的结构性问题，这与西方发达国家不同，后者已经发展成一个成熟的经济体，总供给方面相对完善，市场机制也能够起到良好的调节作用，因此它们的国家干预着眼点在于需求侧。中国经济发展到新的阶段时，供给侧的问题越来越突出，因此中国应该采取不同于发达国家的那种国家干预模式。这样，供给侧结构性改革就提上日程。供给侧结构性改革就是着力于总供给曲线背后的因素。“去产能、去库存、去杠杆和降成本、补短板”这“三去一降一补”就是努力打造“优秀的总供给曲线”，强调创新驱动也是如此，《中国制造 2025》更是从战略性的高度和从长远目标出发来进行供给优化，以实现高质量经济发展。

因此，供给侧结构性改革也是一种宏观经济政策，是从总供给曲线的角度来干预经济的。但是，我国供给侧结构性改革的内涵远远比教科书所说的要丰富，尤其是其中包括质量的改善和产业结构的优化。因此，总供给曲线的变化可能就比较复杂：一方面，降成本、补短板可以促成总供给曲线的右移；另一方面，去产能去库存又暂时促成总供给曲线左移。但是，从长远来看，总供给曲线是会持续右移的，一方面带来更多的产出，另一方面质量好了、价格低了，也就更好地满足了人民群众对美好生活的需要，能够实现高质量的供求均衡。

如果把我国的供给侧结构性改革理解成一种供给管理政策，那么它还包括如下更多的特点：第一，微观化，着力于从企业主体改善供给质量和结构；第二，兼顾了长期目标，能够推动长期经济增长；第三，是通过制度改革来实现的。在《西方经济学》（第二版）中一般很少涉及这些内容，因为它关注的是成熟的经济体。

还需要指出的是，我国的供给侧结构性改革与美国在20世纪80年代采取的供给学派政策在本质上是不同的。美国供给学派政策的重点在于减税和放松管制，我国的供给侧结构性改革更为综合和具有战略性，兼顾了短期的经济周期管理和长期的经济增长刺激。

问题讨论

(1) 能否利用 *AD–AS* 模型来分析中国的供给侧结构性改革？

(2) 我国的供给侧结构性改革的主要目的是反周期还是促增长？

(3) 我国的供给侧结构性改革与西方国家的供给政策有什么不同？为什么会有这些不同？

(4) 供给学派的主张有哪些？哪些与我国的供给侧结构性改革契合，哪些不同于我国的供给侧结构性改革？

理论提示

(1) *AD–AS* 模型；

(2) 总需求管理政策；

(3) 稳定性政策；

(4) 短期经济政策与长期经济政策。

第十六章　经 济 增 长

一、基本概念与原理小结

1. 内容摘要

经济增长属于长期国民收入的决定问题，本章内容旨在解释经济在几十年的时期内如何演进，产出如何增长。此外还涉及经济社会其他方面的进步。

第一节介绍经济增长的描述和事实。在宏观经济学中，经济增长被定义为产量的增加，产量既可以表示为经济的总产量（GDP 总量），也可以表示为人均产量（人均 GDP）。经济增长的程度可以用增长率来描述。经济增长作为人类福利进步的一项基础，其重要性是不言而喻的。事实上，国家间人均收入增长率即使只有微小的差别，如果长期持续下去，也会导致不同国民之间相对生活水准的显著差别。为什么收入和经济增长率在世界各国存在着巨大差异？这涉及经济增长的三个基本问题：第一，为什么一些国家如此富裕，而另一些国家那么贫穷？第二，什么是影响经济增长的因素？第三，怎样理解一些国家和地区的增长奇迹？对上述问题的解答有两种互为补充的分析方法：一种是增长核算，它试图把产量增长的不同决定因素的贡献程度数量化；另一种是增长理论，它把增长过程中生产要素供给、技术进步、储蓄和投资互动关系模型化。这两种方法构成了分析增长问题的框架。

第二节介绍经济增长的决定因素。对于经济增长的决定因素，西方经济学家区分了经济增长的直接原因和根本原因。经济增长的直接原因有三个，即作为生产要素的劳动 N 和资本 K，以及技术水平 A。经济增长的根本原因是生产函数 f，展开有很多内容。本书重点考察经济增长的直接原因。

第三节介绍新古典增长模型。新古典增长模型是基准模型。该模型分析经济增长的过程。结论是：①生产函数和储蓄率相似的经济体，如果初始人均收入较低，其增长速度会较快，而初始人均收入较高的经济体，其增长速度则较慢。②储蓄率较高，使得投资水平较高，导致人均资本和人均产出水平较高，但是不影响这些变量的长期增长率。③较高的人口增长率会降低人均产出水平。④一旦经济达到稳态，人均产出的增长率就只取决于技术进步的速率。

第四节介绍内生增长理论。内生增长理论超越新古典增长模型，将技术进步内生化。一些西方经济学家认为，知识是经济生产中的一种重要投入，如果把知识看作一种资本，则知识的收益不是递减的而是递增的。本书介绍的内生增长理论包括两种类型，第一种类型是放弃资本边际报酬递减的假设，第二种类型是分析知识和人力资本积累的原因。事实上，第一种类型中假设资本边际报酬不变，这是可以通过第二种类型的理论来解释的。进一步地，本节分析了在资本边际报酬不变条件下的经济增长问题，结果显示，资本积累和人均产量可以相互推动，从而实现资本积累驱动的持续经济增长。

第五节介绍增长核算。增长核算是一种经济分析方法，它将观测到的总产出（GDP）增长分解成几部分，而各部分分别与各要素投入的变化和生产技术的变化相关。增长核算方程虽然说明了经济增长的源泉，但在如何认识影响经济增长的因素这个问题上，人们还需要数据做进一步的分析。丹尼森把经济增长因素分为两大类：生产要素投入量和生产要素生产率。丹尼森进行经济增长因素分析的目的，就是通过量的测定，把产量增长率按照各个增长因素所做的贡献分配到各个增长因素上去，分配的结果用来比较长期经济增长中各个因素的相对重要性。

第六节介绍促进经济增长的政策。政策可以影响决定经济增长的三个因素，即技术进步、资本形成和劳动投入。专利制度和教育是技术进步有用政策。鼓励储蓄和投资是资本形成的有用政策。促进人力资本形成和增加工作积极性是劳动投入的有用政策。此外通过一些制度可以改变这三个方面因素而促进经济增长。

2. 基本概念

经济增长，经济发展，新古典增长模型，稳态，内生增长，人力资本，资本形成。

3. 基本原理

（1）经济增长原理。经济增长的源泉可以归结为劳动、资本的增长和技术的进步（以及人力资本的增加）。在新古典增长理论中，因为假设资本边际报酬递减，在人口增长、技术和储蓄率既定时，经济增长最终将进入稳定状态，此时总产量、资本存量都按照人口增长速度增长，人均产量和人均资本保持不变。储蓄率提高和技术进步都可以提高稳态条件下的人均产量水平。持续的技术进步才能持续地提高人均产量水平。

（2）内生增长理论。技术进步、人力资本积累和人均产量增长可以相互促进，从而实现持续的人均产量增长。

（3）增长核算原理。增长核算是一种经济分析方法，它将观测到的总产出（GDP）增长分解成几部分，而各部分分别与各要素投入的变化和生产技术的变化相关。

4. 重点与难点

（1）经济增长的内涵及其描述。

（2）新古典增长模型、内生增长理论。

（3）增长核算、全要素生产率。

5. 即问即答

问：生活水平的提高依赖技术进步，而不是储蓄吗？

答：总体上是正确的。持续的技术进步会持续地提高人均产量和生活水平。同样，储蓄率每提高一次，人均产量就会增长一次，但生活水平不一定得到提高。因为储蓄率不像技术，技术可以持续地提高，而储蓄率提高有一个限度，而且储蓄率提高会带来消费水平的下降。因此，总体上可以说，人均产量的提高主要依赖技术进步，生活水平的提高完全依靠技术进步。

问：提高储蓄率会提高经济增长率吗？

答：从稳定状态而言，储蓄率提高只会提高人均产量水平，而人均产量在提高后就保持不变。

问：技术进步会提高人均产量增长率？

答：对。人均产量会随着技术进步而提高。

问：人均产量的经济增长有无可能逃脱稳态限制，持续进行下去？

答：有可能。如果技术不断进步，就会如此。尤其是，技术进步和经济增长会相互促进。例如，这种情形的一个表现是，资本边际产品不再递减，而是保持不变。

问：稳态的含义到底怎样理解？

答：稳态意味着，如果各国技术状态与教育状态相同，则无论最初它们之间的收入差距有多大，当储蓄率相同时，它们的人均产量和生活水平最终都会趋同。

二、案例内容

16.1 经济增长：人均产出增加的描述

案例内容

经济增长速度对人均产出增加至关重要。今天在增长率上的细小差别会在未来转变为经济活动水平的巨大差异，因为经济增长是年复一年累积而成的。通过下面的例子说明。

假定有两个国家，分别为A国和B国，而且每个国家的实际GDP均为100亿元，但是，A国每年经济增长率为3%，而B国每年经济增长率为2%。表16.1给出了不同增长率对两国经济业绩的影响。

表16.1 不同经济增长率对长期经济业绩的影响比较 单位：亿元

年度	A国实际GDP（3%增长率）	B国实际GDP（2%增长率）
0	100.00	100.00
1	103.00	102.00
2	106.09	104.04
3	109.27	106.12
4	112.55	108.24
5	115.93	110.41
6	119.41	112.62
7	122.99	114.87
8	126.68	117.17
9	130.48	119.51
10	134.39	121.90
11	138.42	124.34
12	142.58	126.82
13	146.85	129.36
14	151.26	131.95
15	155.80	134.59
16	160.47	137.28
17	165.28	140.02
18	170.24	142.82
19	175.35	145.68

续表

年度	A 国实际 GDP（3%增长率）	B 国实际 GDP（2%增长率）
20	180. 61	148. 59
21	186. 03	151. 57
22	191. 61	154. 60
23	197. 36	157. 69
24	203. 28	160. 84

数据来源：高鸿业：西方经济学原理（宏观部分·第六版）专栏案例版，中国人民大学出版社，2014：608。

案例分析

经济增长是宏观经济中的重要问题，它描述和反映一个经济体（国家或地区）物质产品的丰富和增加，一般用人均 GDP 来表示产品的增加。经济增长重在从动态角度反映 GDP 增加的能力，这种能力的差别若干年后会在产出上显示出重大差别。案例中，A 国和 B 国 GDP 的起点都是 100 亿元。一年之后，A 国实际 GDP 为 103 亿元，B 国实际 GDP 为 102 亿元。又过一年后，A 国实际 GDP 为 106. 09 亿元，B 国实际 GDP 为 104. 04 亿元。在第二年两国实际 GDP 的差距比第一年的差距大，因为每一个后来的年份都为 A 国提供了一个更高的 GDP 增长水平。每年 B 国和 A 国的差距都越来越大。正如表 16. 1 所示，24 年后 A 国经济总量已经增长了一倍多。B 国却只增长了约 60%。

如果把时间推得更长一些，70 年后，A 国的实际 GDP 将达到 791. 8 亿元，B 国的实际 GDP 为 399. 96 亿元，起点相同的 A 国和 B 国，虽然每年只有 1 个百分点的增长差距，但 70 年后，两国的经济总量已不在一个档次了。

问题讨论

（1）经济增长描述了什么？如何表达？

（2）比较经济增长和经济发展。

理论提示

（1）经济增长和经济发展的概念；

（2）经济增长率的表达式。

16.2 经济增长：国与国之间存在差别的原因

案例内容

国与国之间的差别除了起点差别外，增长率之间的差别也是重要原因。表16.2是一些国家人均GDP和增长数据（经PPP调整的2005年不变美元）。2010年的人均GDP由1960年的人均GDP和这两个年份间人均GDP的平均年增长率决定。

表16.2 一些国家的人均GDP和增长

国家	1960年人均GDP（2005年不变美元）	2010年人均GDP（2005年不变美元）	暗含的平均年增长率（%）
美国	15 398	41 365	2.00
英国	11 204	34 268	2.26
法国	10 212	31 299	2.27
西班牙	6 316	27 332	2.97
墨西哥	4 914	11 939	1.79
新加坡	4 383	55 862	5.22
危地马拉	2 930	6.91	1.47
巴西	2 483	8 324	2.45
韩国	1 656	26 609	5.71
海地	1 513	1 410	-0.14
加纳	1 286	2 094	0.98
肯尼亚	1 020	1 247	0.40
中国	772	7 746	4.72
卢旺达	760	1 025	0.60
印度	720	3 477	3.20
刚果民主共和国	696	241	-2.10
博茨瓦纳	674	9 675	5.47

数据来源：达龙·阿西莫格鲁、戴维·莱布森、约翰·A. 李斯特：经济学（微观部分），中国人民大学出版社，2016：58。

案例分析

表16.2显示了1960—2010年间许多国家人均GDP（经PPP调整的2005年不变美元为单位）的增长模式。从表16.2中可以看出，美国、英国和法国

的人均 GDP 显著提高了，最后一列的增长率证实了这一点。这些国家在 1960—2010 年间的平均年增长率约为 2%。

新加坡、西班牙、韩国、博茨瓦纳和中国的人均 GDP 增加的倍数更多，对应着更高的增长率。1960 年，这 5 个国家比美国穷得多，但到了 2010 年，它们与美国的差距缩小甚至几乎消除了。这些国家的成功体现在增长率上。新加坡、韩国、博茨瓦纳的平均年增长率高于 5%，中国的平均年增长率为 4.72%，接近于 5%。

其他国家没能缩小与美国的差距，其中墨西哥、巴西和印度，它们的增长率与美国差不多（或者稍微高一点），由于这些国家在 1960 年与美国的差距较大，2010 年时差距依然存在。危地马拉、肯尼亚、加纳、卢旺达和海地等国的增长率比美国还低，从而变得更穷。海地和刚果民主共和国这两个国家在这段时期还是负增长，不仅与其他国家相比变穷了，与自己的过去比也变穷了。

问题讨论

（1）生活水平的国别差异是如何形成的？

（2）经济增长和福利是不是一回事？

理论提示

（1）经济增长的基本问题；

（2）经济增长和福利的概念。

16.3 经济增长：劳动因素推动

案例内容

第二次世界大战后，大批美国军人返回国内，导致美国生育出现一个高峰。1946 年至 1964 年，美国共有 7 590 万名婴儿出生，在此期间出生的孩子被称为“婴儿潮一代”（babyboomer）。不同于经历了两次世界大战的恐慌和大萧条的父辈们，“婴儿潮一代”享受着战胜国待遇，是战后美国经济最大的受益者和推动者。

随着婴儿潮人口的成长，美国的经济步入了令人炫目的成长期。20 世纪六七十年代，美国的婴儿潮人口带动了玩具、动漫、流行音乐的成长；20 世纪七八十年代，步入结婚活跃期的婴儿潮人口带动了房地产、汽车业的成长；20 世纪八九十年代，步入消费黄金期的婴儿潮人口又带动了个人计算机和互联网的成长。在这期间，婴儿潮人口创造了历史上最大的股市涨幅和房屋、国际航空、个人计算机、计算机网络和运动休闲工具的需求。他们的消费能力也是美国最强的。截至2008年年末，“婴儿潮一代”掌握了13万亿美元的投资性资产，50%的可支配收入，43%的新车销售，79%的休闲旅游支出，他们平均每周出外吃饭4~5次，平均个人消费水平超过年轻一代两倍。

近几十年来，每一次美国的经济复苏，“婴儿潮一代”都扮演着极其重要的角色。20世纪80年代初，美国也发生了严重的经济衰退，那个时候“婴儿潮一代”（16~34岁）刚刚走上工作岗位，对于他们来说事业才刚刚开始，在他们的努力下美国走出了经济危机，“婴儿潮一代”也开始取代上一代，成为美国社会的主力军；到了20世纪90年代初，美国同样经历了经济衰退，“婴儿潮一代”（26~44岁）已经成为美国社会的中坚力量并且掌握了主要的社会财富，经济危机虽然对他们造成了影响，但是危机过后，他们又很快重新站起来，并且创造了美国历史上最长的经济扩张期；21世纪初美国再次遭遇经济衰退，“婴儿潮一代”（36~54岁）已经进入了壮年，他们还在工作岗位上，有固定的收入，事业也正是开花结果的时候，他们再一次担当了帮美国走出经济危机的重任。

从2008年开始，这一代慢慢步入退休期并开始领取退休金，对美国经济造成巨大压力。有美国媒体报道称，从2011年元旦开始，美国每天将有至少1万名出生于“婴儿潮”时期的老人达到65岁的退休年龄，这种状况要一直持续到2030年。虽然在过去的20多年内，他们的财富在不断增加，但是2007年次贷危机爆发后，他们的财富损失了18%，很多人还失去了工作，并且面临着前所未有的债务。

资料来源：根据和讯期货网转载期货日报网文章《消费不再是美国经济的救世主》整理得到。

案例分析

该案例说明人口是经济增长的一个主要推动力。经济增长被定义为产量的增加，根据生产函数，作为因变量的总产量Y取决于作为自变量的N、K和A。从函数关系上说，当A、N和K中的一个（或多个）增加时，则产出水平Y将会增加，进而引起经济增长。案例中美国1946年至1964年间出生的婴儿，到20世纪70—80年代成为主要的劳动者，生产函数中的劳动要素N增加，产出增加，支撑了美国80年代后几十年的经济繁荣。2008年后，这批人口进入退休期，人口的减少给美国经济增长带来巨大的压力。

人口增加对经济的促进还不仅是增加了劳动投入要素，更重要的是消费需求增加，给经济增长增加了引力。从需求原理来看，消费、投资和净出口是宏观经济的“三驾马车”。将生产能力转化成实际的产量，实现经济增长，消费至关重要。美国的消费占GDP的比重常年保持在70%左右。消费占收入的比重，经济学中用消费倾向来表示，美国等发达国家的边际消费倾向一般都比较高，而边际消费倾向与各种乘数相关：边际消费倾向越高，乘数越大。乘数发挥正向的作用，经济增长进入上升通道；而一旦消费不振，乘数这把“双刃剑”会促使经济衰退。案例中美国在20世纪六七十年代，婴儿潮带动了玩具、动漫、流行音乐产业的成长，20世纪七八十年代，步入结婚活跃期的婴儿潮带动了房地产、汽车业的成长，都是需求带动产业成长的具体例子。

总之，人口是经济活动的主体，人口结构特别是人口的年龄结构对经济增长的影响非常大。有调查显示，年龄与消费的统计学分布均呈正态分布，主要劳动年龄（25~49岁）人口劳动能力最强，消费倾向和消费能力都是最高的。而美国劳动人口在总人口中的比率增长较快的时代，恰恰是从1995年到2006年的经济高增长时期，充分体现了二者之间的密切联系。2008年后，美国经济在短期内难有“婴儿潮一代”带来的繁荣。

问题讨论

（1）人口结构变动如何影响经济增长？

（2）消费需求的变动对经济增长的影响有哪些？

理论提示

（1）人口变动与经济增长的关系；

（2）人口红利、人口负担。

16.4 经济增长：资本因素推动

案例内容

中国自改革开放以来，外商直接投资（FDI）迅速增长。从1997年到2010年利用外资持续增加。尽管在1999年和2000年出现了回落，但迅速在2001年实现了企稳回升。2003年，中国接受的外商投资超过了530亿美元，首次成为世界上最大的外商直接投资流入国。尽管受到2007年美国次贷危机造成的不利影响，2008年FDI的增长仍达到了23.58%。2010年突破了1 000亿美元，2011年达到1 160亿美元。2012年出现短暂的下降，实际使用外资金额为1 117亿美元，之后持续增长到2020年外商直接投资金额达到1 444亿美元。

由于我国整个国民经济的区域发展不平衡，导致吸引外商直接投资的地区倾斜特别明显。东部地区经济比较发达，外商直接投资的环境相对来说较为优越，因而成为外商投资最为集中的地方，历年来几乎占中国实际利用外资总额的50%以上；相反，广大的中西部地区则由于种种人为的和自然的原因对外商直接投资缺乏足够的吸引力因而比重严重偏低，中部地区多年来占总额的比重均徘徊在20%上下，而西部地区所占总额比重几乎处于10%以下。1992年起，中国开始着眼于中西部地区的开发，1999年开始实施“西部大开发”政策，相关政策的出台与实施加速了中国对外资的利用，东、中、西部实际利用外资金额均大幅提升，但利用外资的占比没有发生明显变化。2002年后，政府颁布了《“十五”西部开发总体规划》等一系列扩大开放领域、开展税收优惠的措施，以提高中、西部地区吸引外资的水平，三大区域在利用外资上的巨大差距开始有减缓的趋势。然而尽管我国重视吸收外资作用，然而进入新世纪后外资在东、中、西部占比依然呈现较大差距。2001—2020年间东部、中部和西部吸引外资占全国的比重相对平稳，与各地区总吸收外资比重一致。东部地区每年吸收外资比重基本在80%以上；中部地区吸引外资比重基本低于10%，除了2009—2010年占比高达11.20%；西部地区吸收外资比重在近些年有所上升，可能原因是“一带一路”倡议的推进，促使东部地区产业向西部转移增多。到2020年东部地区吸收外资增长8.9%，占比88.4%，其中江苏、广东、上海、山东、浙江等主要引资省份分别增长5.1%、6.5%、6.6%、20.3%和18.3%。东北地区和中西部地区部分省份增长明显，辽宁、湖南、河北等省份分别增长13.7%、28.2%和35.5%。

外商直接投资在我国最初主要是为了获取原材料和廉价劳动力资源，现在则更重视设立自己的生产基地，以获取中国的市场份额。另外，FDI投资的行业发生了变化，原来我国吸引的外资集中在制造业领域，特别是以劳动密集型为主的轻加工组装产品和消费品制造业，制造业的外商直接投资占全部外资利用金额的一半以上。不过，这一占比近年来在不断减小，制造业利用外商接投资额从2010年的495.91亿美元下降至2018年的411.74亿美元，整体略微下降。根据历年统计年鉴数据分析，我国2010—2020年各个行业利用外商直接投资总额排名前5的分别是制造业，房地产业，租赁和商务服务业，批发和零售业，信息传输、计算机服务和软件业。

资料来源：根据国家统计局网站公开资料整理。

案例分析

根据增长理论，资本积累与经济增长率成正比，资本积累量的大小是经济增长率高低的关键。在20世纪50年代的哈罗德-多马模型中，资本积累是经济增长的唯一决定因素。新古典经济增长理论认为经济达到稳态之前，投资大于资本广化，人均资本增加，产出增加，当达到稳态后，经济在稳态上运行，经济增长率等于折旧率加人口增长率。20世纪60年代，美国经济学家罗斯托的“起飞”理论把资本积累率的提高看做经济发展的先决条件和重要前提，认为资本积累率必须达到10%以上，建立起主导部门，再配以制度和意识形态的变革，只有如此，发展中国家才能摆脱落后，实现经济的“起飞”。

案例中给出了我国1997到2020的FDI数据。这些年我国经济增长速度也较快，在8%以上。表明投资对我国的经济增长起到了巨大的推动作用。在1997年之前，我国东中西部在吸引外资方面存在差异，吸引外资的数量差异也较大，导致地区发展不平衡。1999年我国开始实施“西部大开发”政策，东中西部实际利用外资金额均大幅提升，但利用外资的占比没有发生明显变化。2002年后，政府颁布了《“十五”西部开发总体规划》。三大区域在利用外资上的巨大差距开始有减缓的趋势。中部和西部利用外资比例略有增加，总体而言，2001—2020年间东部、中部和西部吸引外资占全国的比重相对平稳。2012年后西部地区吸收外资比重有所上升，可能原因是“一带一路”倡议的结果，促进了西部的发展。但东中西部发展不平衡依然存在，中部和西部的经济增长落后于东部，需要国家在中部和西部扩大投资促进资本形成，有效促进中部和西部的经济增长。

当今，尽管社会经济发展的动力在不断向技术、知识和人力资本转变，但资本对经济发展的重要性仍毋庸置疑。对中国来说更是如此，资本对经济增长的贡献率向来都占相当大的比重。在经济增长的过程中，如果资本匮乏，可通过利用外资来弥补，并且，外商直接投资除了能直接形成固定资本之外，还能进一步带动国内资本投资。目前，利用外资已成为促进我国经济增长的重要推动力量。

问题讨论

(1) 资本如何促进经济增长?

(2) 引入外国直接投资 (FDI) 促进经济增长要注意哪些问题?

(3) 为什么我国要提出加快构建以国内大循环为主体、国内国际双循环相互促进的新发展格局?

理论提示

(1) 经济增长的直接原因;

(2) 经济增长的根本原因，新古典增长模型。

16.5 经济增长：技术进步推动

案例内容

经济增长是减少贫困的最有效方式之一。与贫困相伴的是预期寿命低。经济增长能改变贫穷，也提高人们的预期寿命。1940 年，儿童和婴儿死亡率如此之高，肺炎和结核病等成人疾病如此具有致命性 (且没有任何治疗手段)，以至于出生时的预期寿命在许多国家不到 40 岁。例如，普通印度人出生时的预期寿命只有 30 岁。在委内瑞拉、印度尼西亚和巴西，出生时的预期寿命分别只有 33 岁、34 岁和 36 岁。在许多西方国家，出生时的预期寿命也不高，当然比贫穷的国家要高得多，例如，在当时的美国，出生时的预期寿命为 64 岁。

在接下来的三四十年里，情况发生了很大的变化。尽管富国和穷国之间的预期寿命差距仍然存在，但是，全世界的健康状况已经显著改善。在 1999 年的印度，出生时的预期寿命为 60 岁。这一数字是 1940 年该数字的两倍。穷国的健康状况为什么会改善如此之多呢?

答案在于贯穿整个 20 世纪发生在美国和西欧的科学突破和创新。首先是全球药品创新浪潮，其中最重要的是抗生素的开发，由此产生了许多对发展中国家的主要致命疾病高度有效的产品。到 20 世纪 50 年代早期，盘尼西林这种对各种细菌感染提供了有效治疗的药品已经很容易获得了。在这一时期同样重要的是新疫苗的开发，包括黄热病和天花疫苗。其次是DDT的发现。尽管DDT作为一种农业杀虫剂的过度使用最终被证明是一场环境灾难，但是，它在疾病控制上的最初使用是革命性的。DDT使得疟疾的控制出现了突破，而疟疾是世界上相对贫困地区儿童的主要致命疾病之一。最后，随着世界卫生组织的成立以及在它的帮助之下，简单但有效的医疗卫生做法和公共卫生做法，如口服补液和把水煮沸以预防霍乱，传播到了更贫穷的国家。

资料来源：达龙·阿西莫格鲁、戴维·莱布森、约翰·A. 李斯特：经济学（微观部分），中国人民大学出版社，2016：75。

案例分析

经济增长有时候会由于追赶性增长而迅速发生。追赶性增长是指相对贫穷的国家通过利用技术更先进的其他国家的知识和已经发明的技术增加其人均GDP。案例中的有些贫穷国家通过利用其他国家的知识实现了追赶性增长，缩小了与富国的差距，大大增加了本国居民的预期寿命。

经济增长是经济体增加其实物资本、提高其工人的人力资本（从而在劳动力规模给定的情况下有着更高的有效劳动单位）和提高其技术的结果。由于实物资本的边际产量递减以及每个工人在加入劳动力之前能在其人力资本上投资的时间有限，持续性增长通常不可能只通过增加实物资本和人力资本而实现。相反，持续性增长最合理的驱动力是技术进步。经验证据也表明，技术进步解释了大部分国家人均GDP增长的大部分原因。案例中，20世纪，无论是富国还是穷国，技术进步都是经济增长的主要推动力。

尽管过去的100多年里世界上许多地方出现了持续性经济增长，但是，之前的各个世纪并没有经历稳定的增长。相反，在这些时期里大多数经济体都出现了马尔萨斯循环：GDP增加推动的人口增长降低了生活水平，随后又通过降低生育率和存活率阻止进一步的人口增长。世界通过工业革命摆脱了马尔萨斯循环，工业革命开启了快速技术进步的过程，为过去两个世纪的持续性增长奠定了基础。进入21世纪，大多数国家的经济增长跳出了马尔萨斯循环，是技术进步的结果。工业革命也是技术进步的结果，今后世界经济的持续进步依然要靠技术进步。按照内生经济增长理论，技术进步对冲了要素的边际报酬递减，使得持续的经济增长成为可能。

问题讨论

(1) 技术如何促进经济增长?

(2) 经济增长的外在表现是什么?

(3) 依据内生经济增长理论分析穷国的追赶性增长。

理论提示

(1) 内生经济增长理论;

(2) 全要素生产率。

16.6 经济增长: 资源因素的制约

案例内容

今天, 世界人口超过70亿, 大约是一个世纪以前的4倍。同时, 许多人享有的生活水平大大高于他们的曾祖辈。关于人口和生活水平的增长能否持续到未来始终存在争论。

许多评论家认为, 自然资源最终是世界经济能够增长多少的一个限制。乍一看, 这种观点似乎很难忽视。如果世界只有固定的不可再生性自然资源的供给, 那么人口、生产和生活水平如何能够保持长期的持续增长呢? 最终石油和矿藏的供给不会耗尽吗? 当这些资源的短缺开始出现时, 不仅会使经济增长停止, 也许还会迫使生活水平下降吧?

尽管这些观点言之有理, 但大多数经济学家并不像想象的那样关注这种增长的限制。他们认为, 技术进步会提供避免这些限制的方法。如果我们拿今天的经济与过去比较, 我们就会发现各种使用自然资源的方法已经得到了改进。现代汽车耗油更少。新住房有更好的隔热设备, 所需要的用于调节室温的能源也少了。更有效的采油装置使得采油过程中浪费的石油较少。资源回收使一些不可再生性资源被重复利用。可替代燃料的开发, 例如用乙醇代替汽油, 使我们能用可再生性资源来代替不可再生性资源。

50年前, 一些环保人士担心锡和铜的过度使用。在那时, 锡和铜是关键商品: 锡用于制造食物容器, 而铜用于制造电话线。一些人建议对锡和铜实行回收利用和配给, 以便子孙后代也能得到锡和铜的供给。但是, 今天塑料已取代锡成为制造许多食物容器的材料, 而电话通信可以利用以沙子为原料生产的光导纤维来传输。技术进步使一些至关重要的自然资源变得不那么必要了。

然而，所有这些努力足以保证经济持续增长吗？回答这个问题的一种方法是考察自然资源的价格。在一个市场经济中，稀缺性反映在市场价格上。如果世界陷入了自然资源短缺，那么这些资源的价格就会一直上升。但实际情况往往与此相反。自然资源的价格表现出相当大的短期波动，但在长期里，大多数自然资源的价格（根据整体通货膨胀率调整过的）是稳定的或下降的。看来我们保存这些资源能力的增长比它们供给减少的速度要快。市场价格使我们没有理由相信，自然资源是经济增长的限制。

案例分析

曾经有一段时间，世界银行的环境经济学家们研究了不同的资本对经济发展的相对贡献度。研究的主题是“国家的财富在哪里：衡量21世纪的资本”。这项研究认定自然资源是不可再生资源（包括石油、天然气、煤炭和矿产资源）、种植土地、牧场、森林和保护地区的总和。经济学家在研究中发现，一个国家的财富价值和这个国家的自然资源的价值总和不相等，而且这个差距还与这个国家的富裕程度成正比。也就是说，一个国家越富裕，这个国家的财富价值与自然资源总和价值的差距就越大。比如在美国，自然资源价值只占其全部财富的很小的一部分——通常只有1%~3%。富国的土地、牧场和森林更有价值，是因为他们能够和机器、强大的产权联合起来产生更大的价值。机器、建筑、道路等占富国财富的17%。

事实上在富国中无形资产占有相当的比重，这些无形资产包括人们之间的相互信任、有效的司法系统、清晰的产权以及有效的政府。这些无形资产能刺激劳动生产率，带来创新，并且带来更多的财富总额。也就是说创新降低了自然资源在经济增长中的关键程度，如案例中所述，锡被塑料代替了，铜被光纤代替了，自然资源的关键程度降低了。案例中的研究结论是，在长期里，大多数自然资源的价格（根据整体通货膨胀率调整过的）是稳定的或下降的，即关键程度是下降的。因此，我们可以支持案例的结论，只要有创新，只要有技术进步，自然资源不会限制经济增长。

问题讨论

（1）经济增长与财富的关系如何？

（2）财富的外在表现是什么？

理论提示

(1) 生产率是如何决定的；

(2) 经济增长的外在表现。

16.7　经济核算：中国案例

案例内容

表16.3是1979—2017年中国经济增长率的来源，不难发现，物质资本对中国经济增长的贡献不断增加，物质资本对经济增长贡献率达到56.2%，是经济增长最主要因素。1979—1989年，GDP年均增长9.54%，物质资本对经济增长的贡献率为45.3%，1990—1999年和2000—2007年这两个时间段，物质资本对经济增长的拉动都超过了50%，2008—2017物质资本对经济增长贡献率保持比较平稳增长，都在50%以上，部分年份甚至高达97%。劳动力对经济增长的贡献越来越小，从1979—1989年间的22.1%减少到2017年的-1.5%，表明中国的人口红利不断下降。人力资本的贡献率不高，近年来有不断增长趋势，从1979—1989年间的22.1%下降到2000—2007年间的4.6%，到2008—2017年期间保持持续增长14.2%，到2015、2016年突破了20%。全要素生产率（TFP）在经济增长中的作用比较突出，从1979年到1999年全要素生产率的贡献份额有较大幅度的增长，到2000—2007年间，贡献率达到25.9%左右，2008—2017年全要素生产率对经济增长的贡献均值为10.16，同时部分年份出现了负值。

表16.3　1979—2017年中国经济增长　　核算单位：%

指标	变量	总时间段	子时间段			
		1979—2017	1979—1989	1990—1999	2000—2007	2008—2017
年均增速	GDP	9.95	9.54	10	10.51	9.76
年均增速（贡献率）	物质资本	11.68（59.3）	8.29（45.3）	11.06（58）	14.22（65.9）	15.38（72.24）
	劳动力	1.82（10.9）	3.52（21.2）	1.31（8.3）	0.67（3.5）	0.36（3.4）
	人力资本	1.76（11.4）	3.29（22.1）	0.83（5.8）	0.83（4.6）	1.69（14.2）
	TFP	2.4（18.1）	1.95（10.7）	3.5（27.8）	2.81（25.9）	1.73（10.16）

资料来源：胡晨沛：改革开放以来中国经济增长模式探析：生产要素视角的国际比较，云南财经大学学报，2021（04）。

案例分析

索洛在哈罗德-多马模型的基础上构建了新古典增长模型，索洛模型中总量生产函数表示为包含有4个变量的方程：$Y=F\ (A,\ K,\ L)$。利用这一生产函数，索洛及后来者估算了各因素对经济增长的贡献，认为经济增长率取决于资本增长率、劳动增长率和技术进步率。

在索洛模型中，储蓄率的提高会在短时期内促进经济增长，直到在更高的人均产量水平上达到新的稳定状态。此时，人均资本存量和人均产出水平都会维持在一个更高的水平上，但高经济增长率却不能保持，经济增长速度会回落到原来的水平。经济的长期增长取决于劳动增长率和技术进步率。索洛与肯德里克利用20世纪美国经济增长的数据进行了增长核算，验证了索洛模型所揭示的经济增长的动力，并发现技术进步对经济增长的贡献最大。另外，库兹涅茨也发现，知识存量的增加、劳动生产率的提高和经济结构的变化是影响经济增长的主要因素。从以上分析可知，虽然影响经济增长的因素很多，但大体上可划分为生产要素投入量的增加、生产要素生产率的提高以及制度的完善（如经济结构的改善），其中技术进步是影响经济增长速度的关键因素。

关于经济增长来源的分析表明，改革开放之初，中国的经济增长更多依赖物质资本投资，到近些年，这一局面逐步得到改善，但物质资本投资仍然是中国经济增长的主要动力，特别是2008年中国政府为了应对国际金融危机而出台的4万亿经济刺激计划，更是带来了固定资本投资的飞速增长，2008—2010年的经济增长几乎全部依靠的是物质资本投资的拉动，2008—2017年期间，物质资本投资的贡献平均达到72.24%。同时，中国的人力资本对经济增长的推动作用不仅有限，而且在1979—2007年间逐年下降，2008—2017年间虽然对经济增长的贡献率上升到14.2%，但对比发达国家人力资本对经济增长的贡献，这一数值还是远不能令人满意。未来要进一步刺激经济增长，必须增加人力资本投资、提高劳动力素质。此外，全要素生产率已经成为经济增长的关键因素，1990—2007年间，全要素生产率对经济增长的贡献超过了25%，而2008—2017年间全要素生产率增速的下降是使得经济增长速度放缓的主要原因。基于中国转型经济的特征，全要素生产率不仅包括技术进步，还包括转型时期的制度变迁，有学者的研究表明，在1993—2017年间，制度变迁和技术进步对全要素生产率的增长贡献基本各占一半。

问题讨论

(1) 经济增长的源泉是什么？我国近年来经济增长核算有哪些特点？

(2) 为什么说靠资本促进的经济增长不可持续？

理论提示

(1) 经济增长核算；

(2) 全要素生产率。

16.8 经济增长："亚洲四小龙"的成功案例

案例内容

从20世纪60年代开始，亚洲的中国香港、新加坡、韩国、中国台湾推行出口导向型战略，重点发展劳动密集型的加工产业，在短时间内实现了经济的腾飞。引起全世界关注，它们也因此被称为"亚洲四小龙"。这四个成功发展、位于东亚和东南亚的国家或地区极为成功的经济发展过程和经验是发展经济学研究的典型例子。它们利用西方发达国家向发展中国家转移劳动密集型产业的机会，吸引外国大量的资金和技术，迅速走上发展道路，成为东亚和东南亚地区的经济火车头之一，目前国际社会普遍视亚洲四小龙为发达国家或地区。

韩国、新加坡、中国台湾、中国香港都属于幅员不大、工矿资源很少，但地理位置优越且同西方发达国家有特殊关系的国家或地区。它们的经济发展具有一些鲜明的特点：

(1) 增长速度快。从20世纪60年代开始，国民生产总值年平均增长速度都接近或超过10%。

(2) 出口扩张迅速。中国台湾1970年出口总值是1960年的9倍，1980年出口总值为1970年的13倍；韩国1980年出口总值是1960年的534倍；新加坡1980年出口总值是1965年的20多倍。

(3) 经济结构发生重大变化。韩国农业在国民经济中的比重从1961年的47.4%降为1985年的15%，工矿业从16.5%上升为33.4%；中国台湾农业比重从1952年的35.7%降为1978年的12.1%，工业比重从17.9%上升为40.3%。中国香港与新加坡也从转口港变为工业城市。

(4) 人均国民收入水平迅速提高，见表16.4。

表 16.4 “亚洲四小龙”及全球的人均国民收入增长率（1960—2000 年） 单位:%

国家或地区	1960—1970 年	1970—1980 年	1980—1990 年	1990—2000 年
韩国	5.65	5.47	6.52	5.46
新加坡	7.37	7.70	5.25	4.76
中国香港	7.11	6.94	5.52	2.85
中国台湾	6.02	7.84	6.43	5.30
全球平均	3.24	1.87	1.25	1.36

数据来源：World Bank Online Database.

（5）失业人数减少，收入分配相对平均。20 世纪 80 年代这些国家或地区的失业率都降到 4%以下，收入分配与美、日等国相比较为平均。

资料来源：根据百度百科公开资料整理。

案例分析

“亚洲四小龙”能迅速实现经济的起飞，与政府采取的促进经济增长的政策密切相关：促进储蓄和投资、FDI、实行自由贸易等。

根据索洛模型，储蓄率的提高能使人均储蓄曲线向上平移，与人均资本曲线在更高的产出水平上相交，达到新的稳定状态，此时人均产出水平更高。因而，对于发展中经济体而言，提高储蓄率、增加投资是追赶发达国家的重要途径之一。“亚洲四小龙”通过提高利率刺激居民储蓄，20 世纪 70 年代，中国台湾的储蓄率年均达 32.4%，韩国的储蓄率为 21.65%；到 80 年代中后期，“亚洲四小龙”的国民储蓄率甚至都超过 30%。同时，“亚洲四小龙”还通过各种措施形成了高投资率，20 世纪 70 年代，中国台湾和韩国的投资率年均都超过了 27%。因为有高储蓄率作支撑，这四个国家或地区不仅解决了资金短缺的问题，也减少了对国际资本的依赖，有效地避免了通货膨胀，形成了高储蓄率→高投资率→高经济增长率的良性循环。

此外，“亚洲四小龙”还积极引进外国直接投资，见表 16.5。外国直接投资的流入不仅弥补了本地资本的不足，而且带动了当地投资，扩大了资本的形成规模，对促进经济的增长和就业量的扩大，具有直接的积极作用。

表 16.5　外国直接投资在“亚洲四小龙”投资的总额及所占比重

国家或地区	1967—1975 年		1975—1980 年		1980—1985 年	
	年均（亿美元）	占比（%）	年均（亿美元）	占比（%）	年均（亿美元）	占比（%）
中国香港	—	—	2.53	4.3	6.14	7.1
韩国	0.51	1.7	0.61	0.4	1.68	0.7
新加坡	2.33	21	6.44	18.5	10.54	13.8
中国台湾	0.47	2	1.06	1.2	2.12	1.7

数据来源：亚洲发展银行、国际货币基金组织。

“亚洲四小龙”都鼓励自由贸易，实行以出口为导向的外向型贸易政策，为经济发展创造了有利条件。“亚洲四小龙”充分利用当时国际贸易和国际产业转移提供的有利条件，迅速吸收发达国家转移出来的资本、技术和设备，充分利用本地的廉价劳动力资源，大力发展劳动密集工业，大大加快了其参与国际分工的步伐。

“亚洲四小龙”的发展模式在 1997 年以前取得了巨大的成就，其增长速度之高、持续时间之长，在世界范围内绝无仅有，经济实现了被许多经济学家和政治学家称为“东亚奇迹”的持续增长，成功的经验和模式为其他国家或地区借鉴和模仿，并成为发展经济学研究的典范。但这种发展模式也留下许多弊端，过于依赖国际资本成为其经济发展的隐忧，也被认为是在 1998 年亚洲金融危机中造成巨大损失的原因之一。

问题讨论

(1) 分析“亚洲四小龙”成功的经验。

(2) 分析外向型经济模式促进的经济增长存在什么弊端。

理论提示

(1) 出口导向战略；

(2) 经济增长的索洛模型。

16.9 创新驱动：中国经济持续发展的必然选择

案例内容

十八大报告明确提出实施创新驱动发展战略。十九大报告进一步提出："加快建设创新型国家。创新是引领发展的第一动力，是建设现代化经济体系的战略支撑。"党的十九大报告把加快建设创新型国家作为贯彻新发展理念、建设现代化经济体系的一项重大战略任务，把坚定实施科教兴国战略、人才强国战略、创新驱动发展战略作为全面建成小康社会的重大战略举措，把科技实力大幅度跃升、跻身创新型国家前列作为到2035年要实现的重要目标。如何从我国的国情和理论上认识我国提出的创新驱动战略是一个重要问题。

案例分析

习近平在2013年就指出，改革开放以来，我们更多依靠资源、资本、劳动力等要素投入支撑了经济快速增长和规模扩张。改革开放发展到今天，这些要素条件发生了很大变化，再要像过去那样以这些要素投入为主来发展，既没有当初那样的条件，也是资源环境难以承受的。我们必须加快从要素驱动发展为主向创新驱动发展转变，发挥科技创新的支撑引领作用。

应该说，习近平的上述讲话明确指出，我国提出的创新驱动发展战略是有着深刻国情背景的，是基于中国改革开放出现的新情况和新变化做出的正确决策。

创新驱动发展战略还可以从经济学理论上来认识。新古典增长理论告诉我们，投资更多的资本在最好的情况下，也只能在一段时间内推动增长。要想获得经济长期增长，需要更好的技术。但新古典增长理论并没有解释新技术究竟来自何方。也就是说，技术是外生变量。从现实来看，技术并非外生的，它是由一个社会的发明家和工程师创造的。20世纪80年代，西方经济学家提出了内生增长理论。这个理论认为，技术是内生变量，它可以在经济体内被创造出来。内生增长理论认为，技术具有"非竞争性"的特点。一旦技术被创造出来就永远存在，就可以一遍又一遍地被使用。由于技术的非竞争性以及技术可以不断扩充和发展，所以它可以带来更多的财富。但这里还有一个问题，由于新想法的收益不能全部归它最初的创造者所有，那么，从经济整体的最佳利益来看，研究和开发就会大大不足。内生增长理论认为，政府可以通过资助研究开发来发挥作用，从而带来比单独的市场更多的创新。

总之，在新古典增长理论认为增长会减速的地方，内生增长理论认为增长还会继续。因为新的知识会扩散到整个经济体。这意味着那些善于创新知识的大体量经济体能够在不减速的状态下继续增长。

关于实施创新驱动发展战略的重要性和重大意义，习近平作了精辟的概括："实施创新驱动发展战略决定着中华民族前途命运。没有强大的科技，'两个翻番''两个一百年'的奋斗目标难以顺利达成，中国梦这篇大文章难以顺利写下去，我们也难以从大国走向强国。全党全社会都要充分认识科技创新的巨大作用，把创新驱动发展作为面向未来的一项重大战略，常抓不懈。"

问题讨论

(1) 我国为什么要选择创新驱动发展战略？

(2) 如何从经济理论上认识实施创新驱动发展战略？

(3) 如何理解实施创新驱动战略的意义？

理论提示

(1) 新古典增长理论；

(2) 内生增长理论。

郑重声明